U0139773

周易郑氏学阐微

林忠军　著

上海古籍出版社

图书在版编目(CIP)数据

周易郑氏学阐微 / 林忠军著. —上海：上海古籍
出版社，2019.11
ISBN 978-7-5325-9414-6

Ⅰ.①周… Ⅱ.①林… Ⅲ.①《周易》—研究 Ⅳ.
①B221.5

中国版本图书馆 CIP 数据核字(2019)第 245508 号

周易郑氏学阐微

林忠军 著

上海古籍出版社出版、发行

(上海瑞金二路 272 号 邮政编码 200020)

(1) 网址：www.guji.com.cn

(2) E-mail：guji1@guji.com.cn

(3) 易文网网址：www.ewen.co

上海展强印刷有限公司印刷

开本 850×1168 1/32 印张 15 插页 5 字数 363,000

2019 年 11 月第 1 版 2019 年 11 月第 1 次印刷

印数：1—2,100

ISBN 978-7-5325-9414-6

B·1120 定价：78.00 元

如有质量问题，请与承印公司联系

目　　录

序一 ………………………………………… 刘大钧 1

序二 ………………………………………… 吕绍纲 1

上编　周易郑氏学阐微

第一章　"朝野崩离、纲纪文章荡然"的社会背景……………… 3

　一、从清议之风到党锢之祸 ………………………… 3

　二、农民运动兴起和汉代帝国大厦岌岌可危 ………… 5

　三、经学鼎盛与危机 ………………………………… 7

　四、今文经沉沦与古文经的兴起 …………………… 14

　五、象数易学兴盛与式微 …………………………… 19

第二章　"念述先圣之元意 思整百家之不齐"的人生轨迹 … 36

　一、获觐乎在位通人处逸大儒得意者咸从捧手有所受焉 … 37

　二、念述先圣之元意 思整百家之不齐 ……………… 39

　三、显誉成于傧友 德行成于己志 ………………… 41

第三章　易学渊源与著述 ……………………………… 45

　一、访圣贤求真义　学无常师 ……………………… 45

　二、齐百家通群经　著述宏富 ……………………… 48

第四章　郑玄易学天道观 ……………………………… 51

一、本无论及其象数形成 …………………… 51

二、天道法则与易之三义 …………………… 59

三、阴阳之气与物之兴衰 …………………… 63

第五章　明天道的象数思想 ………………… 73

一、卦气说 ………………………………… 73

二、爻辰说 ………………………………… 95

三、易数说 ………………………………… 108

第六章　效法天道的人道思想 ……………… 121

一、从天地之道推及人君道德行为 ………… 126

二、从天道推及圣贤君子之道 ……………… 129

三、从天道推及夫妇之道 …………………… 131

第七章　易学史观 …………………………… 139

一、易之起源 ……………………………… 139

二、三易说 ………………………………… 142

三、《周易》成书 …………………………… 149

第八章　重象数义理兼顾训诂的易学诠释方法 ……… 157

一、郑玄对《易传》以象解经方法发展 ……… 161

二、以史治《易》和以礼注《易》的义理方法 ……… 188

三、训诂释辞方法 ………………………… 201

第九章　论郑玄易学价值 …………………… 210

一、郑玄易学是对两汉易学的总结和整合 …… 210

二、郑玄易学的地位及对后世的影响 ……… 217

三、郑玄易学的现代价值 …………………… 221

目 录

下编 周易郑氏注通释

一、上经 …………………………………………………… 229

二、下经 …………………………………………………… 302

三、系辞上 ………………………………………………… 369

四、系辞下 ………………………………………………… 394

五、说卦 …………………………………………………… 418

六、序卦 …………………………………………………… 430

七、杂卦 …………………………………………………… 435

附 录

一、易赞 …………………………………………………… 439

二、《周易郑氏注》序跋选录 ……………………………… 440

主要参考论著 ……………………………………………… 454

后记 ………………………………………………………… 459

序　　一

汉人治《易》,资料保留较多并传承至今的有三人:虞翻、郑玄、荀爽。而由于郑玄曾以今、古文遍注群经,对后世影响较大。林忠军教授于完成其《象数易学发展史》第一、二卷后,在充分占有易学资料,基本厘清自两汉经魏、晋、隋、唐至宋、元象数易学发展史主脉的基础上,经数年确下功夫的研究,最近又完成了另一部易学专著——《周易郑氏学阐微》。

该书由当时郑玄所处东汉社会背景及其人生轨迹入手,全面阐发了郑玄易学的学术渊源及其价值,以现代人的视角,对郑玄易学作出了完整系统的研究、评介,对郑氏易学资料作了全面系统的辑集、分梳与整理。全书分上编与下编。上编九章分述郑《易》产生之社会背景及郑玄的主要人生历程,详述其易学思想的渊源与著述,进而分论郑《易》之天道观及明天道的象数思想、法天道的人道思想,然后引发出其独具特色的以史阐《易》及其象数义理并重且兼顾训诂的易学诠释方法,最后一章总论郑玄《易》的学术价值。下编对历来辑集的郑玄注经注传之文进行详尽的通释,其通释文字中时时闪现精彩之见。

该书上编应是忠军教授这些年来对郑玄《易》进行研究与思索的一个总结。如该书第一章在介绍齐学时,于阐明《尚书》、《诗经》、《春秋》等皆传于齐地后,作者接着说:"如《汉书》言魏相'数表采《易阴阳》及《明堂月令》奏之',孟喜'得易家候阴阳灾变书'是易学接受了齐学阴阳灾变说的明证。"此见极确!因为谈阴阳灾变是《周易》古义的主要特征,而汉初传《易》第一人田何正因为是齐人而后被迁至杜陵的。作者不但看到了《易纬》与孟京《易》的关系,且指出:《易纬》一书"内涵了以占验为目的的象数易学思想。然就其内容而言,更多的是言孟喜、京房的易学理论,如《稽览图》、《通卦验》继承和整合了孟京易学,专讲卦气说"。此见亦极是。我们知道田何当时传《易》,除主要传授体现孔子德义思想的"今义"外,另外还有单独传于周王孙的"古义",经考辨,此"古义"就是谈阴阳灾变诸占验内容的。正如忠军教授所指出:孟京之学的内容,与其后传世的《易纬》内容多有相同之处,以至有的清人干脆认为《易纬》就是孟京的作品了。故作者在第五章"明天道的象数思想"中指出:"《易纬》的卦气说,其实质是迎合了汉代需求的占验之学。根据卦气流行情况,人们可以判定自然、社会和人的吉凶。"正是在充分掌握汉人易学灾异说的基础上,作者又指出:"郑氏易学灾异说,属于古代的占验术。"可谓一语点中郑氏易灾异说的实质。

作者在第六章"效法天道的人道思想"中说:"从保留的易注看,郑氏由天道推人事","郑玄易学,就其实质而言,与汉代其他易学一样,是一种天人之学"。为此,作者指出:"以象数解读《周易》文本,无疑是易学研究中正确的、有效的、必不可少的方法,这种方法也是其他方法无法取代的。"作者在第八章以诠释学角度论述了郑玄的易学方法渊源意义,并将郑玄注《易》的取象方法,概括为"以象生象"和"象外生象",在"象外生象"中,作者重点论述了郑玄独具特色的"爻辰法"。

"爻辰法"不同于京氏"纳甲法"。《乾凿度》说:"阳动而进,阴动而退。故阳以七阴以八为象","阳动而进,变七之九,象其气之息也;阴动而退,变八之六,象其气之消也"。故"纳甲法"依此精神,于《坤》卦依次纳未、巳、卯、丑、亥、酉。而郑氏爻辰之《坤》卦六爻依次纳未、酉、亥、丑、卯、巳,其不同之处,正如作者所指出,是"郑氏顺势配地支,而京氏和《易纬》逆势配地支"。"纳甲法"逆势配地支,体现了《乾凿度》"阴动而退,变八之六,象其气之消也"的思想,而"爻辰法"为何要取"顺势"呢?正如作者所考,"爻辰非郑氏发明,当为郑氏所传和所用","认为爻辰为郑氏一家之学显然不妥"。忠军教授此考是也!因为"爻辰法"最主要的特点是以体现天道运行的天星注《易》,天道运行体现的是"阳动而进"的顺势运行,正如《管子·形势解》所说:"天,覆万物,制寒暑,行日月,次星辰,天之常也,治之以理,终而复始。"所谓"终而复始",显然是顺势也,而"万物"、"寒暑"、"日月"、"星辰"等皆"爻辰法"所展现的内容,亦体现了"天之常",故"爻辰法"取顺势,恐其源久矣!

可贵的是,作者于书中将此流传至今的注《易》方法剖析为:1)取爻辰所主天星注《易》;2)取爻辰所主时令注《易》;3)取爻辰所主卦气注《易》;4)取爻辰所主属相及动物注《易》;5)取爻辰所主五行和方位注《易》。如此细微的剖析分类,是补前人所无也。此外,作者还对此法作了客观公允的评价,在肯定"爻辰法"之法"将自然科学知识融入易学研究当中,一方面显示了郑氏知识的渊博及用这渊博知识诠释易学时流露出不同凡响的见解,另一方面进一步证明了'观象系辞'的论断,揭示象辞的内在联系,拓展了象数易学研究的思路,客观上为易学注入生机",另一方面,也指出了此法"从《周易》文本看,其注释多傅会曲解"的不足。

作者又说,"其实,郑玄易学关于人事的内容更多是对三《礼》的阐发",并特别指出:"郑玄注三《礼》与注《周易》,应该说有同样目的。"在第八章中,忠军教授指出:"有的学者往往认为郑玄治《易》偏于象数而疏于人事,这是一种误解。""一方面他不能摆脱当时学术思潮的影响,由《易》之'观象系辞',推导出以象数治《易》的方法","借助于爻辰、互体、爻体、五行等象参杂以天文历法数学为主的自然知识注《易》,另一方面,他似乎看到,自西汉以来专以象数治《易》存在的问题",如反映那个时代的一些重大历史事件,当时的人文社会习俗及生产力与生产方式等,仅以象数是难以表达清楚的,作者以此而引出了郑玄以史治《易》和以礼注《易》的治《易》方法。这种治《易》方法是《周易》自身所具备的。

作者从哲学高度分析了以史治《易》成为易学重要方法的原因,认为"以史治《易》成为可能完全取决于易学与史学的关系","易学与史学是一般与个别的关系,二者在相互区别的前提下则又表现为高度的同一":一方面"史学家除了自觉地运用易学思维描述发展外,还直接援引《周易》或易学语言分析历史现象,品评人物功过"。另一方面,"易学研究与整个历史发展息息相关,经历了一个发展过程"。"更为重要的是,特定的历史环境和特定的作者决定了《周易》成为一部不是史书的'史书'。"作者将以史治《易》方法分为"以史注《易》"、"以史证《易》"和"以史代《易》"的三种方法,并对郑氏"以史治《易》"作了详尽的论述,然后作者总结说:

> 郑氏以史治《易》是对《易传》乃至两汉易学的总结和发展,《易传》开以史治《易》之先河,今本《易传》之用文王被囚,箕子劝谏之事解说《易》是其例。

接着作者详细地考察了郑玄以前易学文献以史明《易》的情况,尤其详说"帛书《易传》也极为重视以史明《易》,如《缪和》曾以商汤、文王、秦穆公、齐桓公、勾践说明《困》卦所包含的穷困之理",以秦穆公、晋文公、楚庄王、齐桓公为例注《丰》卦九四爻,并将帛书《缪和》篇诸段中所涉及的历史人物与历史事件一一列出,以说明其所阐释的诸卦卦义,表现了作者对最新出土资料的重视与占用,同时,也进一步说明了以史解《易》,其源久矣!

故后之说《易》者,皆承《易传》与帛书之脉而说之,如《乾凿度》用"文王修积道德,宏开基业"释《升》卦,以文王被纣所困"全王德,通至美"释《困》卦等等,我以为此释应是承之帛书《要》篇"文王仁,不得亓志,以成其虑,纣乃无道,文王作,讳而辟咎"云云。马融以史释《易》之内容,亦应得前人传承也。从而论证了以史明《易》,绝非郑玄自创,而是有着久远的学术渊源。只是郑氏以史解《易》,因为其自身丰厚的易学功底与礼学功底,再以史阐述之,因而成为其高人一等、独具特色的解《易》方法。

作者对郑玄以《礼》注《易》,亦有详尽的论述与评价,限于文字,此处即不一一述之了。特别应该指出的是,忠军教授重视郑玄"多引《尔雅》、《说文》等现成的训诂资料注释《周易》经传字义"。由于"郑玄精于《尔雅》",据作者详细统计,郑玄注《易》,先后使用了《尔雅》之《释诂》73 条,《释言》36 条,《释训》26 条,《释亲》19 条,《释器》14 条,《释天》2 条,《释地》4 条,《释丘》2 条,《释山》3 条,《释草》3 条,《释木》3 条,《释虫》1 条,《释畜》2 条,总计有 188 条之多。这种详考郑《易》重视训诂资料以解经义的态度,是非常可贵的,这种态度亦表现在下编他对郑玄注经注传之文的辑集与通释中,后面还要讲到。

故作者在第九章"论郑玄易学价值"中,对郑《易》评价说,郑玄"融今文、古文易为一体,除了继承京氏今文易和费氏古文易外,他还善于从以往的易学研究成果中吸收营养",并一一考证了郑《易》承《子夏易传》及马融等人之经义,又有多取《易纬》之义注《易》者,从而揭示了郑《易》"睹秘书纬术之奥"、"精历书图纬之言"的广大与精微。其考多能发先儒所未发。尤其由作者所引证的"太一下行九宫"等很多郑《易》资料中,我们更可窥到近年出土之郭店竹简《大一生水》篇内容的踪迹,以此而知郑《易》的很多内容确为上承古《易》而来。

在其下编中,作者对郑《易》释文作了详尽的考证与辨析。

郑玄注经,多得古义。作者为此而下了很大功夫,以求其义之本。如郑注《乾》卦九五爻"飞龙在天,利见大人"曰:"天者,清明无形,而龙在焉。"作者引《乾凿度》之"清轻者上为天"等以考"清明无形"之所本,而此句亦本之帛书《衷》篇之言天为"齐明而达"也。

《坤》卦之初六爻"履霜坚冰至"郑注曰:"履读为礼。"此注显然得之帛书《易》旨,因帛本《履》卦作"礼",而此爻作"礼霜"也。

《小畜》卦九三爻"舆说辐,夫妻反目",郑注:"辐,伏菟。"郑玄此注显然得之今文《子夏传》:"辐,车下伏菟也。"

郑玄《易》之《泰》卦初九爻作"拔茅茹,以其夤,征吉"。郑玄并注"夤"字曰:"夤,勤也。"忠军教授辨析曰:"夤,通行本作'彙(汇)',帛书作'胃'。"并考证了"彙"、"胃"、"胄"三字音近通假,同时引黄奭之考,以证此注之出"非郑君也"。据此,作者指出:"按郑玄在同一经文中同一字不可能出现两种写法。"忠军教授又通过与帛书《周易》经文作"胃"对比,指出,郑《易》作"夤","恐后人传抄之误,当以今本作'彙'为是"。"《释文》:'彙,音胃,类也。'故帛书作'胃'。胃,又与'谓'通假,帛书《系辞》凡'谓'皆作'胃',即是其证。《尔雅·释诂》云:'谓,勤也。'段玉裁曰:'郑注"彙,勤也",以为"谓"之假借也。'"忠军教授再引《尔雅·释诂》云:"簋,勤也。"引宋翔凤之说,认为郑氏训"彙"为"勤","盖'彙''慧'音近(古音'胃''慧'同部),故读'彙'为'慧'。"作者又进一步辨析道:"彙,又可训为类。朱骏声云:'彙,当作夤,类也。'""段玉裁云:'按胄即夤字之异者,彙则假借字也。'"又引惠栋之说:"'否泰,反其类。'三阴三阳为'类',故云'胄,类也'。"

此种侧测穷极,折析求证的精确考据,在作者对郑《易》经传注文中多见之,兹不一一举之。

当然,书中亦有可商之处,如对郑玄关于《连山》之名的解说,如无确据,不可轻言"恐是郑氏望文生义"。再如对《坤》卦六二爻"直方大,不习无不利",作者据元代熊朋来引《郑氏古易》,认为"《坤》爻辞'履霜'、'直方'、'含章'、'括囊'、'黄裳'、'玄黄'协韵,故《象传》、《文言》皆不释'大',疑'大'字衍"。并据此认为郑氏之说"不失为一家之言"。郑氏此说虽赢得过一些先儒的赞同,然案之帛书《周易》经文,其《坤》卦六二爻亦作"直方大,不习无不利",帛书此爻爻辞与今本同,可证"大"字绝非衍文!在作者于书中多引最新出土帛《易》资料以考辨郑《易》的情况下,这种疏失似不应出现。当然,面对郑玄《易》如此宏大的学术背景,我们在综括献典、剖判得失时,如此的一字一句,一事一例之失,也是每个研究者所难以避免的。

在学风浮躁之今日,很多研《易》者不愿意也不能够对古《易》象数及其卦爻辞文字本义作出深入的研究与诂释,而是多在《周易》经传哲学思想剖析上作文章,兜圈子,正如我于数年前所指出的:目前,真正有关易学这门专门之学的研究,真正对于作为易学之根的象数易学作出深入探索与介绍的文字,可谓鲜矣!特别是最近十年来,随着大量出土易学资料的整理出版,人们对原典本义的研究越来越重视,学者们认识到:只有先通过考证诂释,弄清这些古《易》的原旨,辨析出其中所深含的象数义蕴,然后才有可能对这些经义作出哲学上的分析。作为一位中年学者,忠军教授能下如此大的功夫,对郑《易》经传注文作出如上释疑伸阙、昭述群惑以还其本貌的工作,并力图全面钩画出郑玄的易学思想,实为可贵!同时,这部专著也是近人对郑《易》所作的最为全面详备的辑集与整理,如同本人在前文所说,作者以一个现代人的视角重新审视郑《易》,在充分占有最新出土易学资料的优势下,对郑《易》的研究多能发先儒所未发,因而填补了前人有关郑氏易学研究的一些阙失和空白。故当此书结稿之后,我一气读完全书,手抚书稿,感荷良深!遂喜而志序如上以贺之。

刘大钧

2005 年 5 月 30 日于山大运乾书斋

序　二

　　林忠军出书让我写序,我高高兴兴地写了,这岂不怪哉! 其实
不怪。山东大学刘大钧那一拨人和吉林大学金景芳这一拨人,虽
然象数义理两派分明,但是我们的关系一向和谐,犹如水乳交融。
金老在世时,大钧先生常来信问寒问暖。金老对他们也很赞赏,多
次私下对我说:"山东大学易学搞得很好。论综合实力,人家比我
们强。刘大钧这人人品文章都不错,至少不比我们差。"后来我把
金老的意思,在公开场合由衷地表达了出去。况且忠军兄这人我
很佩服。论年龄他是后生,论学问我们是比肩。这位刚过不惑之
年的齐鲁小子,十年前就当了《周易研究》的重要负责人,挑了大
梁,而后出了一部两卷本的大部头著作《象数易学发展史》,为人
所称道。而人又是那样谦和恭谨,彬彬有礼。他出书让我写序,我
感到荣耀。

　　但是想到他写的是郑玄易学,我又有点发怵。怕这序我写不
到当处。多年来郑玄这个人物一直在我头脑里打转转。金老生前
一再嘱咐把郑玄研究明白。南京大学的匡校长当年主持百名中国
思想家评传时,郑玄评传当场指名叫我搞。我拖了两年没搞出来,
后来推给别人,听说别人至今也没交卷。因为郑玄真正博大精深、
群经注遍,无经不通,是个重量级人物,把郑玄研究明白,尤其郑玄
易学,谈何容易!

接到忠军兄的书稿,我第一感觉是惊讶,看完书稿两遍后,感觉是舒服。我暗自思忖,这书若调整一下角度,不就是郑玄评传吗!南京大学思想家中心到处寻人不得,如今人就在郑玄老家山东冒了出来。真是应了那句话:踏破铁鞋无觅处,得来全不费功夫。我决心把忠军兄推荐给他们。

忠军兄这书写得很好。好处很多,它把一个博大精深、千头万绪的郑玄写得全面透彻。在易学这一块,则方方面面,条分缕析,清楚、到位。这些无须我细讲,读者看书自然明白。

但是,我必须指出以下几点,提请读者诸君特别注意。

第一,本书消除了对郑玄的一大误解,还郑玄一个公平的评价。李鼎祚《周易集解·序》说:"郑则多参天象,王乃全释人事。"这句话千年来促使人们形成对郑玄一大误解,以为郑玄治《易》只讲象数不及义理。其实不然,忠军兄准确地解开了这个疙瘩。他说:"郑则多参天象,是指与王弼易学比较而言,郑玄治《易》偏重于参天象的象数。据此人们认为郑玄治《易》偏于象数而疏于人事,这是一种误解。其实郑玄易学既注重参天象的象数,又注重含人事的义理。一方面他不能摆脱当时学术思潮的影响,由《易传》之'观象系辞'推导出以象数治《易》的方法,进而夸大之,在《易传》取象不足的情况下,极力借助于爻辰、互体、爻体、五行等,参杂以天文历法数学知识注《易》。另一方面,他看到专以象数治《易》存在的问题。《周易》系辞除了观象以外,还与文字、社会、历史等人事相关,单用象数的方法揭示其意义是不可能的。必须借助人文方法加以诠释。"这样判断郑玄易学,才是公允的。

由全书的论述看,论对后世影响,郑玄的义理方法与其象数方法相比,毫不逊色。同时,我们还看到了郑玄的义理方法与后世的义理学有本质的区别。郑玄的义理方法,义理是在训诂学的视野下,关注的是《周易》经传固有的人事,旨在诠释《周易》本义。魏晋以后义理之学则是以笺注为形式，通过解读《周易》经传，体悟圣人之意，阐发具有哲学意义的义理。

过去我们一味地批评郑玄易学只用象数不顾义理，是因为我们误解了郑玄。忠军兄讲明白了这一点很重要。

第二，它告诉我们，郑玄解《易》方法与众不同，他不是仅用一两种方法，而是象数、义理、训诂多种方法综合使用。易学史证明，没有任何一种方法能够单独完成解释易学的全部任务。而做到多种方法综合使用，对于易学家来说，几乎不可能。因为一个人的学力和时间不足以支持他做到这一点。而郑玄特殊，他有渊博的学问，有博览群书的毅力，有整齐百家之志向，有不守师法家法，广采众说的胆量。还有更重要的一点，郑玄是个天才。不然的话，短短七十多岁的一生，又多次遭遇战火、政治动乱，怎么会遍注群经，经经都有出类拔萃的建树呢？

天分是无法学习的。但是天分之外的东西则人人可为。最重要一点，对于我们今日之学者来说，如何不守门户之见，不以己之长比人之短，如何"同人于郊"、"同人于野"，是应该能够办到的。

第三，这本书对于时下的学风，能起到镇静剂的作用，可能压一压浮躁的势头。当今易学界急功近利，崇尚虚华，追求时尚名词，滔滔讲述大道理的，渐多，能够沉下心来老老实实读几本书，抠一抠原典字词句的，越来越少。这绝对不是好现象，长此以往，我们的易学是要断代的。忠军兄此书把一个活生生的郑玄端给我们看了。郑玄易学旁征博引，一言一事，必参伍考订，辨析异同，这种严谨学风，尤其值得今人借鉴。多一点朴实，少一点浮躁，正是当今应该大力提倡的。

第四，本书讲郑玄易学，长处短处分明，读者借鉴容易。郑玄易学的长处所讲是清楚的，概括起来主要有三点：（一）融象数、义理、训诂为一体综合解《易》的正确方法；（二）不拘家法师法，广采博取的宽厚态度;(三)严谨朴实的好学风。至于短处,讲得也很清楚。郑玄遵循《易传》"观象系辞"、"观象玩辞"的原则,但是和汉代其他易学家一样,实行起来未免过头,他坚信《周易》经传每一字词,非圣人随意而作,皆源于象,极力张扬象数的作用。象不足,则象外生象,因此其《易》注往往有附会曲解,不符合作《易》者原意的毛病。这个问题本书已明确点到,读者留意就是了。

忠军兄作《周易郑氏学阐微》,我唠叨了以上杂言碎语,共勉之。是为序。

吕绍纲

2005 年 4 月于长春东朝阳胡同寓所

上编

周易郑氏学阐微

第一章 "朝野崩离、纲纪文章荡然"的社会背景

一、从清议之风到党锢之祸

郑玄是东汉末年的易学家和经学家。他生活的时代,强大的东汉帝国伴随着诸种矛盾日益显露和尖锐化,正在一步步走向衰败。经过两汉统治者几百年的经营,封建专制体制日趋完备,这在一定时间内起到了稳定封建秩序的作用。然而在封建中央集权加强的同时,东汉封建帝国又孕育新的危机,表现在统治者与庶民之间及统治者内部宦官与外戚,士大夫与宦官外戚之间矛盾加剧,从而导致了上层反对黑暗统治的"党锢之祸"和下层以推翻封建王朝为目的的黄巾军大起义。

东汉初年,为了进一步加强专制主义中央集权制,统治者采取了一系列削弱相权的措施,如不以功臣任丞相,剥夺功臣的实际权利。中央政府所设的三公(太尉、司徒、司空)只是名义上的首脑,实际权利操纵在由皇帝直接领导的尚书台。然而在王朝腐败的情况下,极力地削弱相权,不但不能加强王权,反而导致了外戚宦官挟主专权。东汉自和帝始,外戚和宦官参政议政,争夺权利。和帝十岁即位,窦太后临朝,其兄弟身居要职。后和帝用宦官势力剪灭

窦氏的势力。安帝时,邓太后和其兄弟把持朝政。邓氏被灭,宦官李闰、江京专权。在质帝前后二十多年里,梁冀父子相继掌权,梁太后临朝,外戚势力达到登峰造极的地步。由于外戚、宦官专权,朝纲混乱,引起朝野上下不满。如范晔所言:"自桓、灵之间,君道秕僻,朝纲日陵,国隙屡启,自中智以下,靡不审其崩离,而权强之臣,息其窥盗之谋。豪杰之夫,屈于鄙生之议者,人诵先王言也,下畏逆顺执也。"(《后汉书·儒林列传》)在社会上层,这种对朝政的不满引发了"清议"之风。所谓清议是指官僚士大夫通过品评人物,抨击宦官外戚的罪行。班固对桓、灵时期的"清议"是这样描述的:

> 桓灵之间,主荒政缪,国命委于阉寺,士子羞与为伍,故匹夫抗愤,处士横议。遂乃激扬名声,互相题拂,品核公卿,裁量执政。婞直之风,于斯行矣。夫上好则下必甚,矫枉故直必过,其理然矣。若范滂、张俭之徒,清心忌恶,终陷党议,不其然乎!(《后汉书·党锢列传序》)

根据班固的上述记载,清议的内容除了文人儒士为提高其自身的政治地位而进行的"激扬名声,互相题拂"的自我品藻和标榜外,更重要的是通过"品核公卿,裁量执政"而表达对皇帝昏庸和宦官外戚专权的愤慨。这种清议之风愈演愈烈,最后发展成为有组织有领导有计划的"党议"。最初,党议起自同郡周福、房植两人结党讥讽攻击。桓帝为侯时受学于甘陵周福,及登帝位,升周福为尚书。此时同郡的房植为河南尹,其乡人有"天下规矩房伯武,因师获印周仲进"之歌谣。"二家宾客,互相讥揣,遂各树朋徒,渐成尤隙,由是甘陵有南北部,党人之议,自此始矣。"(同上)后又有官僚任用地方豪门为政,巩固地方势力,如汝南太守宗资任当地的范滂为功曹,南阳太守成瑨任当地的岑晊为功曹。当时出现了这样的歌谣:"汝南太守范孟博,南阳宗资主画诺;南阳太守岑公孝,弘农成瑨但坐啸。"

由于代表官僚士大夫的文人学士思想敏锐,具有忧患意识,并且他们的精英大部分集中在太学,因而太学成为清议和党议的中心。太学生揭露宦官的罪行,称赞敢于冒犯宦官的人。李膺、陈蕃、王畅等人曾用不同的方式惩罚过宦官,故这些人受到太学生的推崇。"流言转入太学,诸生三万余人,郭林宗、贾伟节为其冠,并与李膺、陈蕃、王畅更相褒重。学中语曰:'天下模楷李元礼,不畏强御陈宗举,天下俊秀王叔茂。'又渤海公族进阶、扶风魏齐卿,并危言深论,不隐豪强。自公卿以下,莫不畏其贬议,屣履到门。"(同上)由于清议冒犯了统治者的利益,统治者下令逮捕清议者,许多官僚士大夫(如李膺、陈蕃、张俭等)和太学生被诛杀或被禁锢,这就是历史上有名的"党锢之祸"。两次长达二十余年的党锢之祸有近千人受到牵连。其中许多是文人学士,《后汉书·党锢列传》指出:"凡党事始自甘陵、汝南,成于李膺、张俭,海内涂炭,二十余年,诸所蔓衍,皆天下善士。"大经学家郑玄、何休、赵岐、荀爽、卢植等皆未得幸免。党锢之祸,经学有生力量受到极大的摧残,严重地影响了当时的经学研究。"桓灵之间,党锢两见,志士仁人多填牢户,文人学士亦扞文纲,固已士气颓丧而儒风寂寥矣。"[①]汉代经学衰败除了经学自身内容流于烦琐外,一个很重要的原因就是党锢之祸对经学有生力量的摧残。

二、农民运动兴起和汉代帝国大厦岌岌可危

在社会下层,由于外戚、宦官的黑暗的统治,赋税极为沉重,加

---

① 皮锡瑞:《经学历史》第 141 页,中华书局 1981 年。

上当时地震、风雹、虫灾、牛疫等不断袭击,把劳动人民逼上绝路,终于爆发了黄巾军大起义。张角等人针对两汉统治者尊奉谶纬化了的儒家,立道家创始人老聃为教主,创立太平道,其教义主张自食其力,人人平等,反对不劳而食、兼并土地和聚集财富。张角通过传道、治病等形式,把农民组织起来,形成了一股声势浩大的反对统治者的力量。《后汉书》记载:

> 初钜鹿张角自称"大贤良师",奉事黄老道,畜养弟子,跪拜首过,符水咒说以疗病,病者颇愈,百姓信向之。角因遣弟子八人使于四方,以善道教化天下,转相诳惑。十余年间,众徒数十万,连结郡国,自青、徐、幽、冀、荆、扬、兖、豫八州之人,莫不毕应。……论言"苍天已死,黄天当立,岁在甲子,天下大吉"。(《皇甫嵩传》)

他们从当时政治黑暗、朝纲混乱中清楚地意识到了自西汉以来建立的神学目的论具有欺骗性,而以天人感应神学维系的汉代王朝气数已尽,无可救药,把矛头直指汉代的统治者。如他们在致曹操书信中也明言:"汉行已尽,黄家当立。天之大运,非君才力所能存也。"(《三国志·魏志·武帝纪》注引)这次农民大起义虽然被皇甫嵩和曹操等统帅的官兵所镇压而失败,但起义者"所在燔烧官府,劫略聚邑,州郡失据,长吏多逃亡。旬日之间,天下响应,京师震动"(《后汉书·皇甫嵩传》),动摇了东汉封建统治的基础。用范晔的话说:"嵩既破黄巾,威震天下,而朝政日乱,海内虚困。"(同上)中平六年(189),汉灵帝死,刘辩继位,大将军何进掌握大权。他联络袁绍等人杀了上军校尉宦官蹇硕,并密诏州牧董卓带兵入京,消灭宦官势力。正在此时,宦官谋杀何进,袁绍和何进的部将进宫杀宦官两千余人,彻底地消灭了宦官势力。董卓进兵入洛阳,更为重要的是在镇压农民运动中壮大了州郡官吏和地方豪强的力量,相对的原有强大的中央集权力量大大削弱,渐渐失去了对全国的控制,割据势力逐渐形成。为了争权夺利,割据者展开了长期的混战。董卓之乱、官渡之战是封建势力割据和混战的集中表现。在这些混战中,确立了曹魏集团在中原的霸主地位。当时的号称汉宗室的刘备为平原相、代领徐州牧,争霸中崭露头角。东汉政治黑暗、朝纲凌乱,践踏了经学所维系的纲常名教,从而降低了经学在当时人们心中的地位。黄巾军大起义瓦解了经学赖以生存的载体,因此,作为官方的经学在汉末开始衰落而为新兴的私学所取代。

三、经学鼎盛与危机

从学术上看,郑玄生活在经学由繁荣而转向衰落的时代。汉初,由于长期战争,生产力受到了严重的破坏,社会经济急剧衰败,人民流离失所。如《汉书·食货志》所言:"汉兴,接秦之弊,诸侯并起,民失作业而大饥馑。凡米石五千,人相食,死者过半。……天下既定,民亡盖藏,自天子不能具醇驷,而将相或乘牛车。"统治者为了稳定社会秩序,恢复生产,从秦朝灭亡中吸取了深刻的教训,采取了轻徭薄赋、休养生息的政策。道家以"历记成败存亡祸福古今之道,然后知秉要执本,清虚以自守,卑弱以自持"的思想内容,适应了当时社会政治经济的需要,而为统治者所倡导,黄老之言占据支配地位而流行。然而,经过"文景之治"到武帝时代,社会经济得到了恢复和发展,国力空前强大,出现了"都鄙廪庾皆满,而府库余货财"的繁荣景象。强大的社会和经济需要高度集中、大一统的政权,更需要独一无二、强有力的思想意识形态。原有的黄老之术已失去赖以生存的社会条件,取而代之的是被称为天人之学的儒家思想。汉武帝采纳了董仲舒"罢黜百家,独尊儒术"的建议,崇尚儒家,定儒学为官学,建太学,立博士,明经取士,刺激学者研习儒学。因而以儒家经典为对象、以诠释为形式、以阐发儒家微言大义为内容的经学适应政治需要而兴起,居于显赫的地位。武帝之后,其他帝王皆效法之。如甘露三年(前51),宣帝在石渠阁"诏诸儒讲五经异同",议礼、制度、考文皆以经义为尺度。东汉光武帝爱好经术,下诏广泛收集图书,修建太学,立五经博士,使天下四方学士云集京师教授经学。明帝即位,正坐讲经,诸儒执经问难于前,又为功臣、外戚子孙另立校舍,挑选高能,以授其业。章帝效法宣帝开展对经学的讨论,"大会诸儒于白虎观,考详同异,连月乃罢"。灵帝"诏诸儒正定五经,刊于石碑,用古文、篆、隶三体书法以相掺检,树之学门,使天下咸取则焉"。不仅如此,习经可以晋身入仕。汉初不任儒者,武帝始任治《春秋》的公孙弘为丞相,天下学士靡然向风。元、成、光武、明、章袭之,宰相公卿之位未有不用读经者。由于统治者的大力扶植和功利驱使,至汉末经学达到了空前的繁荣。《汉书·儒林传》云:

> 自武帝立五经博士,开弟子员,设科射策,劝以官禄;讫于元始,百有余年,传业者浸盛,支叶蕃滋。一经说至百余万言,大师众至千余人,盖禄利之路然也。

"一经说至百万余言,大师众至千余人"是对当时西汉经学繁荣的真实写照。而在数量方面,学习经学人数东汉又胜于西汉,如皮锡瑞所言:"大师众至千余人,前汉末已称盛,而《后汉书》所载,张兴著录且万人,牟长著录前后万人,蔡玄著录六千人,楼望诸生著录九千余人……比前汉为尤盛。"[①]

汉初经学传授,一经有一家或数家。《史记·儒林列传》云:

---

① 皮锡瑞:《经学历史》第131页,中华书局1981年。

"言《诗》于鲁则申培公,于齐则辕固生,于燕则韩太傅;言《尚书》自济南伏生;言《礼》自鲁高堂生;言《易》自淄川田生;言《春秋》,于齐鲁自胡毋生,于赵自董仲舒。"

汉初,《诗》有三家:鲁诗、齐诗、韩诗。鲁诗传自申培。申培,鲁人,因他为汉初老儒,故称"申公"。景帝时,在弟子御史大夫赵绾、郎中令王臧推荐下,他任大中大夫,时年八十余岁。后因赵绾、王臧得罪好黄老的窦太后下狱自杀,他以疾免归,曾为《诗》训诂以教学生,他传这一派的《诗经》称"鲁诗"。齐诗传自辕固。辕固,齐人,尊称"辕固生"。景帝时为《诗经》博士,因视《老子》为"家人言"而触犯窦太后,罚令入圈刺猪。曾以廉直为清河太傅,后以疾免。武帝时复以贤良征,诸儒多嫉毁曰老,时年九十余岁,终以老罢归。因他是齐人,他传一派《诗经》称"齐诗"。韩诗传自韩婴。韩婴,燕人,时称"韩生",文帝时为博士,景帝时为常山王太傅,故称"韩太傅"。韩婴推《诗》之意,著《内传》、《外传》数万言,"其语颇与齐鲁间殊",燕、赵传诗皆自韩婴。他也传《易》,能推易之意,孟喜弟子盖宽饶师从学《易》。曾与董仲舒辩论,董氏不能难之。他所传这一派《诗经》称"韩诗"。

《尚书》一家传自伏生。伏生,名胜,济南人,为秦博士。秦禁书,《尚书》也在禁之列,故至汉很少有治《尚书》者。文帝时,听说伏生壁藏《尚书》,亡十篇,独得二十九篇,教于齐鲁之间。文帝欲诏教授,但时年九十余岁,不能行,派晁错前往受之。伏生曾作《尚书大传》。

《礼》一家传自高堂生。高堂生,字伯,鲁人。汉初,有《士礼》十七篇(今《仪礼》),为高堂生所传。

《易》一家传自田生。田生,田何,字子庄,为战国齐田氏族。汉高祖迁徙六国豪家于关中,田何被迁至杜陵,号"杜田生"。自孔子传《易》,经六传至汉田何,汉言《易》本之田何。

《春秋》公羊两家:齐胡毋生和赵董仲舒。胡毋生,字子都,齐人,治公羊《春秋》,景帝时博士。《春秋》公羊学源于齐地。相传孔子将春秋中大义传子夏,子夏传弟子齐人公羊高,公羊高家传五世至公羊寿。文景时代,公羊寿在齐广收弟子,并将公羊学精华传齐人胡毋生。

董仲舒,广川(今河北枣强县东广川镇)人,少年治《公羊春秋》,求学至齐,与胡毋生同学于公羊门下,得公羊正传。《公羊传注疏》卷一引孝经说:"子夏传与公羊氏,五世乃至汉胡毋生、董仲舒。"据说,他研读《公羊春秋》非常刻苦专一,《御览》卷八百四十引《邹子》赞曰:"董仲舒三年不窥园,尝乘马不觉牝牡……志在经传也。"在司马迁看来,在研究公羊学中,董仲舒造诣最深。《史记·儒林列传》云:"汉兴至于五世之间,唯董仲舒名为明于《春秋》,其传公羊氏也。"汉景帝元年,他与胡毋生一起立为博士。武帝即位后,举贤良文学之士,董仲舒"以贤良对策"(又称"天人三策")上书武帝,得到武帝赏识和重用。

随着经学传授,经学派别逐渐增多,且得到了官方的认可。西汉立于官学《书》、《礼》、《易》、《春秋》四经,各止一家,而诗分三家。《汉书·儒林传》赞曰:"初《书》唯有欧阳,《礼》后,《易》杨,《春秋》公羊而已。至孝宣世,复立大、小夏侯《尚书》,大、小戴《礼》,施、孟、梁丘《易》,穀梁《春秋》。至元帝世,复立京氏易。平帝时,又立《左氏春秋》、《毛诗》、《逸礼》、《古文尚书》。"至东汉初年,光武帝确立了今文十四博士,"易有施、孟、梁丘、京氏,《尚书》欧阳、大、小夏侯,《诗》齐、鲁、韩,《礼》大、小戴,《春秋》严、颜"(《后汉书·儒林列传》)。这里所说的"欧阳",是欧阳之学。伏生以《尚书》传欧阳生,欧阳生,字和伯,千乘人。欧阳生以《尚书》传儿宽,儿宽传欧阳生子,世世相传,至其曾孙欧阳高(子阳),为博士。《汉书·艺文志》录有:《欧阳章句》、《欧阳说义》。"后",指后仓,齐人,是高堂生的后学,曾说《礼》数万言,号曰《后氏曲台记》。杨,指临淄杨何,字叔元,田何再传弟子。《汉书·艺文志》录有:《杨氏》二篇。大、小夏侯,是指夏侯胜、夏侯建。伏生传《尚书》于济南张生,张生传夏侯都尉,都尉传其族子始昌,始昌传胜,胜传其从兄子建。夏侯胜官至长信少府,夏侯建官至太子太傅,故时称夏侯胜为大夏侯,夏侯建为小夏侯。小夏侯于《尚书》章句、训诂与大夏侯相出入。《汉书·艺文志》录有:《大小夏侯章句》、《大小夏侯解故》。大小戴,指戴德、戴胜。戴德号大戴,信都太傅;戴胜号小戴,九江太守。均为梁人,郑玄称戴德、戴胜为"高堂生五传弟子","戴德传《记》八十五篇,戴胜传《记》四十九篇"(《礼记正义》引《六艺论》)。严、颜指严彭祖和颜安乐。严彭祖,字公子,东海下邳人,宣帝时博士,官至太子太傅。颜安乐,字公孙,鲁国薛人,官至齐郡太守丞。严、颜同是胡毋生再传弟子。胡毋生年老归齐,以公羊学传鲁人眭孟,眭孟传严、颜。二人是眭孟得意门生。施、孟、梁丘、京氏是指施雠、孟喜、梁丘贺和京房(详见后)。

汉代经学一经有数家,而每家又有数说。《易》施家有张、彭之学,孟家有翟、白之学,梁丘有士孙、邓、衡之学。还有京氏之学,未立于学官的费、高之学。《尚书》有欧阳之学,大、小夏侯之学,大夏侯有孔、许之学,小夏侯有郑、张、秦、假、李氏之学,还有孔氏古文《尚书》之学。《诗经》有鲁、齐、韩三家,鲁《诗》有韦氏、张、唐、褚氏之学,齐《诗》有翼、匡、师、伏之学,韩《诗》有王、食、长孙之学,还有毛《诗》之学。《礼》有大戴、小戴、庆氏之学,大戴有徐氏,小戴有桥、杨氏之学。《春秋》有公羊、穀梁、左传三家。《公羊》有严、颜之学,颜家有冷、任、筦、冥之学,《穀梁》有尹、胡、申章、方氏之学,《左传》有贾护、刘歆之学。

汉初立《诗》、《书》、《礼》、《易》、《春秋》五经博士,汉代提倡"以孝治天下"，到东汉五经之外又增加了《孝经》、《论语》两经，官学五经扩展到七经。按照《汉书·艺文志》记载，西汉《易》为十三家，《尚书》九家，《诗》六家，《礼》十三家，《春秋》二十三家，《论语》十二家，《孝经》十一家。汉代经学传授和各种派别的形成及其习经者数量反映出当时经学研究的盛况。然而，这种经学繁荣的背后潜藏着其自身无法克服的种种危机。主要表现在以下几个方面：

（一）明经取士，经学成为入仕晋身的阶梯。习经者急功近利，投机取巧，崇尚虚华，不思多闻阙疑，如范晔所言，"章句渐疏，而多以浮华相尚，儒者之风盖衰矣"（《后汉书·儒林列传》）。

（二）由于两汉经学传授是师师相承，口传心授，故造成了经学研究重师法家法。至东汉末，形成了多家多说。即一经有数家，一家有数说，歧义并出，如树干之分枝，枝又分枝，枝叶蕃滋，浸失其本。范晔曾这样描述道："汉兴，诸儒颇修艺文；及东京，学者亦各名家。而守文之徒，滞固所禀，异端纷纭，互相诡激，遂令经有数家，家有数说，章句多者或乃百余万言，学徒劳而少功，后生疑而莫正。"（《后汉书·郑玄列传》）

（三）汉学治经最大的特点是重名物训诂，以探求经文的本义为指归。清末杭辛斋曾就汉学这个特点总结道："汉学重名物，重训诂，一字一义，辨析异同，不惮参伍考订，以求其本之所自，意之所当。"（《学易笔谈》卷一）经学家有时为了一句话或一个字，不遗余力，旁征博引，细心求证，以至于融通。而对于经师之言，决不敢越雷池半步，甚至连一个字也不得改，更不得参杂异说，以保证这个学统的严肃性、权威性和连续性，如皮锡瑞所言："汉人最重师法。师之所传，弟之所受，一字毋敢出入；背师说即不用。师法之严如此。"这种笺注之学虽存朴实严谨之风，却有机械、泥古、支离的特点。这就是四库馆臣所说的"其学笃谨严，及其蔽也拘"（《四库全书提要·经部·总叙》）。

（四）适应了社会的政治和经济的需要，神学在两汉盛行，并与经学相结合，形成了具有神秘色彩的天人之学。这种天人之学在齐学中表现得尤为突出。"《伏传》五行，《齐诗》五际，《公羊春秋》多言灾异，皆齐学也。《易》有象数占验，《礼》有明堂阴阳，不尽齐学，而其旨略同。"①形成于西汉、带有浓厚神学意味的经学，为东汉统治者所认可，光武帝以谶受命，深信谶纬，兴起以谶纬正定经义。章帝亲自召开白虎观经学大会，进一步确立了神学在经学中的合法地位。以神学治经，对于调整封建社会秩序、推动社会向前发展有积极意义。然神学与经学的结合，使经学内容变得驳杂不纯，其中许多学说牵和、荒诞，与经义相去甚远。如皮锡瑞所言："图谶本方士之书，与经义不相涉。汉儒增益秘纬，乃以谶文牵合经义，其合于经义者近纯，其涉于谶文者多驳。"②

两汉经学研究中存在的弊端，遭到了当时思想家的深刻揭露和批判。东汉著名的思想家王充曾指出：

> 儒者说五经，多失其实。前儒不见本末，空生虚说；后儒信前师之言，随旧述故，滑习辞语，苟名一师之学，趋为师教授，及时蚤仕，汲汲竞进，不暇留精用心，考实根核，故虚说传而不绝，实事没而不见，五经并失其实。（《论衡·正说》）

王充不仅批判了当时经学研究中存在的问题，还把矛头直指与经学密切相关的神学。首先，他以元气自然为基础，否定了经学家所宣扬的天人感应的思想。认为，"夫天不能故生人，则其生万物亦不能故也。天地合气，物偶自生矣"（同上《物势篇》），"夫人不能以行感天，天亦不随行而应人"（同上《明雩篇》）。他还用自然无为驳斥了祥瑞说和谴告说。指出，天道自然，图书自成，谶纬

---

① 皮锡瑞：《经学历史》第 106 页，中华书局 1981 年。
② 同上，第 109 页。

之学皆虚妄。瑞应现象违背了天道自然法则。它有时出现只是一种巧合,"文王当兴,赤雀适来,鱼跃乌飞,武王偶见,非天使雀至白鱼来也"(同上《初禀篇》)。他认为,灾异是自然自身造成的,与社会的政治无关,"夫天道自然也,无为。如谴告人,是有为也,非自然也"(同上《谴告篇》)。谴告说是乱世的产物,"谴告之言,乱世之语"(同上《感类篇》)。他还在《卜筮篇》中以大量的事实说明"卜筮不可信"。

同时代的张衡、王符、仲长统等对天人感应的神学也进行了批驳。张衡认为针对当时"儒者争学图谶,兼复附以妖言"的风气,提出"图谶虚妄,非圣人之法"的论断。又在给皇帝的奏疏中将图谶视为"欺世罔俗"、"要世取资"之言,当禁绝之。王符在《潜夫论》列《卜列》、《巫列》、《相列》、《梦列》篇章,专门批判当时流行的鬼神、卜筮等迷信活动,认为那些从事迷信活动的巫祝"欺诬细民,荧惑百姓"。仲长统则认为人事治乱与天道无关,指出:"王天下、作大臣者,不待于知天道矣。所贵乎用天之道者,则指星辰以授民事,顺四时而兴功业,其大略吉凶之祥,又何取焉。"(《群书治要》卷四十五引)此谓做皇帝和大臣不是取决于天道,"唯人事之尽耳",其所用的天道也不是神学家所谓的天道,而是自然变化规律。这些批判极为深刻,沉重地打击了两汉建立起来的君权神授和天人感应的神学体系,加速了经学的衰落。

四、今文经沉沦与古文经的兴起

东汉经学危机一个重要表现是今文经沉沦和古文经兴起。在由于文字书写和治学方法不同,两汉经学有今古文之分。一般说来,用当时流行的隶书书写的经文、被立于学官的是为今文经。汉初经学大师传授的经书和汉武帝时立于学官、在太学博士教授弟子的经书,皆为今文经。出现在汉代民间,用汉以前的大篆(又称籀书)或其他古文字书写的经文,是为古文经。这种划分,是以经文书写和是否立于学官为标准。过去有的学者只以书写作为区分今古文经的标准,这种分法遇到的问题是对于今文经中有古字、古文经中有今字无法作出合理解释。如出土的汉初简帛文字与许慎和郑玄今古文不尽相同,而古文经未必全用古文抄写。如伏生所藏的《古文尚书》原是用古文书写,但在传授过程中被写成了今文写本,即所谓《今文尚书》。因此,"若是仅注重于是今文还是古文,不足以鉴定其为今文经抑或古文经。若是着眼于祖本是否为古文,亦不足以做到今古文经的鉴别"。①

古文经兴起西汉末年,盛行于东汉。为避秦火焚书之灾,一些负学之士冒险把儒家典籍深藏起来。汉王朝建立之后,儒家经学研究得以恢复和发展,朝廷多次下令收集散落在民间经典,于是隐藏民间先秦经书纷纷出世,因这些经书是用汉以前的大篆(又称籀书)或其他古文字书写的,故称为古文经。而在西汉出世的儒家典籍,如汉景帝之子鲁恭王刘余坏孔子宅,得用汉以前的小篆写的《尚书》、《礼》、《论语》和《孝经》等数十篇,是为古文经。《汉书·艺文志》有详细记载:

> 《古文尚书》者,出孔子壁中。武帝末,鲁恭王坏孔子宅,欲以广其官,而得《古文尚书》及《礼记》、《论语》、《孝经》凡数十篇,皆古字也。恭王往入其宅,闻鼓琴瑟钟磬之音,于是惧,乃止不坏。孔安国者,孔子后也,悉得其书,以考二十九篇,得多十六篇。安国献之,遭巫蛊事,未列于学官。

西汉除了孔子壁中发现古文经,其他地方也先后出现古文经。

---

① 王葆玹:《今古文经学新论》第60—61页,中国社会科学出版社1997年。

如汉初北平侯张苍献《春秋左传》，鲁淹中所出《礼古经》，昭帝时鲁三老所献《孝经》，河间献王刘德从民间求购的《周官》、《尚书》、《礼》、《礼记》、《孟子》、《老子》等，以及藏于汉廷中秘的古文经，民间私下传习者。① 今、古文经篇章相差悬殊，如伏生传的《尚书》二十九篇，孔安国家藏的《古文尚书》则多十六篇。只有《周易》则例外，除了文字书写外，今古文经篇章和文字几乎没有差别。《汉书·艺文志》云："刘向以中《古文易经》校施、孟、梁丘经，或脱去'无咎'、'悔亡'，唯费氏经与古文同。"经学两派在文本及治经方法等方面也表现得泾渭分明，不相混杂。经今文派在当时统治者大力扶植下，对儒家经典任意发挥，并与流行的阴阳五行的天人学相结合，以迎合统治者的理论和政治的需要，成为两汉显学。而经古文派把儒家经典视为古代历史文献，严格按照字义释经，简明扼要，阐明儒家大道。

东汉初年，以私人传授的古文经渐渐兴盛传播开来，并与官学的今文经发生了冲突。协助父亲刘向校书的刘歆发现用古文写的《春秋左传》、《毛诗》、《逸礼》和《古文尚书》等比今文经更可靠，更有价值，他便将这些古文经立于学官，遭到博士们的反对。"哀帝令歆与五经博士讲论其义，诸博士或不肯置对"。刘歆写信指责博士们"专己守残，党同门，妒道真，违明诏，失圣意，以陷于文吏之议"（《汉书·刘歆传》），他还揭露了今经文过于繁琐、不易掌握，更无益于社会。他指出：

> 分文析字，烦言碎辞，学者罢老且不能究其一艺。信口说而背传记，是末师而非往古，至于国家将有大事，若立辟雍封禅巡狩之仪，则幽明而莫知其原。（《汉书·刘歆传》）

---

① 见吴雁南等主编：《中国经学史》第100—101页，福建人民出版社2001年。

由于反对激烈,加上有人控告刘歆"改乱旧章",古文经未立学官。平帝时,王莽执政,起用刘歆,将《左氏春秋》、《毛诗》、《逸礼》、《古文尚书》等古文经立于学官。王莽篡权后,又立《周官》为官学,刘歆被封为嘉信公,称为"国师"。刘秀建立东汉后,古文经学家、尚书令韩歆上书朝廷,欲立《费氏易》、《左氏春秋》博士。光武帝下诏令公卿大夫博士讨论之,古文经和今文经两派展开激烈争论,最终因今文经博士范升强烈反对而未立。明帝时,允许《左传》、《穀梁》、《古文尚书》、《毛诗》四经公开传授,但不立博士。章帝喜爱经术,尤其爱好《古文尚书》和《春秋左传》,即位后,曾诏古文经学家贾逵讲学北宫白虎观和南宫云台。贾逵家传古文经,"弱冠能诵《左氏传》及五经本文,以大夏侯《尚书》教授,虽为古学,兼通五家穀梁之说"。尤擅长《左传》、《国语》。章帝非常欣赏贾逵的经学,命他阐发《公羊》、《穀梁》二传的大义。贾逵迎合统治者需要,摘出《左传》优于《公羊》三十七事,撰成奏章。皇帝看了奏章后很高兴,给予贾逵赏赐,并令贾逵从《公羊》严、颜两家诸生中挑选二十名高材生教授《左传》。又命贾逵撰欧阳、大、小夏侯《尚书》与《古文尚书》异同,齐、鲁、韩《诗》与《毛诗》异同。其后,章帝亲自在白虎观召开包括易学在内的经学讨论会,"考详异同"。"肃宗亲临称制,如石渠故事,顾命史臣,著为通义。又诏高才生受《古文尚书》、《毛诗》、《穀梁》、《左氏春秋》,虽不立学官,然皆擢高第为讲郎,给事近署,所以网罗遗逸,博存众家。"(《后汉书·儒林传》)安帝博选诸儒及五经博士刘珍、马融等于东观,校订包括《易经》在内的五经及其他文献,"整齐脱误,是正文字"。据今人金德建考证,此次校书是把今文本校定成古文本。① 而灵帝时,卢植也上书请立古文经,提出:"古文科斗,近于为实,而厌抑流俗,降

---

① 金德建:《经今古文字考》第 261 页,齐鲁书社 1986 年。

在小学。中兴以来,通儒达士班固、贾逵、郑兴父子,并敦悦之。今《毛诗》、《左传》、《周礼》各有传记,其与《春秋》共相表里,宜置博士,为立学官,以助后来,以广圣意。"(《后汉书·卢植赵列传》)故今文经和古文经之争既包含了学派门户之争,也包含了政治地位之争。古文经因与现实有一定的距离,未像今文经那样受到官方极力尊崇,但它避免了今文经研究中由于功利带来的问题,因此,虽然刘歆、卢植等人请立学官的努力没有成功,古文经在东汉学官中未占有一席之地,然而它的影响却越来越广泛,逐渐得到统治者的默认和学界的认可,而盛行于东汉。

按照《后汉书·儒林列传》记载,陈元、郑众、马融、郑玄、荀爽等人传费氏易,并为之作传注,费氏古易兴,而京氏今文易有书无师而衰微;杜林、贾逵、马融、郑玄等人传《古文尚书》,并为之作传注,于是《古文尚书》遂显于世;谢曼卿、郑众、贾逵、马融、郑玄等人传《毛诗》,并为之作传注,于是《毛诗》大兴;郑众、马融、郑玄等人传《周官》,并为之作传注,于是《周官》之学大兴;郑兴、陈元等人传《春秋左传》,于是《春秋左氏》之学大兴。由此可以看出,古文经在东汉盛行,与贾逵、马融和郑玄等人所做的努力分不开的。"初,中兴之后,范升、陈元、李育、贾逵之徒争论古今学,后马融答北地太守刘瓌及玄答何休,义据通深,由是古学遂明"。(《后汉书·郑玄列传》)

与此相反,由于今文经至东汉末由兴盛而转入衰亡,主要表现在太学校舍颓废,博士不讲,学者不务正业。如《后汉书·儒林列传》所云:"自安帝览政,薄于蓺文,博士倚席不讲,朋徒相视怠散,学舍颓敝,鞠为园蔬,牧儿荛竖,至于薪刈其下。""党人既诛,其高名善士多坐流废,后遂至忿争,更相信告,亦有私行金货,定兰台漆书经字,以合其私文。"

五、象数易学兴盛与式微

就易学而言,经过两汉易学家苦心经营而建立起来的象数易学由鼎盛始转入式微。汉代易学传自孔子。孔子晚而喜《易》,韦编三绝,赋予《周易》丰富哲理,并始传授《易》,经孔子五传而至汉代田何。《汉书·儒林传》云:

> 自鲁商瞿子木受《易》孔子,以授鲁桥庇子庸。子庸授江东馯臂子弓,子弓授燕周丑子家,子家授东武孙虞子乘,子乘授齐田何子装。及秦禁学,《易》为卜筮之书,独不禁,故传授者不绝也。汉兴,田何以齐田徙杜陵,号杜田生,授东武王同子中、雒阳周王孙、丁宽、齐服生,皆著《易传》数篇。同授淄川杨何,字叔元,元光中征为太中大夫。齐即墨成,至城阳相。广川孟但,为太子门大夫。鲁周霸、莒衡胡、临川主父偃,皆以《易》至大官。要言《易》者本之田何。

汉由田何几传形成了官学四大家和民间两大家。《后汉书·儒林列传》云:

> 田何传《易》授丁宽,丁宽授田王孙,王孙授沛人施雠、东海孟喜、琅邪梁丘贺,由是《易》有施、孟、梁丘之学。又东郡京房受《易》于梁国焦延寿,别为京氏学。又有东莱费直传《易》,授琅邪王横,为费氏学,本以古字,号古文易。又沛人高相传《易》,授子康及兰陵毋将永,为高氏学。施、孟、梁丘、京氏四家皆立博士,费、高二家未得立。

若从治《易》方法言之,西汉易学可分四大派,"曰训诂举大义,周、服等是也;曰阴阳灾变,孟、京等是也;曰章句师说,施、孟、梁丘、京博士之学是也;曰象象释经,费、高是也"(《续修四库全书提要·易汉学提要》)。其中,立于学官孟、京一派属于今文派,专言象数,并借助于象数大谈阴阳灾异,与汉代以齐学为主的天人之学相合流。清人皮锡瑞云:

> 汉有一种天人之学,而齐学尤盛。《伏传》五行,《齐诗》五际,公羊《春秋》多言灾异,皆齐学也。《易》有象数占验,《礼》有明堂阴阳,不尽齐学,而其旨略同。当时儒者以为人主至尊,无所畏惮,借天象以示儆,庶使其君有失德者犹知恐惧修省。此《春秋》以元统天、以天统君之义,亦易神道设教之旨。①

这里的齐学,是指秦汉时齐地经学研究。齐地经学研究以《尚书》、《诗经》、《春秋》著名。《尚书》是我国最早的历史典籍,也是儒家研习的经典之一,秦始皇焚书包括《尚书》在内,济南伏生为博士,将自己的那本《尚书》藏在自家墙壁中。汉兴“除挟书律”,伏生失其本经,口传二十九篇,汉文帝欲立《尚书》为学官,想诏伏生到京,但时已九十余岁未遂。文帝诏晁错前往受业,伏生又传济南张生等人。因《尚书》有《洪范》传讲五行,故言伏生传五行。五行本来是指自然界所具有不同性能的五种物质,战国时齐人邹衍用五行说解说社会,提出了五德终始说,认为人类社会历史变化同自然界一样,是受水火金木土五种势力支配,朝代的更替体现着五行相克制的关系。如“五德从所不胜、虞土、夏木、殷金、周火”(《文选·齐故安陆昭王碑》李善注引邹子)。邹子这种观点流行于当时。《史记·历书》云:“是时独有邹衍,明于五德之传,而散消息之分,以显诸侯。”《史记·封禅书》云:“邹衍以阴阳主运显于诸侯,而燕齐海上之方士传其术,不能通,然则怪迂阿谀苟合之徒

---

① 皮锡瑞:《经学历史》第 106 页,中华书局 1981 年。

自此兴,不可胜数也。"用"五行"来描述自然界并不神秘,然而若比附社会人事则带有神秘色彩。这种由邹衍整合的神秘五行说传至汉代成为儒家诠释经书的重要材料之一。因此有的清代学者把纬书起源归于邹衍,并不奇怪。

初《诗经》多传自齐地。相传孔子弟子子夏传授《诗》,至汉有鲁、齐、韩、毛四家。鲁人申公,受诗于浮丘伯,号鲁诗。齐人辕固生,作《诗传》,号齐诗。燕人韩婴作韩诗内外传,号韩诗。鲁人毛亨为《诗故训传》,以受河南毛苌,称为毛诗。"齐诗五际"又称"四始五际",是指以五行和地支解说《诗经》。如以干支五行解释诗经篇名。《后汉书·郎颛传》注云:"四始谓《关雎》为《国风》之始,《鹿鸣》为《小雅》之始,《文王》为《大雅》之始,《清庙》为《颂》之始。"《诗纬·泛历枢》云:"《大明》在亥,水始也;《四牡》在寅,木始也;《嘉鱼》在巳,火始也;《鸿雁》在申,金始也。"《汉书·翼奉传》孟康注引《诗外传》说:"五际,卯、酉、午、戌、亥也,阴阳终始际会之岁,于此则有变革之政。"又《后汉书·郎颛传》引《诗纬·泛历枢》云:"卯酉为革政,午亥为革命,神在天门,出入候听。"宋均注云:"神,阳气,君象也。天门,戌亥之间,乾所居者。"

《春秋》公羊学源于齐地。相传孔子将《春秋》中大义传子夏,子夏传弟子齐人公羊高,公羊高五传公羊寿。文景时代,公羊高在齐广收弟子,并将公羊学精华传齐人胡毋生。公羊学一个很显著的特点是用天人感应思维和阴阳灾异观念解释发生在春秋时出现的自然怪异现象和人事。这就是汉初齐学。以卜筮而著称的《周易》因与齐学有着相一致的功用,在汉初这种特定的环境下很快与齐学合流,齐学所推崇的阴阳观念、五行思想、灾异说和当时被称为圣王"参政"的天文、"知命之术"的历法随即成为易学家理解和诠释《周易》的工具,形成了偏于天道的象数易学。如《汉书》言魏相"数表采《易阴阳》及《明堂月令》奏之",孟喜"得易家候阴阳灾变书",是易学接受了齐学的阴阳灾变说的明证。

无论是齐学的《尚书》五行、《诗经》四始五际、《春秋》阴阳灾异,还是易学象数,礼学阴阳明堂,在当时都是推知人事吉凶、考察政治得失、国家安危的工具。其依据的概念、方法虽存一定差异,但内容和所取得效果是一致的。这一点治《齐诗》的翼奉讲得十分明了:

> 天地设位,悬日月,布星辰,分阴阳,定四时,列五行,以视圣人,名之曰道。圣人见道,然后知王治之象,故画州土,建君臣,立律历,陈成败,以视贤者,名之曰经。贤者见经,然后知人道之务,则《诗》、《书》、《易》、《春秋》、《礼》、《乐》是也。《易》有阴阳,《诗》有五际,《春秋》有灾异,皆列终始,推得失,考天心,以言王道之安危。(《汉书·翼奉传》)

孟京一派由于迎合时代的需要,吸收了当时自然科学和易学所取得的成果,建立了以推天道、明人事的象数筮占体系,从而改变了易学发展的大方向,易学总体上转入了以象数治《易》的路数。

这一易学史上的重大变革始于孟喜(约前90—前40)。孟喜是两汉象数易学的先驱。他生于汉代昭帝、宣帝之时,字长卿,东海兰陵(今山东苍山县西南)人,其父孟卿善治《礼》、《春秋》,后世所传的《后氏礼》、《疏氏春秋》皆出孟卿。孟喜遵父之命习《易》,与施雠、梁丘贺同学于田王孙,为汉代第一位易学家田何的再传弟子,自称得田王孙之真传,诈言受学于田王孙临死之时,遭到了同门梁丘贺的反驳。其实,他是一位叛离儒家师门、敢于接受异端邪说的易学家。据《汉书·儒林传》记载,"喜好自称誉,得易家候阴阳灾变书"。正因为此举有悖于师法,起初汉立博士,"众人荐喜,上闻喜改师法,遂不用"(《汉书·儒林传》)。汉易有今文和古文之分,孟氏易属今文易,曾参加过汉宣帝召集的经学讨论会,"与五经诸儒论同异于石渠阁"。孟喜著作有《孟氏京氏》、《灾异孟氏京氏》、《孟氏章句》等,皆佚失,张惠言、孙堂、马国翰、黄奭有孟氏易辑本。孟喜"得易家候阴阳灾变书"而改变师法,提出了卦气说。《新唐书》一行《卦议》曰:"十二月卦,出于孟氏章句,其说易本于气,而后以人事明之。"

卦气说,是易学与天文历法相结合的产物。将《周易》六十四卦三百八十四爻与一年中的四时、十二月、二十四节气、七十二候相匹配,就是卦气说。其主要理论是四正卦说和六日七分说。清儒李道平指出:"以《坎》、《离》、《震》、《兑》四正卦为四时方伯之卦,余六十卦,分布十二月,主六日七分。又以自《复》至《坤》十二卦为消息,余杂卦主公、卿、大夫、侯。风雨寒温以为征应。"①此是言以四正卦主四时,四卦二十四爻主二十四节气。其余六十卦主一年十二个月三百六十五日四分之一。每月值五卦,以《复》、《临》、《泰》、《大壮》、《夬》、《乾》、《姤》、《遁》、《否》、《观》、《剥》、《坤》十二辟卦(消息卦)为君,主十二辰(月),其余为杂卦为臣,以公、卿、大夫、侯主之。六十卦与三百六十五日四分之一相配,每卦主六日,又余五日四分之一日。五日四分之一日分为八十分,得四百二十分,除以六十卦,又得七分。故有六日七分说。

孟喜的卦气说开创了一个易学研究的新时代。孟喜沿着《易传》所开辟的象数易学道路,紧紧围绕着卦象和蓍数这两个核心,建立了融古代自然科学和易学象数为一体的卦气说,彻底地改变了战国至汉初说《易》的传统。战国《易传》说《易》兼顾义理与象数,偏重于义理。就象数而言,它只流于一般的理论说明和具体运用,而缺乏具体的论证和理论的建构。如《系辞》或泛泛谈象数,

---

① 李道平撰、潘雨廷点校《周易集解纂疏》第12页,中华书局1994年。

或把象和数局限于筮法应用。《象传》和《彖传》用象数注《易》,而对象数及象数治《易》的方法未作严格的界定和说明。汉初说《易》,继承了《易传》以义理治《易》的传统,皆主义理、切人事,不言阴阳象数,关于这一点从汉初文献保留的说《易》材料可以得到明证,成书于汉初的《淮南子》、《新书》、《说苑》、《春秋繁露》等所引二十多条易学材料皆明人事,无一例言象数,这说明了汉初孟喜之前的易学是儒家义理易学。孟喜虽师从田王孙,习正宗的儒家易学,却得易家候阴阳灾变书,一改承传的师法,将易学与当时的自然科学相结合,首创卦气说,主阴阳灾变。这就使他的易学在迷信的外壳下包含了丰富的、科学的内容,客观上增强了易学的理性成分,冲淡了其神学色彩。从这个意义讲,孟喜"改师法"式的易学变革,是对传统以义理为主的儒家易学的挑战,是对象数易学的发展和深化。他所开创的易学与自然科学的方法和以象数治《易》的思路,规定和影响了中国易学及天文历法的发展。因此,孟喜成为汉代易学象数派乃至整个象数易学的创始人。

其后,焦延寿继之。焦赣,名延寿,梁人。且"尝从孟喜问易",自称学于孟喜,其学生京房也认为"延寿易即孟氏学",而孟喜弟子"翟牧、白生不肯,皆曰非也"。其实,焦氏"独得隐士之说,托之孟氏,不相与同",其易学"长于灾变,分六十四卦更直日用事,以风雨寒温为候,各有占验"(《汉书·京房传》)。撰写了《易林》等书,发展了孟氏的象数思想。

京房受易于焦延寿,建立了以占验为内容的庞大的象数思想体系。京房(前77—前37),东郡顿丘(河南清丰西南)人,字君明,本姓李,好音律,推律自定为京氏。元帝时立为博士,官至魏郡太守。后因劾奏中书令石显专权,被捕下狱,死于元帝建昭二年。于易学师从焦延寿,擅长阴阳灾异,提出八宫、纳甲、世应、飞伏、五行等学说，①建立了以纳甲筮法为主干的筮占体系，成为汉初田何易学的异党。据其弟子讲，"房言灾异，未尝不中"（《汉书·京房传》）。

同时，京房发展了孟喜卦气说。京房不同意孟喜四正卦主二十四节气的说法，别出心裁地将《震》、《兑》、《坎》、《离》、《巽》、《艮》六卦与二十四节气匹配，提出了六卦主二十四节气的思想。他指出：

> 立春正月节在寅，坎卦初六，立秋同用。雨水正月中在丑，巽卦初六，处暑同用。惊蛰二月节在子，震卦初九，白露同用。春分二月中在亥，兑卦九四，秋分同用。清明三月节在戌，艮卦六四，寒露同用。谷雨三月中在酉，离卦九四，霜降同用。立夏四月节在申，坎卦六四，立冬同用。小满四月中在未，巽卦六四，小雪同用。芒种五月节在午，震宫九四，大雪同用。夏至五月中在巳，兑宫初九，冬至同用。小暑六月节在辰，艮宫初六，小寒同用。大暑六月中在卯，离宫初九，大寒同用。（《京氏易传》卷下）

此京氏按照《周易》六十四卦中的《坎》、《巽》、《震》、《兑》、《艮》、《离》六纯卦排列顺序依次与一年二十四节气相配。每一卦取初四两爻，一爻值两节气，一卦主四个节气，六卦十二爻主二十四节气。若从节气顺序看，其配法则是：以《坎》、《巽》、《震》三卦初爻和《兑》、《艮》、《离》三卦四爻分主立春、雨水、惊蛰、春分、清明、谷雨，再以《坎》、《巽》、《震》三卦四爻和《兑》、《艮》、《离》三卦初爻分主立夏、小满、芒种、夏至、小暑、大暑，然后以同样方法，取六卦初四两爻主立秋、处暑、白露、秋分、寒露、霜降、立冬、小雪、大雪、冬至、小寒、大寒。若从卦的角度看，其配法则是：《坎》卦初爻主

---

① 见林忠军：《象数易学发展史》第一卷第三章"京房象数易学"，齐鲁书社1994年。

立春、立秋,四爻主立夏、立冬;《巽》卦初爻主雨水、处暑,四爻主小满、小雪;《震》卦初爻主惊蛰、白露,四爻主芒种、大雪;《兑》卦初爻主夏至、冬至,四爻主春分、秋分;《艮》卦初爻主小暑、小寒,四爻主清明、寒露;《离》卦初爻主大暑、大寒,四爻主谷雨、霜降。从以上的分析可以看出,京氏用六卦主二十四个节气,每一爻皆主两个对立的节气,显然与孟喜四正卦不同。关于六日七分说,京氏也有创新。孟喜是以六十卦与三百六十五又四分之一日相配,而京氏则是以六十四卦与三百六十五又四分之一日相配。对此汉代的王充和唐代的僧一行皆作过说明。王充说:"易京氏布六十四卦于一岁中六日七分一卦用事。"(《论衡·寒温》)僧一行说:"京氏又以卦爻配期,《坎》、《离》、《震》、《兑》,其用事自分至之首,皆得八十分之七十三。《颐》、《晋》、《井》、《大畜》皆五日十四分。余皆当六日七分。"(《卦议》引《新唐书》卷二十七)按照僧一行的说法,京氏的方法是将《颐》、《晋》、《井》、《大畜》四卦所主的六日七分中分别减去七十三分,则为五日十四分(每日为八十分),由四正卦分主之。即《颐》、《晋》、《井》、《大畜》分主五日十四分,《坎》、《离》、《震》、《兑》分主七十三分,其余卦不变,皆主六日七分。

京氏一生撰写了许多易学著作,如《京氏章句》、《周易错》、《周易占》、《周易混沌》、《京氏易传》、《周易守林》、《周易妖占》等。今能见到的只有《京氏易传》及清人孙堂、马国翰、黄奭、王保训关于京氏易的辑本。

京氏易的形成,标志着汉代易学变革的完成。如清人皮锡瑞指出:"战国诸子及汉初诸儒言《易》,亦皆切人事而不主阴阳灾变,至孟京出而说始异。""首改师法,不出于田何、杨叔、丁将军者,始于孟而成于京。"

《易纬》总结了孟喜京房易学,建构了以偏于天道、以象数为主要特色的易学体系。以诠释《周易》为宗旨、成书于象数易学风靡之时的《易纬》神化了《周易》的作者,内涵了以占验为目的象数易学思想。然就其内容而言,更多的是言孟喜、京房的易学理论。如《稽览图》、《通卦验》继承和整合了孟京易学,专讲卦气说。《易纬》中的"卦气起于中孚",以《坎》、《离》、《震》、《兑》为四正卦,六十卦(或六十四卦)主六日七分,又以自《复》至《坤》为十二卦为消息卦,其余为杂卦,主公、卿、侯、大夫,候风雨寒温以为征应等,皆出自孟、京之学,其中有些观点几乎是全盘照抄,如《京氏易传》云:"八卦分阴阳,六位五行,光明四通,变易立节。天地若不变易不通气,五行迭终,四时更废,变动不居。"《乾凿度》云:"易者以言其德也,……光明四通,俲易立节。"又说:"变易也者,其气也,天地变不能通气,五行迭终,四时更废,君臣取象变节相移(和)。"《京氏易传》云:"故《易》所以断天下之理,定之以人伦,而明王道。八卦建五气,立五常,法象乾坤,顺于阴阳,以正君臣父子之义。"《乾凿度》云:"故《易》者所以经天地、理人伦而明王道。是故八卦以建五气,以立五常,以之行。象法乾坤,顺阴阳,以正君臣父子之义。"京氏注"大衍之数五十"云:"五十者,谓十日,十二辰,二十八宿也。"(引自孔颖达《周易正义》)《乾凿度》云:"日十干者,五音也;辰十二者,六律也;星二十八者,七宿也。凡五十所以大阂物而出之者。"许慎《五经异义》引:"《易》孟京说,《易》有君人五号:帝,天称一也;王,美称二也;天子,爵号三也;大君者,兴盛行异四也;大人者,圣人德备五也。"(《礼记·曲礼下》疏引)《乾凿度》云:"孔子曰:《易》有君人五号也。帝者,天称也;王者,美行也;天子者,爵号也;大君者,与上行异也;大人者,圣人圣明德备也。"今人钟肇鹏列举八个证据,说明了《易纬》与孟京易学的关系,推断"以上八条足以证明《易纬》为孟、京易学一派无容质疑"。[1] 清人吴翊

---

① 钟肇鹏:《谶纬论略》第130—134页,辽宁教育出版社1997年。

寅干脆把《易纬》视为孟、京的作品。他指出:"《易纬·乾凿度》为孟喜所述,《稽览图》、《通卦验》皆京房所述。"(《易汉学考一·易纬考上》)孟氏易、京氏易大多佚失,仅据辑佚的著作与《易纬》对比,推断《易纬》为孟、京所作,其说很难说正确,但他指出《易纬》与孟京易学的内在联系,是值得肯定的。

　　象数易学发展至东汉达到了鼎盛。从易学渊源上讲,东汉师承西汉,西汉施、孟、梁丘、京氏和费、高成为东汉易学正宗。但两汉易学表现形式则又有不同,如西汉重师法,东汉重家法。"师法者,溯其源;家法者,衍其流也。师法家法所以分者,如《易》有施、孟、梁丘之学,是师法;施家有张、彭之学,孟有翟、孟、白之学,梁丘有士孙、邓衡之学,是家法。"①西汉是以今文经的孟京易学为主流,东汉是以古文经的费氏易学为主流。《后汉书·儒林列传》云:

　　　　建武中,范升传孟氏易,以授杨政,而陈元、郑众皆传费氏易的,其后马融亦为其传。融授郑玄,玄作《易注》,荀爽又作《易传》,自是费氏兴,而京氏遂衰。

　　西汉施雠、孟喜、梁丘贺、京房易学被立为博士,而民间有费直、高相两家未得立于学官。其中费直易学为古文易。费直,字长翁,东莱人,约生活在西汉晚期,其治《易》"长于卦筮,亡章句,徒以象象系辞十篇文言解说上下经"(《汉书·儒林传》)。《汉书·艺文志》称"刘向以中古文《易经》校施、孟、梁丘经,或脱去'无咎'、'悔亡',唯费氏经与古文同"。《后汉书·儒林列传》也说:"又有东莱费直传《易》,授琅邪王横,为费氏学,本以古字,号古文易。"由此可见,从文本看,今文易与古文易别无二致。

　　但从其内容看,费氏治《易》特点以十翼注经,有儒家义理之

---

① 皮锡瑞:《经学历史》第 136 页,中华书局 1981 年。

遗风。传费氏易的东汉易学家一方面继承了儒家的传统,坚持以十翼治《易》;另一方面,又迎合了当时易学的思潮,本着易学"观象系辞"的基本精神,以教授学生、著书立说的形式弘扬和发展了两汉象数易学。就象数易学而言,他们通过引申推演八卦之象和不断地改变或创立取象的方法,实现以象注《易》的目标,建立了比西汉更为精细、更为庞大的象数易学体系,且成为当时易学的主流,此为象数易学鼎盛的一种表现形式。

东汉象数易学兴起与鼎盛,陈元、郑众、马融、荀爽等人功不可没。在东汉陈元、郑众最早倡导费氏古文易,对于费氏古文易有承传阐扬之功。陈元,字长孙,苍梧广信(今广西梧州)人。其父陈钦素习《左氏春秋》,与刘歆同时,自成一家,尝为王莽师,授以《左传》。陈元从父受业,精于古文经学,为东汉初博士,传费氏易。(见《后汉书·陈元传》)郑众,字仲师,河南开封人。官至大司农。承其父郑兴《左氏春秋》学,明三统历,兼通《易》、《诗》。学者称其父子为"先郑",以别于郑玄。于易学传费氏易(见《后汉书·郑众传》),而马融、荀爽等人不仅承袭了古文易传统,更为重要的是吸收了西汉以来的象数易学的思想,并广泛地运用于注《易》当中。

马融(79—166)字季长,扶风茂陵(今陕西兴平东北)人。官至南郡太守,东汉中叶大经学家。为人美辞貌,有俊才,受业于名儒挚恂,博通经籍,才高博洽,遍注群经,为一世通儒,生徒常至千余人。于易学传费氏易,其《易注》遗失,清人孙堂、马国翰、黄奭等有辑本。荀悦《汉纪》谓,孝桓帝时,故南郡太守马融著易解,颇生异说。其注易用互体、卦气、五行、逸象、爻位等象数体例(《后汉书·马融传》),成为东汉推动象数易学的重要代表人物。

荀爽(128—190),东汉人,字慈明,一名谞。颖川颖阴(今河南许昌)人。幼而好学,年十二能通《春秋》、《论语》。时人称:"荀氏八龙,慈明无双。"延熹九年(166)拜郎中。献帝即位,就任平原相,后晋升司空。政治上,因反对宦官专权,而遭党锢,后又参入谋除董卓之乱。一生对经学皆有著述。据《后汉书·荀爽传》记载,"著《礼》、《易传》、《诗传》、《尚书正经》、《春秋条例》,又集汉事成败可为鉴戒者,谓之《汉语》,又作《公羊问》及《辩谶》,并它所论叙,题为《新书》。凡百余篇,今多所亡缺"。《隋志》有荀氏《周易注》十一卷,新旧《唐志》有荀氏《周易注》十卷,皆佚。其易学思想主要见于李鼎祚《周易集解》所辑荀氏《易注》。清人对荀氏易注多有辑录。如马国翰《玉函山房辑佚书》辑有《周易荀氏注》三卷,孙堂《汉魏二十一家易注》辑有荀氏《周易注》一卷。惠栋撰《易汉学》,张惠言撰《周易荀氏九家义》等对荀氏易学皆有阐发。

荀氏易学,就其学派而言,当属于西汉费直一派,然从其思想渊源看,远非费氏一家,而是兼收当时各家之说。荀悦曾经概括荀爽易学:"据爻象承应、阴阳变化之义,由十篇之文解说经意,由是兖豫之言易者咸传荀氏学。"剖析荀氏易学思想体系,我们可以看到,他一方面继承了费氏《易》的家法,以十篇之传文解说经意;另一方面又吸收了西汉以来孟喜、京房等人的卦气说、爻位说、世魂说等,并用于注《易》。并在此基础上,独辟蹊径,建构起以乾坤阴阳为骨架的易学思想体系。所谓阴阳升降,是基于自然界阴阳二气升降变化原理,凡阳在下者,当升上;凡阴在上者,当降下。荀氏以《乾》《坤》为例说明了升降学理。他注《文言》"本于天者亲上、本于地者亲下"说:

> 谓乾九二本出于乾,故曰本乎天。而居坤五,故亲上。谓坤六五本出于坤,故曰本乎地,降居乾二,故曰亲下也。

按照荀氏之见,二为阴位在下,为《坤》之正位;五为阳位在上,为《乾》之正位。《乾》二爻本属于《乾》阳,而据《坤》之正位,位不当,故《乾》九二当升;《坤》六五爻本属于《坤》阴,而据《乾》之正位,故《坤》六五当降。《乾》《坤》二五升降,二五阴阳爻位当。

《乾》《坤》其他爻也是如此,凡失位者或升或降。《乾》《坤》升降的结果是成两《既济》。其他卦阴阳爻升降变化更为复杂,有阳升阴降者,有阳降阴升者,有初升五者,有二升五者,有三阳同升者等等,凡此种种,不拘一格。与升降相关的是卦变。卦变与升降是一个问题的两个方面,从爻说,是升降;从卦看,爻升降结果是一卦变成另一卦,即卦变。荀爽卦变成为虞翻卦变的雏形。比较荀、虞卦变说,十分相近。荀氏卦变说"见注者二十六卦,不同虞者,《蹇》、《解》、《萃》三卦"(张惠言《周易荀氏九家义》)。如《屯》自《坎》来,《蒙》自《艮》来,《随》、《蛊》、《噬嗑》、《贲》、《咸》、《恒》、《既济》、《未济》、《损》、《井》、《旅》、《涣》、《困》等来自《泰》、《否》,荀、虞略同。可见,虞氏推崇荀易,很大程度上与荀氏言卦变是分不开的,荀氏卦变说在虞氏卦变说形成中的作用也是显而易见的。荀爽易学的产生,极大地丰富了象数易学的内容,为两汉象数易学鼎盛和终结——虞氏易学产生奠定了思想基础。

东汉传费氏易还有宋忠(又作"宋衷")。宋忠(约160—219),字仲子,东汉南阳章陵(今湖北枣阳)人,官至荆州五等从事。王肃、尹默等人曾从受业,是荆州学派主要代表人物。刘表为荆州牧,博求儒士,开立学官,宋忠等受命主持《五经章句》撰写,著有《易注》十卷,已佚。以宋忠为首的荆州学派,确立了古文易的官学地位,保持了费氏易"以经立注"、"以传解经"的传统,克服了两汉注《易》繁琐枝蔓的弊端,故偏重义理,是他易学一大特征。"相对而言,他对义理比郑玄、荀爽等人显得更为重视。所谓偏重义理也就是推崇易道,重视理性分析及其形而上的根据。'一阴一阳之谓道',宋衷所探寻的就是天地万物和社会人事所以然之理。"[1]同时,他的易学也

---

① 周立升:《宋忠易学探论》,见刘大钧主编:《大易集述》第85页,巴蜀书社1998年。

未摒弃象数。他吸收了郑玄、荀爽易学内容,运用升降、互体、卦变、爻象注《易》,又有两汉象数治《易》之风格。如张惠言指出"今以残文推之,仲子言乾升坤降,卦气动静,大抵出入荀氏……景升《章句》尤阙略难考,案其义于郑为近,大要两家皆为费氏易也"(《易义别录》)。

对两汉象数易学贡献最大的是虞翻。虞翻(164—232),字仲翔,三国吴会稽(今属浙江)人。少而好学,有高气。初为会稽太守王朗之功曹,孙策征会稽,王朗败绩,虞氏归孙策,复被命为功曹。后州举茂才,汉召为侍御史而不就。孙策死后,孙权主事,他为孙权骑都尉。因性情疏直而不协俗,多次犯颜谏诤和酒后失言,屡使孙权大怒,先后被贬到丹杨泾县和交州等地。虽然,他常有失君臣之礼的行为,然却十分注重当时的礼教,尤其崇尚一臣不事二君的思想。魏文帝因此常为他设坐,即使遭他奚落的降将于禁也从内心佩服。

虞氏生逢乱世,亲自参与三国争霸的战争。但于学问孜孜以求,从未间断。用他的话说:"臣生逢世乱,长于军旅,习经于枹鼓之间,讲论于戎马之上,蒙先师之说,依经立注。"(《三国志·虞翻传》注引《虞翻别传》)晚年在交州期间,仍讲学不倦,门生常有数百人。虞氏于《周易》用力最勤,造诣最深。这主要得益于其世代家学。他在朝廷奏折上说:"高祖父故零陵太守光,少治孟氏易,曾祖父故平舆令成,缵述其业,至臣祖父凤为之最密。臣亡考故日南太守歆,受本于凤,最有旧书,世传其业,至臣五世。"(同上)其代表作是《易注》,据虞氏本传和别传称,此书作成后,曾示于孔融等人,并献于朝廷,受到时人的称赞。另有《周易日月变例》、《京氏易律历注》、《周易集林律历》等。但这些易书均佚失。其《易注》大部分散见唐李鼎祚《周易集解》。清人孙堂、黄奭等人有辑本。清惠栋、张惠言、曾钊、方申、纪磊、胡祥麟、李锐及民国徐昂等人对虞氏易学皆有阐发。

虞氏于易学的贡献在于,他凭借自己深厚的易学素养和自己的理解,对两汉以来象数易学的研究成果进行了全面梳理、检讨和清算。他认为,两汉以来,易学家由于过于注重章句、未能正确运用象数方法注《易》,从而使其易学研究偏离了正常的轨道,违背了圣人作《易》之本意。如他说:"前人通讲,多玩章句,虽有秘说,于经疏阔……所览诸家解,不离流俗,义有不当实。辄悉改定,以就其正。""自汉初以来,海内英才,其读《易》者,解之率少。至孝灵之际,颍川荀谞号为知易,臣得其注,有愈俗儒……又南郡太守马融,名有俊才,其所解释,复不及谞。孔子曰'可与共学,未可与适道',岂不其然!若乃北海郑玄,南阳宋忠,虽各立注,忠小差玄而皆未得其门,难以示世。"(《三国志·吴志》引《虞翻别传》)基于此,他在全面剥离、筛选和整合两汉以来象数易学基础上,消除了汉易中义理成分,重新确立了以象数解《易》方法:

首先,他着眼于八卦之象研究。他继承了由《易传》开创、汉儒倡导的直接以《说卦》中八卦之象解说《周易》卦爻辞。虞翻注《夬·九四象》"聪不明"云:"坎耳离目,折入于兑,故聪不明矣。"按《说卦》:坎为耳,离为目,兑为附折,故虞氏言"坎耳离目,折入于兑"。

但是,《说卦》所列的象是有限度的,《易传》以象注《易》方法(易例)也是屈指可数的,用《说卦》中所列的卦象和《易传》取象的体例完全揭示如此复杂系辞之根据,证明《周易》象辞之间的联系,以象融通文辞,是无法实现的。因此,虞翻或根据《说卦》现成的八卦之象引申推演,或对《周易》文辞进行考证,或通过对其他文献旁征博引,以增加象的数量,即所谓的"以象生象"。这象被称为"逸象"。

其次,虞翻除了最大限度拓展象的数量外,又在取象方法(或称易例)上下功夫。他吸收了汉儒易学互体、卦变、消息、纳甲等一些取象方法,并依据《易传》重新作了论证:如"是故往来上下云者,谓卦倒转后爻位之进退而已;易家则以升降、卦变为说。二四、三五同功异位云者,谓因爻位远近、贵贱,以判其吉凶而已;易家则据为互体之例。在天成象之语,谓日月星耳;虞翻演之以成纳甲之术"。① 并以此取象注《易》。

然而,当汉儒取象方法还不能完全做到以象释辞、象辞一一对应时,他又竭尽心思,探赜索隐,创造性提出了旁通、反卦、两象易、之正、半象易学体例,又以这些新的象数体例和原有体例相配合,对易辞作出解释。如虞翻注《同人·彖》"同人于野,亨,利涉大川,乾行也"云:

> 旁通师卦,巽为同,乾为野,师震为人,二得中应乾,故曰"同人于野亨"。……乾四上失位,变而体坎,故曰"利涉大川乾行"也。

此以旁通、互体、爻位、之正释易辞之例。《同人》卦与《师》卦卦画相反而旁通,《同人》二三四互体巽,《师》卦二三四互体震,巽为同,震为人,同人二爻与乾五应,故曰"同人于野亨"。同人上体乾四上两爻以阳居阴位失位,变正为坎,坎从乾来,故曰"利涉大川乾行"也。正是在吸收前人研究成果基础上,融旧铸新,建立了汉以来最完备的、最条理化的象学诠释方法,并以这种方法构筑起一个易学史上最为庞大而复杂的象数易学体系,成为两汉易学集大成者,虞翻易学产生标志着两汉象数易学的鼎盛和终结。

然象数易学过分地强调了象数在治《易》中的作用,而忽略了义理应有价值,使易学研究走向一偏。汉儒失误不在以象注

---

① 屈万里:《先秦汉魏易例述评·自序》第1页,台北学生书局1985年。

《易》，而在于夸大了象数的作用，专崇象数，以象生象，象外生象。其许多方法，"求诸经文则不合，求诸十翼则无征，验之己例，又复枘凿"，①而以此注《易》，背离了《周易》本义，失之牵合。而他们重师承、守师说，只着眼字句和象数，忽略了易学中所蕴涵的、博大精深的、一以贯之的哲理，又表现出泥古僵化、机械繁琐之弊，这就是四库馆臣所说的"其学笃实谨严，及其弊也拘"，"其学征实不诬，及其弊也琐"（《四库全书总目》卷七）。汉儒专治象数，将《周易》象数发展到了顶端，以此注《易》牵强附会，矛盾百出，从而否定了自身。如宋儒朱震批评虞翻所言："虞氏论象太密，则失之于牵合，牵合之弊，或至于无说。"（《汉上易传·丛说》）这是虞氏易学乃至两汉象数易学衰微和失传的内因。

郑玄早于虞翻几十年，几乎与荀爽同时，亲眼目睹了两汉象数易学乃至整个经学由兴盛趋向式微的过程，深感经学"途分流别、专门并兴、精疏殊会、通阂相征"的格局，立志以圣人之原义，整合和统一诸家之说，消解当时学术异端纷纭、互相诡激之恶习，挽救趋向式微的包括易学在内的经学。

---

① 屈万里：《先秦汉魏易例述评·自序》第3页，台北学生书局1985年。

第二章　"念述先圣之元意 思整百家之不齐"的人生轨迹

　　郑玄,字康成,北海高密(今属山东高密市)人,他出生在当时一个很有名望的大家族,其先祖多为学为官。郑玄原籍薛(今山东滕州东南),其祖郑邦(字徒),迁之渠丘(山东安丘)。"始祖字徒,以道学出身,仕秦有功,食邑于薛而后占籍渠丘东境淮水(潍河)之东,砺阜之阳,曰梓桐村。"(《山左郑氏族谱质疑》卷七)郑邦,字子徒,汉因避汉刘邦称刘国,为孔子的弟子,后世封朐山侯。三世郑昌,初为吴令,项羽封为韩王,汉举明经,则为太原、涿郡太守。然按王利器先生考据,汉代有两位郑昌,相差一百五十年。郑昌非郑玄之直系亲属,而其三世不知其名,只知字为长卿。官为蜀郡属国都尉。四世郑吉因平息西域叛乱有功,被封安远侯。七世郑崇,汉哀帝时官至尚书仆射。因性格耿直、劝谏皇帝而遭谗言,惨死狱中,至此郑氏家道衰落。至十五世郑玄时,家已贫,靠农耕生活。郑玄出生在汉顺帝永建二年丁卯(127)七月五日(戊寅),死于献帝建安五年(200),终年七十四岁。一生主要从事学术活动。郑玄一生大致可以分为三个时期:

一、获觐乎在位通人处逸大儒
得意者咸从捧手有所受焉

这个时期大约在四十岁之前，是郑玄立志求学时期。郑玄自幼不凡，偏好经学、算术、天文、阴阳占验术等。根据《郑玄年谱》，八九岁，已会乘除之法。十一岁，随母回娘家，正值腊月宴会，同列十余人穿着讲究，美服盛饰，宴席整个气氛热烈而融洽。唯独郑玄感到没有兴趣而漠然不语，他的母亲觉得很尴尬，几次偷偷督促他，注意与人交流，以免有失礼节，他回答说："此非我志，不在所愿也。"十三岁，诵五经，好天文、占候、风角、隐术。十六岁，被称神童，百姓献异本同实的庄稼和瓜果，县欲作表于府，然文辞鄙略，他为改作，又著颂二篇，侯相高其才，为修冠礼。十七岁，在家见大风起，告县说：某时当有火灾，宜祭爟燔禳，广设禁备。时火果起，而不为害。由于他自幼爱好经学、天文、术数，为他后来作《天文七政论》、注《乾象历》、注《易讳》和《周易》奠定了一定基础。

他十八岁做由郡县设置的处理讼狱、收赋税的小吏乡啬夫，"因恤孤苦，闾里安之"。但他不乐为吏，志在为学。故得闲不回家，常到校读经，家贫无资，县中嘉之。其父多次怒斥，仍不能改其志。泰山太守、北海相杜密是帮助他实现人生理想的最关键的人物。杜密（？—169），字周甫，东汉颍川阳城（今河南登封东南）人。曾做过泰山太守、北海相、尚书令、河南尹、太仆等职。因收捕作恶的宦官子弟与李膺齐名，被列为"八俊"之一，太学称为"天下良辅杜周甫"。从而遭受党锢之祸，死在狱中。杜密爱才惜才，在任泰山太守、北海相时，行至高密，知郑玄奇才，召署郡职，派遣他就学。由于杜密的提携和关爱，他自二十一岁始才彻底摆脱了社会事务的干扰和家庭羁绊，真正获得了求学的机会。在此期间，为了求学，他游遍大半中国，访问名贤硕儒。如他自己所言："游学周、秦之都，往来幽、并、兖、豫之域，获觌乎在位通人，处逸大儒，得意者咸从捧手，有所受焉。"（《后汉书·郑玄传》）

在这期间，他博极群书，精历数图纬之言，兼精算术，遂辞官到太学受业。师事故兖州刺史第五元先，始通《京氏易》、《公羊春秋》、《三统历》、《九章算术》。又从东郡张恭祖受《周官》、《礼记》、《左氏春秋》、《韩诗》、《古文尚书》。

学术上对郑玄影响比较大的是马融。郑氏自三十三岁始，以山东（陕山以东）无足问者，乃西入关（关中或关西）师事扶风（今陕西凤翔）马融。马融(79—166)，字季长，时八十一岁，安帝时为校书郎中，于东观典校秘书。又拜议郎。桓帝时为南郡（湖北江陵县北）太守。因得罪大将军梁冀而被免官。后得赦再任议郎，其主要精力用在著述上。当时马融以英儒著名，史称："才高博洽，为世通儒"。教养学生，常达千数人。他善鼓瑟，好吹笛，达生任性，不拘儒者之节，居宇器服，多存侈饰，常坐高堂，施绛纱帐，前授生徒，后列女乐，弟子以次相传，鲜有入其室者。郑玄在其门下，得高足弟子处传授学问，三年不见其师。但他勤奋治学，昼夜不倦。后来在马融召集学生考论图纬时，听说他善算，而引与相见，郑玄"因从质诸疑义"。据说，当时，马融对勾股割圆法中七个问题解不开，卢植为马融门人之首，只思考出两个，而郑玄思考出五个，众人咸服。令马融刮目相看。马融对卢植说："孔子谓子贡曰：回也闻一知十，吾与汝弗如也。今我与子，可谓是矣。"郑氏在马融门下七年，学《费氏易》和《周官》。学成后，以供养年老父母为由辞归。马融会集三百余人，为之饯行。郑氏东归，马融曾喟叹说："郑生今去，吾道东矣。"据《世说新语》和《太平广记》记载，郑氏学成东归，马融恐其擅名而心存猜忌，郑氏也疑有追杀，乃藏坐桥下，据屐在水上。果然马融命人追之，并推式算之曰："郑玄在土下水上而据木，此必死矣。"遂命令停止追击,郑玄因此而免于一死。但后世儒者多为马融辩护,认为马融为大儒,又年时已高,不可能做出此事,此说不可信。

二、念述先圣之元意　　思整百家之不齐

　　这个时期大约在四十一岁至六十岁之间,是郑玄教授学生和从事学术研究时期。郑玄辞别马融归故里,由于家里贫穷,客居东莱(指山东即墨县。古代齐国以东曰东莱。汉初置东莱郡,属青州,管辖莱州和登州,治所在莱州。即墨县属莱州),过着自给自足的农耕生活。并在东莱不其县不其山当设立书院,招徒讲学,当时已有相随的门徒数百千人。《后汉书·郡国志·东莱郡》于"不其县"注引《三齐记》曰:"郑玄教授不其山,山下生草大如韭,叶长一尺余,坚刃异常,土人名曰康成书带。"汉代不其县,至隋代并入即墨,今青岛市崂山区。按《三齐记》记载,"不其县城南 20 里有大劳山小劳山,在海侧,昔郑康成领徒于此"。又《即墨县志》记载:不其山,一名铁骑山、石城山,位于即墨县东南 20 里,山下有康成书院古迹(现在青岛市崂山区演礼村北)。不其山当是崂山山脉中的小山。

　　然桓帝延熹九年(166)党锢之祸起,把持朝政的宦官,残酷迫害正直的士大夫,时任太仆的杜密,被人称为"八俊"之一,故被捕入狱,死于狱中。郑氏因曾为杜密北海相时的"故吏",被列入"党人"的名单,而受牵连,与同郡孙嵩等四十余人俱被禁锢。郑氏因修经业,杜门不出,潜心研究古文学,并开始清算当时著名今文学家何休。

　　何休(130—182),字邵公,任城樊(今山东济宁兖州)人,是董仲舒的四传弟子,精研六经,是东汉著名的经学家。他木讷而多

智,于《三坟》、《五典》、阴阳算术、河洛谶纬及远年古语、历代图籍,莫不咸诵也。门徒有问者,则为注记,而口不能说。曾以十七年的时间撰成《春秋公羊解诂》,又追述今文家李育的遗说,妙得公羊本意,伸公羊而排左氏、穀梁,遂著《公羊墨守》、《左氏膏肓》、《穀梁废疾》。郑玄作《发墨守》、《起废疾》、《针膏肓》,对于何氏的观点进行了深刻的批驳。何休与郑玄论战的著述皆已亡佚。今人宋艳萍依据后人辑书,把郑玄批判何休经学方法概括为以下几个方面:一、引经据典来反驳何休的"公羊大义";二、以史实为据,反驳何休之诘难;三、通过摆事实讲道理来反驳何休之诘难;四、用春秋大义击何休,以其人之道还治其人之身。并在最后指出:"郑玄与何休的经学之战,围绕《春秋》大义展开。在论辩中何休充分发挥公羊大义,以咄咄之势诘难郑玄。郑玄从容应战,不仅通过引经据典,列举历史史实,摆事实,讲道理等方式进行反驳,让何休在经典、事实、道理面前无可再辩。而且还直接利用公羊大义,攻何休之'非常异义可怪之论',击何休偏颇不到之处,回答何氏无法自答的问题,而且更加游刃有余。春秋大义在郑玄那里更加彰明,是何休始料未及的。"①郑玄对何休的批判,切中要害,连何休自己也不得不认输,发出感叹说:"康成入吾室,操吾矛,以伐我乎!"

在党锢期间,郑氏隐居著述达百余万言,完成了《尚书中候》注和《易》、《书》、《诗》、《礼》四纬注,并作《六艺论》。中平元年(184),由于黄巾大起义,皇帝大赦党锢之人。郑玄蒙赦令,终获自由,朝廷征他为博士,许多权贵推荐他到朝中做官,但他一概谢绝,继续收徒讲学,著书立说。从禁锢到解禁,整整十四年。

---

① 宋艳萍:《郑玄与何休的经学之争》,见王振民主编《郑玄研究论文集》第229—230页,齐鲁书社1999年。

三、显誉成于僚友 德行成于己志

这个时期在六十岁至七十三岁临终,是郑玄不为高官厚禄所诱、闲居安性覃思终业时期。中平三年(186),大将军何进闻郑玄大名,征召他到大将军三司就职,州郡因何进权势,不敢违意,遂迫胁郑玄,郑玄不得已而见何进,何进礼待甚优,授以几杖。郑玄不受朝服,头戴幅巾相见,只过一宿即离去。当时,弟子河内赵商等自远方至者数千人。中平四年(187),二十九岁的崔琰听说郑玄为当世名儒,遂结公孙方等去拜师。中平五年(188),郑玄与荀爽、申屠蟠等十四人被征补为博士,皆不至。后将军袁隗又表他为侍中,郑玄以父丧不就。此年十月,黄巾军攻破北海,郑玄与门生避不其山,因粮食匮乏,郑氏不得不遣散诸生。此时,他完成了《诗经》、《尚书》、《论语》的注释。献帝即位,董卓辅政,公车征召郑玄、荀爽、申屠蟠等人为官,荀氏晋升为司空,郑氏和申氏皆未应征。献帝初平元年(190),山东起兵讨伐董卓,董卓大会公卿议事,兴师征伐,郑太反对动武,欲利用郑玄声誉平息之。他说:"东州郑玄,学该古今;北海邴原,清高直亮;皆儒生所仰,群士楷式。彼诸将若询其计画,足知强弱。"(《后汉书·郑玄传》)黄巾军攻破青州,北海相孔融收合伤兵,起兵自守。张饶率二十万黄巾军从冀州过青州。孔融逆击而为其所败,收余兵保朱虚县。故置城邑,立学校,举贤良,表儒术。以彭璆为方正,邴原为有道,王修为孝廉,告高密县为郑玄特立乡,谓郑公乡,其门为通德门。又公卿举荐为赵相,郑氏以道断而不至。初平二年(191),黄巾军与官兵多次交战,为避战乱,郑玄客居徐州,徐州牧陶谦接以师友之礼。在徐州南城山(今山东费县南百余里,或山东平邑县),郑氏注《孝经》。据有关资料记载,此山上有石屋,周回五丈,俗云康成注《孝经》处。兴平二年

（195），徐州牧陶谦死后，有平原相刘备接替徐州牧。刘备常与郑玄游，请教治乱之道。《华阳国志》卷七《刘后主志》云：

> 丞相（诸葛）亮时，有言公惜赦者，亮答曰："治世以大德，不以小惠，故匡衡、吴汉不愿为赦。先帝亦言：吾周旋陈元方、郑康成间，每见启告，治乱之道备矣，曾不语赦也。"若景升、季玉父子，岁岁赦宥，何益于治。"

从此段记载看，刘备请教治乱之道是关于赦免政策，即治理国家是从严还是从宽。据今人张崇琛先生考证，郑玄主张执法从严。认为"郑玄原本就是以古文为主（古文家重实轻名）、兼融古今而成家的，他不但注过'三礼'及《毛诗》、《孝经》，也注过《论语》及《尚书》；而孔子所说的'刑罚不中，则民无所措手足'，以及《尚书》反复强调的以'五刑'（其中包括死刑）而成'三德'的思想，他是应该接受的。"①在刘备与郑玄交往中，还有一件事就是郑氏曾举荐孙乾，刘备则用之，辟为从事。此时，孔文举为北海相，多次派人请郑玄返回。建安元年（196），郑氏自徐州回高密，路遇黄巾军数万人，见郑氏皆拜，相约不敢入高密县境。又有记载，郑玄身长八尺，秀目朗眉，造次颠沛非礼不动。黄巾军数万人路经郑氏房舍，皆为之拜。高密一县，不被抄掠。因多病，郑氏以书《戒子益恩》总结了七十年的人生。他说：

> 吾家旧贫，不为父母群弟所容，去厮役之吏，游学周、秦之都，往来幽并兖豫之域，获觐乎在位通人，处逸大儒，得意者咸从捧手，有所受焉。遂博稽六薮，粗览传记，时睹秘书纬术之奥。年过四十，乃归供养，假田播殖，以娱朝夕。遇阉尹擅政，

---

① 张崇琛：《刘备"周旋陈元方、郑康成间"事考》，见王振民主编《郑玄研究论文集》第 51 页，齐鲁书社 1999 年。

坐党禁锢,十有四年,而蒙赦令,举贤良方正有道,辟大将军三司府。公车再召,比牒并名,早为宰相。惟彼数公,懿德大雅,克堪王臣,故宜式序。吾自忖度,无任于此。但念述先圣之元意,思整百家之不齐,亦庶几以竭吾才,故闻命罔从。……(《后汉书·郑玄传》)

同年,孔融为黄巾军所围,郑玄子益恩赴难殉身。有遗腹子生,郑玄以太岁在丁卯生,此男以丁卯日生,又手文与自己相同,故命其孙为小同。应劭删定律令,郑玄参入其事。郑玄受刘洪《乾象历》,并加以注释。

建安二年(197),大将军袁绍邀请郑玄,大会宾客。郑玄最后至,被安排在上座。郑玄身长八尺,饮酒一斛,秀眉明目,容仪温伟。当时,豪俊众多,并有才说,见郑氏为大儒,未经许可,竞设异端,百家互起,进行问难。郑氏依方辩对,咸出问表,皆得所未闻,莫不嗟服。袁绍部下、原泰山太守应劭以太守官职北面称弟子被郑玄断然拒绝。应劭云:"故泰山太守应仲远北面称弟子何如?"郑玄笑曰:"仲尼之门,考以四科,回赐之徒,不称官阀。"应劭听后面有愧色。袁绍赞叹说:"吾本谓郑君东州名儒,今乃天下长者。夫以布衣雄世,斯岂徒然哉!"建安三年(198),献帝在许都,公车征为大司农,给安车一乘,所过长吏送迎,郑玄以病自乞还家。离去之时,袁绍在城东召集三百余人为之饯行,宴会期间,众人皆离席敬酒,自早晨到晚上,郑氏饮酒三百余杯,温雅之容,终日不怠。

建安五年(200),曹袁相拒官渡之时,徐州刺史荀彧曾向郑玄请教《周礼》。袁绍为扭转战局,试图借郑氏之名望收君子之望、得万民之心,故令其子袁谭派遣使者逼郑玄随军,到达元城,因病重不能继续前进。此时带病坚持从事学术活动,集中精力研究《周易》,完成了《周易注》,作《自序》。于此年六月卒于元城沙鹿,终年七十四岁。按《后汉书》记载,此年春天,郑玄曾梦见孔子,孔子告诉他说："起起，今年岁在辰，来年岁在巳。"醒来以谶合之，知命当终。遗令薄葬，郡守以下曾受业者，缞绖赴会者千余人。郑玄初葬在剧东，后墓坏，改迁厉阜，县令车子义为郑玄墓建造一亭，名昭仁亭。

第三章　易学渊源与著述

一、访圣贤求真义　学无常师

从郑玄学术活动看,郑玄学术渊源非常清楚,师从当时经学大师第五元先学今文经、即学《京氏易》、《公羊春秋》、《三统历》、《九章算术》,具备了今文经的素养;师从张恭祖学《周官》、《礼记》、《左氏春秋》、《韩诗》、《古文尚书》。从马融学《费氏易》和《周官》,则又为研究古文经奠定了基础。

就易学而言,郑玄主要学于兖州刺史第五元先和南郡太守马融。第五元先,东汉京兆(今西安)人,曾作兖州刺史,治《京氏易》,郑玄学于第五元先,而始通《京氏易》。京氏易产生在西汉中期,擅长阴阳灾异,提出八宫、纳甲、世应、飞伏、五行等学说,迎合了当时社会需要,被立为学官,属今文易。

费氏易产生西汉末,属古文易。"东莱费直传《易》,授琅邪王横,为费氏学,本以古字,号古文易。"(《后汉书·儒林列传》)东汉今文易衰微,古文易兴盛。马融传费氏易,是古文易重镇。郑玄在马融门下学习七年,离别之时,马融喟然谓门人说:"郑生今去,吾道东矣。"由此可以看出郑玄得马融真传,故郑玄易学有费氏易学之风。东汉费氏易学兴起与马融郑玄师徒研习和传播是分不开的,如《后汉书·儒林列传》所言:"建武中,范升传孟氏易,以授杨政,而陈元、郑众皆传费氏易,其后马融亦为其传。融授郑玄,玄作《易注》,荀爽又作《易传》,自是费氏兴,而京氏遂衰。"

比较马融和郑玄易注,其文字训诂多有相同者,说明马融易学内容和治《易》方法对郑玄的影响至深。但是,在他的著作中很少提及或评论马融的研究成果。这在尊崇师说的东汉,事出必有因。如上所言,有文献记载郑玄学于马融,而又高于马融,马融心存嫉妒,欲害郑氏。清儒王鸣盛认为马融不可能害郑玄,而郑玄则轻视马融,并以郑氏著作曾未引马融语说明之。他说:"融欲害郑,未必有此事,而郑鄙融却有之。盖融以侈汰为贞士所轻,载《赵岐传》注;郑虽师融,著述中从未引融语,独于《月令》注云;'俗人云:周公作《月令》。未通于古。'《疏》云:'俗人,马融之徒。'"(《蛾术编·说人》)笔者认为,郑氏著作很少引马融语,未必轻视其师,恐是郑氏不赞同马融的观点和学风,或者在郑玄看来,马融经学研究多出自前人,无独到之处。故在著作中无法提及,更不能反驳,给其师留点面子,以此表示敬师。

当然,分析一个人的学术渊源不能只从师承关系着眼,还应当综合考察,看其学术思想与他所学习和解读过的文献资料的关系。郑玄的易学除了直接从第五元先和马融处继承了京氏易和费氏易的研究成果外,还间接从其整理和研究的文献中吸收营养,如他通过整理和注释《易纬》、三《礼》和《乾象历》等文献,将天文、历法、纬书和音训书中的知识运用到易学研究中,形成了他独特的重天道的象数方法和明人事的义理方法。这一点从他的易学与《易纬》的关系可以得到证明。

汉代的《易纬》是对《周易》的解说和阐发,《周易》经纬相互表里。郑玄在注《易纬》时,引《周易》证《易纬》,如注《乾凿度》"有形生于无形"时云:"天地本无形而得有形,则有形生于无形矣,故

《系辞》曰'形而上者谓之道'。"注《辨终备》"雄雌呿吟,六节摇通"云:"雄雌,天地;呿吟,阖闭也。六节,六子也;摇通,言六子动行天地之气。《系》曰:'闭户谓之坤,辟户谓之乾。'又曰'天地定位,山泽通气'也。"注《稽览图》"甲子卦气起于中孚"云:"卦气,阳气也。中孚,卦名也。中者,和也。孚者,信也。经言'中孚豚鱼',言庶人养也。"

　　而在注《周易》时又引《易纬》证《周易》。郑注《复》"七日来复"云:"建戌之月,以阳气既尽,建亥之月,纯阴用事,至建子之月,阳气始生,隔此纯阴一卦,卦主六日七分,举其成数言之,而云七日来复。"《周易正义·序》明确指出"郑康成引《易纬》之说"。郑注《小过》"亨,利贞"云:"中孚为阳,贞于十一月子;小过为阴,贞于六月未,法于乾坤。"(《汉上易传》卷六)此句引自《易纬·乾凿度》。其原文云:"乾阳也,坤阴也。并治而交错行。乾贞于十一月子,左行,阳时六。坤贞于六月未,右行,阴时六,以奉顺成岁。"《中孚》与《小过》两卦纳支与《乾》《坤》相同。据黄奭考证,此条是朱震误引,本为《易纬·乾凿度》,而朱震视为郑氏易,王应麟辑康成易为朱震所误。然案郑玄注过《乾凿度》,其注文与原文相差无几,故而引之,恐非朱震误引。因郑玄易注遗失,现存辑本残缺不全,无法看到郑氏易注中更多引《易纬》注《易》。还有一条引《春秋纬》证《易》。郑注《系辞》"河出图,洛出书,圣人则之"云:"《春秋纬》云:'河以通乾出天苞,洛以流坤吐地符。'河龙图发,洛龟书成,河图有九篇,洛书有六篇也。"(《周易集解》卷十三)

　　由此可见,郑玄易学形成与他个人穷尽毕生精力勤奋博学和整理流传文献密切相关,他易学中倡导的以礼注《易》方法、爻辰方法、爻体方法等得之于他对三《礼》、《易纬》和天文历法等文献的研究,如胡自逢先生指出:"综合言之,郑易源于孟京费马,殆无可疑。其章句之学,兼撷之于孟京费马诸家。其爻辰,则取法京氏,会意于纬书。以十翼解经,深得费氏之家法,以人事礼文说经,又本之于马氏。其论易之三义,易道本原,阴阳消息,数之变化,又兼取之于纬书。故能兼各家之长,择精用宏,而集大成也。"①这是郑氏易学不同于汉代其他易学的关键之所在。

二、齐百家通群经　著述宏富

根据历代的史书和文献记载,郑玄著述甚丰。有《周易注》、《易赞》、《易论》、《易纬注》、《尚书注》、《尚书义问》、《尚书释问注》、《书赞》、《书论》、《尚书大传注》、《尚书中候注》、《尚书纬注》、《河图洛书注》、《毛诗笺》、《毛诗谱》、《诗纬注》、《周官礼注》、《仪礼注》、《礼记抄注》、《答临孝存周礼难》、《鲁礼禘袷议》、《礼议》、《丧服经传注》、《丧服变除注》、《丧服纪注》、《丧服谱注》、《三礼目录》、《三礼图》、《礼记默房注》、《礼纬注》、《乐纬注》、《左传注》、《针左氏膏肓》、《释穀梁废疾》、《发公羊墨守》、《驳何氏汉议》、《驳何氏汉议叙》、《答何休》、《春秋左氏传分野》、《春秋十二公名》、《孝经注》、《孝经纬注》、《论语注》、《论语释义注》、《论语孔子弟子目录》、《六艺论》、《驳许慎五经异义》、《答甄子然书》、《乾象历注》、《周髀二难》、《日月交会图注》、《九宫经注》、《九宫行棋经注》、《九旗飞变》、《汉律章句》、《寒宫香方注》、《自序》、《郑玄集》、《郑志》、《郑记》、《尚书音》、《毛诗音》、《周官音》、《仪礼音》、《礼记音》、《左传音》、《论语音》、《大戴礼记注》、《尔雅注》、《字指》、《国语注》、《史记注》、《汉书注》、《老子注》、《孟子注》、《庄子注》、《忠经注》等著作。

其中《周易注》成书最晚,据文献记载,《周易注》成书于元城。

---

① 　胡自逢:《周易郑氏学》第99页,台北:台湾文史出版社1990年。

《孝经序疏》云："为谭所逼,来至元城,乃注《周易》。"清儒王鸣盛云："此经与自序全是逆旅临终之笔。盖元城居颇久,疑于建安五年春初抵此县,至季夏《易注》脱稿,著述大备,惟《春秋传》未注,而以旧稿先付服虔,委托得人,可无遗恨,于是遂自序其一生而殁。"(《蛾术编·说人》)

郑氏《易注》已佚失,自南宋王应麟始至清代,众儒皆有辑佚。

1. 南宋 王应麟《周易郑康成注》一卷

该书汇辑郑氏易注出自于《周易集解》、《经典释文》、诸经义疏、《文选》、《后汉书注》等。但每条注文未注明出处,篇第凌乱,与经传不相应。

2. 明 胡震亨《易解附录》一卷

其辑本从王本辑出李氏《周易集解》未录郑注,附于《集解》之后,名之《易解附录》。卷末有姚士粦《易解附录后语》,又增补郑注二十五条。但引文也未注明出处。

3. 清 惠栋《郑氏周易》三卷

其辑本对王、胡、姚本重加编辑,采其未备,复增六十七条,比王本多出九十二条(包括姚本二十五条),详考王氏辑本,标明注文出处。然惠辑本多改字。

4. 清 丁杰《周易郑注》十二卷

其辑本对王惠两本重加考订,补郑注二十余条。对于郑易中字之讹者一一校正,削去郑注《易纬》之文和郑注《汉书》之文。依《周易正义》,重订郑易十二篇。卷末张惠言附正误八条,《易赞》、《易论》一篇,又附载臧镛堂所纂叙录与考订。

5. 清 袁钧《郑氏易注》九卷

袁辑《郑氏佚书》三十二种,其中郑氏《易注》是其亲手写定四种之一种。袁钧仿王应麟辑本之例,取诸经义疏,及他所征引,参其他辑本,辨析谬误,补正阙失,注明出处,附以考证,补其注(五条),凡王本所具,皆标"原辑"。然从《九家易》和《口诀易》辑出郑注值得商榷。

6. 清 孙堂辑本

孙堂重校惠栋本,正其讹,补其脱,注其所未注。以王、姚、袁、丁、张所引注文补惠栋之遗,又新补四条。并著《补遗》一卷附于后。

7. 清 孔广林辑本《周易注》十二卷

孔撰《通德遗书所见录》十八种,郑氏《周易注》十二卷是其中一种。此辑本补注文两条,并校正王本之误。

8. 清 张惠言《周易郑氏注》三卷辑本、二卷辑本

以惠栋本为底本,参照丁本、卢本、孙本、臧本将郑氏易注分为上中下三卷。又丁杰后定本《郑氏周易》三卷,陈方正删之,张惠言为定本作序,因取其本校正体例,复据胡、惠两家,参卢、孙、臧所校,摘其善者从之,而成两卷本。此辑本采丁本之长,补其所短,正王本、惠本之误。凡以前各家所补,一一注明,又新补两条。

9. 清 黄奭辑本《周易注》

该书存于《黄氏逸书考》。黄氏辑书最为晚出,辑之最全,书中将存于不同书中同一注并辑,新补九条,对郑注加以考释,因辑之全,而择之不精,故其中辑有非郑注,如从《义海撮要》中辑有许多易注不符合郑意。

对于诸家贡献,今人胡自逢如此评论:"伯厚擅创始之功,其于郑注裁成熔铸,可谓惨淡经营,良工之心独苦也。继起诸家,惠氏之功居首,新补者七十余条,姚补二十七条又次之。胡氏惟传刻王本,孔循故常,斯二家者,备员而已。丁氏之识力,精锐过人,袁喜考证,孙为惠氏之诤臣,咸足称扬。张本取材谨严,为余家冠首。而勤求密抉,巨细靡遗,论网罗之功则以黄氏为最,所谓后来者居上也。"①

---

① 胡自逢:《周易郑氏学》第15页,台北:台湾文史出版社1990年。

第四章　郑玄易学天道观

郑玄是一个大经学家。他穷尽毕生精力，理解和诠释两汉确立经学及与经学相关的诸子之学，其旨"念述先圣之元意、思整百家之不齐"，即在融通和整合当时经学研究成果的基础上，编写囊括百家之长、凸显诸经本义的系列经学著作。故郑玄与同时代的思想家不同，不注重概念内涵的界定和运用概念进行逻辑推理，不刻意追求建构思想体系。当然这并不是说他没有思想，恰恰相反，透过他那些具体的、细微的关于经学和诸子之学的注释，可以发现其深刻而丰富的思想内涵。其中天道观是他的一个重要思想，它主要表现在《易纬·乾凿度》和《周易》的注释中，包括三方面内容：本无论及其象数形成、天道法则与易之三义、阴阳观与物之兴衰。

一、本无论及其象数形成

关于宇宙起源的问题，是一个古老而玄奥的问题，成为中国历代思想家绞尽脑汁思索、并试图作出合理解释的一个焦点。在先秦，从老子的"有生于无"的命题的提出，到屈原发人深省的"天问"，《易传》太极生八卦的设想以及庄子"有始、有未始"之辨等，都对这一问题进行了尝试性的探索。然而，对这个古老不解之谜，

皆未找到令人满意的答案。到了汉代,《淮南子》继承了道家的
"有始、未始"的传统(《俶真训》),并在此基础上把元气纳入宇宙
生成的体系之中,力图用元气揭开这个谜底。它指出:"道始于虚
霩,虚霩生宇宙,宇宙生气。气有涯垠,清阳者薄靡而为天,重浊者
凝滞而为地。"(《天文训》)《易纬·乾凿度》将《易传》太极生八卦
解释为宇宙始于太极、太极生天地和四时及八种自然物质的过程。
如它说:"易始于太极,太极分而为二,故生天地。天地有春秋冬夏
之节,故生四时。四时各有阴阳刚柔之分,故生八卦。"在这里《乾
凿度》的作者发现了一个问题:太极是无形的,天地是有形的,"夫
有形生于无形,乾坤安从生?"为了解决这个问题,它提出了太易、
太初、太始、太素四个范畴加以说明:"有太易、太初、太始、太素也。
太易者,未见气也。太初者,气之始也。太始者,形之始也。太素
者,质之始也。气形质具而未离,故曰浑沦。浑沦者,言万物相混
成而未相离,视之不见,听之不闻,循之不得,故曰易也。"《易纬》
为了自圆其说,更为详尽地描述了宇宙起源和过程。值得注意的
是,它与《淮南子》等不同,以老庄和《淮南子》为代表的道家谈论
宇宙,是为了建构一个贯通天人的思想体系。而《易纬》探讨宇宙
生成演化,是立足于易学,解决象数形成的内在根据,建立一个易
学体系。如它指出:"易,无形埒也。易变而为一,一变而为七,七
变而九。九者,气变之究也,乃复变而为一。一者,形变之始,清轻
上为天,浊重下为地。物有始有壮有究,故三画而成乾,乾坤相并
俱生。物有阴阳,因而重之,故六画而成卦。"郑玄正是沿着《易
纬》的思路进行了解说和阐发的。他认为天地万物是有形的,有形
的天地万物起源于无形:

> 天地本无形而得有形,则有形生于无形矣。故《系辞》
> 曰:"形而上者谓之道。"夫乾坤者,法天地之象质,然则有天
> 地则有乾坤矣。(《乾凿度》注)

郑玄进一步深化了《易纬》提出的问题:"立乾坤以天地之道,则是天地先乾坤生也。天有象可见,地有形可处,若先乾坤则是乃天地生乾坤。或云有形生于无形,则为反矣,如是则乾坤安从生焉。"(同上)此是说,天地是有形可见的,乾坤是无形的,即形而上的,按照无生于有的说法,应该是乾坤生天地。而这里言天地在先,乾坤在后,圣人效法了天地立乾坤,用乾坤表达天地之道。是否矛盾?此为问题之一。问题之二是一个传统的问题,即天地怎么从无到有?为了解决这两个问题,郑氏对《易纬》提出的概念和宇宙演化的过程作了说明。

在郑玄看来,"太易"是最高的范畴。《乾凿度》称"未见气",郑氏注曰"以其寂然无物,故名之为太易","太易之时漠然无气可见者"。他有时把"易"和"太易"这两个概念等同,认为《系辞》中的"易"即是"太易"。他在注《乾凿度》"易无形畔"时说:"此明太易无形之时,虚豁寂寞,不可以视听寻,《系辞》曰'易无体',此之谓也。"其实,郑氏所谓的"太易"就是老子的"无"。郑注《乾坤凿度》"太易始著"云:"太易,无也。"

《乾凿度》用"气之始"、"形之始"、"质之始"分别来解释"太初"、"太始"、"太素"这三个概念。郑氏认为,太初,是"元气之所本始",已有寒温之分。太始,是"天象形见之所本始",已有征兆可见。太素,是"地质之所本始",已有形状可辨。他在注《乾凿度》卷下云:

> 太易之始,漠然无气可见者。太初者,气寒温始生也。太始,有兆始萌也。太素者,质始形也。诸所为物,皆成苞里,元未分别。

从郑氏解释看,《易纬》使用的这三个概念与太易有着本质的区别:太易是宇宙之本,是寂寞空旷的无。而后三者表达的是气形质的原始状态,是可以感知的,是实有。《易纬》称三者未分为浑沦,郑氏认为,《易纬》所谓的"浑沦"是中和之气,是先天地而生的道或太极。郑氏注"浑沦"云:"虽含此三始,而犹未有分判。老子曰:'有物混成,先天地生。'"郑注《系辞》"易有太极"云:"极中之道淳和未分之气也。"(惠栋《郑氏周易》卷下)注《乾坤凿度》"太极大成"云:"太极者。物象与天同极。"由太易到太初、太始、太素是从无到有。郑注《乾坤凿度》"太易始著太极成"云:"太易,无也。太极,有也。太易从无入有。圣人知太易有理未形,故曰太易。"从这里可以看到,郑氏对道的理解受到了老子的影响,却又有新意。老子虽有时也承认道中有物,但更多视"道"为"无"。而郑氏则明确地把道规定为浑沦未分的中和之气,显然是对道家老子的发展。

关于宇宙生成,《易纬》在此只提出从无到有,即从太易变太初、变太始、变太素。而没有解释怎么变法,尤其是从太易的无到太初的有。郑玄对此有独到的见解,他在注《乾凿度》卷上时是这样说明的:

> 元气之所本始,太易既自寂然无物矣,焉能生此太初哉?则太初者亦忽然而自生。
>
> 易道无为,故天地万物,各得以自通也。
>
> 佼易无为,故天下之性,莫不自得也。
>
> 天确尔至诚,故物得以自动。寂然皆专密,故物得以自专也。

此本是解说道家的自无入有、有生于无。在古人感性世界里,大千世界从无到有是一个不争的事实,然而无和有是两个对立不能容的概念,从理论上解释有生于无,做到自圆其说,天衣无缝,则是一个难题。郑氏与其他思想家一样,力图在这方面作出新的解释,在说明客观的物产生时,使用了"自得"、"自动"、"自成"、"自通"、

"自专"等一系列概念,并以"忽然"之词说明从无到物在一瞬间,这不仅未能说明有生于无,反而否定了无生有的说法,回到了汉代王充等人的"元气自然"、"物偶自生"的观点上。丁四新先生指出:"郑玄除强调太易本无的'虚豁寂寞'、'寂然无物'的本质特征外,还着重指出'太初'等与太易没有直接化生的因果关系,所谓'太初者亦忽然而自生'之意。"①此说极是。这是郑氏与《易纬》在宇宙观上的区别之一。

《乾凿度》使用了太易太初太始太素概念说明天地的产生,将天地的产生视为一到七到九再到一这么一个数变的过程。郑氏认为,一至七至九再至一是气之变化的过程,也是太易、太初、太始、太素相生化的过程,在这个过程中天地生成。他说:

> 易,太易也。太易变而为一,谓变为太初也。一变而为七,谓变为太始也。七变而为九,谓变为太素也。乃复变为一。"一变"误耳,当为"二"。二变而为六,六变而为八,则与上七九意相协。不言如是者,谓足相推明耳。九言气变之究也,二言形之始,亦足以发之耳。又言乃复一,易之变一也。太易之变,不惟是而已,乃复变而为二,亦谓变而为太初。二变为六,亦谓变而为太始也。六变为八,亦谓变而为太素也。九阳数也,言气变之终;二阴数也,言形变之始。则气与形相随此也。初太始之六,见其先后耳。《系辞》:"天一,地二,天三,地四,天五,地六,天七,地八,天九,地十。"奇者为阳,偶者为阴,奇者得阳而合,偶者得阴而居,言数相偶乃为道也。孔子于《易·系》著此"天地之数"下乃言"子曰明天地之道",本此者也。一变而为七,是今阳爻之象;七变而为九,是今阳爻之变;二变而为六,是今阴爻之变;六变而为八,是今阴爻之

---

①　丁四新:《郑氏易义》,刘大钧主编《象数易学研究》第二辑,齐鲁书社1997年。

象。七在南方象火,九在西方象金,六在北方象水,八在东方象木。自太易至太素,气也,形也。既成四象,爻备于是,清轻上而为天,重浊下而为地,于是而开阖也。天地之与乾坤,气形之与质本,同时如表里耳。以有形生于无形,问此时之言,斯为之也。

按照《乾凿度》之意,由太易生出太初、太始、太素。太初是气之始,太始是形之始,太素是质之始,气形质浑沦未分是为"视之不见、听之不闻、循之不得"的"易",然后由易变出一、七、九,表示气变始、壮、究三个环节。由九再变为一,表示形变之始。这是"从无入有"、"象而后数"的观点。郑氏把"易"视为"太易",把"太初"、"太始"、"太素"分别等同于一、七、九,基于此,太易生太初、太始、太素,是太易生数,太易和太初、太始、太素之间的关系是一种数的转化的关系,而这个数的转化所反映的是象的变化(气形质的产生)。这里的数就是象,如郑注"易变而为一"曰"一主北方,气渐生之始,此则太初气之所生也"。注"一变而为七"云:"七主南方,阳气壮盛之始也,万物皆形见焉,此则太始气之所生者也。"注"七变而为九"云:"西方阳气所终,究之始也,此则太素气之所生也。"这种象数同源一体,与《乾坤凿度》"象而后有数"的思想明显不同。这是郑氏与《易纬》在宇宙观上的区别之二。

同时,郑氏还把数变分为阴阳奇偶两个系列,这是郑氏与《乾凿度》在宇宙观上的区别之三。《乾凿度》认为数的化生是周而复始,即由易变为一、一变为七、七变为九,九复变为一。在这里,《乾凿度》用了个"复"字,就明确点出数变是一、七、九循环变化。郑氏在注《乾凿度》上卷"复变而为一"时也揭示了其含义。他说:"此一则元气形见而未分者。夫阳气内动,周流终始,然后化生一之形气也。"郑玄虽然如此注解,但他不同意这种观点,故在注《乾凿度》卷下时指出："'乃复变为一',一变误耳";当为"乃复变而为二"。① 理由是若改为二,则"意相协"、"足相推明"等。因此,郑氏改造过的数变为:一是一、七、九递变,此为阳变,也是气变;一是二、六、八递变,此为阴变,也是形变。两个系列先后相随,如郑氏云"九阳数也,言气变之终;二阴数也,言形变之始。则气与形相随此也"。这两个变化过程皆为太易、太初、太始、太素之变。他说:"乃复变而为二,亦谓变而为太初;二变为六,亦谓变而为太始也;六变为八,亦谓变而为太素也。""自太易至太素,气也,形也。"这就是天地形成的过程。清轻者上为天,重浊者下为地。前者为气变,后者为形变,形变来自于气变。其实皆为气化的结果。不仅如此,其中代表六七八九的太始、太素内含了四象,"七在南方象火,九在西方象金,六在北方象水,八在东方象木"。这种太易化阴阳、天地、四象和万物的思想,既不同于汉以前思想家观点,更与《乾凿度》的思路相差悬殊。此为郑氏与《乾凿度》在宇宙观上的区别之三。从郑氏改经情况看,如其说他在注经,倒不如说以注经为形式阐发自己的思想。

与《易纬》相同,郑氏的宇宙演化的理论,并非纯为探讨宇宙奥秘而发,而是在为易学象数理论寻找客观根据。与其宇宙演化理论相关的象数思想主要包括以下几点:其一,关于《周易》卦画形成的客观根据。《易传》认为,八卦是圣人观天文、察地理、近取诸身远取诸物的结果,即根据宇宙有天地人三才而画出三画卦。因三画卦未尽万物之理,"兼三才而两之,故易六画而成卦"。(《说卦》)"六者非它也,三才之道也。"(《系辞》)《易纬》似不同意

---

① 台湾学者高怀民认为,此处经注不一,由此断定非郑玄注。见《〈易纬·乾凿度〉残篇文解析》,《周易研究》2001 年第 1 期。笔者管见,郑氏发现经有问题,未改经,只在注中说明,正是郑玄风格。

《易传》的观点,认为《易》三画卦和六画卦本之于宇宙产生的三要素,三要素代表了事物初壮究三个阶段,故《易》有三画和六画卦。郑玄通过诠释《易纬》说明了自己的观点。他认为,《易》有三画之卦,本之于太初、太始、太素,太初为物之初,太始为物之壮,太素为物之究,万物的发展有初、壮、究三个阶段,故《易》有三画之卦。他说:"物于太初时如始,太始时如壮,太素时如究,而后天地开辟,乾坤卦象立焉,三画成体,象卦亦然。"此是说,乾坤效法了天地的形成,即经过一七九的气变而成天,经过二六八形变而成地,天地形成是经历三个阶段,因而有乾坤之三画。他又以天地人三才之道说明卦六画的根源。他注《乾凿度》六画而成卦时云:"阴阳刚柔之与仁义。"其实,此就是《乾凿度》所说的"天有阴阳,地有刚柔,人有仁义,法此三者,故生六位"。从而回答了前面提出的天地与乾坤先后的问题。

其二,爻变的客观根据。关于爻动说,《系辞》早有论述。如《系辞》言:"圣人有以见天下之动,而观其会通,以行其典礼,系辞焉以断其吉凶,是故谓之爻。"又言:"爻也者,效天下之动者也。"此圣人看到天下变动,而受到启发而画出爻,爻变动的特点正是对天下变动的体现。那么,爻到底怎么效法天下之动? 效法了哪些具体的变动?《系辞》没有解释。郑玄据《易纬》做了进一步的阐发。他认为,爻变本之于阴阳消息。"阳动而进,变七之九,象其气息也;阴动而退,变八之六,象其气消也。"据此,《周易》有九六爻之变动。按照大衍筮法,行蓍的结果,不外乎六七八九四个数,或六,或七,或八,或九。七、八不变,九、六变。对于此,郑氏解释说:"一变而为七,是今阳爻之象;七变而为九,是今阳爻之变;二变而为六,是今阴爻之变;六变而为八,是今阴爻之象。"显然,郑氏把筮法中阴阳爻动变视为效法自然界阴阳之气消息变化,而阴阳爻之静则是效法了阴阳气合而为道。因此,他提出:"九六爻之变动者,

《系》曰'爻效天下之动也'……周易占变者,效其流动也。"

其三,行蓍定爻的根据。《系辞》云:"四营而成易,十有八变而成卦。"此是言大衍法经过四营而定一爻。那么,为何四营定一爻?郑玄认为,四营定一爻完全取决于由太易生出的四象。他说:"自太易至太素,气也形也,既成四象,爻备于是。"在注《乾凿度》"推爻四,乃术数"时作了进一步解释:"易有四象,文王用之焉。往布六于北方以象水,布八于东方以象木,布九于西方以象金,布七于南方以象火。如是备为一爻,而正为四营而成,由是故生四八、四九、四七、四六之数。"这里的"四营"不是陆绩、王弼等人所说的行蓍过程的四道程序,而是行蓍的四个结果(三十二、三十六、二十八、二十四),这四个数是四分别乘以八九七六而成。在郑氏看来,这是由四象决定的。

其四,卦之六爻相应之根据。所谓爻之应,是就位而言的,爻位"初以四、二以五、三以上,此之谓应"(《乾凿度》),爻位相应的道理则在于天地阴阳相感应。自天地产生后,阴阳之气动而感应,如乾凿度所言,"物感以动,类相应也,易气从下生,动于地之下,则应于天之下;怎么动于地之中,则应于天之中;动于地之上,则应于天之上"。《乾凿度》为了说明一卦六爻自下而上感应,在这里重在说明地感天。郑氏在注释《乾凿度》时,不仅强调地感天,也看到了天感地,他说:"易本无形,自微及著,故气从下生,以下爻为始也。""天气下降以感地,故地气升动而应天。""阴有阳应,阳有阴应,实者也。"因此,郑氏与《乾凿度》不同的是把天地阴阳相互感应作为六爻爻位相应的理论基础。

二、天道法则与易之三义

《易传》最早对《周易》之"易"的含义进行概括,提出"生生之谓易",即把易解释谓生生不息、大化流行。《易纬》则从《系辞》文意,推出易之义。《乾凿度》云:"易者,易也,变易也,不易也。"《乾坤凿度》云:"易名有四义,本日月相衔,又易者,又易,易定。"《乾坤凿度》虽言"易有四义",然对照《乾坤凿度》和《乾凿度》文意,可以合并为三义。一是生物之本原,易是德或道,易无为而生万物。"易者,以言其德也。通情无门,藏神无内也,光明四通,效易立节,天地烂明,日月星辰布设……不烦不挠,淡泊不失,此其易也。"(《乾凿度》卷上)二是变易。从文字学上讲,易字为象形字,上日下月,日月相衔,象征日月往来。即《说文》所言:"秘书说:日月为易,象阴阳也。"从现实的自然界看,世界上的一切皆在变化,"变易也者,其气也。天地不变,不能通气,五行迭终,四时更废,君臣取象,变节相和,能消者息,必专者败。君臣不变,不能成朝……夫妇不变,不能成家……此其变易也"(同上)。三是不易或易定。是就世上永恒不变之位而言的,"不易也者,其位也。天在上,地在下,君南面,臣北面,父坐子伏,此其不易也"(同上)。在这里,《易纬》强调了宇宙生成及生成后,天地阴阳、日月星辰、四时节气、社会朝代、家庭夫妇消长变化和地位永恒不变,从而"易"也就有了与天道紧密相关的三层含义。在《易纬》思想的启发下,郑玄立足于《易传·系辞》,对易之义又有新解:

> 易之为名也,一言而函三义。易简一也,变易二也,不易三也。故《系辞》云:"乾坤其易之缊邪。"又曰:"易之门户邪。"又曰:"夫乾,确然示人易矣;夫坤,隤然示人简矣。""易则易知,简则易从。"此言其易简之法则也。又曰:"其为道也屡迁,变动不居,周流六虚,上下无常,刚柔相易,不可为典要,唯变所适。"此言顺时变易,出入移动者也。又曰:"天尊地卑,乾坤定矣。卑高以陈,贵贱位矣。动静有常,刚柔断矣。"此言其张设布列不易也。据兹三义而说,《易》之道广矣大矣。

以上引自郑氏的《易赞》。与《易纬》相同的是郑玄的易之三义说也是本之于天道观,如易简之理存在于天地之间,天地生成和万物生成之时,既易又简。如前所言,太易生太初、太始、太素,是为简易。其注《乾坤凿度》云:"生万物不难,故易准天地也。"天地生万物则是天地合气,如同人之男女交媾而生成后代,如此简易,即所谓的"天地氤氲、万物化醇、男女构精、万物化生","乾主大始、坤作成物、乾以易知、坤以简能、易则易知、简则易从"。作为效法自然、以阴阳符号为核心构成的《周易》体系则有易简之理。从根本上言,《周易》六十四卦三百八十四爻无非是一阴一阳而已,"一阴一阳之谓道"即是此意。

自然界时刻处在生生不息的变化之中,这是众所周知的。所谓变是指阴阳相互推摩、开辟消息、交替转化。《系辞》云:"一阖一辟谓之变。""化而裁之谓之变。""刚柔相推,变在其中矣。"这种具体变化表现在宇宙生成后,大化流行,生生不息。天地变化生日月,日月变化生光明、四时,四时寒暑变化生节气成一岁。一岁四时变化万物枯荣轮转,周而复始。《文言》曰:"天地变化,草木蕃。"《系辞》曰:"在天成象,在地成形,变化见矣。""日往则月来,月往则日来,日月相推而明生焉。寒往则暑来,暑往则寒来,寒暑相推而岁成焉。"不仅自然如此,社会亦然。《彖传》:"天地感,而万物化生。圣人感人心,而天下和平。""天地革而四时成,汤武革命,顺乎天而应乎人。"而自然和由自然演化出的社会的变化,从根本说,是一种气的聚合离散。"精气为物,游魂为变。"即是此意。这就是郑氏所理解的存在于客观自然界和社会中的"变动不居、周流六虚、上下无常、刚柔相易、不可为典要、唯变所适"的变易之理,以变为占的《易》有变易之义正是取自于此。

自然和社会虽然处在流变之中,但是由于天地阴阳地位不同,万物有贵贱上下等级之别。如前所言,从宇宙生成看,天地是气所为,清轻之气上而为天,浊重者下而为地。天位在上,地位在下,天地生万物则分成为阴阳两大类,"本乎天者亲上,本乎地者亲下"(《文言》)。"乾道成男,坤道成女。"(《系辞》)在上者尊贵,在下者卑贱,尊贵和卑贱,对于具体事物而言是可以相互转换的,但其位是永恒不变。即一种事物可以取代另一种事物,一个社会可以转化另一个社会,对一个事物或一个社会而言,可能是由贱变贵,或由贵变贱,而在上位尊贵、在下位卑贱则没有变。即是《系辞》"天尊地卑,乾坤定矣。卑高以陈,贵贱位矣"。故《周易》爻位有贵贱之分,如"三多凶,五多功,贵贱之等也"即其证也。此为郑氏"易"之不易之理。

由以上分析可以看出,《易纬》与郑氏的三义本自自然社会法则、反映自然社会法则,而且后者本之于前者。关于这一点,唐代孔颖达曾明言道:"《易纬·乾凿度》云:'易一名而含三义……'郑玄依此义作《易赞》及《易论》云:'易一名含三义易简一也,变易二也,不易三也。'"(《周易正义·卷首》)然郑氏三义说未离《系辞》,全引《系辞》之言为据,这与《易纬》用一般天道理论说明易之三义有明显的不同。更为重要的是,在解说易之三义时,郑氏用"易简"取代了《易纬》的"易"。对此,台湾学者胡自逢先生论述道:"康成惟以'易简'二字代纬文之'易'字,盖乾以易知,坤以简能,易简之则,于乾坤之法象见矣,故又益简字以增足纬辞,其意(纬意)得以愈见彰著也。而简易之要义,纬文佼易(郑注,佼易,寂然无为之谓)清净,不烦不挠诸句,亦颇著见。盖佼易清净以立易简之则,不烦不挠,则简易之施为及其绩效也,于人事治理可以见之;而无思无为之旨,大传已先之矣。"[1]胡先生是在讲郑易之渊源,在这里只强调了郑氏易之三义与《易纬》的内在联系。其实,郑氏的"易简"和《易纬》的"易"的意义不仅仅是一字之差和有某种相同的意义,更多的是内涵的差异。

---

[1]　胡自逢:《周易郑氏学》第143页,台湾文史出版社1990年。

《易纬》的易之义第一种"易"是宇宙本原,这种宇宙本原的"易"是一种"通情无门,藏神无内"德性,它可以生成天地万物,具有寂然无为、不烦不挠、淡泊不失的特点,这个"易"就是老子的"道"或"无"。而郑氏的"易简"则不是宇宙的本原,当然也没有老子道家寂然无为的特点,而是天地生成万物的形式,这种形式容易简单,只不过是天地合气、阴阳交感而已。而且这种天地生物的形式极容易理解、认知和把握。从哲学上说,"易简"具有认识论的意义。因此,《易纬》的"易"不是郑氏的"易简",此也是郑氏改造和发展《易纬》思想的重要例证。

三、阴阳之气与物之兴衰

按照郑玄上述的理论,太易产生太初、太始、太素,太易是寂然无物、未见气,太初是气之始,太始是形之始,太素是质之始。三者浑沦未分是为中和之气,也就是太极或称为道。太极流行则为气形质。其中太初为气之始,已有阴阳,郑氏有时称为"寒温"。"太初者,寒温始生也。"(《乾凿度》注)这种阴阳之气与太极(或道)是形而上道和形而下器的关系。郑注《系辞》云:

> 道无方也,阴阳则有方矣。道无体也,阴阳则有体矣。无方故妙物而为神,无体故用数而为易。有方则上下位焉,有体则小大形焉,是物而已。然所谓道者,未尝离物,而物无乎非道。则道非即阴阳,非离阴阳,而万物之所由者,一阴一阳而已。彼师天而无地、师阴而无阳者,皆万物之所不由也。(引自《周易义海撮要》卷七)①

---

① 《周易义海撮要》所引许多易注不注易家全名,此注也只标"郑"。故清儒在辑郑氏易注时,多不采辑,唯黄奭采之。按:今无可靠证据证明此注非郑氏易注,故仍视为郑注。

此谓道与阴阳之关系。道与阴阳区别在于,道无方无形,神妙莫测;阴阳有方有形,则为实物。其联系在于,道不是物,却未离物,即通过阴阳体现出。那么,阴阳二气是如何生天地和万物的呢?依郑氏之见,阴阳生天地,天地从无到有经历了气变、形变两大阶段和六个环节:一、七、九是阳数,其变是气之变,"阳气内动,周流终始";二、六、八是阴数,其变是阴气之变,也是形质之变。由九至二,是气变向形变的过渡,"九阳数也,言气变之终;二,阴数也,言形变之始。则气与形相随此也"。"阳动而进,变七之九,象其气息也。阴动而退,变八之六,象其气消也。"清轻之气上升而成天,重浊之气下降而成地,天地形成是气化的结果。因为天地秉受了原初的阴阳二气而成为最大的阴阳,人们所感受到的阴阳之气总是与天地相联系。郑玄指出:

> 阳气始于亥,生于子,形于丑,故乾位在西北也。
>
> 阴气始于巳,生于午,形于未,阴道卑顺,不敢据始以敌,故立于正形之位。(《乾凿度》注)

这里的阴阳之气,已不是形成天地的原初的气,而是指天地形成之后、由天地而产生的、可以形成四时变化的寒暑、冷热之气。乾为天、为阳、居西北亥位。故阳气开始于十月、西北亥位。《说文》云:"亥,荄也。十月微阳起接盛阴。"坎居正北方,为十一月,"坎北方卦名,微阳所生"。"阳生于坎,气尚微,寒温未知"(《易稽览图》注)。故阳气产生于十一月、正北方。丑为东北方,为十二月。此地此时阳气长,物由终而始,故阳气形成于十二月、东北方。巳为四月,为东南方,此地此时阳气始盛,阴气弱而生,故阴气始于四月、东南方。午为五月,为正南方,此地此时阳气全盛,阴气动而生,故阴气产生于五月、正南方。未为六月,为西南方,此为坤位,坤为阴,故阴气形成于六月、西南方。其中乾坤天地是阴阳气之祖,阴阳气产生形成其实就是乾坤阴阳流行转换的过程。根据古人的直观和感受,自十月始,阴(寒)气自北方来临,自四月始,阳(热)气自南方来临。在阴气极盛之时,阳气始生,随着时间的推移,阳气渐长,阴气渐消。至阳气极盛之时,阴气始生,随着时间的推移,阴气渐长,阳气渐消。从而完成了阴阳二气的交替。在这个过程中,阴阳二气相应交易,他注《乾凿度》云:"阴有阳应,阳有阴应,实者也。"注《乾坤凿度》云:"阴阳是为交易,阴交于阳,阳交于阴,周圆反复。"这种交易并非和平交接,而是一种力量强弱的对比和斗争。如他注《礼记·月令》"仲冬之月……阴阳争,诸生荡"云:"争者,阴方盛阳欲起也。荡谓物动萌芽也。"同时阴阳二气还相互包含,相互隐伏,即阳中潜藏着阴,阴中潜藏着阳,这也是阴阳之所以能够实现交易转换的关键。

由于天地形成过程中,气数之变内涵了阴阳生长盛衰及其相关的方位,如郑言"一主北方,气渐生之始","七主南方,阳气壮盛之始也","西方阳气所终,究之始也"。又言"七在南方象火,九在西方象金,六在北方象水,八在东方象木"。因而阴阳二气流行、交易、转换则表现为与四方和四象相联系的四时和五行变化。他说:

> 天地之气各有五,五行之次:一曰水,天数也;二曰火,地数也;三曰木,天数也;四曰金,地数也;五曰土,天数也。此五者,阴无匹,阳无耦,故又合之。地六为天一匹也,天七为地二耦也,地八为天三匹也,天九为地四耦也,地十为天五匹也。二五阴阳各有合,然后气相得,施化行也。(《系辞》注)

此言天地之气流行则表现为水、火、木、金、土五气,五气分阴阳,阴阳合则施化行。依郑氏的理解,五行除了土以外,水火木金又有时空特性:水在北方为冬,木在东方为春,火在南方为夏,金在西方为秋。春夏秋冬四时体现了阴阳流转。就阳气而言,阳气生于北方冬季,长于东方春季,盛于南方夏季,终于西方秋季。阴气则相反,它生于夏季,长于秋季,盛于冬季,终于春季。为了更进一步说明阴阳变化,他又提出了比四时更具体的、与八方相联系的八气说。如他注《说卦传》说:

> "万物出于震",雷发声以生之也。"齐于巽,相见于离",风摇动以齐之也。絜,犹新也。"万物皆相见",日照之使广大,万物皆致养焉。地气含养使有秀实也,万物之所说。草木皆老,犹以泽气说成之。战"言阴阳相薄",西北阴也。而乾以纯阳临之,犹君臣对合也。坎,"劳卦也"。水性劳而不倦,万物之所归也。万物自春出生于地,冬气闭藏,还皆入地。"万物之所成终而所成始",言万物阴气终,阳气始,皆艮之用事也。(惠栋《郑氏周易》卷下)

震、巽、离、地(坤)、泽(兑)、乾、坎、艮分别代表了八个方位。震为东方,巽为东南方,离为南方,坤为西南方,兑为西方,乾为西北方,坎为北方,艮为东北方。与此相联系的是八方又代表了八个不同月份。如《易纬·乾凿度》说:"震生物与东方,位在二月;巽散之于东南,位在四月;离长之于南方,位在五月;坤养之于西南方,位在六月;兑收之于西方,位在八月;乾剥之于西北方,位在十月;坎藏之于北方,位在十一月。"从形式上看,万物的生长、显明、成熟、收藏和回归与地上时空有关。随着时空的变换,阴阳二气有消长、推荡、交替,从而就有四时变化和与之相关的万物的生旺墓绝的周流循环。其实,地上时空的变换和阴阳消息皆与天道尤其是日的运行紧密相关。南方热、北方冷,白天热、晚上冷,夏天热、冬天冷,皆就太阳出没或距太阳的远近而言的。有太阳时则有阳气,反之则有阴气。距太阳近者则阳盛阴衰,距太阳远者则阴盛阳衰。阴阳的盛衰就决定了万物的生长和收藏。从这个意义上讲,阴阳二气的消长和时空的变换实际上是太阳运行在不同的时空所致。古人在生活生产及其密切相关的科学的实践中早已发现了这一点,如《吕氏春秋》、《淮南子》、《礼记·月令》等文献均有记载。郑玄精通天文历法,深明此理,他在注《月令》阐发了这一思想。他说:

> 孟春者,日月会于娵訾,而斗建寅之辰也。
>
> 仲春者,日月会于降娄,而斗建卯之辰也。
>
> 季春者,日月会于大梁,而斗建辰之辰。
>
> 孟夏者,日月会于实沈,而斗建巳之辰。
>
> 仲夏者,日月会于鹑首,而斗建午之辰也。
>
> 季夏者,日月会于鹑火,而斗建未之辰也。
>
> 孟秋者,日月会于鹑尾,而斗建申之辰也。
>
> 仲秋者,日月会于寿星,而斗建酉之辰也。
>
> 季秋者,日月会于大火,而斗建戌之辰也。
>
> 孟冬者,日月会于析木之津,而斗建亥之辰也。
>
> 仲冬者,日月会于星纪,而斗建子之辰也。
>
> 季冬者,日月会于玄枵,而斗建丑之辰也。

辰,本来指星。"在古观象授时时代,选取一定的星象,作为分辨一年四季的标志,这些星象,可以说就是'辰'的本来意义。"[1]尤其是那些明亮的星特别引人注意,因而辰称为明亮星的代名词。如《公羊传》昭公十七年:"大火为大辰,伐为大辰,北辰亦为大辰。"《左传》昭公七年:"何谓六物? 对曰:岁、时、日、月、星、辰是谓也。公曰:多语寡人辰,而莫同。何谓辰? 对曰:日月之会是谓辰。"斗建是指北斗所指方向。因此,古人十二辰的确立是依据日

---

① 陈遵妫:《中国天文学史》第三册,第698—699页,上海人民出版社1984年。

月之会的位置和北斗等星所指的方向。在这里,郑氏吸收了古人这些天文学的知识,详细而准确地说明了一年十二个月日月运行交会的位置和北斗星循天而转行建十二辰。同时,郑氏及时人还把天地的时空视为是对应的,天上有与十二辰相关的、具有时空意义的十二星,地上有与之相应的十二地。郑注《周礼·春官·保章氏》云:"(九州)州中诸国之封域,于星亦有分焉。……今其存可言者,十二次之分也。星纪,吴越也;玄枵,齐也;娵訾,卫也;降娄,鲁也;大梁,赵也;实沈,晋也;鹑首,秦也;鹑火,周也;鹑尾,楚也;寿星,郑也;大火,宋也;析木,燕也。"因而,天之日月和北斗所处的位置不同,就决定了地之阴阳二气的消长变化和以阴阳变化为依据而划分的月份及万物生长变化的不同阶段。郑氏注《月令》云:"日月之行,一岁十二会,圣王因其会而分之,以为大数焉。"进而,郑氏用十二律吕说明十二月阴阳气相生相合消长转化。他在注《周礼·春官·大师》指出:

声之阴阳各有合。黄钟,子之气也,十一月建焉,而辰在星纪。大吕,丑之气也,十二月建焉,而辰在玄枵。大簇,寅之气也,正月建焉,而辰在娵訾。应钟,亥之气也,十月建焉,辰在析木。姑洗,辰之气也,三月建焉,而辰在大梁。南吕,酉之气也,八月建焉,而辰在寿星。蕤宾,午之气也,五月建焉,而辰在鹑首。林钟,未之气也,六月建焉,而辰在鹑火。夷则,申之气也,七月建焉,而辰在鹑尾。中吕,巳之气也,四月建焉,而辰在实沈。无射,戌之气也,九月建焉,而辰在大火。夹钟,卯之气也,二月建焉,而辰在降娄。辰与建交错,贸处如表里然,是其合也。其相生则以阴阳六体为之。黄钟初九也,下生林钟之初六,林钟又上生大簇之九二,大簇又下生南吕之六二,南吕又上生姑洗之九三,姑洗又下生应钟之六三,应钟又上生蕤宾之九四,蕤宾又下生大吕之六四,大吕又上生夷则之

九五,夷则又下生夹钟之六五,夹钟又上生无射之上九,无射
又上生中吕之上六。同位者象夫妻,异位者象子母,所谓律取
妻,而吕生子也。

随着时间的推移和日月星辰的运转,尤其是日的运行和日月
交会及北斗所指,十二辰形成并被赋予了特定的意义,即有时间和
空间的意义,又为含有阴阳不同性质的气。如十一月,辰在星纪,
为子气。十二月,辰在玄枵,为丑气。正月,而辰在娵訾,为寅气。
二月,辰在降娄,为卯气。三月,辰在大梁,为辰气。四月,辰在实
沈,为巳气。五月,辰在鹑首,为午气。六月,辰在鹑火,为未气。
七月,辰在鹑尾,为申气。八月,辰在寿星,为酉气。九月,辰在大
火,为戌气。十月,辰在析木,为亥气。十二律分为阳律阴吕,十二
辰则也分为阴阳两种性质:子气、寅气、辰气、午气、申气、戌气为阳
气,丑气、卯气、巳气、未气、酉气、亥气为阴气。阴阳交错相生,子
气下生未气,未气上生寅气,寅气下生酉气,酉气上生辰气,辰气下
生亥气,亥气上生午气,午气下生丑气,丑气上生申气,申气下生卯
气,卯气上生戌气,戌气下生巳气。阴阳同位者象夫妻,异位者象
母子。由此,阴阳消息则是十二气变化,《九家易》注《系辞》"范围
天地之化而不过"时说"乾坤消息,法周天地,而不过于十二辰也"
即是此意。

由于气是万物之本,万物皆由气产生和构成。故郑玄及其时
人所理解的十二辰不仅是十二种气,而且本身与律吕一样也是事
物产生发展消亡过程中的十二种状态。《史记·律书》云:"应钟
者,阳气之应,不用事也。其与十二子为亥。亥者,该也。言阳气
藏于下,故该也。""黄钟者,阳气踵黄泉而出也,其与十二子为子。
子者,滋也;滋者言万物滋于下也。""大吕者,其与十二子为丑。
丑者,纽也。言阳气在上未降,万物厄纽未敢出也。""泰蔟者,言
万物蔟生也,故曰太蔟,其与十二子为寅。寅言万物始生蚓然也,

故曰寅。""夹钟者,言阴阳相夹厕也,其与十二子为卯。卯之为言茂也,言万物茂也。""姑洗者,言万物洗生,其与十二子为辰。辰者,言万物之蜃也。""仲吕者,言万物尽旅而西行也,其与十二子为巳。巳者,言阳气之已尽也。""蕤宾者,言阴气幼少,故曰蕤;痿阳不用事,故曰宾。……其与十二子为午。午者,阴阳交,故曰午。""林钟者,言万物就死气林林然,其与十二子为未。未者,言万物皆成,有滋味也。""夷则,言阴气之贼万物也,其与十二子为申。申者,言阴用事,申贼万物,故曰申。""南吕者,言阳气之旅入藏也,其与十二子为酉。酉者,万物之老也,故曰酉。""无射者,阴气盛用事,阳气无余也,故曰无射,其与十二子为戌。戌者言万物尽灭,故曰戌。"《说文》、《白虎通义》、《汉书》也有类似的记载。

由此,我们可以看到,郑氏的阴阳二气流行变化,经历了简单到复杂的演化过程,即二气分化为四气、八气、十二气。四气、八气、十二气是阴阳二气在特定时间和空间下的具体表现。四气表示四方四时之气,或称为五行之气,冬季水气来自北方,春季木气来自东方,夏季火气来自南方,秋季金气来自西方,土气居中流行于一年四季。八气是一年四季来自八方之气。它除了有春夏秋冬四气之外,还有另外四气,即冬春之交来自东北方之气、春夏之交来自东南方之气、夏秋之交来自西南方之气,秋冬之交来自西北方之气。十二气则比八气更细化,它是来自一年十二月十二方位之气。因此阴阳二气与四气、八气、十二气的关系,一方面阴阳二气是四气、八气、十二气产生的根源,它具有主宰和统摄作用;另一方面,它又不是游离于四气、八气、十二气之外,而是存在于其中,四气、八气、十二气是阴阳二气不断量化的结果。因而更多情况下表征着事物兴衰消长过程和事物发展过程中所表现出的连续性、次序性以及往复循环的规律性。郑氏对于这种阴阳二气变化规律的理论,应当说是与当时历法别无二致。

总之,郑氏的天道观主要得之于《易传》、《易纬》及道家的思想。如以无为本的本体论,出自老子和《乾凿度》;天道法则出自《系辞》、《乾凿度》和《乾坤凿度》。关于阴阳之气产生和流行的学说,主要受启于《说卦传》、《乾凿度》的阴阳观。故郑氏天道思想框架与《说卦传》和《易纬》基本一致。所不同的是在其《说卦》、《易纬》的视野下提出了许多自己独到的见解。尤其是吸收了当时的天文历法知识,揭示了阴阳气产生、流行更深层的原因,使其学说更为具体,更为详细,更为完备,丰富和发展了两汉哲学,迎合了当时社会政治经济和经学文化发展的需要。

同时,由郑氏天道观,可以看出两汉文化发展轨迹是儒道趋向融合。汉初黄老道家文化占主导地位,武帝之后儒家一统天下,儒道貌似水火不容,其实二者在汉代形离神合,互渗互补,趋向一致。汉初道家《淮南子》承袭了《庄子》、《管子》的传统,多次引《周易》文辞解说之,严君平的《道德经指归》诠释《老子》之作,其论述事理多引《周易》经传之义,严氏弟子扬雄模仿《周易》作《太玄》,融会黄老和《周易》,即扬雄所说的"观大易之损益,览老氏之倚伏"。东汉魏伯阳作《周易参同契》,借用《周易》的概念、理论阐发丹道,反映了汉代儒道会通趋势。若《淮南子》、《道德经指归》、《太玄》、《周易参同契》是援易入道的话,那么,汉初思想家、《易纬》和东汉王充、郑玄、虞翻等人的著作则是援道入儒。汉初黄老思想流行,"陆贾、贾谊、韩婴、董仲舒都在不同程度、不同方面引用和发挥着黄老思想。或者用黄老思想补充解释儒家的思想,或者把黄老思想纳入体系,作为一个组成部分,甚至移花接木,用黄老思想为儒家思想作天道观的根据和基础"。① 成书于西汉末的《易纬》吸收

①　金春峰:《汉代思想史》第67—68页,中国社会科学出版社1997年。

了道家的观念思想解说宇宙起源和象数产生,"王充,自觉地引进黄老的自然观念,作为天道观的基石,……到郑玄注《乾凿度》时,则系统地引进老子的自生、自彰、自通、从无入有,以无为本的思想,使易学思想发生了根本变化"。① 其后汉末虞翻注《周易参同契》和《老子》,并援引老子之言和《参同契》中天体纳甲说释《易》,是谓援道入易。自此以后,易老、儒道相互资取、渗透、融合,形成了具有道家特色的易学文化或具有易学特色的道家文化。因此,在中国文化发展史上,《易纬》和郑玄援道入易是易老融合重要的一环,整体上体现着儒道的合流的趋势。若没有汉代的易、道融合,尤其是《易纬》和郑玄的易、道融合,就不可能形成道家易学和易学道教,更不可能形成魏晋玄学以及以魏晋玄学为基础的、儒道释兼顾的宋明理学。

就易学而言,郑氏的天道观在其易学中占有重要的地位。易学中义理、象数相辅相成,融为一体。象数本于义理,凸显义理。义理为象数之本,寓于象数。郑氏的天道观是以当时自然科学为根据的自然哲学,属义理之学,其卦气说、爻辰说、气数说等是用易学符号描述天道运行规律,属于象数之学。而象数许多概念、规定和内容皆与天道紧密相关,如前面所言卦爻象、爻数、爻变、蓍数等皆效法宇宙演进和阴阳变化,由这些卦爻象和蓍数为骨架而建立起来的象数思想体系也取天道流行变化为内容。最为明显的是郑玄以乾坤为本根,以八卦为因子,依照象数理原则而构筑的卦气说、爻辰说、爻体说和互体说等,这些学说相互交融而形成的易学象数体系,从未离开以阴阳为主体而展开的四象、八气、十二气的宇宙大化理论。在这个意义说,郑氏象数思想是建立在天道观的基础上的,天道观是其象数思想的基石。

① 金春峰:《汉代思想史》第 7 页,中国社会科学出版社 1997 年。

第五章 明天道的象数思想

郑玄认为，阴阳交感，品物流行，生生不息，皆本之于天。日月星辰运行，阴阳流转，节气交替、万物兴衰是为天道。圣人作《易》则是明天道、理人伦、建邦国。《乾凿度》云："易者所以昭天道、定王业也。"其中《易》之象数则是明天道。他注《乾元序制记》"六十四卦、各括精受节、以历纪道"云："括，从结。精受节，谓各用事于诸月以应。纪明天道，谓寒温之节与藏者也。"注《泰·象》"天地交、泰，后以财成天地之道、辅相天地之宜、以左右民"云："财，节也。辅相、左右，助也。以者，取其顺阴阳之节，为出内之政，春崇宽仁，夏以长养，秋教收敛，冬敕盖藏，皆可以成物助民也。"就象而言，易象与历法一致，"易犹象也，孔子以历说易，名曰象也"（《乾凿度》注）。易象昭示的是纪天道的历法。就数而言，易数与律历数相应，易数凸显的也是纪天道的律历。

一、卦气说

卦气说，是易学与历法相结合的产物。按照一定的规律，将《周易》六十四卦三百八十四爻与一年中的四时、十二月、二十四节气、七十二候相匹配，就是卦气说。卦气说是两汉易学家借以解说《周易》理论、建立筮法体系的重要方法之一。按照学界传统的说法,卦气理论的形成和定型归于孟喜,然近期有学者提出异议。其主要的根据有三:一、《子夏易传》将《井》九二"井谷射鲋"之"鲋"训为虾蟆,宋儒朱震指出此为五月卦。二、魏相曾提出四正卦主四方四时说。三、帛书《易传》有关于益卦配春、损卦配秋的记载,由此推断在孟喜之前卦气说已形成。首先看《子夏易传》,子夏训"鲋"为"虾蟆",卦气说中,井卦确属五月,然虾蟆与五月毫无联系。在七十二候中,四月初候为"蝼蝈鸣",并非五月候。《礼记·月令》云:"孟夏之月……蝼蝈鸣,蚯蚓出。"卦气七十二候旅卦配蝼蝈鸣。故朱震并不是从虾蟆推出五月卦,而是直接用卦气说来理解井卦。其次,从历法角度言之,夏商周三代历法各不相同。"夏以孟春月为正,殷以季冬月为正,周以仲冬为正。夏以十三月为正……殷以十二月为正……周以十一月为正。"(《白虎通德论·三正》)汉代用的是夏历,以孟春月为正月。但与夏历不同的是一年分十二个月,而不是十三个月。十二消息卦用的历法是汉初的历法。关于这一点,从郑玄的《易》注可以得到证明。郑注《临》"至于八月有凶"云:"临卦斗建丑而用事,殷之正月也。当文王之时,纣为无道,故于是卦为殷家著兴衰之戒,以见周改殷正之数云:临自周二月用事,迄其七月至八月而遁卦受之,此终而复始,王命然矣。"(《周易集解》)郑氏是在用消息卦注《易》,且将消息卦临所主的月份与殷、周月份区别开来。这说明了十二消息卦不可能产生于《周易》成书的殷周之际,也不可能产生于子夏生活的春秋时代。再次,帛书《易传》已有卦配时的先例,汉初魏相已有四正卦思想,这些资料对于研究卦气说固然很重要,但它毕竟不是后世流行的、比较完备的卦气说,即单凭此并不能完全断定卦气说已形成。一种思想的形成并不是偶然的、孤立的,它总是在继承前人资料的基础上实现的。后者包含前者,前者与后者有联系,这是必然的。若用这种联系作为证据,推断出后者在前者时已存在,其研究方法的得失，是不言自明的。因此，在没有其他更多更结实的例证条件下，我们有理由说，帛书《易传》、魏相的思想是卦气说的雏形，孟喜是卦气说的真正创造者。①

京房在继承孟喜卦气说的基础上，提出了六卦卦气的思想。孟氏曾以震兑坎离四卦二十四爻主一年二十四节气，即所谓的四正卦。京氏则以四正卦和巽艮"六子"卦主二十四节气。具体地说，每卦取初、四两爻，每一爻主两个节气，六卦十二爻主二十四节气。如坎初六爻主立春、立秋，六四爻主立夏、立冬；巽初六主雨水、处暑，六四主小满、小雪；震初九主惊蛰、白露，九四主芒种、大雪；兑九四主春分、秋分，初九主夏至、冬至；艮六四主清明、寒露，初六主小暑、小寒；离九四主谷雨、霜降，初九主大暑、大寒。②《易纬》对孟氏京氏的卦气说进行总结，并提出了自己的独到见解。首先它吸收了孟氏四正卦学说。《乾元序制记》指出："坎初六冬至，广莫风；九二小寒；六三大寒；六四立春，条风；九五雨水；上六惊蛰。震初九春分，明庶风；六二清明；六三谷雨；九四立夏，温风；六五小满；上六芒种。离初九夏至，景风；六二小暑；九三大暑；九四立秋，凉风至；六五处暑；上九白露。兑初九秋分，阊阖风，霜下；九二寒露；六三霜降；九四立冬，始冰，不周风；九五小雪；上六大雪也。"四正卦主方四时、二十四爻表示二十四节气固然恰到好处，天衣无缝。而用四正卦说明阴阳变化、季节转换、万物生长盛衰过程则是粗线条的，且用四正卦表示八方之气（风）则显得有些牵强。《易纬》似乎发现了问题，进而又用乾、坤、巽、艮作为四维卦来补充四正卦表示八风之不足。《乾凿度》说：

---

① 关于卦气说创制，与梁韦弦兄观点不谋而合。见《卦气与历数·象数与义理》，《松辽学刊》2001年第5期。

② 详见林忠军《象数易学发展史》第一卷第二编第四章，齐鲁书社1984年。

震生物于东方,位在二月;巽散之于东南,位在四月;离长之于南方,位在五月;坤养之于西南方,位在六月;兑收之于西方,位在八月;乾制之于西北方,位在十月;坎藏之于北方,位在十一月;艮终始之于东北方,位在十二月。八卦之气终,则四正四维之分明,生长收藏之道备,阴阳之体定,神明之德通,而万物各以其类成矣,皆易之所包也。至矣哉,易之德也。孔子曰:岁三百六十日而天气周,八卦用事,各四十五日,方备岁焉。

依《易纬》之见,八卦主一年三百六十五天(每卦主四十五天)、八个节气、八个月份。在八卦中,乾坤虽不为"正"而为"维",却为阴阳之主。《乾凿度》云:"乾者,天也。终而为万物所始也。故乾位在于十月。……坤者,地之道也,形正六月,四维正纪,经纬仲序,度毕矣。孔子曰:乾坤,阴阳之主也。"这就是易学史上的"四正四维"说。

同时,《易纬》还采纳了孟喜和京房六日七分的思想。孟喜认为,《周易》六十四卦,坎、离、震、兑四卦分主四方四时和二十四节气,其余六十卦主三百六十五又四分之一日。每卦主六日,六十卦主三百六十,还余五又四分之一日。将每日分为八十分,五日则为四百分(八十乘以五),四分之一日则为二十分(八十乘以四分之一),五日又四分之一日共四百二十分。六十卦每卦又可以得七分(四百二十除以六十),故有六日七分说。从月份来说,六十卦与三百六十五又四分之一日相匹配,一年十二月,每月主五卦,正好六十卦。每月卦按辟公侯卿大夫五爵位命名,其中复、临、泰、大壮、夬、乾、姤、遯、否、观、剥、坤十二卦阴阳符号排列自下而上依次变化与十二月阴阳二气消长相吻合,故以十二卦为辟卦。辟为君,主十二月,称十二消息卦。每月其余四卦为杂卦。《稽览图》以列表为形式简明地表达了孟喜的六日七分说。其表如下:

小过, 蒙, 益, 渐, 泰 寅。

需, 随, 晋, 解, 大壮 卯。

豫, 讼, 蛊, 革, 夬 辰。

旅, 师, 比, 小畜, 乾 巳。

大有, 家人, 井, 咸, 姤 午。

鼎, 丰, 涣, 离, 遯 未。

恒, 节, 同人, 损, 否 申。

巽, 萃, 大畜, 贲, 观 酉。

归妹, 无妄, 明夷, 困, 剥 戌。

艮, 既济, 噬嗑, 大过, 坤 亥。

未济, 蹇, 颐, 中孚, 复 子。

屯, 谦, 睽, 升, 临 丑。

从以上排列看, 泰、大壮、夬、乾、姤、遯、否、观、剥、坤、复、临是消息卦主十二月, 其他卦是杂卦。《易纬》有时还引用京氏观点说明六日七分。东汉王充指出: "京氏布六十四卦于一岁中, 六日七分一卦用事。"(《论衡·寒温》)唐僧一行对此法作了说明: "京氏又以卦爻配期, 坎离震兑, 其用事自分至之首, 皆得八十分之七十三, 颐、晋、井、大畜皆五日十四分, 余皆六日七分。"(《卦议》引《新唐书》卷二十七)此言用六十四卦表示一年三百六十五又四分之一日, 四正卦主七十三分, 颐、晋、井、大畜主五日十四分, 其余主六日七分。《稽览图》用自己独特的语言表达了京氏的这一思想: "甲子卦气起中孚……六日八十分之七而从, 四时卦, 十一辰余而从, 坎常以冬至日始效, 复生坎七日, 消息及杂卦传相去各如中孚, 太阴用事, 如少阳卦之效也, 一辰其阴效也尽日。太阳用事, 而少阴卦之效也, 一辰其阳也尽日。消息及四时卦, 各尽其日。"十一辰余, 指七十三分。一日为八十分、十二辰, 一辰为六又三分之二分, 十一辰为七十又三分之一。七十三分则为十一辰余。此谓四时、消息及它卦表示的阴阳气流行情况。《易纬》的卦气说,其实质是迎合了汉代需求的占验之学。根据卦气流行情况,人们可以判定自然、社会和人的吉凶。如八卦之气验应,"当寒者寒,当暑者暑,当风者风,当雨者雨"(《稽览图》),则五谷丰登,天下太平。若八卦之气错乱失常,天下必有灾异,社会必有动乱。《通卦验》指出:

> 凡易八卦之气,验应各如其法度,则阴阳和,六律调,风雨时,五谷成熟,人民取昌,此圣帝明王所以致太平法。故设卦观象以知有亡。夫八卦谬乱,则纲纪坏败,日月星辰失其行,阴阳不和,四时易政。八卦气不效,则灾异气臻。八卦气应失常。

《是类谋》专言八卦之气与朝代交替的关系。指出,帝王和国家的衰亡皆有征兆,这个征兆就是八卦之气不效。"征王亡":"一曰震气不效","二曰离气不效","三曰坤气不效","四曰兑气不效","五曰坎气不效","六曰巽气不效","七曰艮气不效","八曰乾气不效"。由于八卦之气不效,天下出灾异,如石飞山崩、星亡殒石,人兽怪异,国家灭亡。

六日七分说也是用于占验的,《易纬》运用很大的篇幅论述消息卦和杂卦不效而出现的灾异。《稽览图》认为,六十四卦之气,有寒温之分,"温者为尊,寒者为卑",一尊一卑,尊卑分明。即寒者当寒,温者当温,否则就会出现灾异。就消息卦而言,若消卦与息卦相侵,在自然界则有雷、旱、霜不时而来,为"伤年之灾"。于社会,"皆有其事而不成也,其在位者有德而不行也"。就消息卦和杂卦而言,"诸卦气,寒温清浊,各如其所"。若侵消息者,或阴专政,或阴侵阳,则旱霜杀万物,万物不复生。阳无得则旱害物,阴阳亦害物。"阳之以木为灾,于春夏水而杀万物,阴作之以水为害也,于秋冬降阴不行。"

郑玄的卦气说得之于《易纬》，通过笺注《易纬》而阐发了自己的思想。其内容主要表现在以下几个方面：

1.八卦卦气

郑氏用"四仲四角"取代了《易纬》"四正四维"的概念，认为四仲卦是用来命德性，四角卦用来纪时。他在注《通卦验》"虑羲作易仲、仲命德、维纪衡"时说：

> 仲，谓四仲之卦，震兑坎离也。命德者，震也，则命之曰木德；兑也，则命之曰金德；坎也，则命之曰水德；离也，则命之曰火德。维者，四角之卦，艮巽坤乾也。纪，犹数也。衡，犹当也。维卦起数之所当，谓若艮于四时之数当上立春。

八卦不仅可以命德纪时，而且还可以表示八种来自八个不同方向的气，即震气、巽气、离气、坤气、兑气、乾气、坎气、艮气。八卦之气流行于一年四季为八风。八风与节至相应。郑氏注《礼记·乐记》"八风从律而不奸"云："八风从律，应节至也。"何谓八风？《左传》昭公二十年《正义》引《通卦验》云："东北曰条风，东方曰明庶风，东南曰清明风，南方曰景风，西南曰凉风，西方曰阊阖风，西北曰不周风，北方曰广莫风。"八风至，则节气立。《御览》卷九、《初学记》卷一等引《易纬》云："立春条风至，春分明庶风至，立夏清明风至，夏至景风至，立秋凉风至，秋分阊阖风至，立冬不周风至，冬至广莫风至。"由此可以看到，代表八方的八卦与节气被有机地巧妙地结合起来。即乾为西北，主立冬；坎北方，主冬至；艮东北，主立春；震东方，主春分；巽东南，主立夏；离南方，主夏至；坤西南，主立秋；兑西方，主秋分。八卦之气流行有当时与不当时，当时则阴阳调和，万物应时兴衰；不当时则阴阳失调，万物伤而异常。如他所言"八卦之气不于时见于他，是非其常，故异多至"。这里所说的"当时"，是指卦气正好显于所对应的节气，所说的"不当时"是指卦气"见其时之前"或"见于其时之后"。

郑氏通过注《通卦验》详细地说明了八卦之气情况,尤其是卦气失时所出现的天灾。如乾气主立冬,若出现在立冬左右,则万物伤,"立冬之左霜降之地,右小雪之地。霜①物未遍收,故其灾物半死。小雪则杀物矣,故其灾为伤"。若乾气见于大雪小雪,因"大雪小寒之地分属于坎,乾气见为四阳相得②,故为火盛,当藏者,蛰虫冬行,阳生出之夏,夏至即灾行矣"。

坎气主冬至,若出左右,则旱和涌水。"冬至右,小雪之地。大小雪二气方凝,其下难,故旱。小雪水方盛,水行而出,涌之象也。"③坎气见于立春之分,"立春之分,大寒、惊蛰之地,分属于艮,坎气见焉,是谓水气乘出,故岁多水灾,江河决,沟渎坏也"。坎气"见于立冬之分",则天旱。"立冬之分,霜降小雪,乾又为冰,皆凝雨难下之象。"④

艮气主立春,若出左右,则物伤和山崩水涌。"立春之右,大寒之地。左惊蛰之地也,万物之生。而艮气见于大寒之地,故霜。艮气见于惊蛰之地,山崩涌水则出也。"艮气见于春分之分,"春分之分,雨水、清明之地,分属于震。艮气见焉,过而动",山崩物不成。"见于冬至之分",属于坎气,"坎为云,云之出,必由山",故而有云雾霜,"云雾霜者,其转散所为"。

震气主春分,出右则物半死,出左则蛟龙出。"春分之右,雨水之地,左清明之地,物未可尽生,故半死。辰为龙,震气前,故见蛟

---

① 张惠言曰:"脱'降'字。"
② 张惠言曰:"乾坎四阳。"
③ 按张惠言谓"右小雪""小"当作"大"。"大小雪"衍"小"字。"小雪水方盛","雪"当为"寒"。冬至左小寒之地,"水"当为"冰"。十二月,冰方盛也。
④ "难下"原作"下难",黄氏疑倒,更正。

龙之类矣。"震气"当见不见,推而晚景。气如于秋分,人则病"。①
震气见于"立春之分,谷雨小满之地秀实,当成之时,推而加焉,故
令之不盈而死。阴阳之常审②者,必待云雷气盈,故独行,又过其
节"。震气"见立春之分,万物又过其节"。

　　巽气主立夏,若出左右,物伤人病。"立夏之右,谷雨之地,左
小满之地。谷雨之地又震焉,跌躁之气,而巽气见焉。故风概木。
风者,摇养万物,今失其位,为之风,又乾物失位,则不能庚之,人则
病。"巽气见于芒种小暑,则有风,气过折木。巽气"见于春分之
地",则盲风至,"盲风者,应八节而至也"。

　　离气主夏至,若出左右,则万物半死,赤地千里。"夏至之右,
芒种之地,左小暑之地。芒种之时,可稼泽地。离者,熯物而见于
芒种之地,则泽稼独生,陵陆死矣。赤地千里,言旱甚且广,千里穿
井,井乃得泉。"离气不见,"亦对受其灾也",如无日光,五谷不荣,
人得百病。离气见于"大暑处暑之地,离为戈兵,失气故兵起
也"。③　离气"见于立夏之分也,阴必害之,有薄食者"。④

　　坤气主立秋,其出左右,物半死,地动。"立秋之右,大暑之地,
左处暑之地也。坤为地,地主养物,而气见大暑之地旱,故物半死,
地气失位则地动也。"坤气见于秋分之分(白露寒露之地),"此灾
物,其道静,坤气失位,故动摇。见于秋之得兑,毁折附决之气,故
小大之水,或存或亡"。⑤　坤气"见于夏至之分。夏者离主为日,日
中之暑,先王以土地建邦国。坤气失位而见焉,故为地分裂之异,
地分裂,水放逸,势自然也"。

---

①　张惠言云:"'气如'之'如'当为'加'。"
②　张惠言云:"'审'当作'雷'。"
③　黄奭曰:"按'大暑小暑之地'三句原本作正文。……今悉改正。"
④　黄奭曰:"'谓见于立夏之分也'三句,原本误作正文,今悉改正。"
⑤　张惠言曰:"此'灾物'当为'坤阴物','秋'之下脱'分'字。"

兑气主秋分,出其左右,物不生,虎害人。"秋分之右,白露之地,左寒露之地。兑主八月,其所生唯荠与麦,白露始杀,故使万物不生。寒露杀气浸盛,兑失位,虎则为害。"兑气见于"立冬之分,霜降、小雪之地,虎狼毛虫属金"。兑气"见于立秋之分,兑能①失位,而见于坤。坤为地,故于泽则枯也"。

郑氏有时还用《易纬》"不效"这个字眼说明自然界和社会中出现大的灾异。效,谓显明。《方言》云:"效,明也。"《史记·燕召公世家》:"而效之子之。"《索引》引郑氏注云"效,呈也"。《礼记·曲礼上》:"效马效羊者右牵之。"郑氏注云:"效,犹呈见。"不效即不显或不发挥作用。他在注《是类谋》时指出:"苍帝亡征,震气不效。""以观其灾,鼠气食人",震之世是盗贼将起之征。菟龙虎出,去苍精之命,昔周之衰。离气不效,阴类灾,女子为讹诬,虹蜺兴蔽日,南方之蛇马必乱而为主,石飞山崩,天下危。坤气不效,土精乱不能伏水,大鱼出斗,臣不如常法。兑气不效,日被遮蔽,白昼昏暗。雷霆横作,天下亡。坎气不效,"土将灭水之象",五角禽出,山崩日既。巽气不效,"大水名川流通,地德若衰,则或竭则移"。艮气不效,"天下将有圣人起也"。星亡石殒,"诸侯盗行天子之政","主将亡"。乾气不效,"五星及群宿皆无光明",雌臣擅权国失雄。……八卦卦气不时或不效,对自然和人体及人的活动尤其是农业生产有一定的影响,这是古人在长期生产和生活中反复观察和总结而获得的经验,无可厚非。然而,决不能夸大这个影响。否则,就会走向神秘主义。如果说郑氏和《易纬》关于八卦卦气不时而导致自然界山川作物草木及人体出现反常现象的论述,大多属于经验性的认识的话,那么其关于八卦卦气不效的论述,把这一经验性理论推广到社会和人事中,用自然灾异比附人事,则属

---

① 张惠言曰:"'兑能','能'字当为'气'。"

于反科学的。

2．十二消息卦气与杂卦卦气

与《易纬》相同，郑氏"上既著八卦气之得失，此又重以消息之候，所以详易道天气"（《易通卦验》注）。他接受了孟喜等人得十二消息卦的思想，把十二消息卦视为十二种气，流行于一年四时十二个月。他在注《通卦验》时指出：

> 春三月候卦气者，泰也，大壮也，夬也。皆九三上六。实气决温不至者，君不明之征也，故日为之变。

> 夏三月候卦气者，乾也，姤也，遯也。皆九三上九，实气微，赤气应之，有兵，期三百二十日，此冬三月卦也。

> 秋三月候卦气者，否也，观也，剥也。皆六三上九，实气决，寒而不至，当君倒赏之征。君之赏，宜先远。今私外家，是其倒也。臣不尽力于其职，私外家使之然。大旱时，有赏赐也。

> 冬三月候卦气者，坤也，复也，临也。皆六三上六。实气微寒而不至者，君政恭缓之征也。而火沴之，百二十日内有兵。臣下欲试之兵也。闻有日食，则君灾兵远，故期更远也。

从以上引文看，郑氏用阴阳爻数量不等的、排列有序的十二卦表示十二月，把十二月阴阳气极大限度地量化。泰、大壮、夬主春三月：正月为泰卦，泰三阴三阳，阳在下，阴在上；二月为大壮，大壮四阳二阴；三月为夬，夬五阳一阴。乾、姤、遯主夏三月：四月为乾卦，乾卦为六阳；五月为姤，姤一阴五阳；六月为遯，遯二阴四阳。否、观、剥主秋三月：七月为否，否为三阴三阳；八月为观，观四阴二阳；九月为剥，剥五阴一阳。坤、复、临主冬三月：十月为坤，坤六阴；十一月为复，复一阳五阴；十二月为临，临二阳四阴。自复至乾六个月，自下而上，阳长阴消，就阳而言，是为息；自姤至坤六个月，自下而上,阴长阳消,就阳而言,是为消。故前六卦为息卦,后六卦为消卦,此即消息卦。郑玄根据卦阴阳多少和其所主季节把十二卦分为六阳卦和六阴卦,并认为,阴阳卦当至者至,不当至者则不至,否则日月不明,四时失序,万物不生。他注《乾元序制记》云:"六卦谓泰卦大壮也,夬乾姤(遯)也。盛阳时温气不效,故阳物不生,土功起也。""六卦谓否观剥坤复临,盛阴用事,而寒气不效,万物冬荣,实物不成,其冲必有大寒,伤生物者也。"

其理论独到之处在于,他在这里把卦气又具体落实到每一卦的爻上,用爻反映四季每个月的阴阳数量。如春三月阳气上长,阴气消退,泰、大壮、夬主之,皆取九三上六两爻,九三主阳气,上六主阴气。夏三月阳盛阴弱,乾、姤、遯主之,皆取九三上九两阳爻。秋三月阴气上长,阳气消退,否、观、剥主之,皆取六三上九两爻,六三主阴气,上九主阳气。冬三月阴盛阳微,坤、复、临主之,皆取六三上六两阴爻。用爻说明卦气是对孟喜、《通卦验》消息卦学说的发展,也是郑氏对卦气理论的贡献。

按照孟喜易学,《周易》六十四卦,除去四正卦,六十卦与一年三百六十五日又四分之一相配,一卦值六日,还余五日又四分之一。将五日又四分之一分成八十,则为四百二十。四百二十除以六十,每卦又得七。故卦与日相配,每卦主六日七分。从月份看,一年十二个月,每月五卦。在每月五卦中,消息卦为辟(君)卦,其余四卦为杂卦(臣卦)。京房提出以六十四卦与三百六十五日又四分之一相配,坎、离、震、兑四正卦,皆主七十三分,颐、晋、井、大畜皆五日十四分(六日七分减去七十三分),余者皆六日七分。郑氏在注《易纬·稽览图》和《乾元制序记》时主要从理论本身和理论作用两个方面对六日七分说进行了阐述。

就六日七分理论而言,郑氏认为,一年有三百六十五日四分之一。五日四分之一,再分为八十,五日则为四百,四分之一则为二十。他说:"六以候也,八十分为一日,之七者,一卦六日七分也。"
(《稽览图》注)"其法以余分来乘卦,得四百二十,以八十余(除)
已,则五日四分之一矣。此则方伯不与余之也矣。"(《乾元序制
记》注)其中,"四分一日以为大分,则八十以为小分,则二十小分,
四为一大分"(同上)。以每卦主六日七分计算,十二消息卦则为
七十二日八十四分(六乘以十二,七乘以十二),即七十三日四分。
他说:"消息十二月,正居七十二日,通计余分,八十日四分①,七十
三日则八十之四也。"(同上)消息卦为辟卦,其余公、卿、大夫、
诸侯卦同。由"方伯不与余"可知,此承孟喜之说也。同时,他又
承认四正卦也主气。如注《稽览图》"四时卦十一辰余而从"说:
"四时卦者,谓四正卦,坎离震兑,四时方伯之卦也。十一辰余者,
七十三分。而从者,得一之卦也。"注"消息及杂卦传相去各如中
孚"说:"消息六日七分,四时卦七十三分。"注"消息及四时卦各尽·
日"说:"消息尽六日七分,四时尽七十三分。"注"唯消息及四时卦
当尽其日"说:"寒温之气,消息尽六日七分,四时七十三分也。"此
谓四正卦主七十三分,是承京氏之说也。

郑氏对《稽览图》提出"甲子卦气起中孚"的观点进行了解说。
他说:"卦气,阳气也。中孚,卦名也。中者,和也。孚者,信也。经
言中孚豚鱼,言庶人养也。举庶人言之,其所养微也。言微阳生于
坎,而为雷声。尚未闻于人,而知于律历俞助作也。若言天子出
耕,诸侯当而耕也,故以言之。"(《稽览图》注)又说:"阳生于坎,气
尚微,寒温未知,万物变形,律气先得中孚,卦气乃信爱而养之,故
言卦气起中孚也。"郑氏从两个方面分析了卦气起于中孚的原因。
从经文看,中孚,有中和信孚之意,豚鱼,是古礼中的祭品。《仪
礼·士昏礼》:"特豚合升去蹄,鱼十有四。"《礼记·王制》:"庶人

---

① 张惠言曰:"八十分有四也。……'八十日','日'字当为'有'。"

夏荐麦，秋荐黍。麦以鱼，黍以豚。"《国语·楚语》："士有豚犬之奠，庶人有鱼炙之荐。"王引之云："豚鱼者，士庶人之礼也。""豚鱼乃礼之薄者。"（《经义述闻》）由豚鱼为庶人之薄礼引申为庶人或民众。郑氏云"举庶人言之"，又注《中孚》云："豚鱼以喻小民。"（《郑氏周易》）由于庶人地位卑微，《中孚》卦辞有卑微、微小之意。而微小需要养，故以中孚为卦气始。从阳气言之，阳气产生于坎，坎为北方，为十一月。《史记·律书》云："十一月也，律中黄钟，黄钟者，阳气踵黄泉而出也。"其时，阳气微弱由黄泉而出，寒温未知，表现为雷声，人感觉不到，故用中孚示阳气微，卦气起中孚。从现有的资料看，郑氏是最早探讨卦气起中孚的易学家，他有关此方面的研究，对易学和历法有其重要意义。

就其作用而言，六日七分说与八卦卦气说一样，是用于占验的灾异说。依郑氏之见，六十四卦卦气有君臣尊卑之分，消息卦为君，其他卦为杂卦为臣。在一年十二个月中，君臣各尽其则，共同发生作用。《稽览图》云："诸卦气，寒温清浊，各如其所。"郑注曰："诸卦谓六十四卦也。气谓用事所当效气。温寒清浊各如其所者，九三上九清浊微，[1]九三上六当温，其微白浊，[2]故名各如之其所也。说寒温当白浊，则净消。[3] 此四时气候也，各当得其正也。"郑氏把泰至遁称为"太阳用事"，把否至临称为"太阴用事"。太阳用事，则少阴行其中；太阴用事，则少阳行其中。他注《稽览图》云："太阴谓消也，从否至临为太阴。杂卦九三为少阳之效。杂卦九三行于太阴之中，效微温。一辰其余，皆当随太阴为寒。其阴效也，

---

① 张惠言曰："此误也。温当清净，寒当白浊。《正光历》曰：'九三应上九，清净微温阳风。九三应上六终赤决温阴雨。六三应上六白浊微寒阴雨。六三应上九，尘决寒阳风。'诸卦上有阳爻者阳风，上有阴爻者阴风，此注当云九三清净微温。"

② 张惠言曰："此又当说六三上六之文。"

③ 张惠言曰："当云温则当清净。"

尽日,为①杂卦六十三,行于太阴中,尽六日七分也。""太阳谓消(按黄氏"消"字衍)息也,从泰至遯为太阳。杂卦六三行于太阳之日中,效微寒,一辰其余,皆当随太阳为温效,尽六日七分也。"②虽然消息卦和杂卦共同发生作用,但二者的地位和作用有很大的差别。"消息至高无上但效寒温",当以君为主,臣为辅。消息卦胜杂卦,不得越位。若杂卦气侵消息卦,"温卦以温侵,寒卦以寒侵",则会出现或阴专阳政,或阴侵阳。郑氏说:"阳者君,阴者臣,臣专君政事,亦阴侵阳,臣谋杀其君,亦阴侵阳也。"具体言之,杂卦侵消息先蒙气,再比气,再震气。蒙则蒙蔽,"先蒙者,臣将欲侵其君,乱气而起",比则亲比,震则有所动作。相应的灾异在自然界则为"春夏寒太过,秋冬温,疾风发屋折木,太阳无光,有影无形"(《稽览图》注),"寒霜杀万物"。在社会中,"君使臣按问,则臣反假君威,而杀之心③也"。臣犯君"先犯之,君不觉悟,则围。君复不觉悟,则侵,此臣威令行也。气所发,陵所止,其谋者也"(同上)。不仅如此,杂卦侵消息还表现为夷狄兵戎相见。郑氏说:"乾之温当有不效者,至冲事发矣,盛气行也,何以夷狄来朝。消息效,四时效,乃来朝也。一曰少阳卦不效为水,太温甚者为旱。为秋荣冬雪,少阴不效,为旱为贼为兵。虽消息及四时,卦效各尽其日,息卦主禄,消卦主刑,四时四方主刑兵。"(同上)又说:"以寒侵,为兵气所起,兵所致也。以温为夷狄相攻之道也。"(同上)在这里,郑氏先赋予了消息卦和杂卦社会的等级观念。

3. 四仲卦二十四气

如前所言,八卦主八方,为来自不同方向的气。此气随着日月

---

① 按张惠言曰"为"当作"谓"。

② 黄奭云:"按,注文谓'消息也','消'字衍。又'微寒'原本作'微阳',今据文改正。"

③ 黄奭云:"按,'心也','心'字衍文。"

星辰运行而变化于一年当中,为八卦卦气。一年十二个月,每月又有两个节气,共二十四个节气。十二个月由十二卦主之,称为十二卦气。而每个月有两个节气,一年有二十四个节气。若八卦主八个主要的节气,来描述一年节气的变化只是粗线条的、概括的,还不能全面地、系统地反映出二十四节气的细微的变化。故郑玄结合当时的天文历法,吸取和改造了孟氏的四正卦的思想,提出了四仲卦说,详细地说明了四卦二十四节气具体时间及其与四仲卦二十四爻配置的情况。他在注《通卦验》时指出:

> 冬至坎始用事,而主六气,初六巽爻也,巽为木,如树木之状,巽象。
>
> 小寒于坎直九二,九二得寅气木也,为南仓,从坎也,为北黑,宿次当为出尾。
>
> 大寒于坎直六三,六三得亥气,水也,为南黑,季冬土也,为北黄。
>
> 立春于坎直六四,六四巽爻,得木气之云。
>
> 雨水于坎直九五,九五辰在中(申),得坤气,为南黄,犹坎也,故北黑。
>
> 惊蛰于坎直上六,上六得巳气,巳火也,为南赤,又得巽气,故北白也。
>
> 春分于震直初九,初九辰在子,震爻也,如积鹄之象。
>
> 清明震直六二,六二震在酉,得兑气,为南白,互体有艮,故北黄也。
>
> 谷雨于震直六三,六三辰在辰,得乾气。形似车盖。震为雈苇,故不如薄也。
>
> 立春(张惠言曰春当为夏)于震直九四,九四辰在午也,午为火,互体坎,气相乱也,故紫赤色皆如珠也。
>
> 小满于震直六五,六五辰在卯,与震木同位,震木可屈可

直,五六(六五)离爻,亦有互体坎之为轮也。饶言其刑行四也。

芒种于震直上六,上六爻在巳,又得巽气,故集赤不纯,巽又长故曼之也。

夏至离用事,位直初九,辰子也,故水波崇崇,微轮转出也。

小暑于离直六二,六二,离爻也。为南黄,五体巽,巽为,故北黑也。

大暑于离直九三,九三辰在辰,得巽气,离为火,故南赤,巽木,故北仓。

立秋于离直九四,辰在午,又互体巽,故上如赤缯,列齐平也。立秋直坤,黄色,故名黄弊也。

处暑于离直六五,六五辰在卯,得震气,震为,故南黄也。

白露于离直上九,上九艮爻也,故北黄,辰在戌,得乾气,君成,故南黑也。

秋分于兑直初九,初九震爻,为南黄,犹兑,故北白。

寒露于兑直九二,九二辰在寅,得艮气,形似冠缨者,艮象也。

霜降于兑直六三,六三兑爻,为羊,又上直砺石之星,故上如羊,下如磻石。

立冬于兑直九四,九四辰在午,火性炎上,故接。

小雪于兑直九五,九五兑爻,得坎气,故黑。

大雪于兑直上六,上六辰在巳,得巽气,为长始分,或如介,未闻。

四仲卦二十四爻与二十四节气配置结果,使四卦二十四爻不再是单纯的、易学意义上的阴阳,而又具有了特定的、具体的内涵,变成表示客观二十四气的符号。由此这些符号及其原有阴阳引发的易学意蕴很自然地成为郑氏理解和说明二十四气的工具。在此郑氏用四卦的爻辰说、互体说、爻体说解释二十四节气确立的根据。古人在生产和生活的实践中,发现了太阳运动与四时变化的对应的关系,可以通过准确测量日影探求出,即由测量日影的长短定四时和寒暑变化及昼夜长短。《周礼·大司徒》说:"日南则景短,多暑;日北则景长,多寒;日东则景夕,多风;日西则景朝,多阴。"《后汉书·律历志》称:"历数之生也,乃立仪表,以校日景;景长则日远,天度之端也。"即是此意。不仅如此,他们还能用晷和天上阴阳云形状、位置确立二十四节气。郑玄指出:"二者天气应政之征也。晷者,所立八尺之表,长丈三尺,长之极,后有减矣。阳始也起,故阴气去于天,不复见,而阳云出箕焉。二十四气,冬至芒种为阳,其位在天汉之南,夏至大雪为阴,其位在天汉之北。术候阳云于阳位,而以夜,候阴云于阴位,而以昼。夜则司之于星,昼则视于其位,而以其率尔云之形貌。"(《通卦验》注)此说明了测定二十四节气的两种方法。一种是立八尺之表,以表的影长短定节气,影最长13尺为冬至,最短1.5尺为夏至,其他节气的影长均在二者之间增减。关于这一点,《易纬·通卦验》及汉历法记录得极为清楚。一种是阴阳云。这种云其实是天上的云,或叫做天之气。"凡此阴阳之云,天之云,天之便气也。"(《易纬·通卦验》)这种云分阴阳,阳云生于晚上,居天汉南;阴云生于白天,居天汉北。白天观其位,晚上观其星。郑氏重点解释了二十四节气阴阳云。如冬至,"阴气去,阳云出其,茎末如树木之状"(同上)。郑注:"冬至坎始用事,而主六气,初六巽爻也,巽为木,如树木之状。"坎初六为阴爻,按爻体说,初六为巽爻,巽为木,故冬至时,阳云出如树木之状。此用爻体释阳气之例。又如大寒,"黑阳云出心,南黑北黄"(同上)。郑注:"大寒于坎直六三,六三得亥气水也,为南黑,季冬土也,为北黄。"坎六三为阴爻,纳支为亥,亥为水,为得亥气水。阳气居南,亥居北,北黑色,曰南黑。季冬土,土色黄,曰北黄。此用爻辰释阳气之例。又如立秋,"浊阴云出,上如赤缯,列下黄弊"(同上)。郑注:"立秋于离直九四,辰在午,又互体巽,故上如赤缯。列,齐平也。立秋直坤,黄色,故名黄弊也。"离九四纳支为午,午南方红曰赤。离二三四互体巽,按《说卦》,巽为绳直,绳用丝麻制作,故曰赤缯。又按八卦卦气,立秋直坤,坤为土,色黄,故曰黄弊。此为用爻辰、互体等释阴气之例。

　　若爻气或节气当至不至或不当至则至,自然界、社会及人则会出现反常现象,即所谓的灾异。这些灾异主要包括天旱、涝灾、风暴、物伤、兵乱、政弊、脉或虚或盛,人患病等。郑氏通过注《通卦验》阐述了四卦二十四爻所主的二十四节气出现的各种灾异及其形成的原因。冬至之气,当至不至,"万物藏气,大旱,阴不足",多病。未当至而至,人足太阴脉盛,心痛病。"小寒气不至,为小旱小水,大寒不至,有加势也。稼合养于气,气失即伤矣"。"坎九二,阳爻也,为午气不至,故令脉虚。……时方阴,阴闭塞人气,通人之气,气通者喉,喉病为痹。""坎六三,阴爻也。属足不至,故令人脉虚,虚则足烦气逆,本舌为病。此三平在震中,震为惊恐也。"未当至而至,小寒"寒气失而转生热,病多热,麻以皮为用,孚甲之类,藏失必伤"。大寒"今初未当来而来,上气嗌嗌,肿受其病,以少阴盛也。""立春木始,王气不至,兵起者,金诊之也。""大旱多雷","阳气出,当小雨","麦不成","坎六四,阴爻也,属足也,气不足,故令足脉虚"。未当至而至,春气早成,人足少阳脉盛,王气早阴,则伤之,人疾疫者,受其害也。"雨水气不至,则转为旱,旱故禁种,春坎九五阳爻,于脉宜为手。……心痛坎也,手太阳脉,起于手小指端,上颐下目,内皆雨水,以后为阳脉者。"未当至而至,雨水木气盛为肝,"肝候在目,木气于目则劳,劳故病,言脉亦当为于(手),太阳也"。"惊蛰气不至,是余寒乘之也。后则推晷气命,稚禾之熟在八月,其时蛰虫则有害,故禁种之尔。坎上六阴爻属足,气不至,故命之,脉虚寒气乘,病虐寒也。"惊蛰之气未当至而至,"动人肌肤,病痛疽者,肌肤不堪也,气结生病也。足太阳脉起于下,其气盛合胫肿"。谷雨之气当至不至,人足阳明脉虚。"六三兑爻也,互体坎气不至,故水泽之物不为,痛疽疟振寒霍乱,亦妬兑之病。"未当至而至,人足阳明脉盛,人多病温,黑肿。立夏"盛阳之气不至,则后为寒,阳气乘之,故五谷大伤也。四互体艮,艮在丑,故牛畜病也。阳气不至,其冲更温,故人病寒热也。齿龋者,阳生龋,于时为害也。"未当至而至,人手阳明脉盛,多病头喉痹。芒种"太阳用事,而巽不至,故多凶言,国有狂令也,痹者,气不达为病"。未当至而至,"太阳之气也,过盛病也"。夏至"阳气泄极,而微阴不至,阳功不成,故国有大殃,臣废。阴阳并伤,日月俱食。夏至气不至,则冲气乘之,故多大寒,令草木夏落也,口干嗌痛,皆燥病。阴不润阳,谓之燥也"。未当至而至,"阴气过多,以为病也"。小暑"离气不至,故小水,后小旱,有少兵。兵无少者,泄注腹痛,皆离气不至之病也"。"离气早至,则后多伤性也"。"大暑之气不至,后亦寒暴害,九三互体兑,上直毕,毕为,故外兵作也。兑又为刚卤,当国不生物,大暑应,在大寒,容地之萌,故来年饥。筋痹,暑湿之疾。盛暑湿而气不至,于人主筋痹之病也。"大暑"阴气早至,亦为此病"。"立秋之气不至,后亦暴风为灾也。四互体巽,巽为风灾也。风有散物,故年不入也。立秋应立春,孚甲将解,而更寒,故人病疠。""立秋则阴气胁,阳气未服,故咳嗽咽喉肿也。"处暑"阴气早至即寒气盛,故病胀,身热不汗"。白露之气当至不至,"应在惊蛰,阳气大泻,万物新出,而寒伤之,故痤疽也。阳气发泄故也"。不当至而至,"阳气未尽,强阴胁之为病。人足于例亦为手也"。秋分之气当至不至,多病温悲心痛。未当至而至,"心气盛,故疝胁鬲痛"。寒露于兑九二爻,"为脊,气不至疵痛也"。不当至而至,

"强阴胁衰,故多病痀中热也"。"霜降气不至,则阳气不伏,当死更生,故令物虚耗。六又互体巽,则暴发,来年即为大风也,又挠屈万物,故令人患其腰痛也。"霜降"阴气早至,而胁阳也。又互体离,离巽火得风肿"。立冬之气当至不至,立夏反寒,早寒晚水,人多心烦。"早至则为病,令人掌及臂痛也"。小雪之气早至,"九五坎爻,故耳痛也。辰在申气得,故腹痛"。大雪"盛阳之气早至,结则为痈疽。冬万物孚甲,气早至,故多疳而痛"。

　　关于灾异的应期,《通卦验》则以相对的两个节气互为应期,如冬至与夏至、小寒与小暑、大寒与大暑、立春与立秋、雨水与处暑、惊蛰与白露、春分与秋分、清明与寒露、谷雨与霜降、立冬与立夏、小满与小雪、芒种与大雪。郑氏把灾异的应期解释为某地:冬至灾期在齐,小寒灾期在周秦,大寒灾期在周,立春灾期在道(黄氏作楚),雨水灾期在魏,惊蛰灾期在郑,春分灾期在周秦,清明、谷雨灾期在宋,立夏、小满灾期在燕,芒种、夏至、小暑灾期在齐,大暑灾期在燕,立秋灾期在卫,处暑灾期在郑,白露灾期在鲁,秋分灾期在周,寒露灾期在秦,霜降灾期在赵,立冬灾期在魏,小雪灾期在鲁,大雪灾期在卫。从形式看,郑氏的这些说法与《通卦验》有某种联系,即古代的时空交错在一起,天上星辰和地下区域及节气对应。如前面郑氏所说的天上十二星对应地下十二地,而十二星又对应十二个月和相关的节气。但其实质是有区别的。《通卦验》强调的是灾异发生的时间,而郑氏强调的是灾异发生的地点。《通卦验》应期是单一的,而郑氏应期之地则有重复。如冬至、芒种、夏至与小暑灾在齐,白露小雪灾在鲁,大寒秋分灾在周等。因此,二者的分别是显而易见的。

　　郑氏在谈二十四气灾异时,有详言者,有略言者或不言者。详言者是说明《通卦验》未尽之意。如他用阴阳气盛衰解说灾异发生的原因,用互体、爻辰等卦象说明发生何种灾异。虽然这些解说不乏牵强附会,或者纯粹是臆说,但他力图用他所掌握的易学和当时自然科学及其他一些知识进一步揭示灾异说的奥秘,不能不说是对《易纬》思想的发展。有略者或不言者,表明了他对《通卦验》的认同。他关于二十四气灾异的思想比八卦卦气灾异、十二消息卦灾异思想更为具体、更为深入。其内容更为广泛,更为丰富。

郑氏易学灾异说,属于古代的占验术。古代占验术,分三个层次:第一层次是星占。古人认为天生万物,是万物之本,故观天象以察人事。第二层次是节气和物候占。阴阳节气和物候变化对人体生理发生影响,故观节气和物候可以察人事。第三层次是卜筮占。天生龟、蓍草等"神物",这些神物具有通天的功能,故借助神物可以感通神明以察人事。《周易》有一套效法天地人三才之道的符号体系,本属第三层次的占验,但到了汉代,一些易学家在致力于完善蓍占的同时,还直接把表示阴阳变化的符号与历法相结合,用这些符号和概念称呼历法中的节气,从而《周易》中的符号和概念变成了历法中专用术语。此时易占就是节气历法占,而不是第三层次占验了。

在此特别强调的是,郑氏这里所谓的灾异,并非像人们所想象的那样,是一种绝对神秘的、荒诞的、骇人听闻的自然和社会变故,而更多的是当时人们在长期生活和生产活动中通过观察和体悟而总结出的关于节气与自然现象、生理现象变化的经验性的规律。他对节气和天气、生物、人的关系的探讨属于科学的范畴,如在节气反常时出现旱涝、燥湿、虫害、作物不生、草木不长等现象是对生产经验的总结和记录,属于当时的农业科学;在节气反常时出现脉虚或盛、患何种疾病是对人体生理病理变化的探索和记录,属于当时的医学。我们也注意到他对这些问题的叙述也是比较科学的。在其行文中,表述灾异时常用"多"这个字眼,这就是说一般情况下会发生灾异,并不排除特殊情况。只有很少一部分是非科学的,如他对节气和社会政治关系的说明,如将节气反常出现的兵乱、臣废、国殃等这些偶然的现象视为普遍规律,应当说是反科学的、非理性的。因此,说卦气理论为汉代神学的婢女,倒不如说它是汉代的一门自然科学更为恰切。

二、爻辰说

爻辰是象数易学的范畴,它作为一种学说产生于西汉初,盛行于东汉,其余音波及几千年,一直到清末,仍然为一些易学家笃信和研究。经过历代易学家精心雕刻和阐发,爻辰说内容丰富而深刻,蕴涵了天文、历法、音律等古代自然科学知识,成为易学家建构象数理论体系和变占筮法的重要材料。

所谓爻辰说是将历法中的十二地支纳入《周易》六十四卦中,即按照一定的原则把《周易》三百八十四爻配以地支,每一爻配一支,然后值以星象、音律。东汉经学大师郑玄就是倡导、整合和运用爻辰说的重要人物。他继承了西汉遗留下来的爻辰说,通过融旧铸新的改造,将其说作为一种工具或方法引进《周易》诠释中。郑氏这一做法,虽然未必真正符合《周易》作者的本意,但对于两汉象数易学乃至整个易学的建构和发展来说,是积极的,有意义的。其哲学意义在于"郑玄由爻辰说进一步把卦卦联系、卦物联系和万有间的联系涵摄进来,完成一全息的爻位理论,它实际上包含着一个繁杂多层的开放型场有系统。因此乾坤十二爻辰说是郑氏易学中最大的象数学,而其中反映的义理又是最高的义理,即'乾坤其易之缊、易之门'的郑易宗旨"。①

然而此说却引起了后世易学界很大的震动。有的易学家(包括一些象数易学家)视郑氏爻辰说为易学别传非易学之正宗,而不予以理睬。甚至大动干戈,对郑氏这一学说进行猛烈的抨击。如魏晋王弼以老庄解《易》,剥落包括爻辰说在内的各种象数思想。唐代孔颖达奉命撰《周易正义》,则黜郑存王。同时代的李鼎祚作《周易集解》博采已佚的汉魏象数易学,独不取郑氏爻辰说。清儒焦循更视郑氏爻辰为"谬悠非经义"(见焦循《易图略》)。几经摧陷,郑氏爻辰说在易学领域几乎失传。幸而在《周礼》、《礼记》、《诗经》等一些注疏的著作中被引用得以幸存。经过宋代朱震、王应麟,清代惠栋、钱大昕、张惠言、何秋涛等人起废扶微,溯本求原,阐明义理,而使郑氏爻辰说凸显于世,发扬光大。

那么,郑氏爻辰说有什么内容呢?

根据现有的材料,我们可以看到,郑氏爻辰说是以乾坤生六十四卦这一思想为基础的。《易传》指出:"乾坤,其易之缊耶。""乾坤,其易之门耶。"(《系辞》)本于此,郑氏把乾坤十二爻之爻辰看作是产生《周易》其他六十二卦三百七十二爻之爻辰的根本。其乾坤爻辰配法如下:

乾		**坤**	
——	戌	— —	巳
——	申	— —	卯
——	午	— —	丑
——	辰	— —	亥
——	寅	— —	酉
——	子	— —	未

从上图不难看出,郑氏乾坤十二辰是按照这样规律排列的:《乾》六爻自下而上,依次为子、寅、辰、午、申、戌。《坤》六爻自下

而上依次为未、酉、亥、丑、卯、巳。从月份看,《乾》卦自下而上分别代表了十一月、一月、三月、五月、七月、九月。《坤》卦分别代表了六月、八月、十月、十二月、二月、四月。这显然是继承了《汉书》、《易纬》的思想。《汉书·律历志》云:"十一月,乾初九也,阳气伏于地下,始著为一,万物萌动……六月,坤之初六,阴气受任于太阳,继养化柔,万物生长,楙之于未。"《易纬·乾凿度》云:"乾,阳物也。坤,阴物也。并治交错行,乾贞于十一月子,左行阳时六;坤贞于六月未,右行,阴时六,以顺成其岁。"

应当指出,郑氏关于乾坤十二爻与十二辰的排列,并不是随意的杜撰,而是有着内在的根据,即爻辰说根据的是当时天文历法等自然科学知识。按照汉人的理解,在阴气最盛之时产生阳气,在阳气最盛之时产生阴气。具体地讲,阳气产生于十一月,阴气产生于五月。这就是京房所谓的"建子阳生,建午阴生"(《京氏易传》卷下),郑氏注《易纬·乾凿度》"太一取其数以行九宫"云"阳起于子、阴起于午"也是此意。因为阴气避讳与阳气相冲,古人多不言五月产生阴气,而言六月产生阴气。《易纬·乾凿度》云:"乾坤,阴阳之主也。阳始于亥,形于丑,乾位在西北,阳祖微据始也。阴始于巳,形于未,据正立位,故坤位在西南,阴之正也。"郑玄注曰:"阳气始于亥,生于子,形于丑,故乾位在西北也。""阴气始于巳,生于午,形于未,阴道卑顺,不敢据始以敌,故立于正形之位。"表现在易学上,子午不相冲,"若在冲也,阴则退一辰"(《易纬·乾凿度》注)。故爻辰乾初爻始于子,坤初爻始于未而不始于午,乾坤两卦自初爻到上爻分别表示阳气阴气由微而显、由弱而强、由小而大的变化。

如前所言,中国古代的天文、历法和音律本质上是一致的,皆以不同形式反映着阴阳二气的产生和变化。古代的历法产生于天文观测,《尚书·尧典》认为古时羲和载有"历象日月星辰,敬授人时"。《易传·象传》也有"观乎天文以察时变"的说法。那么,如何根据天文制定历法?《春秋·公羊传》曾说三代以前用大火、伐、北极三颗星确定季节,"大火为大辰,伐为大辰,北极也为大辰。"何休解诂:"大火为心星,伐为参星,大火与伐,天所以示民时之早晚。"(《昭公十七年》)司马迁则认为,古代以北斗星定四时。他说:"斗为帝车,运于中央,临制四乡。分阴阳,建四时,均五行,移节度,定诸纪,皆系于斗。"(《史记·天官书》)《淮南子》则根据北斗九星中的第八颗星——招摇所指方向确立月份:"孟春之月,招摇指寅;仲春之月,招摇指卯;季春之月,招摇指辰;孟夏之月,招摇指巳;仲夏之月,招摇指午;季夏之月,招摇指未;孟秋之月,招摇指申;仲秋之月,招摇指酉;季秋之月,招摇指戌;孟冬之月,招摇指亥;仲冬之月,招摇指子;季冬之月,招摇指丑。"(《时则训》)以上资料充分说明了古代天文学是历法产生的基础。

十二律反映着阴阳变化,用十二律审视自然变化,万物皆禀于律吕。律吕为万物之理。《汉书·律历志》云:"阴阳之施化,万物之终始,既类旅于律吕,又经历于日辰,而变化之情可见矣。"《史记·律书》云:"王者制事立法,物度轨则,壹禀于六律,六律为万事根本焉。"而十二律则起自历法十二辰。《汉书·律历志》云:"夫推历生律制器。"汉蔡邕曾详细地说明了用物候感应测定十二律。他说:"以法为室三重户闭,涂衅,四周密布缇缦,室中以木为案,每一律各一案。内库外高,从其方位,加律其上,以葭灰实其端,其月气至,则灰飞而管通。"(引自孔颖达《礼记·月令正义》)按照孔颖达解释,在室内布十二辰管,"若其月气至,则其辰之管灰飞而管空也",以证明十二律与十二辰一致。因此作为历法的十二辰与星象和十二律之间有一种内在的必然联系,那么爻辰与二十八宿和十二律可以相互配置。其配置如下:

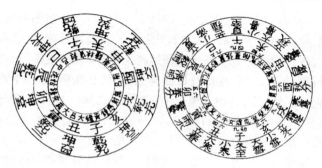

乾坤爻辰图　　　　乾坤爻辰所值二十八宿图

十二辰与十二律相配,见郑注《周礼·春官·大师》。他说:

> 声之阴阳各有合。黄钟,子之气也,十一月建焉,而辰在星纪。大吕,丑之气也,十二月建焉,而辰在玄枵。大簇,寅之气也,正月建焉,而辰在娵訾。应钟,亥之气也,十月建焉,辰在析木。姑洗,辰之气也,三月建焉,而辰在大梁。南吕,酉之气也,八月建焉,而辰在寿星。蕤宾,午之气也,五月建焉,而辰在鹑首。林钟,未之气也,六月建焉,而辰在鹑火。夷则,申之气也,七月建焉,而辰在鹑尾。中吕,巳之气也,四月建焉,而辰在实沈。无射,戌之气也,九月建焉,而辰在大火。夹钟,卯之气也,二月建焉,而辰在降娄。辰与建交错,贸处如表里然,是其合也。

这里郑氏也谈到了辰的起源与天象的关系。古人以日月之会和北斗所指方向确立辰和月。郑氏注《月令》:"日月之行岁十二会,圣王因其会而分之以为大数焉。观斗所建,命其四时。"星纪、玄枵、娵訾、析木、大梁、寿星、鹑首、鹑火、鹑尾、实沈、大火、降娄是谓一年之内日月之会的十二星次,这十二星次是确立十二辰的标准,因十二辰以十二星次确立,故十二星次即被视为十二辰。《左传》昭公七年云"日月之会是谓辰",郑注《周礼·大宗伯》云:"辰,谓日月所会十二次。"即是此意。那么,十二辰与二十八宿是怎么配置的呢?郑氏此处未言。其实,星和辰是一致的。贾公彦疏郑注《周礼·大师》

云:"按斗柄所建十二辰而左旋,曰体十二月,与月合宿而右转,但斗之所建,建在地上十二辰,故言子丑之等。辰者日月之会,会在天上十二次,故言娵訾降娄之等。"孔颖达疏孔传《尚书·尧典》云:"日行迟,月行疾,每月之朔,月行及日而与之会,其必在宿,分二十八宿是日月所会之处。辰,时也。集会有时,故谓之辰。日月所会与四时中星俱是二十八宿,举人目所见,以星言之,论其日月所会,以辰言之,其实一物。"这就是说,日月所会之处是十二星次,与二十八宿对应,十二星次又是代表了一定时间的辰,即辰是时间和空间的统一。实质上,辰和星是一回事。

按郑玄注《月令》:"孟春者,日月会于娵訾,而斗建寅之辰也。仲春者,日月会于降娄,而斗建卯之辰也。季春者,日月会于大梁,而斗建辰之辰。孟夏者,日月会于实沈,而斗建巳之辰。仲夏者,日月会于鹑首,而斗建午之辰也。季夏者,日月会于鹑火,而斗建未之辰也。孟秋者,日月会于鹑尾,而斗建申之辰也。仲秋者,日月会于寿星,而斗建酉之辰也。季秋者,日月会于大火,而斗建戌之辰也。孟冬者,日月会于析木之津,而斗建亥之辰也。仲冬者,日月会于星纪,而斗建子之辰也。季冬者,日月会于玄枵,而斗建丑之辰也。"

又考郑氏注《月令·孟春》"猋风暴雨緫至"云:"正月宿直尾箕,箕好风,其气逆也。"注《月令·仲春》"仲春行秋令,则其国大水,寒气緫至"云:"八月值昴毕,毕好雨。"注《月令·仲夏》"行秋令则草木零落"云:"八月宿直昴毕,为天狱主杀。"注《月令·季春》"行夏令……时雨不降"云:"六月值鬼。"注《月令·季秋》"季秋行夏令……民多鼽嚏"云:"六月宿直东井,气多暑雨。"注《月令·季秋》"师兴不居"云:"辰宿直角,角主兵。"注《月令·季夏》"行秋令,则丘隰水潦"云:"九月宿直奎。"注《月令·孟秋》"戎兵乃来"云:"十月宿直营室,营室之气为害。"注《月令·仲秋》"仲秋行春令,则秋雨不降"云:"卯宿直房心,心为大火。"注《月令·孟冬》"小兵时起,土地亲削"云:"申宿直参伐,参伐为兵。"注《月令·仲冬》"行秋令,则天时雨汁,瓜瓠"云:"酉宿直昴毕,昴毕好雨……子宿直虚危,虚危内有瓜瓠。"

可以推断,郑氏关于十二辰、十二星次与二十八宿配置如下:寅,娵訾,尾、箕;卯,降娄,房、心;辰,大梁,角、亢、氐;未,鹑火,鬼、东井;申,鹑尾,[觜、]参伐;酉,寿星,昴、毕;戌,大火,奎、[娄、胃];亥,析木,营室、[壁]。子,星纪,虚、危。另据惠栋等人补证:巳,实沈,翼、轸;午,鹑首,柳、星、张;丑,玄枵,斗、牛、女。如上"乾坤爻辰所值二十八宿图"所示。

如前所言,既然乾坤是《周易》之根本,其他卦皆由乾坤阴阳二爻构成的,那么,它卦自下而上阳爻可视为相应的乾之阳爻,阴爻可视为相应的坤之阴爻。其爻辰配值也当如此。即逢阳爻从乾爻所值,逢阴爻从坤爻所值。如《既济》卦,初九阳爻从乾初九值子,六二阴爻从坤六二值酉,九三阳爻从乾九三值辰,六四阴爻从坤六四值丑,九五阳爻从乾九五值申,上六阴爻从坤上六值巳。如《未济》卦初六阴爻从坤初六值未,九二阳爻从乾九二值寅,六三阴爻从坤六三值亥,九四阳爻从乾九四值午,六五阴爻从坤六五值卯,上九阳爻从乾上六值戌。详见下图:

既济		未济	
巳 -- 仲吕		戌 — 无射	
申 — 夷则		卯 -- 夹钟	
丑 -- 大吕		午 — 蕤宾	
辰 — 姑洗		亥 -- 应钟	
酉 -- 南吕		寅 — 大簇	
子 — 黄钟		未 -- 林钟	

以上是《既济》、《未济》两卦十二爻所值辰及其十二吕律,然后配上星宿就是两卦完整的爻辰图。其他卦雷同。这样,在郑玄那里,一个以自然科学为背景,以乾坤十二爻为轴心的爻辰大系统

被建构起来,用于表示客观现实中十二种气,即子气、丑气、寅气、卯气、辰气、巳气、午气、未气、申气、酉气、戌气、亥气。当十二种气不当至而至时,则用"乘之"说明之。郑注《月令》"孟春行夏令"云:"巳之气乘之也。"注"季春行冬令"云:"丑之气乘之也。"注"仲春行秋令"云:"酉之气乘之也。"注"孟夏行秋令"云:"申之气乘之也。"注"仲夏行冬令"云:"子之气乘之也。"注"季夏行春令"云:"辰之气乘之也。"注"孟秋行冬令"云:"亥之气乘之也。"注"孟秋行春令"云:"寅之气乘之也。"注"仲秋行春令"云:"卯之气乘之也。"注"季秋行夏令"云:"未之气乘之也。"注"仲冬行夏令"云:"午之气乘之也。"注"季冬行秋令"云:"戌之气乘之也。"

爻辰本质上也是一种卦气。乾坤十二爻主十二气,因六十四卦皆由乾坤十二爻构成,故六十四卦三百八十四爻则有三百八十四气。按照郑氏爻体说,而每一爻代表一个三画之卦,一爻之气即是一卦之气,三百八十四爻有三百八十四个三画卦构成,内涵诸多卦气,故爻辰说可以转换为卦气说。另一方面,乾坤十二爻消息成十二消息卦,十二爻主十二气,与十二卦主十二气本质上没有差别。在卦气说中,十二卦是辟卦,其他卦是杂卦,即十二卦统摄杂卦,故爻辰与整个六十四卦卦气或者说六日七分说异曲同工。如丁四新先生所指出:"阴阳气在乾坤十二爻中的流动,构成一个最小单位的卦气说,郑氏爻辰说正是在此基础上,以乾坤十二爻统构四正卦、八卦、十二消息卦和六十卦之卦气说。"[1]

然而,古代易学家对郑氏乾坤爻辰说的理解不尽一致,尤其在十二辰配爻方面,宋代朱震在《汉上易传》中,据郑注《周礼·太师》作《律吕起于冬至之气图》和《十二律相生图》(图如下):

---

① 丁四新:《郑氏易义》,见刘大钧主编《象数易学研究》(二)第 114 – 115 页,齐鲁书社 1997 年。

乾	**坤**
上九 — 无射	上六 -- 中吕
壬戌	癸酉
九五 — 夷则	六五 -- 应钟
壬申	癸亥
九四 — 蕤宾	六四 -- 大吕
壬午	癸丑
九三 — 姑洗	六三 -- 夹钟
甲辰	乙卯
九二 — 大簇	六二 -- 南吕
甲寅	乙巳
初九 — 黄钟	初六 -- 林钟
甲子	乙未

律吕起于冬至之气图

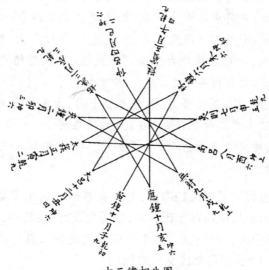

十二律相生图

从两个图可以看出,朱震所理解的郑氏乾坤十二爻辰为:《乾》六爻自下而上依次为子、寅、辰、午、申、戌,《坤》六爻自下而上依次为未、巳、卯、丑、亥、酉。其中《乾》起于子、终于戌与郑氏之义相符,而《坤》起于未、终于酉则与郑氏之义相去甚远。关于这一点,清儒惠栋、张惠言等人考证极详。惠栋作《十二爻辰图》校正了朱震之误,并从音律方面作了考辨。他指出:

> 栋案《易纬》之说与十二律相生图合,郑于《周礼·太师》注云:"黄钟初九也,下生林钟初六,林钟又上生大蔟之九二,大蔟又下生南吕之六二,南吕又上生姑洗之九三,姑洗又下生应钟之六三,应钟又上生蕤宾之九四,蕤宾又上(下)生大吕之六四,大吕又下(上)生夷则之九五,夷则又上(下)生夹钟之六五,夹钟又下(上)生无射之上九,无射又上生中吕之上六。"韦昭注《周语》云:"十一月黄钟乾初九也,十二月大吕坤六四也,正月大蔟乾九二也,二月夹钟坤六五也,三月姑洗乾九三也,四月中吕坤上六也,五月蕤宾乾九四也,六月林钟坤初六也,七月夷则乾九五也,八月南吕坤六二也,九月无射乾上九也,十月应钟坤六三也。"郑氏注《易》、陆绩注《太玄》皆同前说,是以何妥《文言》注,以初九当十一月,九二当正月,九三当三月,九四当五月,九五当七月,上九当九月也。宋儒朱子发作十二律图,六二在巳,六三在卯,六五在亥,上六在酉,是坤贞于未而左行,其误甚矣。今作图以正之。(《易汉学》卷六)

张惠言肯定了惠氏的考证,并在此基础上指出了朱震爻辰说在音律方面的失误。在张氏看来,朱震失误有三:其一,"朱误以南吕在巳,以中吕在酉";其二,"朱误应钟为夹钟";其三,"朱误夹钟为应钟"。(见《周易郑氏义·略例》)

惠、张二人所论极是。将朱震失误之处归结起来,不外乎两个方面:一在音律方面,如上面张惠言所论,此不再赘述。一是在对《易纬》所谓阳左行、阴右行的理解上。朱震将"左行"、"右行"理解为顺逆,左行指爻与地支顺配,右行指爻与地支逆配。实际上,郑氏的"左行"、"右行"是指前后次序,一个阳支,一个阴支。郑注《易纬·乾凿度》云:"贞,正也。初爻以此为正,次爻左右者,各从次数之。"即是此意。

又考郑易,注《比》初六:"爻辰在未。"(《诗·宛邱正义》)①注《困》九二云:"二据初,辰在未。"(《士冠礼》疏)注《明夷》六二云:"六二辰在酉。"(《内则正义》)注《中孚》云:"三辰在亥。"(《诗·无羊正义》)注坎六四云:"爻辰在丑。"(《诗·宛邱正义》)注《泰》六五云:"五爻辰在卯。"(《周礼·媒氏疏》)注《坎》上六云:"爻辰在巳。"(《公羊疏》)又按阴阳爻辰皆本于乾坤,可以推知,坤卦爻辰自而上则为未、酉、亥、丑、卯、巳。故朱震之论与郑氏爻辰说不符。

另外,还有的易学家把爻辰说视为郑氏一家之学。如清儒焦循指出:"自为郑氏一家之学,非本之《乾凿度》,亦不必本于月律也。"(《易图略》卷八)清何秋涛作《周易爻辰申郑义》也主此说。考汉代文献,早在郑玄之前,爻辰说就已流行。西汉京房创立了纳甲筮法,其所用的爻纳支其实就是爻辰。《汉书》曾引用过爻辰说。《汉书·律历志》云:"十一月,乾初六也,阳气伏于地下,始著为一,万物萌动,……六月,坤之初六,阴气受任于太阳,继养化柔,万物生长,楙之于未。"而比较系统地论述爻辰说,莫过于《易纬·乾凿度》,此书根据天左旋、地右迁的学说和阴阳变化理论,提出了

---

① 见惠栋:《郑氏周易》,台湾无求备斋《易经集成》本,以下所引郑氏易注不再说明。

"乾,阳物也。坤,阴物也。并治交错行,乾贞于十一月子,左行阳时六;坤贞于六月未,右行,阴时六,以顺成其岁"的乾坤十二爻辰的思想,并依此建立了《周易》六十四卦三百八十四爻之爻辰体系。虽然这些爻辰说与郑玄还存有一定差异,或是那么不完备,但其爻辰说的框架已基本凸显出来。可见,爻辰非郑氏发明,当为郑氏所传和所用。郑氏曾"师事京兆第五元先,始通京氏易"(《后汉书·郑玄传》),精历数图纬之言,又注释过《易纬》,其爻辰说本之于京氏、《易纬》等当在情理之中。故认为爻辰说为郑氏一家之学显然不妥,而主张郑氏爻辰来自费氏,"本《费氏分野》一书"①,则不足为据。

当然,承认郑氏爻辰说与京氏易及《易纬》有继承关系,并不意味着将三者爻辰说混同,而抹杀郑氏于爻辰说的功绩。相反,这恰恰说明郑氏爻辰说有根基。况且郑氏并不是简单地重复或套用已有的现成的爻辰说,而是创造性地阐发了此学说,也就是说,郑氏爻辰说在汉代独具特色。其表现如下:

其一,郑氏立足于《易传》乾坤立易之门的观点,将乾坤十二爻辰作为整个《周易》爻辰说的根本。即凡阳爻取《乾》卦相应爻所值的辰,凡阴爻取《坤》卦相应爻所值的辰。这有别于京氏和《易纬》。京氏纳甲筮法是以八纯卦爻辰作为整个爻辰说的基础。按照京氏纳甲筮法,《乾》《震》两卦初爻始于子,坎初爻始于寅,艮初爻始于辰,此为阳四卦。坤初爻始于未,兑初爻始于巳,离初爻始于卯,巽初爻始于丑,此为阴四卦。然后把十二支依次纳入八纯卦中,阳四卦纳支顺推,阴四卦纳支逆推。其他卦皆可视为由八纯卦内外卦交错而成,故其爻辰外卦取八纯卦外卦,内卦取八纯卦内卦。如《泰》卦内卦为乾,外卦为坤,其爻辰内卦同乾内卦,外卦爻

---

① 皮锡瑞:《经学通论》第21页,中华书局1982年。

辰同坤外卦。《蒙》卦内卦为坎,外卦为艮,其爻辰内卦同坎内卦,外卦同艮外卦。其他以此类推。京氏爻辰说体现了《易传》"八卦相重"而生六十四卦的思想。而《易纬》则是把六十四卦视为一个大系统,每一个卦皆为这个大系统的子系统,卦与卦并列平等,不是从属关系。基于此,《易纬》将《周易》六十四卦分为三十二对,每两卦为一对,配十二辰代表一年十二个月,六十四卦则为三十二年,此为一大周期,体现了《易传·序卦》"有天地然后有万物"的思想。

其二,就乾坤爻辰而言,郑氏也不同于京氏和《易纬》。郑氏坤六爻自初爻至上爻依次值未、酉、亥、丑、卯、巳,而京氏与《易纬》则依次值未、巳、卯、丑、亥、酉。虽然三者皆始于未,但其配法不同。郑氏顺势配地支,而京氏和《易纬》逆势配地支。

其三,从应用角度看,京房将爻辰说主要运用于筮占中,建立了"考天时、察人事"的古代最为缜密的纳甲筮法体系。没有爻辰说,就没有卦爻的五行生克冲合,也没有卦爻的"六亲"的义蕴,从而占断人间福祸吉凶就不可能实现。在这个意义上说,爻辰说是京氏纳甲筮法建立的基础。《易纬》和郑玄主要将爻辰运用于注经中。《易纬》以爻辰说解说《易传》的大衍之数,虽然京房也曾提出"十日、十二辰、二十八宿"为"大衍之数五十",但从现有的资料看,未见展开论述。《易纬》以爻辰说详细地阐述了历数和易数的对应。它指出:"阳析九,阴析六,阴阳之析,各百九十二,以四时乘之,八而周,三十二而大周,三百八十四爻,万一千五百二十析也。故卦当岁,爻当月,析当日。大衍之数必五十,以成变化而行鬼神也。"郑玄则以爻辰注《周易》经文。如:郑注《泰》六五"帝乙归妹"云:"五,爻辰在卯,春为阳中,万物以生。生育者,嫁娶之贵,仲春之月。嫁娶,男女之礼,福禄大吉。"(《周礼·天官·媒氏》疏)又如郑注《比》初六"有孚盈缶"云:"爻辰在未,上值东井,井之水,人所汲用缶。缶,汲器。"(《诗·宛邱》正义)从现存的易注看,郑玄爻辰主要用于解经。

三、易数说

数,是中国古代数学的概念,本义指计算事物。《说文》:"数,计也。"《汉书·律历志》云:"数,一十百千万也,所以算数事物,顺性之理也。"古人借用数学计算建立了早期的筮法,且以数字的形式表达了筮法推演的结果。大衍筮法是现今能见到的保存最早的借用数学中的数及其数的计算的筮法,而当今考古发现的殷周时期甚至还早的刻在卜甲、卜骨、陶器等上面的一些数字符号,是公认的早于《周易》六十四卦的用数字表示的数字卦。这说明了《周易》与数学有不解之缘,也正是在这个意义上,春秋时韩简提出了"龟,象也;筮,数也"(《左传》僖公十五年)。成书于战国时代的《易传》第一次全面地总结和概括了易数的理论,阐明了数在易学中的作用和地位。将《易传》中的数置于显要的位置加以研究当为汉代。两汉易学家吸收了当时自然科学所取得的成果,赋予了易数以新的含义,使其成为建构象数体系的一大支柱。其中郑玄在这方面的贡献十分突出。他通过对两汉易数研究成果的整合,论述和阐发了自己的易数理论。郑氏的易数理论归纳起来主要表现在三个方面:气数说、蓍数说、九宫数说。

1. 气数说

在中国传统哲学中,气被视为宇宙本原、万物之本,客观世界中的生生不息、千差万别的事物皆由气产生和构成。从先秦的《管子》到汉代王充等属于主此说,《管子》用"精气"的范畴、王充用"元气"的范畴,理解和说明世界的产生和事物的形成。当然也有人不同意这种观点,认为在气之上还有比气更为根本的东西存在,那就是道或者称为"无",先秦的老、庄和汉代《淮南子》《易纬》等主此说。他们主张道(无)产生气(有),由气生成天地万物。如《易纬》用"太易"表示"无"状态,用太初、太始、太素表示气之产生和形成。《乾凿度》云:"有太易、太初、太始、太素也。太易者,未见气也。太初者,气之始也。太始者,形之始也。太素者,质之始也。气形质具而未离,故曰浑沦。"不仅如此,《乾凿度》还将宇宙从无到有的产生过程视为一、七、九之数变,即"易变而为一,一变而为七,七变而为九。九者,气变之究也,乃复变而为一"。郑玄在承认这一观点的同时,又把它阐发得明确清晰,更具有逻辑性。他注《易纬·乾凿度》说:

> 易,太易也。太易变而为一,谓变为太初也。一变而为七,谓变为太始也。七变而为九,谓变为太素也。乃复变为一,"一变"误耳,当为"二"。二变而为六,六变而为八,则与上七九意相协。不言如是者,谓足相推明耳。九言气变之究也,二言形之始,亦足以发之耳。又言乃复它一,易之变一也。太易之变,不惟是而已,乃复变而为二,亦谓变而为太初。二变为六,亦谓变而为太始也。六变为八,亦谓变而为太素也。

显然,这里的一、七、九三个数表示的是太初、太始、太素三个气变状态,也表示阳气始生、壮盛、终究三个阶段和与此相关的三个方位。这就是他所谓的"一主北方,气渐生之始,此则太初气之所生也"。"七主南方,阳气壮盛之始也,万物皆形见焉,此则太始气之所生者也。""西方阳气所终,究之始也,此则太素气之所生也。"同时,二、六、八三个数表示的是太初、太始、太素三个气变状态,不同的是它们表示阴气始生、壮盛、终究三个阶段和与此相关的三个方位,即二主南方,阴气始生,六主北方,阴气壮盛,八主东方,阴气终究。其中,数六、七、八、九就是四象。他注《易纬·乾凿度》云:"七在南方象火,九在西方象金,六在北方象水,八在东方象木。自太易至太素,气也,形也。既成四象,爻备于是。"从这里可以看到,郑氏的象即是数,数即是象,二者是同一个问题的两个方面,象数源于太易(无)。他沿袭《易纬》的传统,用数解释了宇宙起源。他对于阴阳和四象的理解与上面五行思想完全一致。就阴阳而言,一、二阴阳二气之始,六、七阴阳二气之盛,八、九阴阳二气之终。就五行而言,一、二则为生数:天一生水于北,地二生火于南;六、七是成数:地六成水于北,天七成火于南;八、九是成数:地八成木于东,天九成金于西。

既然一、二、六、七、八、九是阴阳二气以及与此相关的四象五行的符号,那么,这些数的变化象征了阴阳二气的消长:七变九象阳气变化,八变六象阴气变化。郑氏用"气息"表示阳气变化,"气消"表示阴气变化。他注《乾凿度》云:"阳动而进,变七之九,象其气息也;阴动而退,变八之六,象其气消也。"郑氏还用数解释了万物生灭。在他看来,不仅天地万物源于气数,万物生灭也取决于气数。他注《系辞》"精气为物、游魂为变"时说:

> 精气谓七、八也,游魂谓九、六也。七、八木火之数,九、六金水之数。木火用事而物生,故曰精气为物;金水用事而物变,故曰游魂为变。精气谓之神,游魂谓之鬼,木火生物,金水终物。二物变化,其情与天地相似,故无所差违之也。(《周易集解》)

按《系辞》之意,"精气"和"游魂"是气的两种不同状态:"精气"为阳精灵之气,其气聚则物成其形。《大戴礼记·曾子天圆》:"阳之精气曰神。"游魂是气散游荡状态,其气游散则物变化。因阴阳二气屈伸变化神妙莫测,故精气为神。《系辞》:"阴阳不测之谓神。"《说卦》:"神也者,妙万物而为言者也。"物生气伸而至,故神又为伸也。《论衡·论死》："阳气道物而生故谓之神。""神者,伸也。"气游散则物变故,物变则气屈而归,故游魂为归,鬼,归也。《礼记·祭义》："众生必死,死必归土,此之谓鬼。"郑氏用七八表示精气,九六表示游魂。七、八数于五行分别为木火,九、六于五行分别为金水。木为春,万物生;火为夏,万物盛。故"木火用事而物生"。金为秋,万物衰;水为冬,万物终。故"金水用事而物变"。

郑氏以当时的易学知识和思想文化对《系辞》和《易纬》加以解释,将其作者固有的、深藏在内的或未尽的意思全部展现出来,丰富和发展了易数理论,为进一步探讨大衍之数和卦爻之数提供了客观基础。在他看来,易学史上筮占及与此相关的爻变则是效法了宇宙演化,其所用的数就是宇宙演化之数。他注《易纬·乾凿度》云："九六,爻之变动者,《系辞》曰:'爻,效天下之动也。'然则《连山》、《归藏》占象,本其质性也。《周易》占变者,效其流动也。""一变而为七,是今阳爻之象;七变而为九,是今阳爻之变;二变而为六,是今阴爻之变;六变而为八,是今阴爻之象。"就哲学而言,他作为一个大学问家,以注释易学为形式,探讨宇宙起源和发展及数在这个过程中的作用,力图用抽象的、变化的数理解和把握整体世界及其具体事物的变化,其思想的深度和广度丝毫不比同时代的其他思想家逊色。

2.蓍数说

《易传·系辞》提出十个自然数,称为"天地之数",但对于"天地之数"的含义和作用却未作说明,这就给后世留下一个难解之迷,导致易学界众说纷纭。郑氏取"五行之数"解说"天地之数",自成一家之言。他指出:

> 天地之气各有五。五行之次,一曰水,天数也;二曰火,地
> 数也;三曰木,天数也;四曰金,地数也;五曰土,天数也。此五
> 者阴无匹,阳无耦,故又合之。地六为天一匹也,天七为地二

耦也,地八为天三匹也,天九为地四耦也,地十为天五匹也。二五阴阳各有合,然后气相得,施化行也。(《左传疏》见惠栋《郑氏周易》)

五行之数来自于五行序数,《尚书·洪范》云:"一曰水,二曰火,三曰木,四曰金,五曰土。"这里的一、二、三、四、五本来是表示五行的顺序的,后来就被确立为五行数。郑玄认为,天地之数"一"至"五"这五个自然数不是别的,就是五行序数。五行之数有奇偶之分,天地之数"一"至"五"有阴阳之别。凡奇数为阳,偶数为阴;天数为阳,地数为阴。故天地之数"一"至"五"与五行之数贯通,是一个问题的两个方面。但是这五个数是孤立的,即"阴无匹,阳无耦",此不符合《系辞》所谓"一阴一阳之谓道"的原则。因此,在郑氏看来,阴阳之数必须有对有合,又当以六、七、八、九、十这五个数合之,具体说,一六、二七、三八、四九、五十两两匹配相合。那么,这十个数两两怎么相合,其根据何在?郑氏进一步说明:

> 天一生水于北,地二生火于南,天三生木于东,地四生金于西,天五生土于中。阳无耦阴无配,未得相成。地六成水于北,与天一并;天七成火于南,与地二并;地八成木于东,与天三并;天九成金于西,与地四并;地十成土于中,与天五并也。(《月令正义》同上)

在这里,郑氏将一、二、三、四、五这五个自然数视为五行生数,将六、七、八、九、十这五个自然数视为五行成数。从数的构成看,一加五为六,二加五为七,三加五为八,四加五为九,五加五为十。其生数和成数是以五数作为纽带联结起来。因成数本于生数,故其居位相同,即一六为水居北,二七为火居南,三八为木居东,四九为金居西,五十为土居中。从而将天地之数赋予了五行含义,使天地之数和五行之数融为一体。更为重要的是通过诠释，构筑了一个具有易学特色、影响后世的数理图式。其图式如下：

南（火）

7

2

东（木）　　　8　3　5　10　4　9　　　西（金）

中（土）

1

6

北（水）

同时，《易传·系辞》还论述大衍之数及其行蓍过程，而对天地之数与大衍之数的关系却只字未提。从现存易学资料看，汉代易学家多关注"大衍之数五十"和"其用四十有九"问题，着力解说之。如京房曰："五十者，谓十日、十二辰、二十八宿也。凡五十其一不用者，天之生气，将欲以虚来实，故用四十九焉。"（《周易正义》卷七）马融曰："易有太极，北辰是也。太极生两仪，两仪生日月，日月生四时，四时生五行，五行生十二月，十二月生二十四气。北辰居位不动，其余四十九，转运而用也。"（同上）荀爽云："卦各有六爻，六八四十八，加乾坤二用，凡有五十。乾初九'潜龙勿用'，故用四十九也。"（同上）只有郑玄发现了《系辞》中天地之数和大衍之数的内在的关联，并力图凭借自己的渊博学识，推断这个发现的合理性。他指出：

> 天地之数五十有五，以五行气通，凡五行减五，大衍又减一，故四十九也。（《周易正义》卷七）

> 大衍之数五十有五，五行各气并，气并而减五，惟有五十，以五十之数不可以为七八九六，卜筮之占以用之，更减其一，故四十有九也。（《月令正义》）

此谓天地之数和为五十五,大衍之数五十本于天地之数和。大衍之数言五十,取决于天地之数中有五行,一至五是五行的生数,六至十是五行的成数,成数是五行生数加五,生数和成数两两成对,阴阳和谐,故天地之数通过五行紧密相连,贯通一体。因此,天地之数和减五当为大衍之数五十。这就所谓"五行各气并、气并而减五、惟有五十"。然而,五十之数推演不出与爻密切相关的六、七、八、九四个数。郑氏认为要得出这四个数,必须用四十九,这就是"大衍之数五十、其用四十有九"的原因。

郑氏对大衍之数的解说虽然未必完全符合《易传·系辞》之原义,但是,他发现了天地之数与大衍之数关联,并能立足于筮法,参照五行,言之成理,证之有据,不失为当时一家之言,启迪了后世易学家对这一问题的关注和探讨。三国虞翻、宋代朱熹,乃至今人高亨、金景芳等学者认为天地之数和即大衍之数,进而又提出通行本《系辞》中"天地之数"与"大衍之数"两节相分离是错简。[1] 显然,是受启于郑氏易学。郑氏易学影响至深至远矣!同时,郑氏通过诠释大衍之数所构筑的融时空为一体的易学图式,与宋人"发现"和承传的"河图"(刘牧又称"洛书")数理完全吻合。由此可以推断,宋人所谓的"河图"虽属伪造,但若追源,则必有所本,并非凭空杜撰。

当然,以五行释天地之数和以天地之数排列构成内含丰富数理的图式,并非郑氏所发明,早在郑氏之前就已萌芽流行。如《易纬·乾坤凿度》指出:"天本一而立,一为数源,地配生六,成天地之数,合而成性。天三地八,天七地二,天五地十,天九地四。"扬雄云:"三八为木,为东方,为春……四九为金,为西方,为秋……二七为火,为南

---

① 虞翻观点见《周易集解》卷十四,朱熹观点见其《周易本义》卷七。高亨的观点见其《周易大传今注》第 524－525 页,齐鲁书社 1988 年。金景芳、吕绍纲的观点见其《周易全解》第 485－486 页,吉林大学出版社 1989 年。

方,为夏……一六为水,为北方,为冬……五五为土,为中央,为四维。"(《太玄·玄数》)又说:"一与六共宗,二与七为朋,三与八成友,四与九同道,五与五相守。"(《太玄·玄图》)郑玄的贡献不是简单地重复西汉以来的易学研究成果,而是把这些研究成果运用于诠释《周易》文本中,并在此基础上阐发了自己的蓍数理论。

3. 九宫数说

九宫之说始于先秦。《管子·幼官》、《吕氏春秋·十二纪》、《礼记·月令》等典籍中有关于天子在一年四季分居九个不同宫室的说法。按照《十二纪》和《月令》记载,天子春居青阳三室,夏居南方明堂三室,秋居西方总章三室,冬居北方玄堂三室,中央之室每季居十八日,共十三室。这是以出入门户命名的十三室,其中四个角是一室两个门户而称两室。如春天所居青阳右个与夏天所居明堂左个为一室,夏天所居明堂右个与秋天所居总章左个为一室,秋天所居总章右个与冬天所居玄堂左个为一室,冬天所居玄堂右个与春天所居青阳左个为一室。按此计算,天子一年四季分居九室听政。见下图:

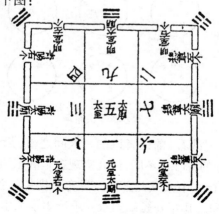

明堂九室图

以上是《吕氏春秋》和《月令》所记载的九宫说。《灵枢经·八风》则记载了太一在一年八个节气中分居九个宫：

> 太一常以冬至之日，居叶蛰之宫四十六日，明日居天留四十六日，明日居仓门四十六日，明日居阴洛四十五日，明日居天宫四十六日，明日居元委四十六日，明日居仓果四十六日，明日居新洛四十五日，明日复居叶蛰之宫，曰冬至矣。太一日游，以冬至之日居叶蛰之宫，数所在日从一处，至九日复反于一。常如是无已，终而复始。

此以叶蛰、天留、仓门、阴洛、天宫、元委、仓果、新洛、招摇命名九宫。太一自冬至，至立春、春分、立夏、夏至、立秋、秋分、立冬八个节气，行八宫，加中宫为九宫。如图所示：

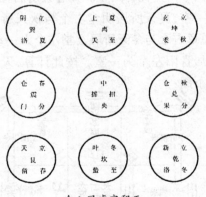

合八风虚实邪正

从上面的文献记载看，前二者讲的是人间之事，后者讲的是天上之事，其所使用的称呼也不同，但九宫观念是确定的，也是一致的。值得注意的是行文中未见九宫数。明确记载九宫之数的是《大戴礼记·明堂》和近几年安徽阜阳双古堆汝阴侯墓出土的九宫式盘等。《大戴礼记·明堂》云：

明堂者,古有之也。凡九室:一室而有四户,八牖,三十六户、七十二牖。以茅盖屋,上圆下方。

明堂者,所以明诸侯尊卑。……《明堂·月令》:赤缀户也,白缀牖也。二九四,七五三,六一八。……

出土"九宫式盘"包含了《灵枢经》中的八宫和式占的内容,还配有与《大戴礼记·明堂》相同的九宫数,见下图:

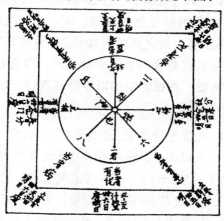

汉汝阴侯墓出土的占盘

《易纬》吸收了前人的九宫思想,将九宫数提升到阴阳之道的高度加以阐发,认为自然界阴阳消长变化是有规律的,这个规律可以用七八九六之数表示出来,数之一阴一阳之和为十五,十五为阴阳变化的规律,九宫数体现了这个阴阳变化规律。《乾凿度》指出:

阳动而进,阴动而退。故阳以七、阴以八为象,易一阴一阳,合而为十五之谓道。阳变七之九,阴变八之六,亦合于十五,则象变之数若一。阳动而进,变七之九,象其气之息也。阴动而退,变八之六,象其气之消也。故太一取其数以行九官,四正四维皆合于十五。

其实,此以大衍筮法六七八九之数理解阴阳之气及规律。按照筮法,六为老阴之数,九为老阳之数,八为少阴之数,七为少阳之数。少阳之数与少阴之数合为十五(7+8),老阴之数与老阳之数也合为十五(6+9)。少阴少阳为不变之数,老阴老阳为变数。《易纬》将筮法中阴阳之数赋予了自然界,认为六七八九之数是自然界固有,它象征着阴阳变化的规律。太一下行九宫也取此数。然后用以解释和证明大衍之数的合理性。《易纬》只言太一取其数行九宫,却未言九宫数排列及其中的道理。郑玄把这一问题置于易学、天文学等更广阔视野中加以诠释和探讨。他注《乾凿度》云:

> 太一者,北辰之神名也,居其所曰太乙,常行于八卦日辰之间,曰天一或曰太一。出入所游息于紫官之内外,其星因以为名焉。故《星经》曰:天一太一,主气之神。行,犹待也。四正四维以八卦神所居,故亦名之曰官。天一下行,犹天子出巡狩省方岳之事,每率(卒)则复,太一下行八卦之官。每四乃还于中央。中央者,北神之所居,故因谓之九官。天数大分,以阳出,以阴入。阳起于子,阴起于午,是以太一下九官从坎官始,坎中男,始亦言无适也。自此而从于坤官。坤,母也。又自此而从震官。震,长男也。又自此而从巽官。巽,长女也。所行者半矣,还息于中央之官。既又自此而从乾官,乾,父也。自此而从兑官,兑,少女也。又自此从于艮官,艮,少男也。又自此从于离官,离,中女也。行则周矣。上游息于太一天一之官,而反于紫官,行从坎官始,终于离官,数自太一行之,坎为名耳。出从中男,入从中女,亦因阴阳男女之偶,为终始云。从自坎官必先之坤官者,母于子养之勤劳者,次之震,

又之巽，母从异性来，此其所以敬为生者。从息中而复之乾者，父于子教之而已，于事逸也。次之兑，又之艮，父或老顺其心所爱，以为长育，多少大小之行，已亦为施，此数者合十五，言有法也。

这里的"太一"为北辰星，也称北极星。因此星耀眼明亮，周围又有众星环绕，所以古人将此星神化。《论语·为政》："北辰居其所而众星共之。"《史记·天官书》："中宫天极星，其一明者，太一常居也。旁三星，三公，或曰子属。后句四星，末大星，正妃；余三星，后宫之属也。环之匡卫十二星藩臣，皆曰紫宫。"古代对日月星辰的认识折射了人间社会的等级制度。"当中国进入封建中央集权制以后，人们就把人间以君主皇帝为中心的政治制度也附会到天上去。于是，'天有北辰，众星环共。天帝威神，尊之以耀魄，配之以勾陈，有四辅之上相，有三公之近臣'。"[1] 根据今人研究，太一在中国古代有三重路向的理解，或者说在三种意义上被使用。一是宇宙之本体，相当于道家的一和太极；一是宗教或神学上的太一神；一是天文学上的北辰星。[2] 郭店出土的楚简《太一生水》中的"太一"主要是在第一层意义上使用的。而郑玄则是在这三层意义上使用的。

郑氏对九宫的说明与《吕氏春秋》等不同。郑氏谈论的是天道，即太一神运行的轨迹；而《吕氏春秋》等谈论的是人道，即人间帝王听政的场所。更为重要的是郑氏揭示了九宫数与八卦数的关系。郑氏所理解的八宫，是天上八卦位置，太一游行八宫就是游行八卦。而太一游行八宫的次序数就是八卦数。具体地说，太一行九宫，先坎宫，次坤宫、震宫、巽宫，然后返回中宫，再从中宫到乾

---

①　周桂钿：《天地奥秘的探索里程》第 139 页，中国社会科学出版社 1988 年。

②　丁四新：《郭店楚墓竹简思想研究》第 91 页，东方出版社 2000 年。

宫、兑宫、离宫。根据这一次序，八卦中每一卦被赋予一个数，那就是坎一、坤二、震三、巽四、乾六、兑七、艮八、离九。经过郑氏的解说，一个融象数理为一体、具有丰富内涵的九宫框架被勾画出来。这是包括《乾凿度》在内的郑氏以前的其他文献所没有、也不可能论及到的。同时，郑氏说明了九宫之数合乎自然规律和家庭伦理关系。太一始于坎，终于离，体现了"阳起于子、阴起于午"的规律。按照汉人卦气说，阴阳二气消长，坎代表冬季十一月，离代表夏季五月。阳气生于十一月，盛于五月；阴气生于五月，盛于十月。荀爽所说的"乾起于坎而终于离，坤起于离而终于坎，离坎者，乾坤之家而阴阳之府"即是此义。在这个意义说，太一自坎始，与郭店楚简"太一生水"是一致的。从家庭角度看，太一始于坎，"出从中男"；终于离，"入从中女"，体现了男女之终，夫妇之始。坤为母，乾为父。太一始于坎而坤，中宫后先乾，则体现了母养父教之理。

　　郑氏九宫或九宫数说，既有宗教神学的杂质，又有天文学、历法、数学等科学的因素，是易学、神学、科学相结合的产物。就易学而言，郑氏对九宫及其数所作的解释和阐发，对于汉代象数乃至整个易学史的发展有着特殊的贡献。它标志着两汉时期关于易数的研究达到了一个新的高度，为图书之学的产生准备了思想资料和思维模式。宋代盛行的内含丰富象数学理的图式——"洛书"，除了其黑白阴阳圆点之外，其他皆可从郑氏的九宫说中找到根据，这无可辩驳地说明了宋儒所谓的"洛书"与汉代"九宫说"的确有着内在的关联。

第六章　效法天道的人道思想

　　中国古代易学乃至整个哲学是本于天道而立人道,其方法是以人道推天道、以天道证人道。所谓以人道推天道是用类比方法,把人的属性赋予天,用人道说明天道。所谓以天道证人道,是把主观化的天道作为说明人道的根据。关于这一点,今人高晨阳先生概括得比较精彩:"中国古代哲学家习惯于从人的存在的角度或立场理解和规范天的存在,或说以人道理解和规范天道,反过来又以天道来解释和证明人道,以天的存在作为人的存在的根据。"①虽然易学史或哲学史上不同时代、不同学派、不同人物有着不尽相同的表述,但其思维倾向是一致的。《易传·文言》云:"元者,善之长也;亨者,嘉之会也;利者,义之和也;贞者,事之干也。君子体仁足以长人,嘉会足以合礼,利物足以合义,贞固足以干事。"元、亨、利、贞是《乾》卦卦辞,按《易传》理解,这四个字表示天生物的四种德性,人本于此而立四德。《易纬·乾凿度》云:"道兴于仁,立于礼,理于义,定于信,成于智。五者道德之分,天人之际也。"此谓人之仁义礼智信本于天。

　　郑玄沿着前人的思路,论证了易学中的天人之学。如他认为天有阴阳,人有君臣、男女、君子、小人、尊卑之分。郑注《益》云:

---

　　①　高晨阳:《中国传统思维方式研究》第 261 页,山东大学出版社 1994 年。

"阴阳之义,阳称为君,阴称为臣。"注《夬》云:"夬,决也。阳气浸长至于五,……阴爻越其上,小人乘君子。"注《剥》云:"五阴一阳,小人极盛,君子不可有所之。"而从其先后言之,先有天而后有生人,"阴阳气交,人生其中,故为三才"(《乾凿度》注),即由天地和气而生人,人的属性皆原于天,如人之道德本于天。他注《乾凿度》云:"震主施生,卯为日出,象人道之阳也。兑主人悦,酉为月门,象人道之柔也。夫人者,通之也,德之经也,故曰道德立者也。"又天地有尊卑,决定了人有君臣。他注《乾凿度》云:"天地阴阳,尚有尊卑先后之序,而况人道乎?"注《通卦验》说:"言天地尊卑已定,乃后有君臣也。"而作为人的最高统治者的天子则是天的代言人,体现了天的意志。"王道,继天地而已。"(《乾凿度》注)社会君臣关系反映的是自然秩序,"君臣尊卑之贵贱,如山泽之有高卑也"(《系辞注》)。由于这个原因,天人相互感应。

其实,易学中所言的灾异是自汉代董仲舒以来天人感应的一种重要的表现形式。灾异,是以卦符为表征的自然之气变化反常而出现的天灾人祸。在这种感应关系中,是天感人应,人是被动的,其所受的个人身体和社会政治及其他方面的灾难完全本之于天,是天灾在人和社会中的反映或体现,这是无法改变的。但是这不是说天灾不可以避免,只要找到原因就可以避免。郑玄与汉代其他思想家一样,认为出现这种情况的原因是人的行为所致。如他注《稽览图》云:

> 君行暴虐,诛杀暴罪,天应其行,旱霜杀万物,则终岁不复生也。

> 假威者,言君使臣按问,则臣反假君威而杀之心也。天应其行,亦旱霜杀万物。

郑氏在注《通卦验》卷下指出：

> 温而不至者，若教令失中之征也。故风为之变，期本百二十日。君教令失中甚，则臣欲叛，致地动，重于大风。

君王行为过激失中，臣子越位反叛，这种行为导致了自然灾害，这是人感天应，而人感天，在郑氏看来，有其极强的时效性。人行善行恶，在天立即有回应。郑注《易纬·中孚传》云：

> 阳者，天子为善一日，天立应以善；为恶一日，天立应以恶。诸侯为善一时，天立应以善；为恶一时，天立应以恶。大夫为善一岁，天立应以善；为恶一岁，天亦立应以恶。

因此，不难理解在郑玄以前的时代（包括其所处的时代），道德修养问题为什么如此被思想家和统治者所关注而成为中华文化绵绵不绝的强音和归宿，影响后世。

但是若在天人关系中，为使人变被动为主动，免受灾异之苦，必须要学问思辨，进德修业，"穷天地之理、类万物之情"，掌握灾异说的原理，更为重要的是在此基础上，通过进德修业的工夫，做到与天保持一致，即所谓的"常则天而行，与时消息"。

那么，如何与天保持一致？关键在于法天道。通过效法天道，去感化天，使卦气"验应各如法度，则阴阳和，六律调，风雨时，五谷成熟，人民取昌"，从而出现没有灾异、风调雨顺的太平盛世。

人法天的思想，在先秦早已流行，在道家那里表现尤为突出。老子曾站在宇宙高度提出"人法地，地法天，天法道，道法自然"的哲学命题，庄子认为人应当"去知与故，循天之理"（《刻意》），"顺之则吉，逆之则凶"（《天运》）。与庄子同时代的《易传》同样强调人法天的重要。不同的是，《易传》把《周易》六十四卦符号视为自然现象的象征，即卦爻象本之于自然而作，其本身具有自然的属性或可以成为自然的化身。"象也者，像此者也。""圣人有以见天下之赜，而拟诸其形容，象其物宜，是故谓之象。"《象传》对六十四卦的解释完全采取了人效法天的形式，即先把卦象视为（自然之象）人效法的对象，从卦象结构中开显出人所应遵循的行为规范。其形式为先分析内外卦构成的自然之象，然后以"君子以"表示当如何行动。如《乾·象》曰："天行健，君子以自强不息。"《坤·象》曰："地势坤，君子以厚德载物。"《屯·象》曰："云雷屯，君子以经纶。"《蒙·象》曰："山下出泉，蒙。君子以果行育德。"《需·象》曰："云上于天，需。君子以饮食宴乐。"汉代董仲舒建立了天人感应的神学体系，推崇人法天这一命题，达到了登峰造极的地步，成为整个汉代的最强音。他在"人副天数"、"天人相应"前提下，提出了"承天意"、"顺天命"、"观天道"、"察名号"、"辨物理"、"法天行"、"循天道"等一整套理论。如董仲舒指出：

> 是故王者唯天之施，施其时而成之，法其命而循之诸人，法其数而以起事，治其道而以出法，治其志而归之于仁。（《春秋繁露·王道通三》）

> 王道之三纲，可求于天。……德教之与刑罚，犹此也。故圣人多其爱而少其严，厚其德而简其刑，以此配天。（同上《基义》）

> 故圣人法天而立道，亦溥爱而亡私，布德施仁以厚之，设谊立礼以导之。（《举贤良对策》）

> 此上天之理，而亦太古之道，天子之所宜法以为制，大夫之所当循以为行也。（同上）

董仲舒这套理论被《易纬》所承袭。《乾凿度》云："圣人所以通天意，理人伦，而明至道也。"又云："天气下施，万物皆益。言王者之法天地，施政教。"《通卦验》云："八风以时至，则阴阳变化道成，万物得以育生，王当顺八风，行八政，当八卦也。"（《补遗》)虽然《易纬》未像董氏极力神化天,但其法天道的思维如出一辙。《白虎通德论》也讲法天地、法四时、法五行等,把这种法象的理论和思维变成中国古代社会统治者治理国家维护统治的舆论工具。

郑玄处在神学盛行的汉代,且有非常深厚的易学涵养和广博的文化底蕴,以这种法天道为形式诠释易学、探求易学中的人文思想当在情理之中。如他指出:

> 王者亦常则天而行,与时消息,不可安而忘危,存而忘亡。(《乾凿度》注)

> 取其顺阴阳之节,为出内之政,春崇宽仁,夏以长养,秋教收敛,冬勒盖藏,皆可以成物助民也。(《泰·象》注)

此是说,作为君王当效法天道,顺从阴阳节气变化而行动。春季万物生长,有宽仁之德,夏季万物茂盛,有长养之德,秋季万物成熟,有收敛之德,冬季万物潜藏,有盖藏之德。故君王为政当"春崇宽仁,夏以长养,秋教收敛,冬勒盖藏"。

然而,在更多的情况下,郑玄采取了与《象传》不同的形式来表达这一思想。《象传》在讲法象理论时使用了"以",取"以"为"法"。自然之象如何,人当法之而如何。而郑氏使用了"犹"。犹,若也,指相类。从表示自然之象(卦象)中推出人的行为如何。根据台湾学者胡自逢先生统计,"郑易注今存者十之三四,而用犹字以起人事之文,有十七条之多"。① 观其注文,郑氏主要从以下几个方面阐发自己的思想:

---

① 胡自逢:《周易郑氏学·前言》。

一、从天地之道推及人君道德行为

仁义本之于天。天地交成文采,此为《贲》之象。君王取法之用刚柔仁义成就其德。上离火下巽风,而为《鼎》之象,鼎以木火之用煮熟食物,为人所用。于人君当以仁义教化天下。

郑注《贲》云:

> 贲,文饰也。离为日,天文也。艮为石,地文也。天文在下,地文在上,天地二文相饰成贲者也。犹人君以刚柔仁义之道饰成其德也。

注《鼎》云:

> 鼎象也,卦有木火之用。……以木火鼎亨孰物之象。鼎亨孰以养人,犹圣君兴仁义之道以教天下也,故谓之鼎矣。

政令发布和响应本之天。雷声轰鸣,震动万物,此为天之号令发。《周易》《震》卦内外皆震,象征着天之号令发布。君王之政令发,则如天之雷声以震撼人心。天和火有相同的属性:天在上,火炎上,火得风则更烈。这种象在《周易》为《同人》。《同人》二三四爻互体为巽,巽为风,风行令施。这种象在君王则为在上施政教而使天下人同心同德而相应。政教之施,如同风行无所不遍。雷厉风行,为《周易》之《益》卦,于社会为君出令,臣奉行。

郑注《震》云:

> 震为雷,雷动物之气也。雷之发声,犹人君出政教以动国中之人也,故谓之震。人君有善声教,则嘉会之礼通矣。

郑注《同人》云:

> 乾为天,离为火,卦体有巽,巽为风。天在上,火炎上而从

之,是其性同于天也。火得风然后炎上益炽,是犹人君在上施政教,使天下之人和同而事之。以是为人和同者,君之所为也。故谓之同人。风行无所不遍,遍则会通之德大行,故曰同人于野亨。

郑注《益·象》云:

> 震为雷,巽为风,雷动风行,二者相成,犹人君出教令,臣奉行之,故利有攸往,利涉大川也。

太阳光明,相续不绝,又火生土,此为《离》卦之象。以示人君承其父之明德治理国家。水火交融而相息,必然产生新的事物。此为革卦之象。以示君王受命改正朔易服色。

郑注《离》云:

> 明两者,取君明上下,以明德相承,其于天下之事,无不见也。

> 离南方之卦,离为火,土托位焉。土色黄,火之子。喻子有明德,能附丽于其父之道。

郑注《革》云:

> 革,改也。水火相息,而更用事,犹王者受命,改正朔,易服色,故谓之革。

雷动地上,万物娱乐。此为《豫》卦卦象。君王法之,功成当作乐舞,进行祭祀。祭礼之大经是报本反始。天是万物之本,父母是人之始。故祭天以配祖考。如《礼记·郊特牲》云:“万物本乎天,人本乎祖,此所以配上帝也。郊之祭也,大报本反始也。”郑氏注《豫》之《象》云:

> 雷动于地上万物乃豫也。……王者功成作乐,以文得之

者作龠舞,以武得之者作万舞。各充其德而为制祀天地以配祖考者,使与天同饷其功也。(《周易集解》)

天地有阴阳上下之分,社会有君臣尊卑之别。阳用事,阴宜自损;阴用事,阳宜自损。阴自损为损,阳自损为益。损益作为卦,反映的是一种自然现象。在社会中,君为阳,臣为阴。君臣之道则以损上益下为德,损下益上为戒。郑注《乾凿度》"损""益"云:

> 象阳用事之时,阴宜自损,以奉阳者,所以戒阴道以执其顺者也。
>
> 当阴用事之时,阳宜自损以益阴者,所以戒阳道以弘其化也。

郑注《损·象》云:

> 艮为山,兑为泽,互体坤,坤为地。山在地上,泽在地下,泽以自损增山之高也。犹诸侯损其国之富以贡献于天子,故谓之损矣。

郑注《益·象》云:

> 阴阳之义,阳称为君,阴称为臣。今震一阳二阴,臣多于君矣。而四体巽之不应初,是天子损其所有以下诸侯也。人君之道以益下为德,故谓之益也。

自然界山山相立,在《周易》为《艮》,以示君臣对峙不相通。火上泽下为《睽》,于人则为同居而志异,于君臣为君阴臣阳。君臣相违、阴差阳错,此非君臣之正道。在阳衰阴盛之际,若为臣者有圣明之德代君为政可谓臣之正道。此《周易》之《大有》卦象,《大有》上离为光明,其中爻为阴居尊位。下乾阳为君,以示臣在君之上而辅君为政。又《井》言修治井,以示臣修身事君。

郑注《艮》"艮其背"云:

　　艮为山,山立峙各于其所,无相顺之时,犹君在上,臣在下,恩敬不相与通,故谓之艮也。

郑注《睽》云:

　　睽,乖也。火欲上,泽欲下,犹人同居而志异也。故谓之睽。二五相应,君阴臣阳,君而应臣,故小事吉。

郑注《大有》"元亨"云:

　　六五体离,处乾之上,犹大臣有圣明之德,代君为政,处其位有其事而理之也。元亨者,又能长群臣以善使嘉会礼通。若周公摄政朝诸侯于明堂是也。

郑注《井》九三"井渫不食"云:

　　谓已浚渫也。犹臣修正其身以事君也。

二、从天道推及圣贤君子之道

　　在古人眼里,自然界山高地低,山在地上。若违背常理,山高而在地下,是谓谦退。《周易》之《谦》卦象即是如此,谦上坤为地,下艮为山,地中有山。故功成名就而能下人,乃君子之谦道。

郑注《嗛》①云:

　　艮为山,坤为地,山体高今在地下,其于人道高能下,下嗛之象。亨者,嘉会之礼以嗛为主。嗛者自贬损以下人,唯艮之坚固,坤之厚顺,乃能终之,君子之人有终也。

　　阴阳消长,四时更替,是谓天道。君子处世能进能退,进退以

---

　　①　谦,郑作"嗛"。

时,"时止则止,时行则行,动静不失其时",是谓君子之道。《晋》卦上离为日、为光明,下坤为地,有日出地上之象。《升》卦上坤为地,下巽为木,有木生地中、日长而上之象。君子当效法之,明明德,日益晋升。

郑注《晋·象》云:

> 地虽生万物,日出于上,其功乃著,故君子法之而以明自照其德。

郑注《升》云:

> 升,上也。坤地巽木,木生地中,日长而上,犹圣人在诸侯之中,明德日益高大也。故谓之升。升,进益之象也。

《困卦》下坎为月,上兑为暗昧,二三四爻互体离为日。故此卦有暗昧掩日月之象。《遯》卦为阴长阳消之象,《剥》卦为阴气上长而侵阳、万物剥落之象。《明夷》为日入地下、光明受伤之象,于人事则为小人势力由上升而极盛,世道昏乱,黑白颠倒。君子当遯世无闷,不见是而无闷,不可有所作为,以避小人之害。

郑注《遯》云:

> 遯,逃去之名也。艮为门阙,乾有健德。互体有巽,巽为进退,君子出门行有进退,逃去之象。二五得位而有应,是用正道得礼见召聘,始仕他国,当尚嗛嗛小其和顺之道,居小官,干小事。其进以渐,则远妒忌之害。

郑注《剥》云:

> 阴气侵阳上至于五,万物零落,故谓之剥也。五阴一阳,小人极盛,君子不可有所之,故不利有攸往也。

郑注《明夷》云:

夷,伤也。日出地上,其明乃光。至其入地,明则伤矣。故谓之明夷。日之明伤,犹圣人君子有明德而遭乱世抑在下位,则宜自艰无干事政,以避小人之害。

物极必反,阴气盛后必衰。在阴气衰和阳气生长之时,君子圣贤不应退世,当顺势有所作为。故至《夬》卦,阳气浸长,阴气消尽。于人事圣人则乘势决去小人,扭转乾坤。

郑注《夬》"扬于王庭"云:

> 夬,决也。阳气浸长至于五。五尊位也,而阴先之,是犹圣人积德说天下,以渐消去小人,至于受命为天子,故谓之夬。扬,越也。五互体乾,乾为君,又居尊位,王庭之象也。阴爻越其上,小人乘君子,罪恶上闻于圣人之朝,故曰夬扬于王庭也。

《井》上坎为水,下巽为木,有吸水之象。而君子法之,有教养天下民众之职责。

郑注《井》云:

> 坎,水也。巽木,桔槔也。互体离兑,离外坚中虚也。兑为暗泽,泉口也。言桔槔引瓶下入泉口汲水而出,井之象也。井以汲①人水无空竭,犹君子②以政教养天下,惠泽无穷也。

三、从天道推及夫妇之道

阴阳交感,山泽通气,万物化生,此为《咸》卦之象。《咸》上兑为泽,下艮为山,以示山气下泽气上,二气相通而生物。于人事上

---

① 汲,当为"养"。
② 君子,一本作"人君"。

兑为少女,下艮为少男,以示男女交媾而成婚,夫妇之道由此而生。天地雷风相须,恒久养物,此为《恒》卦之象。《恒》卦上震为雷,下巽为风,以示雷风相须养物。于人事震为长男,巽为长女。男女同心而长久。在古代对于妇女而言,坚持恒久之道、从一而终尤为重要。故夫妇之道原于天地雷风山泽之理。"言夫妇当有终身之义。夫妇之道,谓《咸》、《恒》也。"

郑注《咸》云:

咸,感也。艮为山,兑为泽,山气下,泽气上,二气通而相应以生万物,故曰咸也。其于人也,嘉会礼通和顺于义,干事能正。三十之男有此三德,以下二十之女,正而相亲说,娶之则吉也。

郑注《恒》云:

恒,久也。巽为风,震为雷。雷风相须而养物,犹长女承长男,夫妇同心而成家,久长之道也。夫妇以嘉会礼通,故无咎。其能和顺干事所行而善也。

郑注《恒》六五"恒其德,贞妇人吉,夫子凶"云:

以阴爻而处尊位,是天子之女。又互体兑,兑为和说,至尊主家之主,以和说干家事,问正于人,故为吉也。应在九二,又男子之象,体在巽,巽为进退,是无所定,而妇言是从,故云夫子凶也。

在自然界,阳主动,阴主静。在家庭男为阳,动在外;女为阴,静在内。此为《家人》之象。《家人》二为阴居内卦,五为阳居外卦。故谓男主外、女主内。

郑注《家人》六二云:

二为阴爻,得正于内;五,阳爻也,得正于外。犹妇人自修正于内,丈夫修正于外。"无攸遂"言妇人无敢自遂也。爻体离,又互体坎。火位在下,水在上,饪之象也。

春天是阴阳二气相交、万物生长的季节,与之相对应的人之嫁娶也当贵春季。《泰》六五爻纳地支为卯,卯为仲春。故仲春嫁娶吉利。

郑注《泰》六五云:

> 五,爻辰在卯春,为阳中,万物以生。生育者,嫁娶之贵仲春之月,嫁娶男女之礼,福禄大吉。

一般来说,阳气刚健,阴气柔顺。阴阳二气和合以生万物,乃天之道也。相反,阴气盛壮与阳气相遇,则伤阳,则非天之正道。此为《遘》卦①之象。《遘》卦上乾为健,下巽为长女,有女壮健之义。又此卦一阴五阳,有一阴居初与五阳相遇之义。一阴遇五阳,为阴壮。于人事女强壮而失夫妇之道,故不可娶之以为妻。

郑注《遘》曰:

> 遘,遇也。一阴承五阳,一女当五男,苟相遇耳。非礼之正,故谓之遘。女壮如是,壮健似②淫,故不可娶,妇人以婉娩为其德也。

天地阴阳二气相交,则万物生;若天地阴阳二气不交,则万物不兴。如《象》所言"天地交而万物通也"、"天地不交而万物不通也"。于人事男女不交,妇不育,则失正道。

郑注《渐》九三"夫征不复,妇孕不育"云:

> 九三上与九五互体为离,离为大腹,孕之象也。又互体为

---

① 遘卦,通行本作"姤"。

② 似,一本作"以"。

坎,坎为丈夫,坎为水。水流而去,是夫征不复也。夫既不复,则妇人之道颠覆,故孕而不育。

从保留的易注看,郑氏由天道推人事,且以君臣、圣贤、君子之道居多,这恐怕取决于两个方面:其一,《周易》经传内涵天地人三才之道,且言天地之道之归宿为人道。《周易》古经本为卜筮之书,其辞多言人事吉凶。有时言天地自然之象则是喻人事。如屯卦、蒙卦、需卦、讼卦、师卦、比卦、履卦、同人卦、大有卦、谦卦、豫卦、随卦、蛊卦、临卦、观卦、噬嗑卦、贲卦、剥卦、复卦、大畜卦、颐卦、离卦、咸卦、家人卦、睽卦、蹇卦、解卦、损卦、益卦、萃卦、困卦、艮卦、归妹卦、巽卦、涣卦等卦爻辞全言人事。而乾卦言"龙"则喻人事进退,渐卦言"鸿渐"以喻婚姻,丰卦言日蚀、震卦言雷、大过言"枯杨"和"栋"等以喻人事吉凶。《易传》阐发《周易》古经之理,显然是以天人合一理论作为基础,即人生于天地而与天地同构同性,又与天地共生共存。天人一理,人道来源于天道。然人在繁衍和进化中千差万别,形成了与天地截然不同的特征,为了保证人的行为与天地日月四时变化相一致,更为了通神明之德、类万物之情,故人当法天道而行。在《易传》作者看来,社会中帝王圣贤君子是人类的精英,是天道的体现者,是正义的化身。因此《周易》为君子谋,而不为小人谋。郑氏既然是在为《周易》作注,就不能不言人事,言人事又不能不以帝王圣贤君子为主。

其二,郑氏所处的时代,东汉帝国内忧外患,岌岌可危,伦理纲常屡遭践踏,社会失去了平衡。郑氏虽然不愿与宦官为伍,服务于朝廷,但更不堪战乱而过着漂流生活,则向望一种和谐的、平安的生活环境。因此,他的易学研究重心已由天道转移到人事,更加关注君臣、父子、夫妇之道,尤其是为君之道和圣贤之道。郑玄把自己政治理想的实现寄托在德治的明君和完善的圣贤以及三《礼》推行上,这也是郑玄倾注毕生精力解说儒家经典,尤其是三《礼》

的原因。其实,郑玄易学关于人事的内容更多是对三《礼》的阐发。三《礼》是保留下来的先秦典章制度的书,它具有规范人的行为、调节人与人关系、保持社会稳定的作用,适应了两汉社会的需要,其中《仪礼》被尊奉为官学,其他虽未成为官学,也不同程度地受到当时统治者和思想家的青睐。郑玄注三《礼》与注《周易》应该说有同样的目的,"郑玄三《礼》注中就体现着他的思想活动和价值取向,其中无疑包含着其个人的体验以及对世道的感受。尽管其思想的表述大多是片断的,不连贯的,或随文引申,或有感而发,或借助于其他经典话语来表述自己的意思。但是总是能让人感受到他的思想活动的"。①

郑玄易学,就其实质而言,与汉代其他易学一样是一种天人之学。"这种天人之学从不脱离人道去孤立地探索天道,也从不脱离天道来孤立地探索人道,而是把世界的统一性看作是一个自明之理,着眼于探讨天与人、主与客、自然与社会的相互关系,企图通过这些探讨来找到某种带规律性的东西,用来指导人事,特别是政治。"②古代天人之学表现形式不同,或偏重于天道,或偏重于人道。以效法或模拟天、地、人三才之道为特征的易学本身是一种天人之学。汉代易学作为天人之学,其着眼点在《周易》的天道,而偏重于天道的论证,但也从未忽略对人道的表述。郑氏的易学恰恰说明了这一点。具体讲,郑氏易学表现在两个层面上:第一个层面是把易学视为沟通天人的桥梁。按照这种理论,易学符号是效法天道而成,内涵天道与天地准。正是因为它与天道自然相合,而被视为"天道自然"的代名词。如卦气中四正卦之气,八卦之气、

① 姜广辉主编:《中国经学思想史》二卷第514—515页,中国社会科学出版社2003年。

② 余敦康:《何晏王弼玄学新探》第2页,齐鲁书社1991年。

消息卦之气等已不是单纯的抽象意义的符号,而是指客观实在的自然之气。这种自然之气若发生变故,即当至不至,或不当至而至,就会出现灾异,对社会政治和人体发生影响。掌握了天道变化的规律,可以预知灾异,最大限度地减少灾异给人带来的灾难。不仅如此,人还可以通过自身修养德性、改革政治来感化天。从而使各种天气当至即至,不当至则不至,不再发生灾异。第二个层面是从天事推人事。《周易》六画卦符号是由最基本的八种三画卦符号构成。八种三画卦符号两两组合而构成的六十四卦,反映了千姿百态的自然变化的事物及其规律。天人同体同构,为避免遭受灾异的袭击,人可以从这些象征自然规律的卦象中,找到行动的准则,以达到天人合一。

当然,我们应当看到,从本义上说,郑玄与《易传》犯有同样错误,有许多卦象是虚拟的,有的卦象虽然不是虚拟的,但人的行为是从卦象中直接推不出的。具体地说,抽象的易象符号意义不是唯一的,具有不确定的一面,它作为解释对象有着极强的张力,为后世解释者提供了丰富的想象空间和无限的解释机遇。一旦需要,它就像一台万能机器造出新产品一样,被解释和赋予许多新的意义。这里所说的"新的意义",是对《周易》本身而言的,它是《周易》原初所不包含的。而就理论本身言之,这种"新的意义"先于或后于《周易》卦象形成,按照时代的演进改变自己的形态,以自身逻辑不断地发展和完善,大多不是从易象符号中推导出来的,而更多是解释者用这种观念和理论对易象理解和解释而已。关于这个问题,梁韦弦先生曾做过详细的分析。他说:"首先,如果从根源上说,所谓象数和义理都是人们认识客观事物的果实,而从衍生的过程来说,是人们头脑中形成了一套认识,然后用六十四卦系统表示出来。换句话说,在《周易》的象数系统诞生之前,人们实际已

经有了关于天道、人道和吉凶之理的认识,这些认识并非根源于
《周易》的象数系统,根本不是什么象数派生义理、义理脱胎于象
数的问题。不知为什么这样一个其实并不很复杂的问题,竟长期
以来困扰了许多人。其次,如《易传》等书对义理的阐释是不是都
脱胎于象数呢? 也不是。比如说,《论语·述而》中记孔子语曰:
'加我数年,五十以学《易》,可以无大过矣。'据此,孔子学《易》当
在五十岁以后。那就是说,《易传》里'子曰'之类中所讲的仁义道
德,孔子早已讲了大半生了,哪里是什么从象数中生发出来的, 只
不过是借《周易》讲出来而已! 又如有的论者所举旅卦《象传》讲
的'山上有火,旅。君子以明慎用刑而不留狱'之类的思想,实际
都是历史上人们在政治实践中积累的宝贵经验。我坚信这种义理
绝非'脱胎于象数',明眼人都能看出这只是借卦象阐发之而已。
我根本不相信谁能从旅卦的卦象中看出用刑治狱的道理,倒是《象
传》的作者把这种道理寄托于旅卦卦象这种符号之下,赋予了它这
种特定的含义。要之,如《易传》等书,实际多是借象数以言义理。
如果是就易学的表达方式而言,我完全赞同结合象数来讲义理,因
为易学有易学的特点,不借象数讲义理,《周易》就成了《论语》、
《孟子》那种形式的东西。但是,无论怎么讲,都必须明白一点,那
就是义理才是易学的灵魂。而且,我们不要忘了《周易》除了象数
还有'辞'。事实上想要了解《周易》的义理,辞还是最重要的。据
《系辞传》的看法:'是故君子所居而安者,易之序也;所乐而玩者,
爻之辞也','亦要存亡吉凶,则居可知矣。知者观其象辞,则思过
半矣'。《系辞传》之说不谓不古,肯定是'先儒'之说,而在先儒看
来,认真读卦爻辞对卦爻的意思大体也就可以理解了。反过来说,
假设《周易》只有六十四卦的卦象而无卦爻辞,我不知道专家们能
从中看出些什么? 也就是说,了解象数可以帮助人理解义理,但绝

不必像有些论者那样把象数问题看得那么严重。"①郑玄的易学人道思想就是根据自己的理解,运用当时的社会观念和理论对《周易》的解释。在这个意义上说,与其说郑玄在诠释《周易》本义,倒不如说他以《周易》作为工具阐发人道。

---

① 见梁韦弦《"卦气"与"历数",象数与义理》,《松辽学刊》(人文社科版),2001年第 5 期。

第七章　易学史观

一、易之起源

易之源头在哪里？是如何演进的？这成为汉代易学家关注的焦点。《易纬》曾提出易的传授系统：天老氏、混沌氏、天英氏、无怀氏、神农氏、列山氏、帝厘氏、轩辕氏、文王、孔子。在易的发展过程中，出现的与《易》相关的著作有《垂皇策》、《万形经》、《乾纬文》、《乾凿度》、《考灵经》、《制灵经》、《河图八文》、《希夷名》、《含文嘉》、《稽命图》、《坟文》、《八文大》、《元命苞》等，其中《垂皇策》、《乾纬文》、《乾坤二凿度》是直接说《易》的。《易纬》又提出：庖牺氏著《乾凿度》，娲皇氏著《地灵母经》，炎帝作《易灵纬》等皆是易著。易经历了从无到有的发展过程，具体说，先有理，后有形、有象、有数。"易起无，从无入有，有理若形，形及于变而象，象而后数。"（《乾坤凿度》上）易之源头在伏羲。"苍牙灵，昌有成，孔演明经。"在易学起源和发展问题上，郑玄的注释没有简单重复《易纬》本义，而是作了进一步的阐发，认为易起源于伏羲，最早可以追溯到有巢氏。他说："古圣人有巢氏求索颠危之意，若天之悬远；求平易之理，若地之顺道。又庖牺氏中圣，始画八卦，错文字契。"（《乾坤凿度》注）又说："有巢氏以前，元气已断为天。又圣人法物以地,有巢氏之法地物用。"(同上)依郑氏说解,易之传世并非一帆风顺的,而是经历了几次大的磨难。第一次是黄帝之后遇雨灾,易教丧失。第二次是高辛之时,遇火灾,易被焚。第三次是大禹遭洪水灾,五行易再次被毁。而易学得以承传在于河图洛书,每次遭灾之后,圣人据河图、洛书重修复得。如他说:

> 圣教多难,惟圣与贤知之,于太古垂训,至公孙之后,大百六数,终遇雨大浩,又失其化教源。至高辛代,阳九数值火,又焚之,于后少求于嵩岗,得河图,内有易法,而重修再降大圣,易大行。又距禹代汤,禹洪水浩浩,襄陵汩没,五行易又丧元,而于泰穴得洛书,内有太易。易之源流,大易既行者,今之《连山》《归藏》之名。缘而得之古秘,斯书何贤知之,而距于周王昌中圣而又修源范,辄不坠门,例恒存此《乾坤二凿度》上下文。(《乾坤凿度》注)

"河图""洛书",是指河水有龙衔天书文图,洛水有龟负书,这个"图"和"书"的出现对社会来说是一种瑞兆,圣人据这一瑞兆而成文字著作,就是郑玄所说的"河图"、"洛书"。郑注《乾坤凿度》云:洛书"龟书也,兆象"。"河图者,河中得天书图诏,龙衔出,似非绨非文。"郑注《系辞》说:"《春秋纬》云:河以通乾出天苞,洛以流坤吐地符。河龙图发,洛龟书成。河图有九篇,洛书有六篇。"河图、洛书,在《易传》中曾作为圣人作《易》之重要依据而被提出。《系辞》云:"河出图,洛出书,圣人则之。"但《系辞》未对"图""书"作出解说,致使后世对河图洛书解说众说纷纭,莫衷一是。笔者认为,"河出图、洛出书"当为古代出现过的一种极为平常的自然之现象。这种自然现象显现之时,正逢某一圣君出世,天下太平,这种偶然的巧合,被某些好事者或别有用心的人加工编造,神化为一种与人事密切相关的吉兆。出于某种政治的需要,图书之说流行,愈传愈神,愈演愈烈。《论语》中孔子"河不出图"的感叹正是基于其政治主张未被采纳,理想未得以实现而发,"河不出图"与《系辞》意思并无二致。而在两汉这个特殊的历史时期,以齐学为代表的今文经学在学界占了统治地位,迎合了政治和文化的需求,人们热衷于对"河图"、"洛书"的解释,并与谶纬结合起来,大肆渲染其神秘性。虽然这个时代对于"河图"、"洛书"的解说五花八门,但有一点是一致的,即"河图""洛书"不仅是圣贤出世之兆,更是帝王受命之符。郑玄注《是类谋》"河出录图、洛授变书"曰:"王受命之时,亦河出图,洛出书,受之以王录。"《礼记·礼运》云:"天不爱其道,地不爱其宝,人不爱其情,故天降膏露,地出醴泉,山出器车,河出龙马,凤皇麟麟,皆在郊椰,龟龙在宫泽。"此"河出龙马",指河图。清儒惠栋认为,郑引《春秋纬》之言与《礼运》其意一致。他说:"郑氏易注据《春秋纬》云'河以通乾出天苞',是天不爱其道,故河出图也。又云'洛以流坤吐地符',是地不爱其宝,故洛出书也。河图洛书为帝王受命之符,圣人则象天地以顺人情。"(《周易述》十五)郑氏"河龙图发"是释"河出图","洛龟书感"是释"洛出书"。据李道平解释,河图九篇,洛书六篇,是指"纬书之数",即圣人据帝王受命之符而作成纬书。(《周易集解纂疏》卷八)

值得注意的是郑氏关于"河图"、"洛书"的解说还未直接与八卦联系起来,虽然他提到"虑羲作十言之教曰:乾、坤、震、巽、坎、离、艮、兑、消、息",却未把河图洛书视为八卦或者八卦源头,与此形成鲜明对比的另一种观点的是西汉孔安国和刘歆。孔氏把河图解释为八卦。他论"河不出图"时说:"河图,八卦是也。"(《论语集解·子罕》)注《系辞》云:"河图则八卦是也,洛书则九畴是也。"(《周易正义·系辞传》引)注《尚书》"天球河图在东序"云:"河图,八卦。伏羲王天下,龙马出河,遂则其文以画八卦,谓之河图。"(《古文尚书传·顾命篇》)孔氏解说似乎矛盾,即河图是八卦,河图是八卦的根据。其实并不矛盾,他把河图解释为八卦时,说的是河图显示的是自然的八卦图形,而他把河图解释为画八卦的根据时,说的是圣人根据河图显示图像所作的八卦符号。不管是自然图像,还是圣人作出的符号,二者应当是一致的。刘歆又同论,他认为"伏羲继天而王,受河图,则而画之,八卦是也。禹治洪水,赐洛书,法而陈之,洪范是也"(《汉书·五行志》)。由于汉儒对于"河图"、"洛书"的解释,未涉及到五行十数、九宫数,故不可以推出汉代已有宋人所谓的"河图"、"洛书"的结论。

二、三易说

与河图相关的"三易"问题也是汉人谈论较多的话题。在王充看来,三易源于河图。他指出:"古者列山氏之王得河图,夏后因之曰连山;列山氏之王得河图,殷人因之曰归藏;伏羲之王得河图,周人曰周易。"(《论衡·正说》)而郑玄对这个问题的看法与王充稍异,如前所言,"今之连山、归藏之名,缘而得古秘",显然承认连山、归藏与河图有某些联系,但又讲"斯书何贤知之",说明他拿不出证据。故郑玄在解说三易时不讲河图洛书,认为"三易"是用于三个朝代的易书,其书名具有不同的含义:

> 夏曰连山,殷曰归藏,周曰周易。连山者,山之出云,连连不绝。归藏者,万物莫不归藏于其中。周易者,言易道周普,无所不备。(《六艺论·易论》)

"三易"最早见于《周礼》。《周礼·春官·筮人》云:"太卜掌三易之法,一曰连山,一曰归藏,一曰周易,其经卦皆八,其别皆有六十四。"郑氏注过《周礼》,其观点由此而发。从其论述看,郑氏未见过《连山》《归藏》二书,但并未因此而否定二书的真实性,按照他的解说,周文王曾据《连山》《归藏》作《乾坤凿度》二篇。对于《连山》古代文献记载不多,其内容知之甚少,其真伪难辨。今人以考古资料为据,再次提出《连山》不伪。如张政烺先生认为殷墟四盘磨卜骨、周原甲骨、张家坡卜骨及一些金文所见的易卦,都是《连山》。① 徐锡台先生有同论②。这些推论虽然未必恰当,但为我们研究《连山》提供了新的证据,在《连山》研究问题上向前推进了一步,从而印证了郑玄等人的观点。至于对于《连山》名字的解说,恐是郑氏望文生义。

　　而《归藏》则不同,郑氏认为,此书有案可稽,孔子亲见过此书,其内容专讲阴阳。《礼记·礼运》引孔子话说:"我欲观殷道,是故之宋,而不足征也,吾得《坤乾》焉。"郑注云:"得殷阴阳之书也,其书存者有《归藏》。"郑氏的推论可以从汉代其他学者的论述中得到印证。两汉之际学者桓谭在《新论》中提出:"易,一曰《连山》,二曰《归藏》,三曰《周易》。""《连山》八万言,《归藏》四千三百言。""《连山》藏于兰台,《归藏》藏于太卜。"王充在《论衡》中提到易有三家和《连山》、《归藏》的归宿问题,他说:"列山氏得河图,夏后因之,曰《连山》。归藏氏得河图,殷人因之,曰《归藏》。伏羲氏得河图,周人因之,曰《周易》。"(《论衡·正说》)又从王家台出土资料看,学界公认出土的《易占》即是《归藏》的一部分。由此可以证明,郑氏之说可信,《连山》《归藏》不伪,在汉代犹存。

　　然今人在研究了出土的《归藏》之后,多认为不是商代的作品。李家浩说:"秦简《归藏》有可能是战国晚期秦人的抄本。"③李零说:"现在发现的王家台秦简《归藏》和前人所辑归藏佚文,其繇

---

① 张政烺:《试释周初青铜器铭文中的易卦》,《考古学报》,1980 年第 4 期。
② 徐锡台:《奇偶数图形画及其卦序的探讨》,《第二届国际中国古文字学研讨会论文集》续编(香港中文大学)1995 年。
③ 李家浩:《王家台秦简易占为归藏考》,《传统文化与现代化》,1997 年第 1 期。

辞提到周武王和周穆王,当然不会是商代的内容。"①王明钦说:"《归藏》的成书年代,当在西周末年到春秋初期,这与《周易》经的年代也相差不远。"②

笔者认为,《归藏》成书应早于《周易》。理由如下:

其一,今以《周易》通行本、帛书本、竹简本和《归藏》的传本、竹简本作一比较,可以发现《归藏》和《周易》的卦名,有许多相同和相近者。相同者如下:

通行《周易》	帛本《周易》	阜阳竹简本《周易》	竹简《归藏》	传本《归藏》
屯	屯	肫	肫	屯
讼	讼		讼	讼
师	师	市	师	师
比	比	比	比	比
履	礼	履	履	履
同人	同人	同人	同人	同人
大过	泰过	大过	大过	大过
明夷	明夷	明□	明夷	明夷
萃	卒		卒	卒
井	井	井	井	井
归妹	归妹		归妹	归妹
节	节		节	节

以上有的使用了通假字。如《周易》通行本和帛本及传本《归藏》作"屯",竹简本《周易》和竹简本《归藏》作"肫"。按《说文》"肫"读作"屯",则"屯"、"肫"通。通行本《周易》和传本《归藏》及竹简本《归藏》作"履",而帛本《周易》作"礼","履"、"礼"通。《说文》云:"礼,履也。"《尔雅·释言》云:"履,礼也。"《荀子·大略》云:"礼者,人之所履也。"

① 《跳出〈周易〉看〈周易〉——数字卦的再认识》,《传统文化与现代化》。1997年第6期。
② 《试论归藏的几个问题》,古方编《一剑集》,中国妇女出版社1996年。

王弼《周易略例》引《序卦》云："履者,礼也。"而从这些卦画和卦名相同看,二者决不可能是同时产生,必有先后继承关系。

那么,二者谁先谁后?关于这一点可以从一些卦名看出。如竹简本《归藏》有一卦为"恒我",《周易》通行本、帛本、竹简本和传本《归藏》皆作"恒"。竹简本《归藏》的"我",决非衍文,如前所言,"恒我"又见于竹简《归藏·归妹》卦辞,是"嫦娥"原始称呼。而出土《归藏》是秦简,早于出土的汉代抄本——帛书和竹简《周易》。通行本《周易》和传本《周易》是经过后人整理的版本。在卦画相同的条件下,我们没有理由能说明秦简《归藏》"恒我"源于《周易》各种版本及传本《归藏》的"恒"。相反,《周易》各种版本和传本《归藏》本之于竹简本《归藏》、是对竹简本《归藏》的简化则更为合理。

又如,竹简本《归藏》又有"散"卦,传本作"散家人"。而各种版本的《周易》皆作"家人"。黄宗炎云:"'家人'为'散家人',则义不可考。"按:两个版本的《归藏》皆有"散",竹简本卦辞中也有"散"字,可见,"散"也非衍文。"家人"从"散"和"散家人"而来,也比较明显。

另外竹简本《归藏》有一些卦名,其意义比《周易》卦名更为原始。如劳卦、麗卦、毋亡卦。各种《周易》版本分别为坎卦、离卦、无妄卦。毋亡,作为卦名出现在秦简《归藏》卦辞中。今本《周易》作"无妄",是后起文字。从文字学角度讲,"毋"、"亡"要早于"无"。在殷代甲骨文中已有"毋"、"亡"。无妄之"无"是后起的字。李孝定云:"有无之'无',古无正字,卜辞假'亡'为之。"[1]《史记·春申君传》作"毋望",仍保留了古"毋"。后作无妄。先儒多释无妄为不妄行和无希望。马融、郑玄、王肃皆云:"妄犹望,谓无所希望也。"《汉书·谷永传》云"遭无妄之卦"。应劭曰:"无妄者,无所望也。万物无所望于天,灾异之最大者也。"只有虞氏释义与众不同。虞氏注

---

① 《甲骨文字集释》第十二,台湾"中研院"历史语言研究所1982年。

《无妄·象》曰："与谓举。妄,亡也。谓雷以动之,震为反生,万物出震,无妄者也,故曰物与无妄。《序卦》曰:'复则不妄矣,故受之以无妄。'而京氏及俗儒,以为'大旱之卦,万物皆死,无所复望',失之远矣。"虞氏释义合乎秦简,秦简《毋亡》有"安藏毋亡"之辞,此"毋亡"指未亡失。又虞氏曾言"《归藏》卦名之次亦多异",知虞氏见过《归藏》,故此为虞氏用原初《归藏》释《周易》之例证。

劳,传本《归藏》作"荦";《周易》今本作"坎",帛本作"赣",汉石经本作"欿"。按,李过曰:"谓坎为荦,荦者,劳也,以万物劳乎坎也。"黄宗炎曰:"坎为劳卦,故从劳谐声而省,物莫劳于力,故从牛。"则知劳、荦、坎通。坎、赣、欿通,今人已考证,此略之。按,《说卦》云:"坎者,水也。正北方之卦也,劳卦也,万物之所归也。故曰劳乎坎。"《周易·坎》卦爻辞言"入于坎窞"、"坎有险"、"来之坎坎险且枕"等皆取陷、险之义,无"劳"之义,而《归藏》作劳,《说卦》训坎为劳,显然是在追溯坎之本义。

秦简《归藏》麗卦,传本《归藏》、《周易》通行本和竹简本作"离",帛书作"罗"。"离"和"罗"古相通。《方言》曰:"罗谓之离。""离谓之罗。"《象传》、《序卦》、《说卦》并云:"离者,丽也。"故离、丽、罗三者通。然而,从文字起源看,丽的含义更符合卦画,离当来自丽。甲骨文中有"丽室"之辞。鲁实先解释曰:"其据以会意者为二室相临,二人相俪,是以其本义,为两为偶,即丽与俪之初文。《说文》以旅行训丽者,乃其引申义也。所谓丽室者,谓二室相偶,中间一堂,即《礼记·杂记下》之夹室,亦即《国策·燕策》之历室与《史记·乐毅传》之历室。夫室不相临而曰丽者,是犹先民画卦以两阳介一阴而名之离,亦取附丽为义也。"[1]由此可知,丽,本是指两室相临和二人相俪,有依附之义。卦画为一阴依附二阳,

---

① 《甲骨文字集释》第十,台湾"中研院"历史语言研究所1982年。

别卦则是两个相同的经卦相依附,因两个离经卦外阳内阴、外实内虚,故如同两室一样,相互依附。故别卦《离》卦卦画有依附之义。如《彖》释《离》云:"离,丽也。日月丽乎天;百谷草木丽乎土;重明以丽乎正,乃化成天下;柔丽乎中正,故亨。"因此,丽比离更能反映卦象的特点,恐为离本丽之例证。

其二,竹简《归藏》卦辞皆用"卜"字,带有浓厚的龟卜的痕迹。而《周易》今本和帛本则未使用"卜"字,蒙卦用过"筮"字。卜筮是不同的。《礼记·曲礼上》云:"龟为卜,策为筮。"更为重要的是卜早于筮。从行文上看,《归藏》修辞造句不讲究,无多大的文学价值。而《周易》则不同,它有简古清丽的语言,明朗而多形象的描写,爽朗而和谐的音节,亲切而有味的比兴,存有大量的远古的谣谚,"是一部最古的有组织有系统的散文作品",①具有相当高的文学价值。从卜早于筮、《归藏》带有龟卜痕迹和《周易》卦爻辞比《归藏》卦辞更为精致两个方面看,《周易》晚于《归藏》。

其三,按文献记载,《归藏》是以坤为首,殷墟出土的数字卦有崇尚坤之倾向。在出土的文物中,有两件特别应当引起我们注意。一是刻在甲骨上的"上甲田⚏"(《殷墟文字外编》448甲),另一块是父戊卣上的"⚏父戊"(《录遗》253)。周立升先生指出:"上甲、父戊都是殷商的先公名号,如果契数⚏是坤卦(后人将其横置作☷,正是坤之古文),当可知殷人是贵坤的。称归藏首列坤,为殷易,是有一定道理的。"②此为《归藏》早于《周易》之又一证。

其四,《周礼》言太卜掌三易之法,其经卦和别卦虽然一致,但从其排列次序看,将《连山》、《归藏》置于《周易》之前,这种排列决非偶然,

---

① 高亨:《周易杂论·周易卦爻辞的文学价值》,齐鲁书社1988年7月。也可参见陈良云《周易与中国文学》,百花洲文艺出版社1999年1月。

② 《春秋哲学》第65页,山东大学出版社1989年版。

当视为《归藏》早于《周易》的重要证据。有的学者提出,桓谭言《连山》八万言、《归藏》四千言,前者繁后者简,推断夏《连山》殷《归藏》不可信。其实,从整个人类认识发展看,是由繁而简、由具体而抽象,这是认识发展的规律。因此,在通常情况下,先繁后简未必不可信。

然而,从卦辞看,反映的大多是夏商和夏商以前的事(包括神话传说)。当然也有商周和商周以后的事。最晚几条有:师卦周穆王占卜西征之事;右卦平公占卜邦国吉凶之事;鼎卦宋君占卜之事。后两者反映的是春秋之事。这有两种情况:一是卦画卦名较早,大约在周之前。卦辞写成较晚,在春秋平公和宋君之后。一是卦辞与卦画、卦名和卦辞同时较早,大约在周之前。而反映周代和周代以后的卦辞则是后人修补的。这两种情况后者可能性较大。因从卦辞看,大多是反映夏商和夏商以前的事(包括神话传说)。有反映周和周以后史事的卦辞,并不奇怪,"古代数术之书有不断改写的习惯",①《周易》就是如此,有被修改的痕迹。比较马王堆帛书《周易》与今本《周易》,无论是卦序、卦辞、卦名及文字均存有一定的差异。帛本《系辞》和今本《系辞》差别更明显。除了通假字外,帛本比今本缺少若干章。如帛书缺今本上篇第九章,下篇的第五章的一部分,第六、第七第八第九章的一部分,第十、第十一章也不见于今本。另外,今本"易有太极"、"显诸仁藏诸用"、"开物成务",帛本分别作"易有大恒"、"圣者仁壮者勇"、"古物定命"。又出土的阜阳双古堆汉简《周易》,也与各种版本不同。除了文字歧异外,在卦爻辞之后有卜辞,这是其他版本所没有的。② 这充分说明《周易》经传的确被改写过。与《周易》相同,《归藏》在应用过程中,不断对那些已过时卦辞进行改写,补充影响大的应验的卦辞,则在情理之中。这种不

① 李零:《跳出〈周易〉看〈周易〉》,《传统文化与现代化》,1997年第6期。
② 胡平生:《阜阳汉简〈周易〉概述》,《简帛研究》第三辑,广西教育出版社1998年。

断改写,一方面说明在儒家占统治地位之前,《归藏》已广泛流行;另一方面,《归藏》筮占所暴露的问题也日益突出。

王明钦先生以三易"其经卦皆八、其别卦皆六十四"和春秋三易并用提出,"《连山》《归藏》《周易》古同出一源。为《易》之三大派别"。① 这种说法恐难以成立。"其经卦皆八、其别卦皆六十四"是言史官当时掌握三部易书,这三部书卦画相同,未及其他,而仅卦画相同并不能说明三者是同一时期不同地域的作品。春秋时三易并用也不能说明这个问题,就像卜筮并用不能说卜筮是同一时期产生的一样。因此,在没有其他史证和出土文献证明的情况下,古人关于夏商周三易之说就不能轻易否定。

三、《周易》成书

关于《周易》成书,汉人通行说法是"人更三圣、世历三古"。"三圣"是指伏羲、文王、孔子。"三古"是指上古伏羲时代、中古文王时代、下古孔子时代。郑玄认同这种观点,明确指出伏羲画八卦,并且从不同角度探讨了伏羲画卦问题。他在注《易纬》时说:

> 庖牺氏中圣,始画八卦,错文字契。仰观其乾象,俯察其地理,用器远近,配物画卦,立文书,垂训后晚,浩大之功成。(《乾坤凿度》卷上注)

> 伏羲之时物渐流动,是以因别八卦,以镇其动也。(《易纬·乾凿度》卷上注)

> 遂皇,谓燧人。在伏羲前,始王天下,但持斗机运之法,指天以施教令,作其图纬之计,演时无书,刻曰:苍精牙肩之人能通神灵之意,谓伏羲将作《易》也。(《通卦验》卷上注)

---

① 王明钦:《试论归藏的几个问题》,古方编《一剑集》,中国妇女出版社1996年。

伏羲时,质道朴,作易以为政令而不书,但以画见其事之形象而已矣。(同上)

伏羲初遗十言之教,而画八卦。至文王,乃通其教,演著阴阳入象之言者也。((《易纬·乾凿度》卷下注)

易者,阴阳之象,天地之所变化,政教之所生,人皇初起,伏羲画卦。(《六艺论》)

按照郑玄的意思,伏羲通神灵之意,仰观天文、俯察地理,取远近之器物,而画八卦。八卦符号是对具体事物形象的效法和模仿。八卦的创制出自政治的需要和生活的需要,故八卦创制作用有二:一是立文书,施教令,垂训后世。伏羲之前,未有文字,圣人根据星斗变化治理社会。伏羲仰观俯察创制八卦,并把十言之教转换成八卦,以八卦取代十言之教发布天下,以教化万民。八卦本身是文字,它标志着文字产生。更可以将这种制度教令传给后世,以供后人借鉴。一是利用八卦区分事物,掌握自然规律。在伏羲时,事物错综复杂,瞬息万变,人们认识水平所限,对事物与事物之间的界限难以确定。伏羲创立八卦,将事物区分为八大类,为人们认识事物提供了工具。伏羲画八卦,最早是由《易传》提出。《系辞》指出了伏羲画八卦的方法和功用:"古者包牺氏之王天下也,仰则观象于天,俯则观法于地,观鸟兽之文与地之宜,近取诸身,远取诸物,于是始作八卦,以通神明之德,以类万物之情。""夫《易》开物成务,冒天下之道。"《彖》释《观》时提出了圣人画卦功用在于神道设教:"观天之神道,而四时不忒。圣人以神道设教,而天下服矣。"因此我们可以说,郑氏解释总体上未违背《易传》的本义。因是对《易纬》注释,当然更符合《易纬》的本义。

关于文王演《易》、孔子作《传》,郑玄作了如此解说:

文王得赤鸟书而演易,孔子获麟而作《彖》《象》及《系辞》

以下十篇。故谓麟应期而来。(《通卦验》卷上注)

是谓文王演易而步之行也,时又赤鸟,衔丹书受之。(同上)

此言文王推演卦爻之象,而嘉瑞应,变怪诸物,备字于其中焉。(同上)

阳世为无道,故天以其王命予文王也。文王受丹赤雀书,而演谓作《易》,以大夫命,著纪其元苞。(《是类谋》注)

建纪者,谓大易爻六七八九之数,此道成于文王圣也。孔表雄,著汉当兴,以庶人之有仁德,受命为天子,此谓使以获麟为应。易,犹象也。孔子以历说易,名曰象也。今易象四篇,是纪古说,假借字耳。(《易纬·乾凿度》卷下注)

依郑氏之见,文王演易,孔子作传,与伏羲相似,皆受启于当时瑞兆,即文王之时,有赤鸟衔丹书,文王受之而演易,孔子之时,西狩获麟,孔子见之而为《周易》作传,而有《易传》十篇。文王演易、孔子作传,皆是天命所授。从作易宗旨看,文王、孔子与伏羲一脉相承,即皆为神道设教、治理国家而有志于易学。郑注《乾坤凿度》云:"苍牙,有熊氏,庖牺得易源,入万业作用,迄后昌成。昌成者滋蔓,昌溢孔甚,其引明经纬,大行于后世。"注《乾坤凿度》下云:"伏羲初遗十言之教,而画八卦。至文王,乃通其教,演著阴阳入象之言者也。"因文王、孔子易学是伏羲易学的延续和阐发,故从《易》的内容看,三圣易学皆与历法有关,伏羲以历法创制易,文王精于易数与历数,孔子以历法解说易。郑氏把三圣易学概括为受启于天而成、以易象为本质、融易学和历法为一炉、以神道设教为目的的神秘著作。

关于文王演《易》,在《易传》中有过论述。在今本《系辞》相关的资料主要有两条:第一条是:"《易》之兴也,其于中古乎。作《易》者,其有忧患乎?"第二条是"《易》之兴也,其当殷之末世、周之盛德耶,当文王与纣之事邪?"帛本《易之义》也有两则与今本《系辞》相类似。"《易》之用也,段(殷)之无道,周之盛德也……文王之危知。"（易之）兴也，于中故（古）乎。作《易》者，其又（有）忧患舆。"在《象传》中有一条："明入地中，明夷，内文明而外柔顺，以蒙大难，文王以之。"以上材料只说明了《周易》成书时代与文王有关，但未明确说明文王演《易》。明确提出文王演易的是司马迁，他说："西伯拘而演《周易》。"司马迁是个严谨的史学家，又家传易学，其论断必然有根据，其中《易传》的论述是其主要的易学根据。班固承袭这种观点，提出："商道弛，文王演《周易》。"孔子作《传》出自司马迁和班固。司马迁曰："孔子晚而喜易，序《彖》、《系》、《象》、《说卦》、《文言》。读易韦编三绝。"（《史记·孔子世家》）班固曰："孔氏为之《彖》、《系》、《象》、《说卦》、《文言》、《序卦》之属十篇。"（《汉书·艺文志》）汉代文王演《易》和孔子作《传》的说法大多源于此。

但是汉代自汉武帝独尊儒术以来，出于政治需要，神学盛行，不仅帝王被神化，儒家创始人孔子及相关人物也被神化。他们是神的儿子，有着与一般人不同的出生经历。按照《纬书》记载，孔子祖先是宋人，宋是殷之后。殷崇尚黑，"殷，黑帝之子"（《春秋·元命包》）。故孔子出生非同一般，是感黑帝而生。

《论语·撰考谶》：

> 叔梁纥与徵在祷尼丘山，感黑龙之精，以生仲尼。

《春秋·演孔图》：

> 孔子母徵在游于大冢之陂，睡，梦黑帝使请己。己往，梦交。语曰：汝乳必于空桑之中。觉则若感，生丘于空桑之中，故曰玄圣。

由于孔子是感黑帝而生，因此孔子有非凡的气质、相貌和特殊的使命。纬书把孔子描写成为神圣，其头顶四方高、中间凹类似尼丘山，口和嘴唇大，张开像斗，舌有七层文理，手是虎掌，"坐如蹲龙,立如牵牛,就之如昴,望之如斗"(《春秋·演孔图》)。更为神奇的是胸有"制作定,世符运"文字。天降生孔子是执掌天下教化,为后世立法。孔子通过"西狩获麟"而受命。所谓"西狩获麟"说的是发生在春秋鲁哀公十四年的事。本来是一件极为平常的事,然经公羊学和纬书的解说,成了天对孔子的启示。按照《公羊传》说法,"麟者,仁兽也,有王者则至,无王者则不至"。《尚书·中候》曰:"夫子素按图录,知庶姓刘季当代周,见薪采者获麟,知为其出。何者?麟者木精,薪采者,庶人燃火之意,此赤帝将代周。"《春秋纬》:"哀十四年春,西狩获麟,作《春秋》,九月书成。"《易纬·乾凿度》云:"孔表雄德,庶人受命,握麟征。"此是说天通过"西狩获麟"告诉孔子周代即将灭亡,取而代之将是姓刘的新的王朝。更重要的是告诉孔子作《春秋》《孝经》《易传》等著作,为后来出现的汉代立法。孔子一生赞美文王推行仁政,以恢复周礼为己任,因此文王也被汉人进一步神化,更重要的是神化文王对汉统治者建立大一统中央集权制度的现实意义。既然文王作为周朝帝王是天命神授,那么汉代君王权也是神授的。总之,无论神化孔子还是神化文王,其目的显然是为当时统治者的统治提供理论根据。郑玄对于文王演《易》和孔子作《传》的解说显然接受了汉人尤其是《易纬》的神学思想,具有鲜明的时代特色。

应当引起我们注意的是,郑玄所说的"文王演卦"不是重卦,这与司马迁"文王演卦"含义有别,司马迁文王演卦是指重卦,"文王演三百八十四爻"(《史记·日者列传》)。从上面的解释看,郑玄文王演卦的含义是"推演卦爻之象","通其教,演著阴阳人象之言者也",创制"大易爻六七八九之数",也就是说,在易学史上文王的贡献应是创制筮法、编纂文辞及排列卦序。重卦不是他所为,而是另有其人。郑玄明确说过"神农重卦"(《周易正义》引)。这个论断可以在《易传》中找到证据,《系辞》"观象制器",神农据益卦发明了耒耜,据噬嗑卦发明了市场交易,说明了神农时已有了重卦。郑玄神农重卦的观点自成一家之说。

关于重卦问题,也是易学史上长期争论的焦点。汉魏时共有四种观点,除了郑氏观点还有三种:一、伏羲重卦。《淮南子·要略篇》:"八卦可以识吉凶,知福祸矣。然而伏羲为之六十四变,周室增以六爻。"王弼主此说。二、夏禹重卦。孙盛认为,夏禹重卦。三、文王重卦。司马迁云:"西伯盖即位五十年,其囚羑里,盖益易之八卦为六十四卦。"(《史记·周本纪》)"文王演三百八十四爻。"(《史记·日者列传》)扬雄云:"易始八卦,而文王六十四,其益可知也。"(《法言》)班固、王充等皆主此说。这些观点多与郑氏类同,在《系辞》中基本上可以找到根据。如《系辞》"观象制器"一节则是伏羲、神农重卦的根据。"《易》之兴也,其于中古乎,作《易》者其有忧患乎,是故履……""《易》之为书也,……兼三才而两之,故六"是文王重卦的根据。只有禹重卦不知何据。孔颖达对四种观点进行了辨析。他说:

> 其言夏禹及文王重卦者,案《系辞》神农之时已有,盖取《益》与《噬嗑》,与此论之,不攻自破。其言神农重卦,亦未为得,今以诸文验之以。案《说卦》云:"昔者圣人之作易也,幽赞于神明而生蓍。"凡言"作"者,创造之谓也,神农以后便是述修不可谓之"作"也。则幽赞用蓍谓伏羲矣。故《乾凿度》云"垂皇策者牺"。《上系》论用蓍云:"四营而成易,十有八变而成卦。"既言圣人作《易》十八变成卦,明用蓍在六爻之后,非三画之时。伏羲用蓍,即伏羲已重卦矣。《说卦》又云:"昔者圣人之作《易》也,将以顺性命之理,是以立天之道曰阴与阳,立地之道曰柔与刚,立人之道曰仁与义。兼三才而两之,故易六画而成卦。"既言圣人作《易》,兼三才而两之,又非神农始重卦矣。又《上系》云:"易有圣人之道四焉,以言者尚其辞,以动者尚其变,以制器

者尚其象，以卜筮者尚其占。"此之四事皆在六爻之后。何者？三画之时，未有象绿，不得有尚其辞。因而重之，始有变动，三画不动，不得有尚其变。揲著布爻方用之卜筮，著起六爻之后，三画不得有尚其占。自然中间以制器者尚其象，亦非三画之时。今伏羲结绳而为罔罟，则是制器，明伏羲已重卦矣。……若言重卦起自神农，其为功也，岂比《系辞》而已哉！何因《易纬》等数所历三圣，但云伏羲文王孔子，竟不及神农，明神农但有"盖取诸《益》"不重卦矣。故今依王辅嗣以伏羲既画八卦，即自重为六十四卦为得其实。（《周易正义》卷首）

孔氏主要以《系辞》为据说明了伏羲重卦，是否真为伏羲重卦有待进一步考证。而他否定了文王和其他人重卦则值得肯定。虽然经过了孔氏考辨，但文王重卦说仍很盛行。如宋儒朱熹有时也认为"文王重卦作绿辞"（《朱子语类》卷六十六），而且几乎成了学界的定论，一直延续今日。随着考古的发现，这个问题越来越明朗化了。1978 年张政烺先生确认周原新出土的甲骨上的数字为《周易》符号，并发表了《试释周初青铜器铭文中的易卦》的文章。[1] 张亚初、刘雨通过分析商周时甲骨文金文出现的易符，驳斥了文王重卦说。指出："材料说明，在文王之前或同时，从商王都城到边远地区都广泛地流行着这种重卦的占筮方法，因此，说重卦是文王发明的，是不太可能的。""重卦的筮法首先出现在商，后来才推广到周，也就是'周因殷礼'，这倒是十分可能的事。"[2]数字卦的发现，把重卦推到商周以前，据文献记载，在商周以前，筮书只有《连山》、《归藏》。那么，这些数字卦显然是与《连山》、《归藏》相关。秦简出土重新印证了此说。如前所言，《周易》许多卦名和卦画来

---

① 《考古学报》1980 年第 4 期。

② 《考古》1981 年第 2 期。

自《归藏》。有的是直接继承了《归藏》的卦名和卦画,如屯、讼、师、比、同人、明夷等卦。有的改造了《归藏》的卦名。如家人、恒、坎、离、无妄等卦。既然出土《归藏》的这些重卦卦画和卦名早于《周易》,那么,流传已久、貌似定论的文王重卦说不攻自破。《系辞》关于伏羲观重卦之象以制器具的说法,虽不能成立,但其时已有卦象则不容怀疑。宋儒李过在比较传本《归藏》和《周易》卦名后指出:"六十四卦不在文王时重,自伏羲以来至于夏商,其卦已重矣。"此说不伪。从现在看来,郑玄关于重卦的思想虽然没有新出土资料的支持,不被学界认可,但是他否定了易学史占主导地位的文王重卦说,在当时乃至今日不能不说是郑玄的一大贡献。

至于孔子与《易传》的关系,一直是易学史上聚讼未决的疑案。自汉司马迁始提出孔子作《易传》,很长时间以来无人怀疑,基本上成为定论。生活在汉末的郑玄也沿袭了司马迁等人的这种观点。然大宋已降,欧阳修首先对于孔子作《易传》的说法发难,自此以后,不断有学者提出质疑。尤其民国初,疑古辨伪思潮兴盛,孔子作《易传》的旧说基本被否定,代之而来的是《易传》作于战国或者西汉时期等不同的说法。自上世纪末至今日,随着出土新资料的发现,孔子与《易传》关系问题的讨论又被掀起,不少学者根据新出土帛书《易传》等材料,回归司马氏旧说,主张孔子作《易传》。[1] 笔者同意先贤提出的《易传》不是孔子亲作的观点,认为其是孔子后学作品,大约成书于战国时期。《易传》虽不是孔子亲作,确代表孔子的思想。[2]

---

[1] 参见李学勤《易传的年代问题》、《出土简帛与易》,见其《周易经传溯源》,长春出版社1992年。吕绍纲:《系辞传属儒不属道》,见朱伯崑主编《国际易学研究》第2辑,华夏出版社1996年。郭沂:《从早期易传到孔子易说——重新检讨易传成书问题》,见朱伯崑主编《国际易学研究》第3辑,华夏出版社1997年。

[2] 林忠军:《易传与孔学》,《山东师大学报》1990年第4期。又《易传作者考》见《象数易学发展史》第一卷第30—34页,齐鲁书社1994年。

第八章　重象数义理兼顾训诂的
易学诠释方法

当今学界某些人往往忽略了易学思想和方法的区别,其易学研究的成果极为模糊,像是研究易学思想,又像是研究易学方法。其实在易学研究中,思想与方法有着明显的区别。易学思想是易学家在注《易》时所透显的、易学或与易学相关连的、具有时代特色的关于自然与社会的见解和观点,这种见解和观点是易学家研究易学的前提。易学方法是诠释学的范畴,是指诠释易学时所采用的手段和思路,即怎样运用自己的思想和所掌握的知识对易学文本作出解释。国内有的学者通过比较中西诠释学,提出包括易学在内的中国经学诠释学,相当于西方早期诠释学:"如果我们把西方的诠释学划分为'前诠释学'、'古典诠释学'和'当代诠释学'这三个阶段,那么很明显中国的'诠释'观念和系统,以及有关'诠释'问题的传统资源,多半只能划归到'前诠释学'形态当中。"①这种划分虽然未必准确,但是至少说明了中国经学还未形成一门独立的、具有普遍意义的探讨解释活动的著作,换言之,它与当今诠释学有着严格的区分,还不是当今严格意义上的诠释学。但是,若从中国经学研究中所使用的具有普遍意义的方法以及在诠释活动

---

① 景海峰:《中国哲学的现代诠释》第 15 页,人民出版社 2004 年。

所表现出的关于解释主体和文本互相转换的关系看,又不能说中国没有诠释学。中国诠释学更多是方法层面上的诠释学,无论是揭示文本本义为宗旨的汉学,还是以理解和阐发文本意义为主的宋学,归根到底是训诂学和义理学方法之差别。"就'中国诠释学'而言,特别把中国'诠释'问题之历史线索和历史资源的梳理寄望于诠释学的引进和消化时,那凸显的一定是其方法论的意义。在整理中国传统的'诠释'资料时,贯穿于思想史进路的方法的确就显得非常之重要了。"①

就易学而言,作为经学的重要组成部分,是中国古代的笺注之学,说它是诠释学是因为易学以传注、说解、笺疏、释疑、考证等为主要形式来理解和解释《周易》文本,探寻《周易》作者意识到的和未意识到的思想或义理。这种注释不仅着眼于《周易》的字词句的意义,即通过训诂对《周易》进行语言和意义的转换,简单地复制、转述《周易》本义和再现作者的生活世界,而且在此基础上依据解释者的知识和体验对《周易》文本进行再创造,使其意义得到拓展和升华,达到了比作者自己更好地理解作者思想的程度。

成书于殷周之际的《周易》本为卜筮之书,生活在春秋时的孔子儒家在传授、整理《周易》时,首先把它视为诠释的对象,以儒家独特的语言和思维对《周易》成书(包括成书的过程和时间、作者)、主要概念、符号系统、思想内容、卦爻辞、筮法和治易的方法等一系列问题进行了系统的解说,在保持了对象性质不变的大前提下,极大限度地促进《周易》与儒家的思想会通,使其诠释在客观上远远超越了《周易》本义,开了易学诠释学的先河。西汉已降,迎合了当时社会的政治和文化的需求,汉武帝独尊儒术,《周易》因孔子儒家的整理和诠释而跃居五经之首。统治者的倡导和功利

---

① 景海峰:《中国哲学的现代诠释》第 21 页,人民出版社 2004 年。

的驱使,使易学诠释趋向繁荣。西汉今文易学家在儒家取代黄老之时,以张扬儒家思想为己任,以《易传》为最高权威,运用当时流行的阴阳五行说和天文历法,探求《周易》微言大义,重建了偏于天道、以占验为功用的易学诠释体系。东汉古文易学家轻视今文易学比附的诠释方法,绝对崇拜易学圣贤和权威的言论,主观上严格遵循注不破经的原则,专以象数、训诂为工具,通过对《周易》经传的文本整理和文辞的注释,力图恢复《周易》经传作者本意,凸现圣贤的易学思想,建立了貌似规范的诠释体系。如果说两汉易学家主观上是以还原和凸现《周易》本来思想为主要任务的话,那么两宋学者则是以改造和重塑儒家易学体系为己任。宋代易学家以反对佛道、复兴儒学为旗帜,通过对《周易》经传的文辞的训释,以自己的悟性和智慧体察和揭示圣贤之道,建立了比《周易》文本更为丰富的、更为深刻的融儒道释为一体的易学思想体系。

　　《周易》与其他古代典籍的不同是它不仅有着用于占验的古奥晦涩文字语言,还有一套与这文辞相关的、极为严密的、高度抽象的符号系统,这就是《周易》成为后世诠释者理解和解释无穷的源泉和永恒的母体关键之所在。如清代学者所言:"盖易包万汇,随举一义,皆有所通,数惟人所推,象惟人所取,理惟人所说,故一变再变而不已。"(《四库全书总目·五经总义类后案》)这就决定了易学发展是易学家遵循一定规则不间断地理解和诠释易学原典的过程。由于易学诠释者对于易学原典的态度、诠释的目的和诠释时使用的规则和方法不同,因而使易学诠释学有象数和义理之分。四库馆臣按照治易方法的不同把古代易学分为"两派六宗"。"两派"指象数、义理两大派,"六宗"指象数中的占卜、机祥、造化宗和义理中之老庄、儒理、史事宗。无论是象数易学、义理易学,还是由两派延伸出的"六宗",它们皆是易学家对易学原典诠释再诠释的结果。易学正是以诠释、诠释、再诠释这种独特的形式完善自己,拓展自己,有更多的机会或条件与中国其他文化发生碰撞、渗透、融合,对当时的社会发生影响。也就是说,如果没有易学家依据自己和自己所处的具体的诠释学境遇,对易学文本的理解、解释和再理解、再解释这种持续的诠释过程,易学就不会融旧铸新,伴随时代的发展改变自身形态,建构了自己生机勃勃、充满活力的思想体系,也就不会迎合不同时代的需要,对中国古代哲学、宗教、伦理、心理、科技和社会各个层面发挥如此大的作用。

郑玄的易学与整个汉代经学诠释是一致的,其易学诠释活动是在整个两汉诠释学的大框架下遵循一定原则、按照一定方法实现的。今人匡鹏飞在论述郑玄解释学时指出:"他(郑玄)继承古文学派的求实学风,不尚空论,又吸取今文学派的经世精神,以礼注经,而前者尤甚。这样,他就形成了以'述先圣之元意'为解释目的,以语言文字、名物制度为解释对象的经典解释观。"①郑氏易学解释学是以解释《周易》卦爻辞和《易传》之辞为主要研究对象,以恢复和揭示《周易》作者本义为目的。为了达到这个目的,他使用了象数方法、训诂方法和史学方法。象数方法凸显了作者作卦爻辞的原初依据,即某易辞之所以为某易辞的合理性。训诂方法是通过对《周易》文辞的字、词、句的考释和解说,解释出易辞文本的语意。同时,他有时又不囿于语言的解释,往往通过语言解释阐发出言外之意、弦外之音。这种方法关注人事,阐明事理,有经世致用的倾向。它既异于象数法又异于训诂法,其中,易学上是一种义理方法。但应当指出,郑氏这种义理方法与宋代易学中义理之学相类似,但还不是真正意义上以阐发和体验易道为目的的义理解释方法。

---

① 匡鹏飞:《〈论语〉郑玄与朱熹解释之比较》,《孔子研究》2001 年 4 期。

一、郑玄对《易传》以象解经方法发展

《周易》这部书独特之处在于它除了有一套语言文字系统外，还有一套被称作卦爻象的阴阳符号系统。而把《周易》符号系统视为筮占记号的同时，又承认它与语言文字之间存在着某种联系，从而引申出以《周易》卦象符号诠释文辞的方法，这种方法被称为以象解《易》法。因汉代易学家注重以象解《易》和以数解《易》，后世称汉易为象数派。西汉以孟喜、京房为代表的易学家，运用象数观念和当时天文历法等知识，创立了以卦气为主要内容的象数易学体系，从而改变了易学发展方向，成为汉代易学主流。《易纬》以通论形式总结了西汉象数易学成就，完成了易学变革。东汉以马融、郑玄、荀爽、虞翻等为代表的易学家承袭西汉易学传统，张扬象数，把象数作为主要工具，诠释《周易》经传，形成一整套庞大而完备的以象解《易》方法，象数易学由此达到鼎盛。以象解《易》作为两汉易学一种独特方法，在古代易学乃至整个文化科技发展过程中起到重大作用。

以象解《易》，并不是汉儒的独创，最早始于春秋。在《春秋左传》和《国语》两部书中记载了许多以卦象解说卦辞的筮例。如《国语·晋语》记载晋公子重耳以《周易》占借秦力量取得晋国，遇《屯》之《豫》，司空季子说："震，车也。坎，水也。坤，土也。屯，厚也。豫，乐也。……震，雷也，车也。坎，劳也，水也，众也。主雷与车，而尚水与众。车有震武，众顺文也。文武具，厚之至也，故曰屯。其繇曰：'元亨利贞，勿用有攸往，利建侯。'主震雷，长也，故曰'元'。众而顺，嘉也，故曰'亨'。内有震雷，故曰'利贞'。车上水下，必伯。小事不济，壅也，故曰'勿用有攸往'，一夫之行也，众顺而有威武,故曰'利建侯'。"①贞卦(本卦)《屯》内卦为震,外卦为坎;悔卦(之卦)《豫》内卦坤外卦震。震为车、为雷、为长;坎为水,为众,为劳;坤为土,为顺,是讲八卦中震、坎、坤三卦卦象。这里先举出卦象,然后再根据卦象解释卦名和卦辞。又如《左传·庄公二十一年》记载陈厉公生敬仲以《周易》占遇《观》之《否》,也采取如《国语》相类似的卦象释辞的方法②。这是我们能见到的最早用八卦之象解释《周易》文辞的资料。

　　明确提出以象解易方法,并加以运用的是《易传》。

　　在《易传》看来,《周易》卦爻符号体系来自于现实,是对客观世界的效法或模拟,它具有物质的属性。主要表现在这个由三画和六画构成的卦象效法了天地万物的繁杂形态。经过古圣人仰观俯察、化繁为简从客观世界中抽象出阴阳符号,这个符号就是卦象。卦象有象征之义,它象征的是天地万物。《系辞》云:"易者,象也。象也者,像也。""象也者,像此者也。""圣人有以见天下之赜,而拟诸其形容,象其物宜,是故谓之象。""古者包牺氏之王天下也,仰则观象于天,俯则观法于地,观鸟兽之文与地之宜,近取诸身,远取诸物,于是始作八卦。"阴阳爻效法了物质的运动。爻,有效法之意。效法的对象就是动。《系辞》:"爻也者,效此者也。""爻也者,效天下之动者也。""圣人有以见天下之动,而观其会通,以行其典礼,系辞焉以断其吉凶,是故谓之爻。"

　　由于八卦和六十四卦效法天地万物,故八卦和六十四卦具有了物性,包含了天地阴阳之道。《系辞》:"《易》之为书也,广大悉备,有天道焉,有人道焉,有地道焉,兼三材而两之,故六。六者非

---

① 《国语·晋语》第129—130页。上海:上海书店出版社,1987年。
② 详见高亨《周易杂论》(济南:齐鲁书社,1988年),第93—94页;又见林忠军《象数易学发展史》(济南:齐鲁书社1994年)第一卷,第25—26页。

它也,三材之道也。""六爻之动,三极之道也。"不仅如此,八卦成为表征八种类型的物质及其相关的诸多事物的符号。《说卦》按照事物的形态、结构、属性等把世间复杂的事物分成了八大类,使每一卦象征一类不同于其他七卦的事物。如八卦的自然之象:乾为天,坤为地,震为雷,巽为风,坎为水,离为火,艮为山,兑为泽。八卦基本属性:乾为健,坤为顺,震为动,巽为入,坎为险,离为丽,艮为止,兑为说。八卦的动物之象:"乾为马,坤为牛,震为龙,巽为鸡,坎为豕,离为雉,艮为狗,兑为羊。"八卦的人体之象:"乾为首,坤为腹,震为足,巽为股,坎为耳,离为目,艮为手,兑为口。"八卦的家庭之象:乾为父,坤为母,震为长子,巽为长女,坎为中男,离为中女,艮为少男,兑为少女。八卦的方位之象:乾为西北,坤为西南,震为东方,巽为东南,坎为北方,离为南方,艮为东北,兑为西方。《说卦》最后是把其它物象一一分类,分别以八卦概括之,即所谓"八卦广明卦象者也"。① 由此可以看到,八卦符号不再是极为抽象的阴阳线条,而是内涵丰富物质世界的符号,在这个意义上说,《周易》是宇宙代数学。

由八卦构成六十四卦的许多六画符号直接仿效了某种事物,以抽象线条再现了某种事物外观形象,如鼎䷰初爻是鼎足,二三四爻是鼎腹,五爻是鼎耳,上爻是鼎铉。如颐䷚上下两爻为阳,中间四爻为阴,外实中虚,为颐口。噬嗑卦䷔上下两爻为阳,中间三爻为阴,一爻为阳,为口中咬合一物,《象传》所言"颐中有物曰噬嗑"即是此意。

《周易》除了有一套独特的阴阳符号体系外,还有一套语言文字系统。文字语言也是一种符号,它与卦爻符号的共同特点是"由一个能指和一个所指组成的,能指面构成表达面,所指面则构成内

---

① 孔颖达:《周易正义》卷九,第330页,北京:北京大学出版社1999年。

容面"。① 更为有趣的是《易纬》曾将八卦符号视为古代最早的八种象形文字,即乾为古"天"字,坤为古"地"字,震古"雷"字,巽古"风"字,坎古"水"字,离古"火"字,艮古"山"字,兑古"泽"字。② 这种说法未必正确,但至少说明了中国早期文字与《周易》符号有共同特征,然在构成内容层面,卦爻符号又与文字语言有本质的区别。比较而言,有文字组成的语言作为一种符号系统,所表达的意义是相对清晰的,确定的。而卦爻符号高度抽象、高度概括,所表达的意义是不确定的,宽泛的,多层次的,超时空的,它不仅包含过去的智慧,也彰显未来神妙,这就是《系辞》所谓的"蓍之德圆而神、卦之德方以知","神以知来、知以藏往"。

那么《周易》在成书过程中,其卦爻符号与文字语言有没有关系? 具体说,卦爻符号在文辞创作中是否起到了一定的作用? 其实,《易传》作了明确的说明。《系辞》云:

> 八卦成列,象在其中矣,因而重之,爻在其中矣,刚柔相推,变在其中矣,系辞焉而明之,动在其中矣,吉凶悔吝者,生乎动者也。
>
> 圣人设卦,观象系辞焉,而明吉凶。
>
> 圣人有以见天下之赜,而拟诸其形容,象其物宜,是故谓之象。圣人有以见天下之动,而观其会通,以行其典礼,系辞焉以断其吉凶。

从这些引文看,是说卦爻象效法客观自然,卦爻象之动,是吉是凶已定,而卦象所显示的吉凶是通过系辞说明,即卦辞是说明吉凶的文辞。之所以如此,是因为卦爻辞是根据卦象作成的,即"观

---

① 罗兰·巴尔特:《符号学原理》,第 134 页,北京三联书店 1988 年。
② 《易纬·乾坤凿度》卷上,见林忠军《易纬导读》第 118—119 页,齐鲁书社 2003 年。

象系辞"。对此,李鼎祚解说得更为明确:"案文王观六十四卦三百八十四爻之象而系属其辞。"(《周易集解》卷十三)也正是在这个意义上说,卦爻辞是表达卦象意义的,即《系辞》所谓"象者,言乎象也"。为了说明这个问题,《易传》进一步提出了言、象、意关系问题。《系辞》云:

> 子曰:"书不尽言,言不尽意。"然则圣人之意,其不可见乎?子曰:"圣人立象以尽意,设卦以尽情伪,系辞焉以尽言。"

此谓语言是多样复杂的,又是随意的,用有限的和具有相对稳定的文字很难把多样的语言完全表示出;意义和思想深奥而博大,用复杂和相对确定的语言很难把意义和思想表达尽。显然,这里指出文字在语言表达中的局限性,那么,卦爻符号的设置和卦爻辞的设置为解决这个困惑找到了出路。《系辞》认为,卦爻象从表现形式上说,它既不是人们一般使用的文字,也不是由一般文字构成的语言,而是直观而抽象、有着丰富而深远内涵的记号。卦爻辞"杂而不越",立意深远,委婉而适中,条理通达,完全克服了一般语言文字的局限,具有规范化语言特征,成为表达意义和思想的最理想的工具。

既然卦爻辞本于卦象,表达卦象的意义,那么,理解和诠释卦爻辞,则不能忽视卦象存在。在这种理念支配下,《易传》作者提出"观象玩辞"的论断。《系辞》指出:

> 是故君子所居而安者,易之序也;所乐而玩者,爻之辞也。是故君子居则观其象而玩其辞,动则观其变而玩其占。

"序",虞氏本作"象",清人李道平曰:"盖以下文'居则观其象',故知'序'为'象'也。"①按:帛书《系辞》本也作"象",故虞本

---

① 李道平撰、潘雨廷点校:《周易集解纂疏》卷八,第549页,中华书局1994年。

为是。"玩",有玩习、玩弄之义。《说文》:"玩,弄也。"《尔雅·释言》:"弄,玩也。"此段话本来讲的是君子当以《周易》处世,闲居则观察卦象、玩习文辞,以明吉凶之理,行动则观察爻变而进行筮占。从"易之象"和"爻之辞"、"观其象"和"玩其辞"句子对举看,内涵着通过观察卦象而学习和诠释文辞义蕴,即是说,象和辞一致不二,观象必须玩辞,而玩辞也必须观象。

从《周易》的起源看,先有符号和数字,后有文辞。如在出土的甲骨文和金文中有许多六个为一组的数字,这些数以"一"和"六"使用率最高,"五"、"七"、"八"、"九"占少数。据张政烺等人研究,这些数字是卦,从而证明了在《周易》成书前,就已有了由数字表示的六爻之卦画。这些数字卦,目前能见到的只有未济卦画有"曰魁"两个字,蛊卦卦画有"曰其"两个字和另一行有"□□既鱼"四个字,即除了极少数有文辞外,大部分未有文辞。近期西安出土的陶拍,刻有《周易》数字符号。① 这说明了《周易》成书前很早就有了数字组成卦画,而卦爻辞是后来作成的。《系辞》提出"圣人观象系辞"和"彖者言乎象者也"的论断不容质疑。又考《周易》卦爻辞,多与卦爻象对应:凡言上者多与上爻对应,凡言下者多与初爻对应。如乾初九言"潜龙"、坤初六言"履霜"、噬嗑初九言"灭趾"、大壮初九言"壮于趾"等是辞言下者与下爻对应;乾上九言"亢龙"、比上九言"无首"、大有上九言"自天"、大畜上九言"何天"、中孚上九言"登于天"、大过上六言"灭顶"等是辞言上者与上爻对应。二五居中多吉辞,三上过中多危辞。据不完全统计,二爻明言吉、利、无咎等吉辞者有四十六,占二爻总数的百分之七十一,五爻明言吉、利、无咎者等辞者四十九,占五爻总数的百分之七十四。有的卦名与卦画对应,如乾、坤、噬嗑、颐、鼎、剥、复、晋、明夷

① 李学勤:《新发现西周筮数的研究》,《周易研究》2003 年第 5 期。

等属于此类。有的卦爻辞与卦画对应,如坤言"履霜坚冰至"、泰言"小往大来"、否言"大往小来"等。有的卦爻辞与两卦卦画相关,如明夷上六言"初登于天、后入于地"是言晋与明夷两卦象关系的,"初登于天"是与晋象对应,"后入于地"与明夷象对应。损五爻益二爻皆言"或益之十朋之龟"也反映了两卦卦象关系,即损覆为益,损五爻变益二爻,反之亦然。① 从而证明了《系辞》的推断。既然系辞观象、辞言乎象,那么,以象数解读《周易》文本无疑是易学研究中正确的、有效的、必不可少的方法。这种方法也是其他方法无法取代的。

"观象玩辞"是《易传》解《易》的重要方法之一。其中以《象传》和《彖传》最为典型。高亨先生指出:"盖《易传》常以象数解《易经》,《彖传》、《象传》以象数解《易经》之卦名、卦辞及爻辞者,更为多见。"②如《象》释《蒙》云:"山下出泉,蒙。"释《讼》云:"天与水违行,讼。"释《晋》云:"明出地上,晋。"释《井》云:"木上有水,井。"《彖》释《泰》云:"'小往大来,吉,亨。'则是天地交而万物通。"释《睽》云:"火动而上,泽动而下,二女同居,其志不同行。说而丽乎明,柔进而上行,得中而应乎刚,是以'小事吉'。"这里的山、泉(水)、明、地、木、天、火、泽、说、丽、二女(中女、少女)皆为八卦之象。《彖传》和《象传》等也以爻象释爻辞,即取爻之阴阳刚柔及其关系(位、乘、承、应等)解说爻辞。高亨先生将这种以象解《易》方法归结为"刚柔相应"、"刚柔相胜"、"刚柔位当与位不当"、"刚柔得中"、"刚柔居尊位或居上位或居下位"、"柔从刚与柔乘刚"六种形式。③朱伯崑先生则以当位说、中位说、应位说、乘承

---

① 详见林忠军《象数易学发展史》第一卷,第 11—16 页,齐鲁书社 1994 年。
② 高亨:《周易大传今注》卷首,第 14 页,齐鲁书社 1988 年。
③ 同前注,第 35—47 页。

说、往来说、趋时说来概括《易传》以爻象注易的体例。① 屈万里先生更详述《彖传》《象传》以象注《易》之例。② 兹不再多述。

值得说明的是,以象注《易》是《易传》重要的方法,但它有很大的缺陷,它没有把这一原则贯穿到底,"从逻辑上讲,并不能解释通《易经》中所有的象辞相应之理,解释不通时,则采取回避的态度,特别是经文中的重复文句,难以回答"。③ 同时,以象注经方法在《易传》中不是唯一的,更不是最重要的。也就是说,《易传》作为儒家代表作除了以象注易方法之外,还有比以象注易更重要的、与儒家思想紧密相关的方法,那就是义理方法。

汉代以降,自汉武帝独尊儒术、立经学博士以来,儒学创始者和儒学经典被神化,《周易》与其它经学典籍一样,被视为蕴涵着绝对的、永恒的,普遍的真理。司马迁说:"易着天地、阴阳、四时五行,故长于变。"(《史记·太史公自序》)班固曾说:"圣人者何? 圣者,通也,道也,声也。道无所不通,明无所不照,闻声知情。""有五常之道,故曰五经,乐仁、书义、礼礼、易智、诗信也,人情有五性,怀五常,不能自成,是以圣人象天五常之道,而明之以教人,成其德也。"(《白虎通·德论·五经》)"孔氏为之彖、象、系辞、文言、序卦之属十篇,故曰易道深矣。"(《汉书·艺文志》)此谓《易》包含阴阳五行变化之道,五经含有五常之道,"而易为之原"。基于此,易学解释首先当以《周易》文本作为崇高的、神圣的、不可更改的经典,以儒家圣贤的言论和诠释作为理解和解说《周易》文本的最权威根据或标准。郑玄在《戒子益恩书》中提出"念述先圣之元意,思整百家之不齐"的诠释目标。而《易传》所提出的"观象系辞"和

① 朱伯崑:《朱伯崑论著》第848—849 页,沈阳出版社1998 年。
② 屈万里:《先秦汉魏易例述评·自序》第1—42 页,台北学生书局1985 年。
③ 朱伯崑:《朱伯崑论著》第851 页,沈阳出版社1998 年。

"观象玩辞"说,理所当然地成为郑玄理解和诠释《周易》所必须遵循的信条和方法。与其他汉儒一样,他坚信《周易》中每一句话、每一个字并非圣人随意而作,皆源于象,从而激发他们极力张扬象数符号在卦爻辞形成中的主导作用,最大限度地挖掘、开显《周易》文辞背后的象数,不遗余力地探求其卦爻辞与卦爻象、甚至《易传》之辞与卦象之间的内在联系。

为了实现这个目标,郑玄首先继承了《易传》开创的以象解《易》的传统,直接以《说卦》中八卦之象作为工具,解说《周易》卦爻辞。如郑玄注《谦》曰:"艮为山,坤为地,山体高今在地下,其于人道,高能下下嗛之象。"①注《随》曰:"震,动也,兑,说也,内动之为德,外说之以言,则天下之民咸慕其行而随从之,故谓之随也。"注《噬嗑》上九"何校灭耳"曰:"离为槁木,坎为耳,木在耳上,何校灭耳之象也。"以上引文中的山、天、地、动,说、槁木、耳等均属于八卦卦象,《说卦》中有着明确的记载。

同时,郑玄采用了《易传》以爻位注《易》的方法。

爻位法是以爻所居位置及其相互之间关系取象法。它包括当位、失位、中位、应、乘、承、据等。此法为《易传》注《易》之体例。至西汉,今文易与当时神秘的天人之学结合、被尊为官学而盛行,民间费直专以"十翼"治《易》,独树一帜。东汉郑玄与荀爽等人承袭费氏之学。《后汉书·儒林传》云:"陈元、郑众皆传费氏易,其后马融亦为其传。融受郑玄。玄作《易注》,荀爽又作《易传》。"郑氏用爻位法是其承传费氏易之例证。

1. 得位　失位

《易传》认为,卦之初、三、五为阳位,二、四、上为阴位。一般说来,阳爻居阳位、阴爻居阴位谓之当位或得位,阳爻居阴位、阴爻

---

① 李鼎祚:《周易集解》,以下引文,凡引此书者,注皆略。

居阳位谓之失位或失正。《乾凿度》云:"阴阳不正皆为失位。"

郑注《离》九四云:"震为长子,爻失正。……震之失正不知其所如。"

此言《离》九四爻以阳居阴位而失正。

郑注《家人》六二云:"二为阴爻,得正于内;五阳爻也,得正于外。犹妇人自修正于内,丈夫修正于外。"

此言《家人》六二阴爻居阴位,九五阳爻居阳位。故阴得正于内,阳得正于外。

2. 中位

卦之六位,二居内卦之中,五居外卦之中。二五位为中位。无论阳爻,还是阴爻居之,皆可称为得中。古人崇尚中德,故《周易》六十四卦二五两爻多吉辞。根据《易传》诠释,阴阳爻居中者谓得"中道"、"得中",不居中者谓失中。阳爻居中称"刚得中",阴爻居中称"柔得中"。阴爻居二,阳爻居五谓之"中正"。郑氏继承了《易传》中位说。如:

郑注《蒙》云:"互体震而得中,嘉会礼通,阳自动其中,德施地道之上,……。"(《公羊定公十五年疏》)

郑注《颐》云:"二五离爻皆得中。离为目,观象也。"(《周易集解》)

郑注《乾凿度》云:"《临》之九二,有中和美异之德。"

郑注《稽览图》之《中孚》云:"五以中和之气……行中正之道。"

蒙卦二至四互体震,二爻作为震阳爻居蒙内卦之中,而曰"得中"。颐卦二五皆阴爻,为离爻分居内外卦之中,而曰"得中"。临卦九二居内卦之中,而曰"中和"之德。中孚九五居外卦之中,而曰"中和之气"。然而,郑氏的"中"不完全限于二五爻,有时也泛指卦爻中。如郑注《复》六四"中行独复"云:"爻处五阴之中,度中而行。"(《汉上易传》)复卦六四阴爻处二、三和五、上四个阴爻之中。

3．应

应，是就爻位而言的。《乾凿度》云："初以四、二以五、三以上，此之谓应。"按照《乾凿度》之意，应，是指一卦中初四、二五、三上阴阳两爻相应。若对应两爻皆为阳爻或皆为阴爻则谓敌应。应本之于天地相感应。《乾凿度》云："动于地之下，则应于天之下；动于地之中，则应于天之中；动于地之上，则应于天之上。"郑氏注云："天气下降以感地，故地气升动而应天也。"正是在这个意义上，《稽览图》云："所谓应者，地上有阴，而天上有阳，曰应，俱阴曰罔。地上有阳，而天上有阴曰应，俱阳曰罔。"

郑注《贲》六四云："六四，巽爻也。有应于初九，欲自饰以适初，既进退未定，故燔如也。"(《礼记·檀弓》正义)

郑注《复》六四云："爻处五阴之中，度中而行，四独应初。"(《汉上易传》)

郑注《遁》云："二五得位而有应。是用正道得礼见召聘，始仕他国。"(《周易集解》)

郑注《萃》云："二本离爻也。离为目，居正应五，故利见大人矣。"(同上)

郑注《睽》云："二五相应，君阴臣阳，君而应臣，故小事吉。"(同上)

以上是应之例。《贲》、《复》则是六四阴爻与初九阳爻得位相应，《遁》、《萃》则是六二阴爻与九五阳爻得位相应。《睽》则是九二阳爻与六五阴爻相应。

爻与爻不应或敌应，如郑注《讼》九二云："小国之下……苟自藏隐，不敢与五相敌，则无灾眚。"(《周易正义》)此言《讼》九二阳爻与九五阳爻不应相敌。又郑注《稽览图》"俱阴曰罔，俱阳曰罔"

云："六三应上六，两阴无相见之意，故无应者。九三应上九，两阳无相见之意曰阋，阋故为亡也。"由以上看出，《周易》爻之应反映的是世界异性事物相吸相感、同性事物相敌相斥的道理。

4. 承

凡阴爻居阳爻之下曰"承"。承，有顺从之意。《易传》多用承之例释《易》。《象》释《蛊》初六云："'干父之蛊'，意承考也。"释《蛊》六五云："'干父之用誉'，承以德。"前"承"是指初六阴爻居九二阳爻之下，以阴顺承阳。后"承"是指六五阴爻居上九阳爻之下，以阴顺承阳。又《象》释《节》六四云："安节之亨承上道也。"承上道，指六四阴爻居九五阳爻之下，以阴顺承阳。郑氏之承例，不仅限于一阴爻承一阳，有时也用数阴承一阳、一阴承数阳、阴卦承阳卦。

一阴承一阳，如：

郑注《坎》云："六四上承九五。"（《诗·宛邱》正义）

郑注《明夷》六二云："此谓六二有明德，欲承九三。"（《礼记·内则》正义）

二阴承一阳，如：

郑注《损》云："初与二直，其四与五承上。"（《考工记·匠人》疏）

一阴承五阳，如：

郑注《姤》云："一阴承五阳，一女当五男，苟相遇耳，非礼之正。"（《周易集解》）

一阴承阳卦，如：

郑注《鼎》初六云："初阴爻而柔，与乾同体，以否正承乾。"（《士昏礼》疏）此言鼎二三四互体乾，初六阴爻处乾之下，从内卦看，与乾同体。阴爻居初阳位不正，上承乾。

阴卦承阳卦，如：

郑注《恒》云:"巽为风,震为雷,雷风相须而养物,犹长女承长男,夫妇同心而成家,久长之道也。"(《周易集解》)

《易传》及其郑氏的"承",从形式上看,是站在阴爻角度讲阴阳爻位置的,它反映的是一种阳主阴从、阴阳相辅相成的和谐的关系,在这种关系中,突出的是阴顺承阳的方面。这种阴阳关系表现在自然界则为阳上阴下、阳刚阴柔、阳动阴静、阳主阴顺。表现在社会则是君臣夫妇关系。在古代社会中,君尊为阳,臣卑为阴;夫尊为阳,妇卑为阴。尊者则以主动、卑者则以顺从为正道。因而君主臣从、夫唱妇随是被视为永恒不变的准则和政治清明、家庭和谐的象征。其实这是中国古代君主专制、重男轻女的等级制度。易学中"承",实质是对古代社会这个等级观念的折射。

5. 乘

乘,有乘凌之意。《小尔雅·广言》:"乘,凌也。"《国语·周语》:"乘人不义。"韦注:"乘,陵也。"凌、陵古通。《说文·通训定声》:"陵假借为凌。"按照古人的理解,阳为尊贵于上,阴为卑贱于下,阳上阴下符合天道及与此相关的古代等级观念,若阴在上阳在下,则违背了天道和社会中的等级观念。表现在易学中,阳爻居阴爻之上为"承",而阴爻居阳爻之上则为"乘"。《易传》最先用"乘"这个带有深刻社会意义的概念诠释易学中阴爻居阳爻之上的这种现象。如《夬》一阴居五阳之上,《象》释《夬》云:"'扬于王庭',柔乘五刚也。"《屯》六二阴爻居初九阳爻之上,《象》释六二云:"六二之难,乘刚也。"《归妹》六三阴爻居九二阳爻之上,《象》释《归妹》云:"'无攸利',柔乘刚也。"

郑氏也用"乘"注《易》,如郑注《坎》上六云:"上六乘阳,有邪恶之罪。"(《公羊传·宣公元年》疏)此谓《坎》上六阴爻居九五阳爻之上,故"上六乘阳有邪恶"。又郑注《夬》云:"阴爻越其上,小人乘君子,罪恶上闻于圣人之朝,故曰'夬,扬于王庭'也。"此谓

《夬》一阴爻居五阳爻之上，阴为小人，阳为君子，有小人乘君子、罪恶上闻于朝。如前所言，阴乘阳违背常道，在社会多表示邪恶之事，故《易传》和郑氏多用于注释《周易》中的邪恶之辞。

6. 据

易学史上，"据"之辞最早见于《周易》古经，《困》六三爻辞云："困于石，据于蒺藜。"《系辞》注云："非所困而困，名必辱。非所据而据，身必危。"据，占有、处于。易学上，"据"与"承"是一个问题两个方面，皆指阳爻在阴爻之上，但视角不同。"据"是就阳爻而言的，阳爻在阴爻之上，阳爻占有阴爻是谓"据"。"承"是就阴爻而言的，阴爻在阳爻之下，阴爻顺承阳爻是谓"承"。郑注《困》九二"困于酒食"云："二据初，辰在未，未为土此二为大夫有地之象。"（《士冠礼》正义）《困》九二为阳爻，初六为阴爻，阳爻居阴爻之上。又二爵位为大夫。初爻按爻辰说纳未，未为土。故二据初是谓"大夫有地之象"。

7. 爵位

如前所言，天有阴阳之分，阴阳有上下之别，《周易》效之，有阴阳两爻，且有贵贱之等。阳爻尊贵，阴爻卑贱。而就爻位而言，也是如此。《系辞》曾指出："二与四同功异位，其善不同，二多誉，四多惧，近也。……三与五同功而异位，三多凶，五多功，贵贱之等也。"汉代京房阐发了《系辞》爻位贵贱之说，根据爻自下而上所处的位置，依次配以爵位，即以初为元士，二为大夫，三为三公，四为诸侯，五为天子，上为宗庙。《京氏易传》之《否卦传》云："三公居世，上九宗庙为应。"《中孚卦传》云："六四诸侯立世，应初九元士。"《家人卦传》云："大夫居世，应九五立君位。"《易纬·乾凿度》概括了京氏之说曰："初为元士，二为大夫，三为三公，四为诸侯，五为天子，上为宗庙。"郑玄吸收了京氏的爵位说，并以此注《易》。

郑注《观》云："九五，天子之爻。"（《周易集解》）

郑注《恒》六五云："以阴爻而处尊位,是天子之女。"(《礼记·缁衣》正义)

郑注《困》九二云："二据初,辰在未,未为土此二为大夫有地之象。……爻四为诸侯。"(《士冠礼》正义)

郑注《归妹》上六云："宗庙之礼,主妇奉筐米。"(《仪礼·特牲馈食礼》疏)

从以上易注看,五与天子相配,九五阳爻为天子,六五阴爻为天子之女。二与大夫配,四与诸侯配,上与宗庙配,完全采用了京氏的以爵位注《易》的方法。

从现存的易学典籍看,以爻象解易是郑玄同时代易学家共同采用的体例。京房、《易纬》、马融、荀爽、虞翻等皆使用过爻位注《易》,其中以荀爽最为典型。如荀注《中孚》六三云："四得位,有位,故鼓而歌。三失位,无实,故罢而泣之也。"是以爻之当位(得位)、失位注《易》。荀注《需》九五云:"五有刚德,处中居正。"是以中位注《易》。荀注《否》六二:"二五相应,否义得通。"是以爻相应注《易》。荀注《屯》六二云:"阴乘于阳,故邅如也。"是以爻之乘注《易》。荀注《谦》初六云:"初在最下,为谦。二阴承阳,亦为谦,故曰谦谦也。"是以爻之承注《易》。

但是,《周易》六十四卦三百八十四爻之系辞取象相当的随意,无一定规律,更何况有的易辞并未经过作者观象而成。如孔颖达所言:"凡易者象也。以物象而明人事,若《诗》之比喻也。或取天地阴阳之象以明义者,若《乾》之'潜龙''见龙'、《坤》之'履霜坚冰''龙战'之属是也。或取万物杂象以明义者,若《屯》之六三'即鹿无虞'、六四'乘马班如'之属是也。如此之类,《易》中多矣。或直以人事、不取物象以明义者,若《乾》之九三'君子终日乾乾'、《坤》之六三'含章可贞'之例是也。圣人之意,可以取象者则取象也,可以取人事者则取人事也。"(《周易正义》卷一)同时,《说卦》

所列的象是有限度的，《易传》以象注《易》方法（易例）也是屈指可数的，用《说卦》中所列的卦象和《易传》取象的体例完全揭示如此复杂系辞之根据，证明《周易》象辞之间的联系，以象融通文辞，是无法实现的。在这里以郑玄为代表的汉儒遇到了前所未有的困境：一方面坚信《周易》是观象系辞，要以象注经，另一方面绝对崇拜儒家圣贤，又要固守《易传》方法。为了摆脱这个困境，汉儒不遗余力地研读《周易》经传，不厌其烦地思索、体味圣人之意。经过汉儒不间断的探索，最终他们创立了一套繁杂的、而自以为符合圣人之意的注《易》方法。生活在汉代末、以整合汉代经学为己任的郑玄也毫不例外地选择了这种注《易》的方法。这种取象方法，包括以象生象和象外生象：

1．以象生象

所谓以象生象是说汉儒或根据《说卦》现成的八卦之象引申推演，或对《周易》文辞进行考证，或通过对其他文献旁征博引，以增加象的数量，即是"以象生象"。这象被称为"逸象"。最早提到逸象的是成书于东汉后、并以反映汉易为内容的《荀爽九家集解》本①。按照唐陆德明《经典释文》记载：《荀爽九家集解》本，《说卦》乾后多四象：乾为龙、为直、为衣、为言。坤后多八象：坤为牝、为迷、为方、为囊、为裳、为黄、为帛、为浆。震后多三象：震为王、为鹄、为鼓。巽后多二象：巽为杨、为鹳。坎后多八象：坎为宫、为律、为可、为栋、为丛棘、为狐、为蒺藜、为桎梏。离后多一象：离为牝牛。艮后多三象：艮为鼻、为虎、为狐。兑后多二象：兑为常、为辅颊。共有三十一象。（《经典释文》卷二）从注《易》看，马融、

---

① 《荀爽九家集解》中九家及成书有争议，笔者认为，该作当在东汉以后，九家指荀爽、京房、马融、郑玄、宋衷、虞翻、陆绩等，详见林忠军《九家易考辨》（《象数易学研究》第一辑，齐鲁书社，1996 年）。

荀爽、郑玄、宋衷、虞翻皆有逸象,如《子夏易传》言坎为小狐,孟喜言坎为狐,马融言兑为虎,荀爽言乾为神,为久,为君子,为昼,坤为田,为鬼,为邑,为朋,为夜,为暗昧,震为林,为号令;坎为云,为渊,为大川,离为飞鸟,巽为号令等。郑玄言震为门、为日门、为牛之足。坎为大川、为丈夫。离为槁木、为天文、为黄牛。艮为鬼门、为宫阙、为地文。兑为暗昧、为暗泽、为和悦。虞翻是集两汉象数易学之大成者,所使用的逸象数百条。① 惠栋撰《易汉学》采虞氏逸象三百三十一,张惠言撰《周易虞氏易》,录虞氏逸象四百五十六,纪磊撰《虞氏逸象考》"取惠、张二家说,证其正是,辨其失违,又续搜得逸象六十六事"。② 方申撰《虞氏逸象汇编》辑虞氏逸象一千二百八十七。③ 这些逸象有一些可能是《说卦》的逸象,但大部分是汉儒根据经的需要从《周易》经传中推演出来的。清儒陈焘熊指出:"按说《易》者所陈卦象,不见于《说卦》者,或据易推衍,或采他书相比附,岂易中本有其义,而今逸之哉? 逸象之名殊未安。"(《读易汉学私记》)陈氏所言极是。汉儒推演出"逸象",极大地扩展了八卦之象的数量,为以象注易奠定了基础。由于所谓的"逸象"大部分是从《周易》经传中推演出来的,反过来以这些逸象解说《周易》经传,则易于反掌。如郑玄注《随》初九"出门交有功"云:"震为大涂,又为日门,当春分阴阳之所交也,是臣出君门与四方贤人交有成功之象也。"《随》内卦为震,震为日门故辞曰"门"。日门是震"逸象"。荀爽注《升》九三"升虚邑"云:"坤称邑也。五虚无君,利二上居之,故曰升虚邑无所疑也。"《升》外卦为坤,五为阴爻为虚,利二爻阳来居之,故有"升虚邑"之辞。坤为邑,为逸

---

① 详见刘玉建《两汉象数易学研究》(上下)之《郑玄易学·逸象》、《荀爽易学·逸象》、《虞翻易学·虞氏逸象》(南宁:广西教育出版社,1996年)。

② 《续修四库全书总目提要》第143页,中华书局1993年。

③ 同前注,第143页。

象。虞翻注《蒙》"匪我求童蒙、童蒙求我"和《蒙》六五"童蒙吉"云"艮为童蒙。"《蒙》外卦为艮,艮有"童蒙"象。

2. 象外生象

汉儒除了最大限度拓展象的数量外,又在取象方法(或称易例)上下功夫,即他们为了得到某种象,依据《易传》片言只语创立了许多取象方法。"是故往来上下云者,谓卦倒转后爻位之进退而已;易家则以升降、卦变为说。二四、三五同功异位云者,谓因爻位远近、贵贱,以判其吉凶而已;易家则据为互体之例。在天成象之语,谓日月星耳;虞翻演之以成纳甲之术。"[1]他们在注《易》时,根据需要不断地改变取象的方法,即所谓的"象外生象"。郑玄非常关注以此种方法注易。如:

(1)爻辰法

以爻辰为工具诠释《周易》经文的方法是谓爻辰法。根据需要,郑氏则往往取爻辰所主的天星、时令、卦气、生肖、卦位、五行注《易》辞。

取爻辰所主天星注《易》

如郑注《比》初六"有孚盈缶"云:

> 爻辰在未,上值东井,井之水,人所汲用缶。缶,汲器也。
> (《诗·宛邱》正义)

《比》初为阴爻,当取坤初爻纳未。未在天上值东井。东井,天上星名,属二十八宿之南方七宿。《礼记·月令》:"仲夏之月,日在东井。"《诗·小雅·大东》:"维南有箕。"孔颖达疏:"郑称参傍有玉井,则井星在参东,故称东井。"井与水相关,故东井又称水星。巫咸曰:"东井,水星也。"(《开元占经》卷三十六)石氏赞曰:

---

① 屈万里:《先秦汉魏易例述评·自序》第 1 页,台北学生书局 1985 年 。

"东井八星主水衡,井者象法水,法水平定,执性不淫,故主衡。"(同上)此将"盈缶"训为从井汲水。卦中井之象来自比卦初爻纳未。

郑注《坎》六四"尊酒簋贰用缶,纳约自牖"云:

> 六四上承九五,又互体在震上。爻辰在丑,丑上值斗,可以斠之象。斗上有建星,建星之形似簋。贰,副也。建星上有弁星,弁星之形又如缶。天子大臣以王命出会诸侯,主国尊于簋副设玄酒而以也。(《诗·宛邱》正义)

郑氏用丑值斗星及与斗星相关的建星弁星取象释《坎》六四言"簋"和"缶"。《坎》六四纳丑,丑值斗星。但郑氏未取斗星之象,而是取斗星之上的建星和弁星的形状为象,说明《坎》六四言"簋"和"缶",则是因为此爻值丑,丑值斗星,斗上的建星形状像簋,建星上弁星形状像缶。建星,有六星组成,属斗宿,在南斗北(或上)。《礼记·月令·仲春》:"日在奎,昏弧中,旦建星中。"郑注:"建星在斗上。"弁星,又叫天弁,有九星组成,属斗宿,在建星北(或上)。

郑注《离》九三"不击缶而歌"云:

> 艮爻也。位近丑,丑上值弁星,弁星似缶。(《诗·宛邱》正义)

按爻体说,离三阳爻为艮,曰"艮爻"。离三爻当纳辰,言近丑,是艮位在东北,东北对应的时间为丑。《易纬·乾凿度》云:"艮终始之于东北方,位在十二月。"又三爻近四,六四纳丑。故曰"近丑"。如注《坎》六四所言,"爻辰在丑,丑上值斗可以斠之象。斗上有建星,建星之形似簋。贰,副也。建星上有弁星,弁星之形又如缶。"即爻辞言"缶",本于此爻近丑。

郑注《说卦》"震为大涂"云:

国中三道曰涂。震上值房心,涂而大者,取房有三涂焉。(《汉上易传》)

房,为东方第四宿。《石氏星经》:"东方苍龙七宿,房为腹。"《国语·周语上》:"农祥晨正。"韦注:"农祥房星也,晨正,谓立春之日,晨中于午也。"震主卯月。《易纬·乾凿度》:"震生物于东方,位在二月。"故惠栋云:"震在卯,卯上值房心。"

取爻辰所主时令注《易》

如:郑注《泰》"六五帝乙归妹"云:

> 五,爻辰在卯,春为阳中,万物以生。生育者,嫁娶之贵,仲春之月。嫁娶,男女之礼,福禄大吉。(《周礼·天官·媒氏》疏)

泰卦五爻纳卯,卯为春。五爻居中,为仲春。

取爻辰所主卦气注《易》

郑注《蛊》上九"不事王侯,高尚其事"云:

> 上九艮爻,艮为山,辰在戌,得乾气,父老之象,是臣之致事也。故不事王侯,是不得事君,君犹高尚其所为之事。(《表记》正义)

蛊卦上九纳戌,戌在西北,西北为乾之地。《说卦》云:"乾,西北之卦也。"《易纬·乾凿度》云:"乾位在西北,阳祖微据始也。"郑注云:"阳气始于亥,生于子,形于丑,故乾位在西北也。"故戌为"得乾气"。

郑注《贲》六四"白马翰如"云:

> 谓九三位在辰,得巽气,为白马。(《礼记·檀弓》正义)

贲卦九三纳辰。按《易纬·乾凿度》"巽渐三月",是谓辰得巽气。

郑注《明夷》六二"明夷睇于左股"云：

> 旁视谓睇……九二又在辰，辰得巽气为股。(《礼记内则》正义)

郑注《困》"困于酒食、朱绂方来"云：

> 二据初……。四爻辰在午时，离气赤。(《诗·斯干》正义)

《困》四爻纳午，离为午，而曰"离气"。

郑注《易纬·通卦验》云：

> 小寒于坎直九二，九二得寅气，木也。
>
> 大寒于坎直六三，六三得亥气，水也。
>
> 雨水于坎直九五，九五辰在中(申)，得坤气
>
> 惊蛰于坎直上六，上六得巳气，巳火也，为南赤，又得巽气，故北白也。
>
> 春分于震直初九，初九辰在子，震爻也，如积鹄之象。
>
> 清明震直六二，六二震在酉，得兑气。
>
> 谷雨于震直六三，六三辰在辰，得乾气。
>
> 立春① 于震直九四，九四辰在午也，午为火。
>
> 小满于震直六五，六五辰在卯，与震木同位。
>
> 芒种于震直上六，上六辰在巳②，又得巽气。
>
> 夏至离用事，位直初九，辰子也。
>
> 大暑于离直九三，九三辰在辰，得巽气。
>
> 立秋于离直九四，辰在午，又互体巽，故上如赤缯，列齐平也。

---

① 张惠言曰："春当为夏"。

② 张惠言曰："爻辰巳"。

处暑于离直六五,六五辰在卯,得震气,震为①,故南黄也。

白露于离直上九,上九艮爻也,故北黄,辰在戌,得乾气。

寒露于兑直九二,九二辰在寅,得艮气,形似冠缨者,艮象也。

立冬于兑直九四,九四辰在午,火性炎上,故接。

大雪于兑直上六,上六辰在巳,得巽气。

以上是用爻辰所主卦气注《易纬》。《坎》二、三、五、上四个爻依次纳寅、亥、申、巳,《震》初、二、三、四、五、上爻依次纳子、酉、亥、午、卯、巳。《离》初、三、四、五、上依次纳子、辰、午、卯、戌,《兑》二、四、上依次纳寅、午、巳。郑言得寅气、亥气、坤气、巳气、兑气、巽气、震气、乾气等皆就爻辰而言的。

取爻辰所主属相及动物注《易》

郑注《坎》上六“系用徽纆”云:

> 系,拘也。爻辰在巳,巳为蛇,蛇之蟠屈似徽纆也。(《公羊宣公元年》疏)

郑注《中孚》“豚鱼吉”云:

> 三辰在亥,亥为豕。爻失正,故变而从小名,言豚耳。四辰在丑,丑为鳖蟹。鳖蟹,鱼之微者。爻得正,故变而从大名,言鱼耳。(《诗无羊》正义)

汉代属相说已流行。王充曰:“寅木也,其禽虎也。戌土也,其禽犬也。丑、未亦土也,丑禽牛也,未禽羊也。亥水也,其禽豕也。巳火也,其禽蛇也。子亦水也,其禽鼠也。午亦火也,其禽马也。”“酉鸡也,卯兔也,申猴也。”(《论衡·物势篇》)郑氏“巳为蛇”、“亥为豕”皆取此意。而“丑为鳖蟹”则原于鳖蟹有甲,为冬虫。《礼记·月令》:“孟冬之月,……其虫介。”郑注云:“介,甲也。象

---

① “震为”下脱字。

物闭藏地中,龟鳖之属。"

取爻辰所主五行和方位注《易》

郑注《明夷》六二云:

> 六二辰在酉,酉在西方。

郑注《困》九二云:

> 二据初,辰在未,未为土。此二为大夫,有地之象。

郑氏取爻辰说注《易》,将自然科学知识融入易学当中,一方面显示了郑氏知识的渊博及诠释易学时流露出的不同凡响的见解。另一方面进一步证明了"观象系辞"的论断,揭示象辞的内在联系,拓展了象数易学的思路,客观上为易学注入了生机。然而,从《周易》文本看,其注释多傅会曲解,不符合《易》作者的本意。即《易》作者并不是如此观象而作易辞。清儒王引之指出:"坎六四尊酒簋,贰用缶。注云'爻辰在丑,丑上值斗,可以斟之象。斗上有建星,建星之形似簋。……建星上有弁星,弁星之形又如缶'。爻辰既值斗,何不遂取斗象,而取于斗所斟之尊? 又不直取建星弁星,而取建星弁星所似之簋与缶,不亦迂回而难通乎?"(《经义述闻》卷一)王氏之说极是,不仅注《坎》卦,注其他卦也是如此。

(2) 卦气法

用卦气解释《周易》卦爻辞的方法是谓卦气法。此法是两汉盛行的易学方法,当然也是郑氏注《易》常用的方法。用四正卦注《易》,如郑注《随》初六《象》曰:"震为大涂,又为日门,当春分,阴阳之所交也。"(《周易集解》)按四正卦,震兑坎离分主四时。此以震为春分,是用四正卦注《易》之证。

用消息卦和六日七分注《易》,如郑注《临》"至于八月有凶"云:"临卦斗建丑而用事,殷之正月也。当文王之时,纣为无道,故于是卦为殷家著兴衰之戒,以见周改殷正之数云,临自周二月用事,迄其七月至八月而遁卦受之,此终而复始,王命然矣。"(同上)按郑氏之意,殷以丑月为正月,周改之,以子月为正月。临卦在殷为正月,在周为二月,遁于消息卦为六月,殷为七月,周为八月,故二月至八月消息卦为遁。临卦阳长阴消,遁卦是阴长阳退,阴阳变化终而复始。此用十二消息卦说明"八月有凶"。郑注《复》"反复其道、七日来复"云:"建戌之月,以阳气既尽,建亥之月,纯阴用事,至建子之月,阳气始生,隔此纯阴一卦,卦主六日七分,举其成数言之,而云七日来复。"(《周易正义·序》)此谓消息卦剥、坤、复三卦。剥主戌月,阳气既尽;坤主亥月,纯阴用事;复主子月,阳气始生。自剥阳尽至复阳生,中间隔坤卦,坤卦主六日七分。以成数言之,则为"七日来复"。此以消息卦和六日七分注《易》。

(3)互体法

互体法起自于春秋。《左传》庄公二十二年:周史有以《周易》见陈侯者,陈侯使筮之,遇《观》之《否》,曰"……坤土也,巽风也,乾天也。风为天于土上,山也。"杜预注:"自二至四有艮象,艮为山。"此是关于使用互体法的最早记载。一般来说,在易学史上,互体指一六画卦除了将其视为内外卦外,还可以将其中的爻视为两个互为交重的三画卦,由这两个新组合三画卦构成一个新的六画卦。南宋王应麟指出:"凡卦爻二至四、三至五两体交互各成一卦,是谓一卦含四卦。"(《周易郑康成注·序》)这是为互体下的最早的定义,也就是说在此之前尤其汉代互体之法广泛流行,却未见易学家对互体加以界定。今人对互体定义更为准确。刘大钧先生曰:"所谓'互体之象',指在一卦的六个爻画中,除了内卦与外卦这样两个经卦外,另有二爻、三爻与四爻这样三个爻画组成一个新的经卦,再由三爻、四爻与五爻又组成一个新的经卦。"①胡自逢先

① 刘大钧:《周易概论》第55页,齐鲁书社1988年。

生曰："按互,交合也。互体者,以卦之二至四三爻互为一卦,三至五三爻又互一卦……之类是也。"①从现有的资料看,汉代的京房、马融、荀爽、宋衷、虞翻等皆使用过互体法,且在使用中其法灵活多变。汉末虞翻易学在此方面是集大成者。他曾使用过互体经卦(三画卦)、五画连互别卦(六画之卦)、四画连互别卦和连互不全之卦。② 出生比虞翻稍早的郑玄,也把互体作为一种重要的方法运用到易学注释中。如

《蒙》注:"互体震而得中。"(《公羊传》定公十五年疏)

《同人》注:"卦体有巽,巽为风。"(《周易集解》)

《观》注:"互体有艮。"(《周易集解》)

《贲》注:"卦互体坎艮。"(同上)

《大畜》六四注:"互体震。"(《周礼·大司寇》疏)

《颐》注:"自二至五有二坤。"(《周易集解》)

《坎》上六注:"三五互艮,又与震同体。"(《公羊传》宣公元年疏)

《恒》九三注:"互体为乾。……又互体兑。"(《礼记·缁衣》正义)

《家人》六三注:"爻体离,又互体坎。"(《后汉书·杨震传》注)

《损》注:"互体坤。"(《周易集解》)

《萃》注:"互有艮巽。"(同上)

《夬》注:"五互体乾。"(同上)

《井》注:"互体离兑。"(同上)

《鼎》注:"互体乾兑。"(同上)

以上是互体三画卦之例。据有关学者统计,郑玄易注用三爻互体者二十六处。共有两种情况:其一,二至四三爻互体一卦。如

---

① 胡自逢:《周易郑氏学》第 194 页,台湾文史出版社 1990 年。

② 详见林忠军《象数易学发展史》第一卷,第 228—234 页,齐鲁书社 1984 年。

《蒙》二至四三爻互体震,故郑注《蒙》云"互体震"。《同人》二至四三爻互体巽,故郑注《同人》云"卦体有巽"。《恒》二至四三爻互体乾,郑注《恒》云"互体为乾"。《家人》二至四三爻互体坎,故郑注《家人》云:"又互体坎"。其二,三至五三爻互体一卦。如《观》三至五三爻互体艮,郑注《观》云"互体有艮"。《坎》三至五三爻互体艮,故郑注《坎》云"三五互艮"。《大畜》三至五三爻互体震,故郑注《大畜》云"互体震"。《损》三至五三爻互体坤,故郑注云"互体坤"。

有时,郑氏同时互出两个三画之卦用于注经。郑注《恒》九三云:"互体为乾。……又互体兑。"注《颐》云:"自二至五有二坤。"注《萃》云:"互有艮巽。"注《夬》云:"五互体乾。"注《井》云:"互体离兑。"注《鼎》云:"互体乾兑。"注《萃》云:"互有艮巽。"注《夬》云:"五互体乾。"注《井》云:"互体离兑。"注《鼎》云:"互体乾兑。"

值得注意的是,郑氏不仅视二三四、三四五为互体卦,而且还将内外卦也看作互体。也就是说,在郑氏那里,任何相邻三爻构成的三画卦皆为互体卦。这是郑氏与其他易学家相比的独到之处。如《贲》上为艮,郑注《贲》云:"卦互体有坎艮。"《既济》上为坎,郑注《既济》九五云:"互体为坎也。"《旅》下为艮,郑注《旅》初六云:"爻互体艮。"

关于四爻互体出一别卦,虞翻使用较多,在虞氏之前其他易学家则很少使用。从现有资料看,在虞氏之前只有郑玄使用过,且仅存一例。郑注《大畜》"不家食吉"云:"自九三至上九有颐象。居外是不家食吉而养贤。"(《表记》正义)此谓《大畜》三四五三爻互体震,四五上三爻(外卦)互体艮,上艮下震是谓颐卦,故"自九三至上九有颐象"。

(4)爻体法

爻体说是由爻向卦转换的一种形式。卦和爻是象征两种不同性质事物的符号,卦象征一个大的事物,爻象征一个小的具体的事物。但二者又密不可分。卦是由爻构成的，如果将卦视为事物大系统的话，那么爻则是这个大事物的子系统。从构成上说，虽然缺少一爻就不能成其卦，即每一爻在构成卦时皆有不可取代的作用，但每一爻的作用是不同的，其中有一爻规定和影响整个卦的性质，这一爻就是主爻（或卦主）。按照《易传》"阳卦多阴、阴卦多阳"的原则，阳卦是以一阳爻为卦主，阴卦是以一阴爻为卦主。在八经卦中，除了乾坤外，震卦一阳居二阴之下，则初一阳爻为此卦主爻，坎卦一阳居二阴之中，则中一阳爻为此卦主爻。艮卦一阳爻居二阴爻之上，则上一阳爻为此卦主爻。巽卦一阴爻居二阳爻之下。则下一阴爻为此卦主爻。离卦一阴爻居二阳爻之中，则中一阴爻为此卦主爻。兑卦一阴爻居二阳爻之上，则上一阴爻为此卦主爻，郑氏以此作为出发点，则把能代表一卦性质的爻看作是此卦。不管是什么卦，凡初爻为阳爻则称为震，初爻为阴爻则称为巽；凡中爻为阳爻则称为坎，中爻为阴爻则称为离；凡上爻为阳爻则称为艮，上爻为阴爻则称为兑。在这里居不同位置的爻代表了某一卦，即是某一卦，从而由爻过渡到了卦。同理可推，别卦初四阳爻为震，阴爻为巽。二五阳爻为坎，阴爻为离。三上阳爻为艮，阴爻为兑。郑氏把它作为一种方法运用到注《易》中。如：

郑注《盛》上九云：

上九，艮爻。艮为山。（《表记》正义）

《蛊》上为阳爻，故称艮爻。

郑注《损》云：

四，巽爻也。巽为木。五，离爻也。离为日。（《考工记·旎人》疏）

《损》四为阴爻，故称巽爻。五也为阴爻，故称离爻。

郑注《萃》云：

四本震爻,震为长子。……五本坎爻,坎为隐伏。……二本离爻也,离为目,居正应五。

《萃》四为阳爻,故称震爻。五为阳爻,故称坎爻。二为阴爻,故称离爻。

郑氏不仅用爻体取象释《周易》,还以此法注《易纬》,如注《乾凿度》"复表日角"云:"名复者,初震爻。"注《乾凿度》"临表龙颜"云:"名临者,……六五,离爻。"注《通卦验》:"冬至坎始用事……初六,巽爻也。""立春坎直六四。六四,巽爻。""小暑离直六二,六二离爻。"总之,爻体法与其他法一样,是郑氏取象的重要方法,此法是郑氏所独创。

除了以象注《易》外,郑氏还以数注《易》,如他用五行之数解说《系辞》中"大衍之数"和"精气""游魂"。总之,郑玄注重卦气、爻辰、爻体、互体、爻位、易数等,无非是以此作为取象解《易》的工具。《易传·说卦》为注经而言卦象,但《说卦》中卦象远远不能满足两汉易学家以象注《易》的要求。汉儒摈弃了先秦儒家以义理治《易》的路数,更加关注易学中的象数,力图通过探求《周易》卦爻符号及有关的数,揭示卦爻辞与文辞之间的联系,证明易辞一字一句非圣人随意而作,皆本象数,从而实现了以象数融通易辞。为了达到这个目的,他们或推演《说卦》中的卦象,以增加卦象的数量,即易学所谓以象生象;或在取象方法上下工夫,不断改变方法,灵活地取象。如王弼所言,"互体不足,遂及卦变,变又不足,推致五行"(《周易略例》)。即易学所谓象外生象。郑氏言爻辰、互体、卦气、爻位等显然属于是象外生象,而言五行之数则属数外生数。

二、以史治《易》和以礼注《易》的义理方法

义理与象数是易学研究中两种截然不同的治《易》方法。象

数是指《周易》卦爻符号和数字及与此相关图式所象征的世界上各种事物及其呈现出的形态、属性，义理是指《周易》卦爻辞所蕴含的自然、社会、人生之理。专以象数为工具训释《周易》经传之辞、探讨易学问题、揭示象数与易辞内在联系是谓象数之学。以笺注之学为形式、以凸显和阐发《周易》卦爻辞哲理、建构理论体系为宗旨的是谓义理之学。象数与义理原本是紧密交织在一起的，象数是易学之本，先有象数符号体系，后有内涵义理的卦爻辞，卦爻辞是参照一定象数而作，因此，一部《周易》内涵了象数与义理。

唐代李鼎祚在论述郑玄与王弼治《易》方法时指出："郑则多参天象，王乃全释人事。"(《周易集解·序》)"郑则多参天象"是指与王弼易学比较而言，郑玄治《易》偏重于参天象的象数。据此有的学者往往认为郑玄治《易》偏于象数而疏于人事，这是一种误解。其实郑玄易学在注重参天象的象数同时，又注重含人事的义理。一方面他不能摆脱当时学术思潮的影响，由《易》之"观象系辞"推导出以象数治《易》的方法，进而夸大之，在《易传》取象不足的情况下，极力地借助于爻辰、互体、爻体、五行等象参杂以天文历法数学为主的自然知识注《易》。另一方面，他似乎看到自西汉以来专以象数治《易》存在的问题。《周易》系辞除了观象以外，还与当时的文字、社会风俗习惯、生产生活、历史事件相关，这些以人事为内容的易辞，单用象数的方法揭示其本义是不可能的，必须借助于人文知识和由人文所提供的方法加以诠释。其中以史治《易》、以礼注《易》是明人事、重义理的人文方法，也是郑玄常用治《易》的方法。

1. 以史治《易》

所谓"以史治《易》"，是以史学的方法为工具，立足于《周易》作者所处的历史背景，运用当时或以前的社会生产和生活常识及发生的重大的历史事件，推断《周易》的成书及作者，探讨《周易》固有的和内涵的意义。以史治《易》之所以成为可能，完全取决于易学和史学的关系。众所周知,易学与史学是两个不同的研究领域,但二者密切相关。以卜筮作为神秘外壳的易学,反映的是自然、社会发展的总规律,内涵丰富而又深刻的抽象思维,因而它作为经学哲学凌驾于古代包括史学在内的诸学科之上。相对而言,史学是一门具体的科学,它通过描述朝代的更替、制度的沿革、社会的变迁及重要历史人物的活动,揭示历史发展的过程和规律。因此,易学与史学是一般与个别的关系,二者在相互区别的前提下则又表现为高度的同一。基于此,中国古代将易学、史学在经学中合二为一,如《春秋》《尚书》是史书,又与《周易》同属经学,进而有"经皆史"的观点。明儒王守仁曾言:"以事言之为之史,以道言之为之经,事即道,道即事。《春秋》亦经,五经皆史。"(《传习录》上)王氏虽然抹煞了道与事、经与史的界限,但却看到了经史在中国古代的同一。

　　易学与史学的同一,在中国古代具体表现为:一方面,中国古代的史学家在研究历史、撰写史学论著时,把易学思维尊奉为最高的原则贯穿其中。《史记》的成功之处就在于以易学思维探讨史学问题。"司马迁的历史运动观、社会变革思想,其直接渊源是来自《周易》,并且对《周易》的运动思想进行了改造,剔除了神秘的成分,把《周易》的历史观落实在人世间的经济活动上。《周易》作为一种哲理使司马迁完成了'究天人之际、通古今之变、成一家之言'的任务,写出了伟大的史学著作《史记》。"[1]史学家除了自觉地运用易学思维描述发展外,还直接援引《周易》或易学语言分析历史现象,品评人物功过。如《汉书》多引易学之言,仅《五行志》就引京氏易达六十多次。史书引《易》可见一斑。另一方面,易学研

_____

① 吴怀祺:《司马迁的易学与史学》,见朱伯崑主编《国际易学研究》第四辑,华夏出版社1998年。

究与整个历史发展息息相关,经历了一个发展的过程。班固曾把
《周易》成书概括为:"人更三圣,世历三古。"此是说《周易》成书是
由伏羲、文王、孔子三个圣人经历上古、中古、下古三代完成。目前
学界对《周易》的作者虽有一定的争议,但在《周易》成书是经历了
几个时代、由几代人完成的问题上却达成了共识。而从易学发展
来看,自孔子儒家习易作《易传》以来,伴随着时代的变化,易学按
照象数义理两大路数进行演变,形成了两汉的象数易、魏晋玄学
易、宋明义理易和清代的朴学易。因此易学史是历史的一个重要
组成部分,从宏观言之易学本身也属于史学研究的范畴。同时,我
们还可以看到,不同的历史时期的易学有其不同的易学概念、不同
的研究方法和不同的内容,这完全取决于当时社会发展的需要,社
会历史的发展造就了《周易》和易学。

更为重要的是特定的历史环境和特定的作者决定了《周易》
成为一部不是史书的"史书"。《周易》成书的时代,社会急剧动
荡,"纣在上位,逆天暴物;文王以诸侯顺天而行道"(《汉书·艺文
志》)。殷周矛盾日益尖锐,小邦国剪灭大邦国已成定局。在此大
的历史背景下,发生了一系列重大的历史事件:周文王伐商失败;
商王嫁太姒于文王;"帝纣囚西伯于羑里";"西伯之臣闳夭之徒,
求美女奇物以献纣,纣乃赦西伯";武王牧野伐纣取胜;周公摄政,
平管蔡之乱;……在这复杂的历史环境下《周易》成书。根据当今
大多学者考证,《周易》是由文王和周公编定。文王和周公既是
《周易》的作者,又是当时社会变革的领导者和参与者,《周易》卦
爻辞许多是以发生在当时重大的历史事件为内容,流露出作者的
心态是合乎情理的。如《周易》卦名和卦爻辞体现着《易》作者的
忧患意识。《系辞》在解释卦名时指出:"作《易》者,其有忧患乎?
是故履,德之基也;谦,德之柄也;复,德之本也;恒,德之固也;损,
德之修也;益,德之裕也;困,德之辨也;井,德之地也;巽,德之制

也。"《周易》卦爻有吉凶之变,吉卦有凶辞,凶卦有吉辞,在一卦中或有凶变吉,或有吉变凶。如《系辞》所言:"易之兴也,其当殷之末世、周之盛德邪? 当文王与纣之事邪? 是故其辞危,危者使平,易者使倾。"《周易》许多卦爻辞记录了当时发生的重大历史事件,如《升》六四"王用亨于岐山",《晋》"康侯用锡马蕃庶、昼日三接",《明夷》六五"箕子之明夷",《归妹》六五"帝乙归妹",《既济》九三"高宗伐鬼方"等,据现代学者考证,均为记载当时历史事件的文辞。既然《周易》卦爻辞编定根植于当时社会生活,反映着《易》作者艰难复杂的处境及在那种处境下所具有的忧患意识,并从某些方面记录当时历史演变的过程及发生的重大的历史事件,那么要解读和诠显《周易》卦爻辞的本义,契会和驾驭其思想和精神,就必须用史学知识和方法,这是以揭示象辞联系、阐明象为辞据为宗旨的象数方法及其他方法所不能取代的。这就是易学史上以史治《易》之所以能够兴起、并在众多易学方法中占有一席之地、而为历代易学大家所器重的关键之所在。

从研究方法言之,易学史上以史治《易》大致有以史注《易》、以史证《易》、以史代《易》三种形式。以史注《易》是运用历史知识注释和探讨易学问题,以恢复和凸显《周易》本义为宗旨。以史证《易》则是以历史知识为工具,揭示和印证《周易》卦爻辞所蕴涵的社会人生之哲理。它所追求的不是《易》之本义,而是《易》之理。以史代《易》则是把《周易》视为一部史书,用《易》作者时代所发生的历史事件解释所有的卦爻辞,即卦爻辞成了以特殊形式记载当时历史事件的材料。通观郑玄的易学材料,其以史治《易》主要采取了前两种形式。

用殷周演变史解说《周易》,是他以史注《易》的一种形式。《周易》成书的时代,社会急剧动荡,周克殷已成为历史发展的趋势。为了实现这一历史的过渡,以文王、武王为代表的周王国与以纣为代表的大商帝国展开了激烈的斗争,从而在此时发生了一系列与殷周演变相关的历史事件。在现存的《易注》中,郑玄主要选择了四条反映当时历史演变的史料对《周易》卦爻辞进行解说。其一,文王改正朔受命。古代帝王受命必先改历法,如夏以一月为正月,殷以十二月为正月,周以十一月为正月。《史记·历书》云:"昔者易姓受命,必慎始初,改正朔。""夏正以正月,殷正以十二月,周正以十一月。……天下有道,则不失纪序;无道,则正朔不行于诸侯。"郑玄用文王改殷正之事注《临》"至于八月有凶"。认为"八月有凶"是就周历而言的,周历以复卦十一月为正月,临卦十二月为二月,至遯卦为八月。他说:"临卦斗建丑而用事,殷之正月也。当文王之时,纣为无道,故于是卦为殷家著兴衰之戒,以见周改殷正之数云。临自周二月用事,迄其七月,至八月而遯卦受之。"(《周易集解》)其二,文王被囚羑里,其臣向纣王行贿,而使文王获释。殷之末年,纣王无道,渐失民心,其所属西北国周施行仁政,民心归顺,已对殷构成威胁,纣采纳崇侯虎建议,"乃囚西伯于羑里,闳夭之徒患之,乃求有莘氏美女、骊戎之文马、有熊九驷、他奇怪物,因殷嬖臣费仲而献之纣。纣大说,曰:'此一物足以释西伯,况其多乎!'乃赦西伯,赐之弓矢斧钺,使西伯得征伐"。郑玄取之注《否》九五曰:"犹纣囚文王于羑里之狱,四臣献珍异之物,而终免于难,'系于包桑'之谓。"(《周易集解》)其三,周公摄政。据《礼记·明堂位》记载:周之初,武王死,其子成王即位,"成王幼弱,周公践天子之位,以治天下,六年,朝诸侯于明堂"。郑氏取之以注《易》,如注《大有》云:"六五体离,处乾之上,犹大臣有圣明之德,代君为政,处其位,有其事而理之也。……若周公摄政,朝诸侯于明堂是也。"(《周易集解》)注《坤》六五云:"如舜试天子,周公摄政。"(《隋书·李德林传》)其四,文、武、周公有明德,代代相续,完成了克商兴周的大业。郑注《离·象》云:"明明相继而起,大人重光之象。尧、舜、禹、文、武之盛也。"(《汉上易传》)注《离》六二云："离,南方之卦,离为火,土托位焉,土色黄,火之子。喻子有明德,能附丽于起父其道。文王之子发、旦是也,成其业则吉也。"(《文选注》卷二十)

同时,郑氏还注重取殷或殷以前的史事说《易》。在汉代人眼里,三皇五帝有明德、施仁政,为中国古代政治理想、道德典范的化身,其所处的时代,是王道流行、国泰民安的太平盛世,故为包括汉代在内的后世帝王圣贤所推崇、赞美和效法。生活在汉末的郑玄也不例外,为三皇五帝歌功颂德,表现在他用这些有关帝王的史料注《易》。如他常把尧、舜、禹等喻为龙,或有光明之德的大人。其注《离·象》"明两作,离。大人以继明照于四方"云:"作,起也。明明相继,大人重光之象。尧、舜、禹、文、武之盛也。"(《汉上易传》)离,为日,光明之象。《离》卦上下皆离,故有明两作、明明相继之象。在人事即尧、舜、禹、文、武有明德相续。其注《乾》用九"见群龙无首吉"云"六爻皆体龙,群龙象。舜既受禅,禹于稷、契、咎繇之属并在朝"(《后汉书·郎颛传》注及《班固传》注)。在《周易》,以龙喻阳,乾六爻皆阳,故有"六龙"或"群龙"之称。郑氏以舜即位,重用前世帝王有贤德的后裔说明群龙。

尧之末年有四凶在朝,舜即摄天子之位后请帝尧放逐之。《史记·五帝本纪》云:"昔帝鸿氏有不才子,掩义隐贼,好行凶慝,天下谓之浑沌。少暭氏有不才子,毁信恶忠,崇饰恶言,天下谓之穷奇。颛顼氏有不才子,不可教训,不知话言,天下谓之梼杌……缙云氏有不才子,贪于饮食,冒于货贿,天下谓之饕餮。天下恶之,比之三凶。"又云:"舜宾于四门,乃流四凶族,迁于四裔,以御螭魅。"又根据《史记》《尚书》记载,尧曾流放共工、驩兜、三苗、鲧四个不服从控制的部族首领。如《尚书·尧典》云:"流共工于幽州,放驩兜于崇山,窜三苗于三危,殛鲧于羽山,四罪而天下咸服。"有人认为,浑沌、穷奇、梼杌、饕餮就是共工、骓兜、三苗、鲧。郑氏以尧之末年喻"亢龙",以四凶在朝喻"有悔",以舜放逐四凶说明"未大凶"。郑注《乾》上九"亢龙有悔"云:"尧之末年,四凶在朝,是以有悔,未大凶也。"(《周易正义》)

又舜在即位前经受了整理礼教、任职百官、接待宾客的考验。《尚书·舜典》云:"虞舜侧微,尧闻之聪明,将使嗣位,历试诸难,……慎徽五典,五典克从。纳于百揆,百揆时叙。宾于四门,四门穆穆。"郑氏取之注《随》初九云:"震为大途,又为日门。当春分阴阳之所交也。是臣出君门,与四方贤人交有成功之象也。昔舜'慎徽五典,五典克从。纳于百揆,百揆时序。宾于四门,四门穆穆'是其义也。"(《周易集解》)很显然,此注所用的史料完全取自《尚书》。

郑氏有时还用春秋时国君说明易之理。《遯》卦二阴居四阳之下,有阴上长阳消退之义。于人事则为有大德而崇尚谦德,以远嫉妒之害。郑氏以"陈敬仲奔齐辞卿"说明是理。根据《左传》庄公二十二年的记载,陈厉公之子完号敬仲与太子御寇友好,陈宣公杀御寇而另立太子,敬仲害怕祸及身而奔齐。齐侯使敬仲为卿,敬仲推辞说:"羁旅之臣,幸若获宥,及于宽政,赦其不闲于教训,而免于罪戾,驰于负担,君之惠也。所获多矣,敢辱高位以速官谤?请以死告。诗曰:'翘翘车乘,招我以弓。岂不欲往,畏我友朋。'使为工正。"此为"陈敬仲奔齐辞卿"。郑氏取之注《遯》云:"遯,逃去之名也。艮为门阙,乾有健德。互体有巽,巽为进退。君子出门,行有进退,逃去之象。二五得位而有应,是用正道得礼见召聘。始仕他国,当尚谦谦。小其和顺之道,居小官,干小事。其进以渐,则远妒忌之害。昔陈敬仲奔齐,辞卿是也。"(《周易集解》)

郑氏以史治《易》是对《易传》乃至两汉易学的总结和发展。《易传》开以史治《易》之先河,今本《易传》之用文王被囚、箕子劝谏之事解说《易》是其例。《象传》注《明夷》云:"明入地中,明夷。内文明而外柔顺,以蒙大难,文王以之。利艰贞,晦其明也,内难而能正其志,箕子以之。"此"蒙大难"指文王被囚于羑里,"内难而能正其志",指箕子谏纣王未被采纳,披发佯狂为奴,又为纣王所囚。帛书《易传》也极为重视以史治《易》,如《缪和》曾以商汤、文王、秦穆公、齐桓公、勾践说明《困》卦所包含的穷困之理,以秦穆公、晋文公、楚庄王、齐桓公为例注《丰》卦九四爻辞。另外,《缪和》十九至二十四段专以历史故事明《易》,"第十九段是以汤田猎德及禽兽的故事来阐明比卦九五爻辞之义;第二十段是以魏文侯礼过段干木事来阐发益卦九五爻辞之义;第二十一段是以吴太子辰归(馈)冰八管,置之江中,与士人共饮,因而士人大悦,大败荆人的故事来阐明谦卦上六爻辞之义;第二十二段是以倚相说荆王从越分吴事阐明睽卦上九爻辞之义;第二十三段通过沈尹树(成)陈说伐陈之利阐明明夷卦六四爻辞之义;第二十四段通过史黑(墨)向赵间(简)子分析卫不可伐之事阐明观卦六四爻辞之义"。① 成书于西汉、以解说《周易》为宗旨的《易纬》承袭了《易传》的传统,多次用殷周史事注释易卦。如《乾凿度》用"文王修积道德、宏开基业"释《升》卦,以文王"崇至法、显中和之美"注《随》卦,以武丁"内理其国、以得民心、扶微救衰、伐征远方"释《既济》"高宗伐鬼方",以汤嫁妹"本天地、正夫妇"释《泰》"帝乙归妹",以文王被纣王所困、"全王德、通至美"释《困》卦。马融也曾用史事治《易》。马注《明夷》六五"箕子之明夷利贞"云:"箕子,纣之诸父,明于天道,洪范之九畴,德可以王,故以当五。知纣之恶,无可奈何,同姓恩深,不忍弃去,被发佯狂,以明为暗,故曰'箕子之明夷'。卒以

---

① 廖名春:《帛书〈缪和〉〈昭力〉简说》,陈鼓应主编《道家文化研究》第三辑,上海古籍出版社 1998 年。

全身,为武王师,名传无穷,故曰'利贞'矣。"(《周易集解》)注《革》九五"大人虎变未占有孚"云:"大人虎变,虎变威德折冲万里,望风而信。以喻舜舞于羽,而有苗自服。周公修文德,越裳献雉,故曰'未占有孚'矣。"(同上)由此可以看出,在郑玄之前,以史治《易》的方法早已形成并被易学家所普遍认可和使用,也就是说,此法非郑氏所独创。

郑氏博览群书,又师从马融学《易》,用此法当是受启于马融和《易传》、《易纬》等著作。虽然如此,郑玄易学的贡献仍然不可磨灭。主要表现在他凸显了以史治《易》的方法。从现存的易学资料看,在郑氏之前,用此法注《易》较少,在易注中的地位无关紧要,这种情况在郑氏《易注》中则有很大的改变。郑氏不仅用史事印证《易》之义理,而且用殷周史事揭示《易》之本义。从使用的数量看,郑氏用此法注《易》明显多于他以前的每一个易学家。在郑氏易学中除了爻辰法、礼象法外,当数此法使用率最高,它是郑氏易学重义理的重要标志之一,是其他方法所不可取代的,具有举足轻重的地位。更为重要的是郑氏用此法在易学史上起到了承前启后的作用。晋人干宝系统用殷周史注《易》,宋代李光、杨万里等以史事揭证易理,近人以《易》为史、专以史释《易》不能不归功于郑氏,即在以史治《易》方法使用和发展中,郑氏以史治《易》是重要的一环。

2. 以礼注《易》

《礼》是儒家的经书。礼有《周礼》、《仪礼》、《礼记》三书,称为"三礼"。《周礼》又称《周官》,其内容是我国古代第一部系统记述先秦政治、经济、军事等制度的典籍,原为"天官冢宰"、"地官司徒"、"春官宗伯"、"夏官司马","秋官司寇"、"冬官司空"六篇。此书在西汉被发现时,"冬官司空"已亡佚,故取内容相近的《考工记》代替。《周礼》按照天地四时观念设立六官:天官冢宰,负责以治典、教典、礼典、政典、刑典、事典六典辅佐君王治理国家;地官司徒,掌管土地和户口及其赋税和徭役;春官宗伯,掌管祭祀和礼仪之事;夏官司马,掌管军政,负责保卫疆土;秋官司寇,掌管刑法,负责治安。冬官司空,主管百工和土木建设。旧说为周公所撰,但学界多认为非一时一人完成的,是自西周始、经春秋战国逐步完成的。

《仪礼》,汉人通称《士礼》或《礼经》,晋代始称《仪礼》。《士礼》十七篇,是西周、春秋礼仪制度的总汇,记述了古代冠、婚、丧、祭、乡、射、朝、聘等各种礼仪。礼本来是协调人与人关系、规范人的行为、稳定社会秩序的原则,是人类由野蛮走向文明的标志,后来演化为古代统治者在处理国与国之间、人与人之间关系和进行宗教活动以及日常生活必须遵循的典章礼仪。礼是儒家学说之根本,儒者以礼安身立命。按照现代学者研究,《仪礼》始于周公,成于周室之史。① 又有学者提出是孔子及其后学编撰而成。②

《礼记》又称《小戴礼记》,今本四十九篇,《汉书·艺文志》班固自注称"七十子后学者所记"。根据现代许多人考证,《礼记》是西汉作品,但单篇或数篇形式流行的《礼记》在战国时代已定型和流传。③ 它是儒家礼学论文汇编,其内容是对《仪礼》的解释和补充,通论礼的原则和意义。

"三礼"和《周易》本来是不同性质的书,如《庄子·天下》所言"礼以道行","易以道阴阳";又如司马迁说:"《易》著天地阴阳四时五行,故长于变;《礼》经纪人伦,故长于行;……是故《礼》以节人,……《易》以道化。"(《史记·太史公自序》)但是,他们作为儒家的经典,又有着相通之处,如《周易》古经中保留了许多政治、军

---

① 徐复观:《徐复观论经学史二种》第 132 页,上海书店 2002 年。
② 见张涛:《经学与汉代社会》第 28—29 页,河北人民出版社 2001 年。
③ 见张涛:《经学与汉代社会》第 30—32 页,河北人民出版社 2001 年。

事、经济、宗教等社会生活方面有关礼的内容,经过儒家的阐发,成为当时规范人们行为、处理国家与国家、人与人关系的准则,与礼学相表里。也就在这个意义上,韩宣子聘于鲁,观书于太史氏,见《易象》与《鲁春秋》,发出"周礼尽在鲁矣"的赞叹。(《左传》昭公二年)正是由于《周易》与礼这种特殊的关系,以礼解《易》才成为一种独特易学方法,在易学发展中起着重要作用。

以礼注《易》开始于郑玄,也是郑氏治《易》的重要特色。它作为一种方法从宏观上说,也是以史注《易》的一种表现形式。从取象角度言之,此为以礼象注《易》。当然这个象不同于象数易中的其他象。一般说来,象数易学中的象,是八卦所固有的或由八卦延伸出的特定的象,而礼象既不是八卦固有的象,也非直接由八卦延伸出的象,而是取自于记载古代典章制度风俗习惯的"三礼"。在注《易》时,郑玄或直接取自"三礼",如古礼有男子三十而娶、女子二十而嫁的说法。《周礼·地官·媒氏》曰:"令男三十而娶,女二十而嫁。"《礼记·内则》曰:"(男)二十而冠,始学礼。……三十而有室,始理男事。(女)十有五年而笄,二十而嫁。"郑玄取之注《大过》九二"老夫得其女妻"云:"以丈夫年过娶二十之女,老妇年过嫁于三十之男,皆得其子。"又注《咸》"咸亨利贞取女吉"云:"咸,感也。……其于人也,嘉会礼通,和顺于义,干事能正,三十之男,有此三德,以下二十之女,正而相亲说,娶之则吉也。"或借助于互体、爻辰、爻体等方法取象,然后根据取象推演出礼制,从而达到注《易》的目的。如古礼有二月适宜结婚的说法。《周礼·地官·媒氏》曰:"仲春之月,令会男女。"郑玄先用爻辰取象,然后引出周礼之说。郑注《泰》九五"帝乙归妹,以祉元吉"云:"五爻辰在卯,春为阳中,万物以生。生育者,嫁娶之贵。仲春之月,嫁娶男女之礼,福禄大吉。"如周礼有外朝听政处理刑狱的记载。《周礼·秋官·朝士》曰:"朝士掌建邦外朝之法,左九棘,孤卿大夫位焉,群士在其后。右九棘,公侯伯子男位焉,群吏在其后……左嘉石,平罢民焉。右肺石,达穷民焉。"《周礼·秋官·大司寇职》云:"以圆土聚教罢民,凡害人者,置之圆土,而施职事焉,以明刑耻之。其能改过,反于中国,不齿三年。其不能改而出圆土者,杀。"郑氏在注《坎》上六时先用互体取象,然后根据取象引出《周礼》关于外朝处理刑狱的记载,解说此爻爻辞。郑注曰:"三五互体艮,又与震同体,艮为门阙,于木为多节。震之所为,有丛拘之类。门阙之内有丛木多节之木,是天子外朝左右九棘之象也。外朝者,所以询事之处也。左嘉石平罢民焉,右肺石达穷民焉。……其害人者,置之圆土,而施职事焉,以明刑耻之。能复者,上罪三年而赦,中罪二年而赦,下罪一年而赦。不得者,不自思以得正道,终不自改,而出诸圆土者,杀。故凶。"由于这些礼象反映的社会的典章制度和风俗习惯,属于人事,故我们又把此法注《易》视为明人事的以史注《易》方法。

郑玄独辟蹊径,以礼注《易》,当归于他对于"三礼"的精湛研究。西汉《仪礼》十七篇作为官学流传,《礼》有大戴、小戴、庆氏之学。后在民间发现《礼记》和《周礼》。据《汉书·河间献王传》记载,献王所得先秦古文旧书中有《周官》、《礼》和《礼记》,新发现《周官》和《礼记》在东汉虽未立于学官,但它们作为珍贵的文献,引起学界高度关注,《周官》、《礼记》与官学《仪礼》成为"三礼"之学。郑众、贾逵、马融、卢植等皆治礼学,郑玄发挥旁通,融旧铸新,尽注三礼。《后汉书·儒林列传》云:"中兴,郑众传《周官经》,后马融作《周官传》,受郑玄,玄作《周官注》。玄本习小戴礼,后以古经校之,取其义长者,故为郑氏学。玄又注小戴所传《礼记》四十九篇,通为'三礼'焉。"根据《年谱》,在党锢期间,郑氏注"三礼",且用力最勤,研究最精。如郑珍所言:"按如康成《自叙》,则遭禁杜门,十四年中,其精力全用在'三礼'也。"(《传注》)袁翻云:"郑玄训诂《三礼》及释《五经》异义,并尽思穷神,故得之远矣。"(《魏书·袁翻传》)郑氏注《周易》较晚,《周易注》是在他去世前成书的,即《周易注》是封笔之作。由此可以看出,他注《周易》之时,经一生孜孜不倦的追求,其学问已融会贯通,精微博大。那么他用倾注一生包括"三礼"在内的知识和学问解读《周易》当在情理之中。

从易学发展视之,郑玄义理方法对后世易学影响与其象数相比,毫不逊色。郑玄以其在易学史乃至整个经学史上显赫的地位和独特的易学风格,直接或间接对魏晋以后尤其是两宋义理之学形成产生了重要的影响。当我们审视和探寻魏晋以后易学由关注偏于天道的象数向关注偏于人事的义理转变、由此而形成的以凸显义理为主要目的的治易风格时,不能忽略郑玄所使用的义理方法对于后世的启迪。同时,应当看到郑玄义理方法与后世义理之学有本质区别。郑玄义理方法是在训诂学视野下对于《周易》经传固有的人事的关注,重在诠释《周易》本义;而魏晋以后义理之学则是以笺注为形式,通过解读《周易》经传,体悟圣人之意,阐发具有哲学意义的义理。

三、训诂释辞方法

训诂是对古文献的解说,人们的解释活动是为"训",用当时流行的语言解释形成于这之前、人们难以理解的文献(故言)是为"诂"。《尔雅·释训》:"训,道也。"毛亨也释《诗·大雅·生民》时也把"训"解为"道"。孔颖达《毛诗·关雎古训传》正义云:"训者,道也。道物之形貌以告人也。"《说文》:"训,说教也。"段注云:"说教者,说释而教之,必顺其理。引申之,凡顺皆曰训。"诂,是解释故言。《说文》:"诂,训故言也。"段注:"训故言者,说释故言以教人,是之谓诂。"孔颖达《毛诗·关雎古训传》正义云:"诂者,古也。古今异言,通之使人知也。"孔颖达进一步把"训诂"解释为:

"诂训者,通古今之异词,辨物之形貌,则解释之义尽归于此。"训诂是通过辨形、读音、释义、通假、修辞、语法、校勘等方式解释文本字词句意义,然后再梳理篇章结构、串讲大意,对文本作出系统的解释,实现古今话语的转换。在这个意义上说,训诂是诠释,训诂学是中国古代诠释学。虽然训诂是以彰显文本本义为宗旨,但是,由于中国古代文字是象形文字,具有一字多音多义的特性,而古代文本大多用字简略,易生歧义;更由于解释者所处时代不同和处于同时代解释者知识水平和理解能力的差异,导致对于同一文本或同一文本某一句话、某一个字解释不尽一致,甚至有时是天壤之别,表现出极强的主观性。两汉经学今古文家就是例证。今文家借助于训诂阐发经学中微言大义,而古文家则借助于训诂重现经学本来意义。

两汉是训诂学形成时期,一方面由于经学发展需要,形成了专门的训诂学著作,如《尔雅》、《说文》、《方言》等。另一方面,训诂学形成推动了经学发展,二者共存互动,因而形成了以笺注为主要形式、以彰显经学本义为指归的两汉经学研究。郑玄是大经学家,也是大训诂学家。说他是经学家,是因为他遍注群经,说他是训诂学家,因在注经时使用了训诂学。并且他对于训诂学是有贡献的。今人张舜徽先生撰写《郑学丛著》,以郑学叙录、郑氏校雠学发微、郑雅、演释名等题,系统地总结了郑氏在经学和训诂学上的成就,高度评价了郑氏在训诂学上的贡献。如郑玄在训诂学方面的贡献表现在他注经因文立注训,各有依据,能用古训者则用之,不能用之则旁征博引,辨别上下文意,自创新解,以通经义。这一点与许慎不同:"郑氏注经,与许氏解字之体不同。注经职在畅通经意,多因文立注,而引申假借之义为多;许书则以阐明文字本义为主,二者固有辨也。"①其次,他在音训方面,经常通过"声类"、"音类"相

---

① 张舜徽:《郑学丛著》第 199 页,齐鲁书社 1984 年。

同相近,训释字义,这是他的发明创造。就易学而言,郑玄治易不仅注重象数和义理人事,而且崇尚训诂,从文字学训释《周易》经传的字义,这是郑氏易学的重要特征。郑氏在易学训诂方面的成就主要表现在以下几点:

其一,他以《易传》训诂资料注《易》。众所周知,《易传》是一部系统解说《周易》的著作。其中对于文字意义训释是《易传》的一个重要方法,《易传》作者运用训诂对《周易》卦爻辞进行了解说,使《周易》许多文辞意义借助于《易传》解说而显现,故《易传》成为后世以训诂注《易》的依据。郑玄生活在东汉后期,这是一个神化孔子、儒学独尊的时代,也是经学鼎盛的时代。处在这样一个儒学狂热的时代,儒家经典不仅被看作经学解释的对象,更把它自身注解内容当作注经必须吸取的宝贵财富和衡量是否符合经文本身的尺度。然而,东汉经学研究鼎盛背后潜藏"异端纷纭,互相诡激,遂令经有数家,家有数说,章句多者或乃百余万言,学徒劳而少功,后生疑而莫正"的危机,郑玄有感于此,立志"念述先圣之元意、思整百家之不齐",以凸显儒家经典本义为指归,在此理念支配下,被时人视为孔子所作的《易传》成为他晚年为《周易》立注的重中之重。因此,郑玄注《易》尽力运用《易传》已有的训诂成果。如注《泰》:"泰,通也。"注《谦》:"亨者,嘉会之礼。"注《豫》:"坤,顺也。"注《随》:"震,动也。兑,说也。"注《临》:"临,大也。"注《复》:"复,反。"注《无妄·彖》:"佑,助也。"注《颐》:"颐,养也。"注《咸》:"咸,感也。"注《恒》:"恒,久也。"注《明夷》:"夷,伤也。"注《睽》:"睽,乖也。"注《夬》:"夬,决也。"注《遘》:"遘,遇也。"注《萃》:"萃,聚也。坤为顺,兑为说。"注《升》:"升,上也。"注《坎》:"坎,水也。"这些注释大多取自《象传》、《序卦传》、《杂卦传》、《说卦传》。虽然郑氏《周易注》全貌已不可见,但从历代辑本仍然可以看出他对《易传》重视的程度。

其二，他多引《尔雅》《说文》等现成的训诂资料注释《周易》经传字义。《尔雅》是中国古代第一部完整的训诂学著作，它的成书是汉代训诂学形成的重要标志之一。郑玄精于《尔雅》，按曹萃中《放斋诗说》说法："《尔雅》毛公以前，其文犹略，郑康成时则加详。"（引《四库全书·尔雅提要》）有的学者据此提出郑玄整理过《尔雅》。如杨端志先生指出："《尔雅》亦非成书于一人之手。它恐怕是战国中后期以来，小学家采辑诸家训诂，逐渐编次，至汉初的毛亨前初具规模。但大约那时也是相当粗略的，毛亨之后直到郑玄，又屡经增补，才大体成为我们今天看到的样子。"①基于郑玄与《尔雅》的这种关系，今人张舜徽先生依据《尔雅》体例，采辑郑玄群经注，撰成《郑雅》，与《尔雅》相表里。在《郑雅》中，与《易》相关的注，笔者作了粗略的统计：《释诂》73 条，《释言》36 条，《释训》26 条，《释亲》19 条，《释器》14 条，《释天》2 条，《释地》4 条，《释丘》2 条，《释山》3 条，《释草》3 条，《释木》3 条，《释虫》1 条，《释畜》2 条，总共大约 188 条。

其中许多直接取《尔雅》注《易》。如注《小畜》："密，静也。"注《泰·象》："辅相左右，助也。"注《泰》初九："黄（谓），勤也。"注《泰》九二："荒（㡛），虚也。"注《否》九五："休，美也。"注《豫·象》："崇，充也。"《复·六五象》："考，成也。"注《大畜》九三和《家人》初九："闲，习也。"注《大壮·象》："祥，善也。"注《晋》："接，胜也。"注《家人》九五："假，登也。"注《井》九二："射，厌也。"等皆取《尔雅·释诂》。

注《讼》九四："渝（俞），然也。"注《泰·象》："财（裁），节也。"注《否》九五："苞，植（稙）也。"注《豫·象》："忒，差也。"注《随·象》："晦，冥也。"注《复》："复，反，还也。"注《咸·上六象》："滕，

---

①　杨端志：《训诂学》（下）第 461 页，山东文艺出版社 1992 年。

送也。"注《解·象》："宅,居也。"注《小过·六五象》："尚,庶几也。"注《既济》："济,度也。"等皆取于《尔雅·释言》。

注《坤·文言》："姎,祸恶也。"注《讼·九二象》："惄,忧也。"注《大畜》："逐逐,两马也。"注《旅》初六："琐琐,犹小小也。"等皆取《尔雅·释训》。注《屯》六三："机,弩牙也。"等取自《尔雅·释器》。注《同人》九三："大阜曰陵。"等取《尔雅·释地》。《尔雅》是郑玄增补而成,成为其注《易》重要依据,则是顺理成章的事。由此,我们可以看到,郑氏取《尔雅》注《周易》,其数量之多,这在当时是罕见的。在郑氏易注中,引《尔雅》释辞,简明易懂,深入浅出,给他的象数体系及整个汉代象数易学带来新的生机,他所开创的这种笺注之风在今天仍有借鉴意义。

同时,郑玄也取《说文》等其他训诂资料注《易》。如前所言,郑玄注经与许慎《说文解字》风格迥异,但是,为了达到注《易》或注经的目的,郑玄常常采用《说文》的训诂成果。如:注《大壮·象》："祥,善也。"注《谦·象》："捊,取也。"注《豫·象》："殷,盛也。"注《离·象》："作,起也。"《咸》九五："脢,背脊肉也。"注《遯》："遯,逃去之名也。"注《解·象》："木实曰果。"注《升》六四："亨,献也。"注《井》："缡,绠也。"注《震》："虩虩,恐惧貌。"当然,他也取《诗经毛传》及其他经传注《易》,此不再缀述。总之,郑氏注《易》博采众家之长。

其三,他从音韵学角度注释《周易》。如前所言,郑氏于音训通假皆有研究,曾就声类、音类问题作过论述:"就其原文字之声类,考训诂,捃秘逸。"(引贾公彦序《周礼废兴》)"其始书之也,仓卒无其字,或以音类比方假借为之,趣于近之而已。"(引陆德明《经典释文·序录》)郑氏将这种声音相类运用于注释《周易》经文中,以声通其义。如注《屯·象》"宜建侯而不宁"云:"而,读曰能,能犹安也。"注《需》卦卦辞:"需,读为秀,阳气秀而不直前者,畏上坎也。"注《蒙》九二"包蒙"云:"苞当作彪。彪,文也。"(以上见《释文》)郑氏这种注经方法,为后世文字学家所效法,"后来的刘熙作《释名》,专从声类以推求万物得名之原,孙炎作《尔雅音义》,用反语定一切音,都是从郑氏绪论中得到启发、加以发展而成的。"①就易学而言,拓展了易学研究的领域,对于训释《周易》卦爻辞有重要的意义。在易学发展中,于《周易》音义研究有成就者(如唐人陆德明、宋人吕祖谦等)皆受郑氏影响。

其四,郑氏参照诸本,校正错简,补订脱伪。《周易》在流传中,错简、误讹情况十分严重。秦时,《周易》虽因卜筮之书而免于火灾,然而《易传》某些篇章却在战乱中逸失,直到汉初才失而复得。西汉扬雄曾对这一事实做过记载:"或曰,《易》损其一也,虽蠢知阙焉。"(《法言·问神》)东汉王充有同说:"孝宣皇帝之时,河内女子发老屋,得逸《易》……一篇。奏之宣帝示博士,然后《易》……益一篇。"(《论衡·正说》)"由于今文经学说解经随心所欲,穿凿附会,这就造成了'经传之文多无正定'。更有甚者,一些儒学之士向兰台官员私行贿赂,更改'漆书经字,以合其私文'",②从而出现包括《周易》在内的经书错简、误讹现象。近几年出土的马王堆帛书《周易》就是例证。帛书《周易》包括《周易》古经和《易传》两部分。帛书《周易》古经用了大量与今本不同的字,帛书《系辞》篇章也不同于今本。如它无"大衍章",而且也有许多文字不见于今本。如"圣者仁,壮者勇",今本《系辞》没有此句。这说明了《周易》本子在汉代存在问题很多,虽经西汉刘向以中古文校施、孟、梁丘易,东汉蔡邕正定包括《周易》在内的六经文字,但仍有一些问题没有解决。郑玄在这方面的贡献表现在:

---

① 张舜徽:《郑学丛著》第 34 页,齐鲁书社 1984 年。

② 吴雁南等主编:《中国经学史》第 134 页,福建人民出版社 2001 年。

他指出了《杂卦》中的错简。他在注《杂卦》"大过,颠也"时说:"自此以下,卦音不协,以错乱失正,弗敢耳。"(引孙星衍《周易集解》)同时,郑氏对《周易》通行本的问世做了大量的工作。众所周知,唐孔颖达《周易正义》取王弼易注而疏之,定为一尊,成为后世学《易》之范本。然王弼易本来自费氏古易,却又以不同的编次与费氏易区别开来。王弼易本这种新的变革,当与郑玄传费氏易有密切关系。费氏以十翼解说上下经,在汉代首次将十翼与《周易》古经真正地结合起来。而郑氏传费氏易,更推波助澜,而使费氏易大兴,京氏易趋向式微,这就为王弼承袭和变革费氏易提供了条件。有的学者据《三国志·魏志》引淳于俊"郑玄合《彖》、《象》于经者"的话,提出变乱《周易》十二篇编次始于郑玄。如果这种观点成立,那么,郑玄在通行本《周易》形成中的作用更大。

另外,他对《周易》经传中的文字作了考订和校勘。如:"为其嫌于无阳也"之"嫌"作"慊","君子以经纶"之"纶"作"论","君子几"之"几"作"机","包蒙"之"包"作"苞","需于沙"之"沙"作"沚","致寇"之"寇"作"戎","有孚窒"之"窒"作"咥","患至掇"之"掇"作"惙","终朝之褫"之"褫"作"拕","王三锡命"之"锡"作"赐","乘其墉"之"墉"作"庸","明辨晢"之"晢"作"遭","哀多益寡"之"哀"作"桴","介如石"之"介"作"砎","舍车而徒"之"车"作"舆","贲如皤如"之"皤"作"燔","频复"之"频"作"颦","枯杨生稊"之"稊"作"荑","不鼓缶而歌"之"鼓"作"击","大耋之嗟"下无"凶"字,"离王公"之"离"作"丽","浚恒"作"濬恒","或承之羞"之"或"作"咸","羸其角"之"羸"作"纍","不详"作"不祥","失得勿恤"之"失"作"矢","文王以之"之"以"作"似","夷于左股"之"夷"作"睇","其牛掣"之"掣"作"觢","后说之弧"之"弧"作"壶"。"宜待"作"宜待时","惩忿窒欲"之"窒"作"愦","壮于頄"之"頄"作"頯","其行次且"之"次"作"越","姤"

作"遭","施命诰四方"之"诰"作"诘","升"作"昇","劓刖"作"倪忦","其形渥"之"渥"作"剭","列其夤"之"夤"作"䐉","遇其配主"之"配"作"妃","丰其蔀"之"蔀"作"菩","丰其沛"之"沛"作"韦","日中见沫"之"沫"作"昩","天际翔"之"翔"作"祥","丽泽兑"作"离泽兑","所乐而玩"之"玩"作"翫","君子之道鲜"之"鲜"作"尟","藏诸用"之"藏"作"臧","议之而后动"之"议"作"仪","有功不德"之"德"作"置","冶容"作"野容","又以尚贤"之"又"作"有","以待暴客"之"暴"作"虣","杂物撰德"之"撰"作"算","广颡"作"黄颡","科上槁"之"槁"作"藁","黔喙"之"黔"作"黫","蛊则饬"之"饬"作"节",等等。(参见朱彝尊《经义考》卷九)

郑本有许多地方不同于今本,却与先秦古本同。如今本师卦九二"王三锡命"之"锡",郑作"赐",战国竹书和帛书《昭力》作"赐"。又今本讼卦上九"或锡之"之"锡",帛书和战国竹书皆作"赐"。今本《同人》九四"乘其墉"之"墉",郑作"庸",与帛书同。今本《恒》初六"浚恒"之"恒",郑作"濬",与战国竹书同。郑本"姤"作"遘",同于古文,《释文》:"薛云:古文作'遘'郑同。"今本《周易》当属于费氏古文易,郑玄曾经从马融传费氏古文易,整体上有费氏易学统,但是由于他学无常师,遍通诸家,致使其易学表现出不同于费氏易学的风格。值得说明的是郑玄所使用的文字虽然不同于今本,但这些不同的文字大多可以通假,其字意相同。

同时,可以看到郑氏《周易》本子参照了当时诸多易本,如"有孚窒"之"窒"作"咥",同马融本;"乘其墉"之"墉"作"庸",同帛书《周易》;"哀多益寡"之"哀"作"捊",与荀爽本同;"枯杨生稊"之"稊"作"黄",与帛书《周易》同;"失得勿恤"之"失"作"矢",与帛书《周易》、孟喜易、马融易同;"后说之弧"之"弧"作"壶",与帛书

《周易》、京氏易、马融易同；"其行次且"之"次"作"越"，与《说文》同。从与其他版本的比较看，郑本使用了与他本相同的文字，证明了郑氏吸收了刘向父子和蔡邕等人的校勘成果；但是又与他本不尽相同，又证明了郑氏对当时流行的《周易》版本重新作了校勘。

　　总之，训诂学是郑氏易学的重要组成部分，对于郑氏易学发展和流传都产生过深远的影响。训诂学进入易学，给易学研究注入了新的活力。中国易学研究历经几千年，其中易学训诂一直占有极其重要的地位，若追溯其源，最早始于《易传》，而备于郑玄。

第九章　论郑玄易学价值

一、郑玄易学是对两汉易学的总结和整合

郑玄自幼偏好经学、算术、天文、阴阳占验术，长大后有感于学界弊端重重，则不为高官厚禄所诱惑，立志为学，以"思整百家之不齐"。为了实现其志向，他游遍天下，访尽名士鸿儒；博览群经，致力于经学诠释。他在《戒子益恩书》中对自己一生为实现理想所做的努力进行了概括，他说："吾家旧贫，不为父母群弟所容，去厮役之吏，游学周、秦之都，往来幽、并、兖、豫之域，获觐乎在位通人，处逸大儒，得意者咸从捧手，有所受焉。遂博稽《六艺》，粗览传记，时睹秘书纬术之奥。年过四十，乃归供养，假田播殖，以娱朝夕。遇阉尹擅势，坐党禁锢，十有四年，而蒙赦令，举贤良方正有道，辟大将军三司府。公车再召，比牒并名，早为宰相。惟彼数公，懿德大雅，克堪王臣，故宜式序。吾自忖度，无任于此。但念述先圣之元意，思整百家之不齐，亦庶几以竭吾才，故闻命罔从。"（《后汉书·郑玄传》）他一生不囿于门户，游遍天下，拜师求学，博稽群书，融会贯通，形成了能够洞照是非曲直、独特的经学方法和观点，并以此方法和观点为工具对当时经学作了梳理和总结。就易学而言，他对汉代易学的总结和整合主要表现在以下几个方面：

1. 融合今古文易，结束了两汉今文易和古文易相对峙的局面

汉代易学有今古文之分，西汉立于学官的施、孟、梁丘易是今文易，民间未立学官的费氏易与古文易相同，则属于古文易。东汉时，今文易与古文易并存，有传今文易的，如戴宾、刘昆等传施雠易，洼丹、任安等传孟喜易，范升、杨政等传梁丘易，戴凭、魏满等传京氏易。有传古文易的，如陈元、郑众等传费氏易。从文本看，今文易和古文易不同于其他经的今古文，差别较少。《汉书·艺文志》云："刘向以中古文易经校施、孟、梁丘经，或脱去无咎悔亡，惟费氏经与古文同。"然就治学的内容而言，今文易与天人之学合流，明大义微言，主阴阳占验；古文易以注经为宗旨，尚以十翼解《易》，重章句训诂。自西汉末至东汉初，两派曾围绕着是否将古文易立于学官发生了激烈的争执。刘歆欲将古文经（不含《易》）立于学官，"哀帝令歆与五经博士讲论其义，诸博士或不肯置对"。平帝时，王莽执政，起用刘歆，将古文经立于学官。刘秀建立东汉，取消立于学官的古文经，重立今文经。当时尚书令韩歆欲为费氏易立博士，遭到了治今文经的范升的强烈反对。章帝亲自在白虎观召开包括易学在内的经学讨论会，"考详异同"。并下诏令高才教授古文经传，"虽不立学官，然皆擢高第为讲郎，给事近署，所以网罗遗逸，博存众家"（《后汉书·儒林传》）。安帝博选诸儒及五经博士刘珍、马融等于东观，校订包括《易经》在内的五经及其它文献，"整齐脱误，是正文字"。据今人金德建考证，此次校书是把今文本校定成古文本。[①] 而灵帝"诏诸儒正定五经，刊于石碑，用古文、篆、隶三体书法以相参检，树之学门，使天下咸取则焉"。但此次校刊的熹平石经是今文。故今文易和古文易之争既包含了学派门户之争，也包含了政治地位之争。即"今学守今学的门户，古

---

① 金德建：《经今古文字考》第 261 页，齐鲁书社 1986 年。

学守古学门户。今学以古学为变乱师法，古学以今学为党同妒真。相攻若仇，不相混合。"①郑玄先从第五元先学京氏易。《后汉书·郑玄传》记载："遂造太学受业，师事京兆第五元先，始通《京氏易》。"京氏易讲阴阳灾异，推崇象数，属于今文易。后师马融学费氏易。《后汉书·儒林传》云："建武中，……陈元、郑众皆传费氏易，其后马融亦为其传，融受郑玄，玄作《易注》。"费氏易不讲阴阳灾异，专以《易传》释《易》。故郑玄易学从思想和方法方面继承了京氏易今文易和费氏易古文易。如京氏言六日七分，此说是指四正卦主七十三分，春分前一卦《晋》、秋分前一卦《大畜》、夏至前一卦《井》、冬至前一卦《颐》分别主五日十四分，其余卦主六日七分。郑注《易纬·稽览图》"唯消息及四时卦当尽其日"、"消息及杂卦传相去各如中孚"及"消息及四时卦各尽其日"均言"消息（尽）六日七分，四时（尽）七十三分"（黄奭辑《易纬》第六卷）。此为郑氏用京氏易例证之一。费氏以《易传》解经，《易传》多以中、乘、承、应、据、得位、失位释《易》。郑氏继承了费氏的传统。如他注《中孚》云"三辰在亥，亥为豕。爻失正，故变而从小名言豚耳。四辰在丑，……爻得正，故变而从大名言鱼耳"（《引惠栋《郑氏周易》卷中》。此为以失位得位释《易》。注《遯》云："二五得位而有应，是用正道。"（《周易集解》）此为以应释《易》。注《坎》六四云："六四上承九五。"（同上，卷上）注《坎》上六云："上六乘阳，有邪恶之罪。"（同上）此为以乘释《易》。由此可以看出，郑氏易学融京氏易和费氏易为一体。又考《经典释文》，郑氏易兼顾今文易、古文易。《离·象》"離王公"。郑作"麗"，按《仪礼·士冠礼》郑注云："古文儷为離。"郑作"麗"是"儷"之省，从今文本。《鼎》九四："其形渥。"渥郑作"刑"。"《周礼·秋官·司烜》也引郑注云："读如刑剧

---

①　皮锡瑞：《经学历史》第 148 页，中华书局 1981 年。

之剧。"按汉石经作"刑剧",故郑从今文本。又《师》:"王三锡命。"郑作"赐"。按《仪礼·觐礼》郑注云:"今文赐作锡。"知郑氏以"锡"为今文。郑作"赐"从古文。《泰》初九:"拔茅茹其汇。"茅,郑读作"苗"。按《仪礼·士相见礼》郑注:"古文茅作苗。"郑以"苗"为古文。《离》九三爻辞,"古文及郑无凶字",知郑从古文易。有时郑氏将今文和古文并列,如《系辞》"有功而不德",郑作"置",并云:"置当为德。"按金德建考证,"置"为古文易,"德"为今文易。① 这说明了郑氏从文本方面合今文易和古文易为一体。当然郑氏这种合今文、古文为一,不是把今文易和古文易等量齐观,平分秋色,而是以古文易为宗,兼采今文易。皮锡瑞指出:"郑君博学多师,今古文道通为一,见当时两家相攻击,意欲参合其学,自成一家之言,虽以古学为宗,亦兼采今学以附益其义。"②

2. 兼收并蓄,冲破了两汉易学的师法家法门户之见

如前所言,两汉易学传授方式是师师相承,前后相因。在传《易》、习《易》过程中,这种由于师承而形成的师法家法极为森严,各家各派,必须严格按照自己的宗师说治《易》,不得越雷池一步,甚至连一个字也不得更改,更不得参杂异说。如皮锡瑞所言:"汉人最重师法。师之所传,弟之所受,一字毋敢出入;背师说即不用。师法之严如此。"③若有背师说者,则会受到本派的排斥和整个社会的歧视。如孟喜"得易家候阴阳灾变书",诈言其师田生临终传之,遭到同门梁丘贺的极力反驳。当时,"博士缺,众人荐喜;上闻喜改师法,遂不用喜"(《汉书·儒林传》)。费直传古文易,"无有本师,而多反异",故东汉初有人提出立费氏为博士时,立刻遭到范

---

① 金德建:《经今古文字考》第 410—411 页,齐鲁书社 1986 年。
② 皮锡瑞:《经学历史》第 149 页,中华书局 1981 年。
③ 皮锡瑞:《经学历史》第 77 页,中华书局 1981 年。

升等人的反对而未成。(《后汉书·范升列传》)东汉光武帝立五经博士,各以家法教授。但王莽执政而使家法在东汉已经不同程度地遭到了破坏,学者"皆以意说,不修家法","以尊师为非义,意说为得理"(《后汉书·徐防传》)。至安帝"以经传之文多不正定,乃选通儒谒者刘珍及博士良史诣东观,各雠校家法"(《后汉书·蔡伦列传》)。在统治者干预下,家法再度受到学界的重视。易学界诸家尊崇师说,纯而不杂,各执一端,相互攻取。这种狭隘的门户之见阻碍了易学学术的交流和发展,更不利于后学者全面理解和准确把握《周易》本义。郑玄有感于此,学今文易,习古文易,融今文、古文易为一体。除了继承了京氏今文易和费氏古文易外,他还善于从以往的易学研究成果中吸收营养。有从《子夏易传》者,如《晋》九四"晋如鼫鼠",《释文》云:"《子夏传》作硕鼠。"张惠言云"案《正义》引郑为大鼠,异于王弼之五伎,则郑本当作硕字"(《周易郑注》卷四)。《明夷》六二"夷于左股"之"夷",《释文》云:"子夏作'睇',郑、陆同。云:旁视曰睇。"有从马融者,如马、郑皆训"无妄"为"无望",《释文》云:"马、郑、王肃皆云妄犹望,谓无所希望也。"《艮》九三"艮其限",马、郑训"限"为"要",《释文》云:"马云:'限,要也。'郑、荀、虞同。"台湾学者胡自逢指出:"郑易虽用费氏古本,同其文字,而说经之义,多取自马氏。今于章句之间厘然可辨者至多。"[1]有从《易纬》者,他"睹秘书纬术之奥"、"精历数图纬之言",故用《易纬》注《易》。如《乾凿度》云:"初为元士,二为大夫,三为三公,四为诸侯,五为天子,上为宗庙。"郑注《讼》九二云"小国之下大夫",注《观》云"九五,天子之爻",(引自惠栋《郑氏周易》卷上)注《困》九二云"二为大夫有地之象……爻四为诸侯"(同上卷中)。《乾凿度》云:"太易者,未见气也;太初者,气

---

[1] 胡自逢:《周易郑氏学》第122页,台湾文史出版社1990年。

之始也。"郑注《系辞》"易有太极"云:"极中之道,淳和未分之气也。"(同上,卷下)又作《易赞》言"易含三义"取自《乾凿度》,《易注》言爻辰是受启于《乾凿度》,足见《易纬》对郑氏易影响极深。此是郑氏不守家法的一种表现形式。

其不守家法的另一种表现形式是他还访遍众贤,博览群书,注述旧典,广综众说。用其毕生所学解读易学,推阐其义。主要表现在以下几个方面:其一,他注重文字训诂,取《尔雅》释《易》数量之多,这在当时实属罕见。① 其二,他精于《三礼》,多引周礼揭证易义。以礼注《易》是郑氏的独创,这也是郑氏易学胜于马融易学关键之所在。张惠言云:"马于人事杂,郑约之以《周礼》,此郑所以精于马也。"(《易义别录·马融易》)其三,引其它经释《易》。如引《乐记》"王者功成作乐"、引《孝经》"郊祀后稷以配天,宗祀文王于明堂以配上帝"注《豫·象》。(惠栋《郑氏周易》卷上)引《诗经》"硕鼠硕鼠,无食我黍"注《晋》九四。(同上,卷中)引《左传》桓公二年"怨耦曰仇,嘉耦曰妃"分别注《鼎》九二和《丰》初九。(同上)由此,郑氏之所以能够在综合诸家易学基础上建立一套完整的易学解释学和一个别具特色的庞大的易学体系,关键在于他不守师法家法,博览群籍,精研诸子之学,注意从易学内外的文献中吸收营养。

3. 重象数兼顾义理,走出了两汉专崇象数的迷团

象数与义理是易学研究中两种截然不同的治易方法,象数是指《周易》卦爻符号和数字及与此相关图式所象征的世界上各种事物及其呈现出的形态、属性,义理是指《周易》卦爻辞所蕴涵的自然、社会、人生之理。专以象数为工具训释《周易》经传之辞、探讨易学问题、揭示象数与易辞的内在联系是谓象数之学,象数易学

---

① 见本书第八章。

往往与古代自然科学相结合,偏重于天道。以笺注之学为形式、以凸显和阐发《周易》卦爻辞哲理、建构理论体系为宗旨的是谓义理之学。义理之学往往与社会科学相结合,偏重于人道。象数与义理原本是紧密交织在一起的,象数是易学之本,先有象数符号体系,后有内涵义理的卦爻辞,卦爻辞是参照一定象数而作,因此,我们可以把二者视为形式和内容的关系,象数是形式,义理是内容,象数发为义理,义理不能脱离象数而存在。但是在易学研究中,由于社会和易学发展或其他需要,二者往往表现出此消彼长、相互对峙的格局。汉初易学切义理,主人事。而自武帝独尊儒术,孟京一派吸收了阴阳灾异和当时自然科学知识完成了易学改革后,象数易在西汉占了主流。东汉虽然治《易》形式有所不同,但从治《易》方法上,仍然继承了西汉崇尚象数的治《易》思路。然而,象数过分地强调自然之理,蔽于天而不知人,不可能全面地、透彻地理解和诠显《周易》之大义,而使两汉易学步入了一个不能自拔的怪圈。郑玄一方面不能摆脱当时学术思潮的影响,由《易》之"观象系辞"推导出以象数治《易》的方法,进而夸大之,在《易传》取象不足的情况下,极力地借助于爻辰、互体、爻体、五行等象参杂以天文历法数学为主的自然知识注《易》。另一方面,他似乎看到自西汉以来专以象数治《易》存在的问题。《周易》系辞除了观象以外,还与当时的文字、社会风俗习惯、生产生活、历史事件相关,这些以人事为内容的易辞,单用象数的方法揭示其本义是不可能的,必须借助于人文知识和由人文知识所提供的方法加以诠释。故郑氏继承了《大象传》注《易》的思路,先用象数,后归本于人事。所不同的是,郑氏注《易》不取《大象传》"以"、而用"犹"引出人事,如他注《损》云:"艮为山,兑为泽,互体坤,坤为地。山在地上,泽在地下。泽以自损,增山之高也。犹诸侯损其国之富,以贡献于天子,故谓之损矣。"(惠栋《郑氏周易》卷中)据台湾学者胡自逢先生统计,

"郑易今存者十之三四,而用犹字以起人事之文,有十七条之多"。① 值得注意的是,郑氏还以殷周史或殷周以前的史事注《易》证《易》、以周礼释《易》。以史治《易》发轫于《易传》,今本《易传》通过对《周易》成书和作者的探讨,表现出以史解《易》的倾向,帛书《缪和》始用殷周、春秋时期的历史人物印证易理,开了以史治《易》的先河;成书于汉代的《易纬》保留了易传这种学术传统。受其影响,郑玄注重以史治《易》。如他用"尧之末年、四凶在朝"解说《乾》上九"亢龙有悔",以"周公摄政"来说明《大有》有明德之臣代君为政之象,以"尧舜禹文武之盛"训释《离·象》"大人以继明照四方",以"殷家著兴衰之戒、以见周改殷正之数"揭示《临》"八月有凶"之含义。(惠栋《郑氏周易》卷上)以礼注《易》是郑氏易学的独到之处,如前所言,郑氏精于《三礼》,这就为他以礼注《易》奠定了基础。观郑氏易注,以礼治《易》者有三十多条,其涉及的内容有婚礼、祭礼、宾礼、封礼、刑礼、赋礼等,凡《周易》所涉及古礼之处,郑氏皆能发明其义。② 总之,郑氏用易学义理之法弥补单以象数治易的不足,从而使象数、义理在象数鼎盛的大环境下走向统一,为当时学界乃至后世易学研究提供了典范。

二、郑玄易学的地位及对后世的影响

在治经可以入仕晋身求荣的汉代,郑玄不随波逐流,淡薄名利,身耕播植,遁世无闷,"念述先圣之元意、思整百家之不齐",穷尽毕生精力致力于经学和诸子之学的研究。并通过梳理和诠释经学和诸子之学,创立了气势恢弘、以一贯之的郑氏解释学,整合出

---

① 胡自逢:《周易郑氏学》第 6 页,台湾文史出版社 1990 年。
② 详见林忠军《象数易学发展史》第一卷第 159—162 页,齐鲁书社 1994 年。

一套错误较少的、比较完备的经学文本和无门户之见的、博综众说的经学体系，从而郑玄在当时就有"纯儒"、"通儒"、"大儒"、"经神"之称，郑氏的学问及在当时学界的地位得到了时人的认可，士人学者以郑氏为楷模，或直接拜郑玄为师。据有关文献记载，何休治今文经，"言理幽微，非知机藏往不可通焉。及郑康成锋起而攻之，求学者不远万里，赢粮而至，如细流之赴巨海。京师谓康成为经神"（《北堂书钞》卷八十三）。以学问而闻名当时的邴原曾求学于孙崧，孙崧则极力推荐郑玄。说："郑君学览古今，博闻强识，钩深致远，诚学者之师模也。"（《三国志·魏书·邴原传》注引《原别传》）博学秀才赵商与数千人自远方来拜郑氏为师，并称郑氏的学问于人"犹土地之有山川也，珍宝于是乎出；犹树木之有枝叶也，本根于是乎庇也"（《北堂书钞》卷八十三）。以英儒而著名当时的马融虽为其师，但在讨论历算时自愧不如："时琢郡卢子干为门人冠首，季长又不解剖裂七事，玄思得五，子干得三，季长谓子干曰：'吾与汝，皆弗如也。'"（引《郑玄别传》）袁绍为大将军时，曾宴请郑玄，宴会上，"客多豪俊，并有才说，见玄儒者，未以通人许之，竞设异端，百家互起。玄依方辩对，咸出问表，皆得所未闻，莫不嗟服"。应劭当即北面称弟子。（见《后汉书·郑玄传》）王粲曾就《尚书》对郑氏发难，但最后他不得不承认郑氏的学问。他说："世称伊、洛以东，淮、汉以北，康成一人而已。咸言先儒多阙，郑氏道备。粲窃嗟怪，因求所学，得《尚书注》，退思其意，意皆尽矣，所疑犹未喻焉。"（王应麟《困学纪闻》卷二）从这些记载看，郑玄的才华和学问的确是超人一等，不仅是不远万里向他求教的数千弟子仰慕他在经学方面的真才实学，而且凡是与他交游论学的人，甚至他的论敌也不得不叹服他于经学研究的洽熟和造诣。这里需要说明的是，人们所赞赏他的不是他的训诂学方法，而是用这种方法对经学所作的精湛的研究。"玄质于辞训，通人颇讥其繁，至于经传洽孰，称为纯儒,齐鲁间宗之。"(《后汉书·郑玄传》)"玄以博学洽闻,注解典籍,故儒雅之士集焉……是时海内清议云:'青州有邴、郑之学。'"(《三国志·魏书·邴原传》注引《原别传》)

更为重要的是他这种学问融合繁杂纷纭的百家之说,从版本上和内容上基本消除了学界门户之见,统一了当时的经学,这是其他学人所没有做到的。如范晔在评论经学时指出:

> 自秦焚《六经》,圣文埃灭。汉兴,诸儒颇修艺文,及东京学者,亦各名家,而守文之徒,滞固所禀,异端纷纭,互相诡激,遂令经有数家,家有数说,章句多者,或乃百余万言,学徒劳而少功,后生疑而莫正。郑玄括囊大典,,网罗众家,删裁繁诬,刊改漏失,自是学者略知所归。(《后汉书·郑玄传》)

就易学而言,其《易注》是郑氏晚年封笔之作,虽未像"三礼"研究那么耗费时间、竭尽思虑,但他毕竟是倾注了其一生的智慧来完成的,其易学仍然不失为具有独特不凡的路数、闳通精深的内涵,取代了其他易学而广泛流传于当时,其易学成为两汉自田何传易以来最正宗的易学,如清儒皮锡瑞所言:"学者苦其时家法繁杂,见郑君闳通博大,无所不包,众论翕然归之,不复舍此趋彼。于是郑《易注》行,而施、孟、梁丘、京之《易》不行矣。"①郑氏易学之所以能一统天下取代官学易,是由于他建立了融象数、义理、训诂为一体、较为完备合理的易学诠释方法和以这种方法构筑的有丰富内涵的、囊括诸家的易学体系。

由于他统一了两汉易学,迎合了经学研究的需要,更迎合统治阶级用经学凝聚民心、重振朝纲的需要,因而受到统治者的推崇。大将军何进征召他就职,礼待甚优,授以几杖;山东起兵伐董卓,董

---

① 皮锡瑞:《经学历史》第149页,中华书局1981年版。

卓欲用郑玄声望平息；官渡之战袁绍曾派其子请郑玄，力图以郑氏名声扭转战局；孔融立郑氏家乡为郑公乡；尤其是东汉最高统治者试用补立博士、征召其为大司农统一学者的思想、感化人们的行为。中平五年（188），皇帝诏曰："顷选举失所，多非其人，儒法杂糅，学道浸微。处士荀爽、陈纪、韩融、李楷耽道乐古，志行高洁，清贫隐约，为众所归，其以爽等各补博士。"（《后汉纪》卷二十五）平心而论，郑氏建立起来的庞大的经学体系在特定的时间内或特定范围内对于调整封建社会秩序、收聚失散的民心的确起到了一定的作用。时黄巾军四起，唯望郑玄而拜，相约不入其境，此即其证。然而，用郑氏经学来平息日益激化的社会矛盾，挽救其赖以生存、腐朽不堪的封建社会，只是一种不可能实现的幻想。历史事实已证明了这一点。

正是因为郑玄易学囊括今古、融合诸家，具有高度的凝聚力和较强的生命力，故在它产生后很长一段时间广为流行，并逐渐主宰了易学界。王肃凭借政治上的优势，力图以郑氏易为突破口，排斥两汉易学；魏晋王弼杂取老庄，以清言说易，尽扫两汉之象数，汉易衰微，唯郑氏易存。陆德明云："永嘉之乱，施氏、梁氏之易亡，孟、京、费之易无传者，唯郑康成、辅嗣所注行于世。"（《经典释文序录》）南北朝时，学界有南学和北学之分，南学用王弼《易》，北学用郑氏《易》。隋唐北学并入南学，以南学为正宗，郑氏《易》失去了官学的地位。但《周易集解》、《经典释文》及以疏解王弼《易》为宗旨的《周易正义》多引郑氏《易》，郑氏《易注》在唐代犹存。宋《崇文书目》只载一卷，存《文言》、《序卦》、《说卦》、《杂卦》四篇。《中兴书目》则始未录，郑氏《易》亡于南北宋之间。幸得宋儒王应麟、明儒姚士粦、清儒张惠言、惠栋、孙堂、黄奭等起废扶微，集逸成册，发凡起例，使郑氏易学大略再显于世。

三、郑玄易学的现代价值

易学作为中国古代特有的学问，自春秋孔子儒家治《易》始，经过历代不同学人的诠释和阐发，时至今日已积淀成为凝重深沉、气势恢弘而又具有时代特征的大易文化。审视当今易学发展及其外在表现形式，我们可以把它归结为多元化、哲理化、国际化三个明显的特点。

多元化，是指由不同的学者立足于不同的学科、运用自己掌握的知识和方法，以不同的思维方式对《周易》进行探讨，形成一些以易学为纽带的交叉学科的理论，使易学界呈现出多层次、多渠道、交叉研究的新局面。

哲理化，是指用哲学的概念、思维探讨和整合易学问题。现代易学虽然形成了多学科、多层次、多角度的研究局面，但从其主流看，偏重于哲理化研究。易学哲理化研究是现代易学的重要特点。20世纪初，随着西方文化传入中国，一大批学者接受马克思主义的学说，并用这种新观点和方法研究《周易》，将易学研究从传统的经学研究中解脱出来，取得新成果，形成了不同于传统易学的观点。自此以后，哲理化一直是大陆易学研究的主流。

国际化，是指在全球经济一体化的今日，《周易》和易学不再是中国或东南亚独有的文化，而是发展成为超越狭隘地域性和民族性的世界文化珍贵遗产。自17世纪以来，随着中西文化的频繁交流，《周易》以它那独到的符号语言和东方人那种特有的神秘智慧，越来越受到全世界的关注，许多国家和地区的学者立足于不同的文化背景、以不同的语言和思维方式对《周易》加以探索，力图凭借此元典揭开中国或东方文化的奥秘，对于当今某些科学理论和西方工业文明造成的危机作出合理的解释，使今日之易学成为人类共同拥有的、具有现代意义的文化财富。

这三个特征反映了当代易学研究领域的广度性和抽象性。也就是说,当今易学从主流看,多元化不是西方形而上学分门别类的研究,更多的是探讨学科之间观念和理论的关联和影响;哲理化也大多流于哲学思想分析和思维方式的揭示上;而西方人易学研究更是借助于中国这些已有成果做表面文章。总之,当今易学研究宏观上说只停留在整体、一般的层面上,还缺乏对其自身具体问题进行深入的研究。也就是说,有许多领域处于空白或者对其研究极为薄弱,如易学史的研究、新出土易学资料研究、易学方法论研究、易学新体系的建立等。而从易学大的发展趋势看,易学正在由宏观向微观、由抽象到具体、由广度到深度发展着。

若从社会需求和整个世界文明发展看,易学研究正在走向科学理性,从而建立一个整合古今、贯通中西文化、融合文理的、科学的全新易学体系。《周易》是古老中华文化发蒙时期的产物,本为内涵科学萌芽的卜筮之书,虽然经过《易传》的改造和加工,从某种程度上赋予了它科学和理性,但它的本来性质未改变,仍然是科学和迷信的混合物,决定了传统易学研究总是参杂某种非理性信仰和情感,直至科学发达的今日,仍然不同程度地左右学者研究。故把易学纳入科学轨道,运用现代科学提供的知识和方法,剥离《周易》的神秘外衣,发掘其科学理性,赋予其科学内容是今日易学研究者和科学研究者重要的任务。这也是易学发展的必经之路。

同时,在全球经济一体化的今日,人类面临新的挑战,如天与人、人与人、人与神、人与科技、宗教与宗教、宗教与民族等问题不时困扰着人类,如何吸收西方文化解构古老易学文化、建构新的易学体系,如何运用《周易》和以《周易》为主要框架而建立起儒家哲学及儒道释会通而形成的中华文化与世界文化实行平等对话,如何发挥《周易》应有的作用指导世界经济发展,这是每一位易学研究者在新时期下应当思考的问题。因此,用当今哲学解释学、符号学、语义学、管理学、决策学、生态伦理学等学科研究《周易》、建立科学的、全新的易学体系,是大势所趋。

我们要担当历史赋予的重任,推动易学的深入研究,建立易学新体系,除了接受西方科学、哲学提供的方法外,必须立足于中国古代易学,总结经验,接受教训,从中钩申出合理的、积极的因素。这是我们今天研究易学史的原因,当然也是我们研究郑玄易学的原因。换言之,我们之所以研究郑玄易学,不是贬低其他易学家或易学的研究,更不是盲目崇拜郑玄易学,恢复那些被历史淘汰的繁琐的易学方法,而是以科学和理性,解构其易学,择其善者而释之,以服务于现代易学研究。

用今天眼光审视郑玄易学,有如下价值:

1. 表现出的严谨的学风。

两汉经学家治经最大的特点是重名物训诂,以探求经文的本义为指归。他们旁征博引,分文析义,考辨异同,力求一言一事,必有其征,表现出朴实、严谨之学风。清末杭辛斋曾就汉学这个特点总结道:“汉学重名物,重训诂,一字一义,辨析异同,不惮参伍考订,以求其本之所自,意之所当。”(《学易笔谈》卷一)汉学这个特点表现在易学上,则专以象数和训诂为工具,考释和揭证《周易》卦爻辞。其中郑玄表现得比较突出。郑玄继承两汉易学方法,一方面推崇象数,运用爻辰、互体、爻体、卦气等取象方法,探求其卦爻辞与卦爻象的内在联系,证明易辞一字一句非圣人随意而作,皆本于象数。另一方面,以训诂学为工具,通过对易辞诠释,揭示《周易》古文字的真实含义。《周易》有符号和话语两套系统,符号系统不仅是筮占的记号,也是系辞的重要根据之一;而话语系统是由古奥而晦涩的文字构成。郑玄从字句入手,明训诂,崇象数,解说易辞古义,探索易辞象数根据,以这种方法治《易》,其结果虽然未必完全符合《周易》作者本义,但这种治《易》之理路无可厚非,更重要的是他治《易》所表现出扎扎实实的学风,是值得肯定的。然而,当今学界部分青年学者,急于成就功名,弃原典字词句的解读不顾,崇尚虚华,追求时髦名词,热衷于阐发大道,学风浮躁。因此今天研究郑玄易学,重提象数与训诂,倡导朴实和严谨之学风,对于在新背景下诠释《周易》文本、克服时下学风之流弊有重要意义。

2. 象数义理兼顾训诂的方法。

《周易》是人类智慧的结晶,内涵丰富,是永恒的主题。纵观易学史发展,治《易》方法很多,以象数解《易》、以训诂解《易》、以史学解《易》、以老庄解《易》、以儒理解《易》、以科技解《易》、以卜筮解《易》等等,各种方法各有千秋,相互表里,但总体上不外乎两大法:象数与义理。如前所言,郑玄身处象数易学盛行的汉代,能够保持与时代学风一致,严格按照象数治《易》,如爻辰、互体、爻体、卦气等注《易》,以训诂释辞,以天文历法解《易》。更可贵的是倡导象数和训诂的同时,不忘以老庄和儒家阐发义理。如以儒道解《易》、以史解《易》、以礼解《易》等,为后世纠正专以象数解易之弊端和义理之学兴起及其象数义理融合奠定基础。在今天重新解读《周易》,仍然不能背离郑玄开拓的象数义理兼顾训诂的易学大方向。尤其郑玄所倡导的文字训诂法、以史解《易》法、以象解《易》法、以礼解《易》法等在今天仍有重要的价值。我们认为,以凸显《周易》本义为宗旨的注经方法,应当是多种解易方法的综合,即训诂、象数、义理、史学等方法并重,不应该偏重某一种或几种方法。因为《周易》是一部在神秘的卜筮外壳下内涵丰富的著作,形式上有符号和话语相互关联的两大系统,内容上涉及古代社会的政治、经济、科技、文化、宗教、艺术、军事等各个方面。任何一种解释方法只能揭示《周易》某一方面或某一侧面意义,这种解释只能属于"偏见",而不属于全部意义。没有一种万能的方法,不需要借助任何其他方法,完成解释易学全部的任务,也就是说,用任何一种方法解释《周易》全部意义是不可能的,也是徒劳的;而用一种方法取代或诋毁另一种方法是非常不明智的。然而,时下学界多元化解释的易学恰恰存在这种现象:蔽于一而不知其二者有之,以己之长攻人之短者有之,等等,显然不利于易学融合和发展。因此,我们应当从郑氏易学研究中受到启发,摒弃偏见,多一点宽容和理解,取人之长,补己之短,整合当今易学成果,完善易学方法。

3. 合理的内核。

郑玄易学和整个经学乃至整个儒家思想所包含的天人一体、本于天道而立人道思想、入世情怀和人文精神、易简变易不易思维、和谐社会原则、中和观念等具有普世价值。

当今经济一体化的世界,一方面现代科技日新月异飞速发展,社会财富日增,人们生活得到了极大的改善和满足,改变了人们生活方式,扩大了人们视野;另一方面,人类面临新的危机和挑战:由于现代文明发展造成了生态平衡破坏、大气污染、水土流失严重、全球温度升高、自然资源匮乏……人与自然的矛盾日趋尖锐,人类生存环境恶化,变异病毒侵袭人类。如恩格斯所言:"我们不要过分陶醉于我们对于自然界的胜利,对于每一次这样的胜利,自然界都报复了我们。"①这一切根源于人与自然二分和对抗、自然资源无穷、人类万能、人类中心主义的理念。在此种理念支配下,人类在改造自然时利益至上,一味向大自然索取,盲目开发,从而违背了自然规律而受到惩罚,这一教训令有

---

① 《马克思恩格斯选集》第 517 页,山东人民出版社 1957 年。

识之士不得不重新反思西方人的思想观念,并需求一种比西方更好的人类生存的理论,化解当前危机。其实,早在两千多年前产生、绵绵不绝发展完善而形成的博大精深的儒家思想就是最适合当今人类居住的理论。若仔细研究你就会发现,东汉时郑玄易学中所包含的本于天道而立人道的天人合一思想及其以天人感应为基础的卦气说,就包含着独特的人类居住理论。郑玄在这些学说中早已提出忠告:人与自然相互感应,人类必须遵循自然规律,否则就会出现天灾人祸,虽然这些忠告带有神秘主义色彩,但是经过改造必将成为化解现代工业文明危机的重要理论工具。

　21 世纪经济上全球化、政治上多极化、文化上多元化并存是当今国际社会发展的一个重要趋势。和平与发展是当今社会主流,但是社会制度分歧、民族矛盾、种族冲突、宗教积怨、领土纠纷、经济摩擦、政治争论、强弱对立等各种矛盾依然存在,战争、暴力、凶杀、恐怖、贫穷等不但没有消除,反而更加严重,成为当今人类面临的威胁人类生存的又一大公敌。世界需要一种“厚德载物”的精神和平等和谐的气氛,而不是“以牙还牙”“以血还血”的相互报复、相互厮杀的极端主义。以孔子为代表的原始儒家提出“和为贵”、“和而不同”的文化理念,郑玄在此基础上提出“醇和之气”和人与人和同的和谐理论。这一理论对于人与人之间、国与国之间、民族与民族之间、宗教与宗教之间的对话、沟通、协调,来化解当今世界上存在着的对抗、误解、冲突有重大的指导意义。在这个意义上,郑玄易学研究具有积极的现实意义。另外,郑玄重视人道、关注人性以及所倡导变易与不易的学说等是当今管理学中的重要资源。

下编

周易郑氏注通释

一、上　经

乾（一）

☰乾,元亨,利贞。

初九,潜龙勿用。

郑注:《周易》以变者为占,故称九称六。(《周易正义》,以下简称《正义》)

郑氏以筮法言《周易》中爻之"九"、"六"。按照大衍法行蓍的结果,或得六,或得七,或得八,或得九。六为老阴之数,七为少阳之数,八为少阴之数,九为老阳之数。老变少不变。《周易》筮占崇尚变,故经文中阳爻称"九",阴爻称"六"。

九二,见龙在田,利见大人。

郑注:二于三才为地道,地上即田,故称田也。(《周易集解》,以下简称《集解》)九二利见九五之大人。(《正义》)

《周易》含有三才之道。《系辞》云:"《易》之为书也……有天道焉,有人道焉,有地道焉。兼三才而两之,故六。六者,非它也,三才之道也。"《说卦》云:"兼三才而两之,故《易》六画而成卦。"三才之道于八卦:上爻为天,中爻为人,下爻为地。于六十四卦:初二为地,三四为人,五上为天。《文言》释乾九三、九四即是其证:"九三重刚而不中,上不在天,下不在田。""九四重刚而不中,上不在天,下不在田,中不在人。"《乾》九二处地道,并在初爻之上,即九二处地上,故九二爻辞称"田"。"大人"是指九五,九五居上处中有大德,其位尊,二与五相应,故九二利见九五之大人。

九三,君子终日乾乾,夕惕若厉,无咎。

郑注:三于三才为人道,有乾德而在人道,君子之象。(《集解》)惕,惧也。(《经典释文》,以下简称《释文》)

按卦有三才之道,九三为人道。九三又为阳爻,居乾内卦之上,故有乾德。既有乾之大德而又在人道,此为社会中君子之象,故九三爻称"君子"。惧,指恐惧不安。训"惕"为"惧"在汉代以后很流行。如《广雅·释诂》云:"惕,惧也。"虞翻注讼"窒惕"之"惕"云:"惕,惧。"注夬九二"惕号"之"惕"亦同。由于受郑、虞之影响,后世易学家多沿袭此训。

九四,或跃在渊,无咎。

九五,飞龙在天,利见大人。

郑注:五于三才为天道。天者,清明无形,而龙在焉,飞之象也。(《集解》)

乾五、上两爻居上为天道。按照古人之说,天是气形成的,气分清浊,清阳者升而为天,浊重者降而为地。《淮南子·天文训》云:"宇宙生气,气有涯垠。清阳者薄靡而为天,重浊者凝滞而为地。"《易纬·乾凿度》云:"一者形变之始也,清轻者上为天,浊重者下为地。"九五爻居上,以示清明之气升上。龙为水物,而天上云气也属水,故九五爻有"龙飞"之象,即《文言》所谓"云从龙",《淮南子》所谓"龙举而景云属"。

上九,亢龙有悔。

郑注:尧之末年,四凶在朝,是以有悔,未大凶也。(《正义》)

此以尧之事解说"亢龙有悔"。四凶,指尧时四恶人。《史记·五帝本纪》云:"昔帝鸿氏有不才子,掩义隐贼,好行凶慝,天下谓之浑沌。少暤氏有不才子,毁信恶忠,崇饰恶言,天下谓之穷奇。颛顼氏有不才子,不可教训,不知话言,天下谓之梼杌……缙云氏有不才子,贪于饮食,冒于货贿,天下谓之饕餮。天下恶之,比之三凶。舜宾于四门,乃流四凶族,迁于四裔,以御螭魅。"又根据《史记》、《尚书》记载,尧曾流放共工、驩兜、三苗、鲧四个不肯服从的部族首领。如《尚书·舜典》云:"流共工于幽州,放驩兜于崇山,窜三苗于三危,殛鲧于羽山,四罪而天下咸服。"有人认为,浑沌、穷奇、梼杌、饕餮就是共工、驩兜、三苗、鲧。郑氏此以尧之末年喻"亢龙",以四凶在朝喻"有悔"说明乾卦含有物极必反的哲理。

用九,见群龙无首,吉。

郑注:六①爻皆体乾②,群龙之象也③。舜既受道④,禹与稷契咎繇之属⑤,并在于⑥朝。(《后汉书·郎颛传》注、《后汉书·班固传》注)

乾,一引作"龙"。道,一本引作"禅"。郑氏以为,此爻辞是对六爻的总结。辞"群龙"指六爻,乾六爻皆阳,体乾,故群龙之象,即《象传》"时乘六龙以御天"之"六龙",即是此义。郑氏又以人事明之,即以禹继位联合旧有部落说明群龙无首则吉。禹和旧有的部落首领稷、契等喻"群龙"。

《象》曰:大哉乾元,万物资始,乃统天。

郑注:资,取也。统,本也。(《释文》)

---

① 《郎颛传》注无"六"字。
② 《班固传》注引"乾"作"龙"。
③ 《班固传》注引"象"上无"之"字,《郎颛传》注引"象"下无"也"字。
④ 《班固传》注引无此四字。
⑤ 《班固传》注引"禹"上有"谓"字。
⑥ 《郎颛传》注引无"于"字。

取,犹"受"。《礼记·丧大记》:"取衣者亦以箧。"郑注:"取,犹受也。"荀爽注此句云:"谓分为六十四卦,万一千五百二十策皆受始于乾也。"此释"资"为受。本,即本原。统天,指立天之本,曹元弼云:"统,系也。故九家训为继,张氏申郑义曰:'统,本也。'乾元立天之本,义较长。"(《周易集解补释》,以下简称《补释》)

云行雨施,品物流行,大明终始,六位时成,

郑注:谓阴阳六爻上下耳。(《公羊传·隐公元年》疏)

此指一卦六爻上下按照阴阳位排列,爻位自下而上依次为:初阳、二阴、三阳、四阴、五阳、上阴,而每爻位的爻是不确定的。

时乘六龙以御天,乾道变化,

谓先有旧形渐渐改者,谓之变;虽有旧形忽改者,谓之化;及本无旧形非类而改亦谓之化。(《礼记·月令》疏)

此释"变化"。所谓变,是指逐渐改,即今日的"量变"。所谓化,是指忽然改或一类事物变成另一类事物,即今日的"质变"。

各正性命,保合太和,乃利贞,首取庶物,万国咸宁。

《象》曰:天行健,君子以自强不息。"潜龙勿用",阳在下也。"见龙在田",德施普也。"终日乾乾",反复道也。"或跃在渊",进无咎也。"飞龙在天",大人造也。

郑注:造,为也。(《释文》)

造,刘歆父子引作"聚"。《汉书·刘向传》向上封事云:"故贤人在上位,则引其类而聚之于朝。《易》曰'飞龙在天,大人聚也'。""造"与"聚"音相近而通假。宋翔凤云:"聚与造声之转也。"(《周易考异》,以下简称《考异》)郑训"造"为"为",取《尔雅·释言》:"造,为也。"有兴起、作为之意。郑训合乎《文言》释乾九五"圣人作而万物睹"之意。郑注云:"做,起也。"

"亢龙有悔",盈不可久也。用九天德,不可为首也。

《文言》曰:元者,善之长也。亨者,嘉之会也。利者,义之和也。

贞者,事之干也。君子体仁足以长人,

郑注:体,生也。(《文选·陆机〈赠顾交阯公真诗〉》注)

郑训"体"为"生",清张惠言认为不通。他说:"谓生仁不辞。荀爽、京房之本,'仁'皆作'信',或疑郑本'仁'作'人'也。"(《周易郑注·文言第九》)近人曹元弼认为,此"生"当读为"性"。他说:"郑训'体'为'生'者,'生'读为'性'。《论语》:'仁者安仁。'包氏曰:'惟性仁者,自然体之。'《孟子》曰:'君子所性,仁义礼智,性之,故体之。'诸家'仁'作'信'。信者,仁之守。《中庸》'肫肫其仁',郑云:'肫肫,恳诚貌。'此体信之义。"(《补释》)曹氏训"生"为"性"极有见地。按:《左传》昭公十九年:"民乐其性。"《疏》:"性,生也。"又证之以帛书《周易》、帛书《易传》中,凡言"性"者多作"生"。如帛书《系辞》云:"成之者,生也。"《易之义》云:"穷理尽生而至于命","本生仁义。"故郑氏的"生仁"即"性仁"。

嘉会足以合礼,利物足以和义,贞固足以干事,君子行此四德者,故曰"乾元亨利贞"。初九曰:"潜龙勿用。"何谓也?子曰:"龙德而隐者也,不易乎世,不成乎名,

郑注:当隐之时,以从世俗,不自殊异,无所成名也。(《集解》)

《乾》初九阳爻居下,以示有大德之君子隐藏其身,以畜其德,待时而动,随从世俗而不去违背,不求功名。郑氏在此强调把握时机,即当隐之时,去随从世俗,无所成名。言外之意,当出时即出,有所作为。这是对《文言》的阐发。

遁世无闷,不见是而无闷,乐则行之,忧则违之,确乎其不可拔,'潜龙'也。"

郑注:确,坚高之貌。拔,移也。(《释文》)

《说文》:"确,磐也。""磐,坚也。"徐铉以为今俗作"確"。

"'确'、'碻'本为二字,音同义殊,古籍中多借'确'为'碻'。"①然《说文》引《系辞》"夫乾确然"之"确"作"隺",郑玄《易赞》引同,知"碻"与"隺"二字相通,《说文》云:"隺,高至也。"故"确"有坚、高之意。拔,本意指用手拔起,后引申移动、改变。

九二曰:"见龙在田,利见大人。"何谓也? 子曰:"龙德而正中者也。庸言之信,庸行之谨,闲邪存其诚,善世而不伐,德博而化。《易》曰:'见龙在田,利见大人。'君德也。"九三曰:"君子终日乾乾,夕惕若厉,无咎。"何谓也? 子曰:"君子进德修业。忠信,所以进德也;修辞立其诚,所以居业也。知至至之,可与几也。知终终之,可与存义也。是故居上位而不骄,在下位而不忧,故乾乾因其时而惕,虽危无咎矣。"九四曰:"或跃在渊,无咎。"何谓也? 子曰:"上下无常,非为邪也;进退无恒,非离群也。君子进德修业,欲及时也,故无咎。"九五曰:"飞龙在天,利见大人。"何谓也? 子曰:"同声相应,同气相求。水流湿,火就燥,云从龙,风从虎,圣人作而万物睹,

　　郑注:作,起也。(《释文》)

　　古代多训"作"为"起"。《说文》云:"作,起也。"《释名·释船》云:"作,起也。"此"起"有兴起之义。

本乎天者亲上,本乎地者亲下,则各从其类也。"上九曰:"亢龙有悔。"何谓也? 子曰:"贵而无位,高而无民,贤人在下位而无辅,是以动而有悔也。""潜龙勿用",下也;"见龙在田",时舍也;"终日乾乾",行事也;"或跃在渊",自试也;"飞龙在天",上治也;"亢龙有悔",穷志②灾也。乾元"用九",天下治也。"潜龙勿用",阳气潜藏;"见龙在田",天下文明;"终日乾乾",与时偕行;"或跃在渊",

---

① 冯其庸审定,邓安生纂著:《通假字典》,花山文艺出版社1998年。以下不再注。
② 穷志,今本作"穷之"。

乾道乃革;"飞龙在天",乃位乎天德;"亢龙有悔",与时偕极;乾元"用九",乃见天则。乾元者,始而亨者也;利贞者,情性①也。乾始而②以美利利天下,不言所利,大矣哉。大哉乾乎,刚健中正,纯粹精也。六爻发挥,旁通情也;时乘六龙,以御天也;云行雨施,天下平也。君子以成德为行,日可见之行也。潜之为言也,隐而未见,行而未成,是以君子弗用也。君子学以聚之,问以辩之,宽以居之,仁以行之。《易》曰:"见龙在田,利见大人。"君德也。九三重刚而不中,上不在天,下不在田,故乾乾因其时而惕,虽危"无咎"矣。九四重刚而不中,上不在天,下不在田,中不在人,故"或"之,或之者,疑之也,故"无咎"。夫大人者,与天地合其德,与日月齐③其明,与四时合其序,与鬼神合其吉凶。先天而天弗违,后天而奉天时,天且弗违,而况于人乎! 况于鬼神乎!"亢"之为言也,知进而不知退,知存而不知亡,知得而不知丧,其唯圣人乎! 知进退存亡而不失其正者,其唯圣人乎!

坤(二)

☷坤,元亨,利贞,利牝马之贞,君子有攸往,先迷后得主,利西南得朋,东北丧朋,安贞吉。

《彖》曰:至哉坤元,万物资生,乃顺承天。坤厚载物,德合无疆,含弘光大,品物咸亨。"牝马"地类,行地无疆,柔顺利贞,君子攸行,"先迷"失道,"后"顺得常。"西南得朋",乃与类行。"东北丧朋",乃终有庆,"安贞"之吉,应地无疆。

---

① 情性,今本作"性情"。
② 而,今本作"能"。
③ 齐,今本作"合"。

《象》曰：地势坤，君子以厚德载物。

初六，履霜，坚冰至。

郑注：读履为礼。（《释文》）

"履"、"礼"二者古通假，帛《易》"履"皆作"礼"。李鼎祚《周易集解》、王弼《周易略例》在《序卦》"故受之以履"之后皆有"履者，礼也"。《尔雅·释言》："履，礼也。"礼，古代本指祭神以致福。《说文》："礼，履也。所以事致福也。"《尚书·舜典》："有能典朕三礼。"马融注："三礼，天神、地祇、人鬼之礼也。"《礼记·礼运》："夫礼者，阴阳之际也，百事之会也。所以尊天地、傧鬼神、序上下、正人道。"后礼又引申为规定社会行为的法则、规范，在古代多指等级制度，孔子所谓"克己复礼"的"礼"即是此意。礼是为人所遵循和践行的，故礼又有履行之意。《荀子·大略》："礼者，人之所履也。"《大壮·象》："君子以非礼弗履。"《礼记·祭义》："礼者履此者也。"然臧在东云："郑本经文当作'礼'。郑注之云：'礼读为履。'后人依注改经，又依经改注。"（丁杰《周易郑注》）笔者按：郑玄、王弼皆传费氏易，王弼本作"履"，陆德明崇南学也用弼本作"履"，且引郑"履"读"礼"，当不会有误，臧氏之说不知有何据。

《象》曰："履霜坚冰"，阴始凝也。驯致其道，至坚冰也。

郑注：驯，音训。①（《释文》）

驯，古训字。《史记·五帝本纪》："能明驯德。"徐广曰："驯，古训字。"又《五帝本纪》："百姓不亲，五品不驯。"《周礼·地官·司徒》注："教所以亲，百姓训五品。"此以"驯"为"训"之证。但此"驯"当通"顺"，《说文》："驯，马顺也。"《九家易》云："驯犹顺也。"高亨云："按驯借为顺，二字同声系，古书常通用。"（《周易大传今

---

① 《释文》云："驯，徐音'训'，此依郑义。"姚士粦《易解附录后语》引《释文》："驯，从也。"惠栋本用之。

注》)

六二,直方大,不习无不利。

郑注:直也、方也,地之性。此爻得中气而在地上,自然之性广生万物,故生动直而且方。(《礼记·深衣》疏)坤爻辞"履霜"、"直方"、"含章"、"括囊"、"黄裳"、"玄黄"协韵,故《象传》、《文言》皆不释"大",疑"大"字衍。(元熊朋来《五经说》引《郑氏古易》)

直方,指平直方正。坤六二以阴居阴位而得正,是一卦之主,又居地上,故平直方正而能生万物。"直"本为乾之性,"乾其动也直"(《系辞》)。但因坤应阳而动,故坤亦言"直"。"方"为坤之德性,"至静而德方"(《文言》)。此言地顺应天性而生养万物,而表现出直方之特点。坤六二爻辞言"直方大",郑氏据此卦爻辞协韵不释"大",认为"大"为衍字,不失为一家之言。

《象》曰:六二之动,直以方也。"不习无不利",地道光也。

六三,含章可贞,或从王事,无成有终。

《象》曰:"含章可贞",以时发也。"或从王事",知光大也。

六四,括囊,无咎无誉。

《象》曰:"括囊无咎",慎不害也。

六五,黄裳,元吉。

郑注:如舜试天子、周公摄政。(《隋书·李德林传》)

试,任、用。《说文》:"试,用也。"《尔雅·释言》:"试,用也。"摄政,即代君主处理政事。六五以柔居尊位,以喻臣居尊位,故此以舜作天子、周公摄政说明之。这是郑玄以史说《易》之例证。

《象》曰:"黄裳元吉",文在中也。

上六,龙战于野,其血玄黄。

郑注:圣人喻龙,君子喻蛇。(《仪礼·乡射礼》疏、《三礼图·弓矢》)

坤上六居卦之极，极则将变阳，阴阳交而战，故此爻有"龙"象。"龙"本属阳，此言"龙"，是因坤上六纳巳，巳为蛇，坤上六下伏乾，故蛇得阳气而似"龙"。郑氏以人事解说之，此爻本为君子，因处在大变革时代，又将变为圣人，故"圣人喻龙，君子喻蛇"。

《象》曰："龙战于野"，其道穷也。

用六，利永贞。

《象》曰："用六永贞"，以大中也。

《文言》曰：坤至柔而动也刚，至静而德方，"后得主"而有常，含万物而化光，坤道其顺乎，承天而时行。积善之家必有余庆，积不善之家必有余殃。

郑注：殃，祸恶也。（《释文》）

殃，指灾咎。《说文》：殃，"咎（一本作"凶"）也"。《尔雅·释训》："殃，祸恶也。"《广雅·释言》："殃，咎也。"郑氏训"殃"为祸恶，取《尔雅》之训。

臣弑其君，子弑其父，非一朝一夕之故，其所由来者渐矣。由辩之不早辩也。《易》曰"履霜坚冰至"，盖言顺也。直其正也，方其义也。君子敬以直内，义以方外。敬义立而德不孤。"直方大，不习无不利"则不疑其所行。阴虽有美含之，以从王事，弗敢成也。地道也，妻道也，臣道也，地道无成，而代有终也。天地变化，草木蕃，天地闭，贤人隐。《易》曰："括囊无咎无誉"，盖言谨也。君子黄中通理，正位居体，美在其中，而畅于四支，发于事业，美之至也。阴疑于阳必战，为其嫌于无阳也，故称龙焉。

郑注：嫌读"如群公溓"之"溓"，古书篆作立心与水相近，读者失之，故作溓。溓，杂也。阴，谓此上六也。阳谓今消息用事，乾也。上六为蛇，得乾气杂似龙。（《诗·采薇》疏）

今本"嫌"，荀、虞、陆、董作"嗛"，《集解》引荀作"兼"，晁氏易引《九家易》也作"兼"，惠栋改"嫌"为"慊"。"慊"、"嗛"、"溓"、

"兼"、"嫌"通假。郑训"溓"为杂,取其古义。宋翔凤曰:"郑既读慊为溓,《说文》:'溓,薄冰也。'溓与凝义亦相成。《文选·寡妇赋》'水溓溓以微凝'注引《说文》:'溓溓,薄冰也。'盖冰薄则与水相杂,故郑注云:'溓,杂也。'"(《考异》)坤上六为阴,不当称"龙",但按消息说,上六伏乾,故又称阳。又按郑氏爻辰说,坤上六纳巳,巳代表蛇,因此爻伏乾得阳气而有龙象,此释坤爻辞上六"龙"。

犹未离其类也,故称血焉。夫玄黄者,天地之杂也,天玄而地黄。

屯(三)

☳☵屯,元亨利贞,勿用有攸往,利建侯。

《彖》曰:屯,刚柔始交而难生。动乎险中,大亨贞。雷雨之动满盈,天造草昧,宜"建侯"而不宁。

郑注:造,成也。草,草创。昧,昧爽也。(《文选·任昉〈三年策秀才文〉》注)读而曰能,能犹安也。(《释文》)

造,有"就"之义,"就"即成。《说文》:"造,就也。"《尔雅·释诂》:"就,成也。"草创,指事之初。昧爽,即清晨、拂晓。《释文》:"昧爽,谓早旦也。"《尚书·太甲上》"先王昧爽丕显",《荀子·哀公》"君昧爽而栉冠"即是其意。天造草昧,系指天成就事物之初,或天初生事物。

《象》曰:云雷,屯。君子以经论。

郑注:谓论撰书礼乐,施政事。(《释文》、《正义》)

论,一本作"纶"。纶、论二者并从"仑"声而相通。《说文》:"仑,理也。"《释名》:"论,伦也。"《论语·序解》疏:"论者,纶也,轮也,理也,次也,撰也。"由此可知,"论"与语言有关,且有条理之义。《说文》段注:"凡言语循其理、得其宜谓之论。"郑氏在此将

"论"用作动词。

初九,磐桓,利居贞,利建侯。

《象》曰:虽"磐桓",志行正也。以贵下贱,大得民也。

六二,屯如邅如,乘马般如。

郑注:马牝牡曰乘。(《释文》)

"般",《正义》引马融作"班"。古"般"、"班"通假。宋翔凤认为《正义》改字,马融当"与郑文同,盖古文"。(《考异》)般,盘旋不进貌。《说文》:"般,辟也,象舟之旋。"般,又有返还之义。《尔雅·释言》:"般,还也。"牝牡,雌雄两性。《诗·邶风·匏有苦叶》:"雉鸣求其牡。"毛传:"飞曰雌雄,走曰牝牡。"乘,指古代车辆。一乘四马。郑氏训"乘"为牝牡之马。

匪寇婚冓,女子贞不字,十年乃字。

郑注:冓,犹会。(《释文》)

冓,今本作"媾",冓为"媾"之古文,帛书本作"厚","冓"、"媾"、"厚"通假。系指男女交会,即结婚。《说文》:"冓,交积材也,象对交之形。""媾,重婚也。"《释文》:"马云:重婚,本作冓。"

《象》曰:六二之难,乘刚也。"十年乃字",反常也。

六三,即鹿无虞,惟入于林中,君子机,不如舍,往吝。

郑注:机,弩牙也。(《释文》)

按《说文》:"主发谓之机。"《尔雅·释器》:"机,弩牙也。"郑训取之《尔雅》。弩,指用机械发射的弓。弩牙,指弩上发矢机。

《象》曰:"即鹿无虞",以从禽也。君子舍之,往吝穷也。

六四,乘马般如,求婚冓,往吉,无不利。

《象》曰:求而往,明也。

九五,屯其膏,小贞吉,大贞凶。

《象》曰:"屯其膏",施未光也。

上六,乘马般如,泣血涟如。

《象》曰："泣血涟如"，何可长也。

蒙（四）

郑注：蒙，幼小之貌。齐人谓萌为蒙也。（《集解》、《古周易订诂》）

蒙，战国楚简作"尨"。濮茅左先生云："尨"音与"蒙"通。①按《序卦》："蒙者，蒙也。物之稚也。"稚，指幼稚。《说文》："稚，幼禾也。"故蒙有幼小之貌。萌，本指草发芽。《说文》："萌，草芽也。"草始生芽弱而小，故也有幼小之意，故蒙、萌相通。李道平云："《说文》又云：'稚，幼禾也。'是物生之蒙也。《诗·卫风》'众稚且狂'，毛传'稚，幼稚'，是人生之蒙也。"（《周易集解纂疏》，以下简称《集解纂疏》）

☷☶蒙，亨。匪我求童蒙，童蒙求我，初筮告，再三渎，渎则不告。利贞。

郑注：蒙者，蒙。蒙，物初生形是其未开著之名也。人幼稚曰童。亨者，阳也。互体震而得中，嘉会礼通。阳自动其中，德于地道之上，万物应之而萌牙生。教授之师取象焉，修道艺于其室，而童蒙者求为之弟子，非己乎求之也。弟子初问则告之以事义，不思其三隅，相况以反解而筮者，此勤师而功寡，学者之灾也。渎筮则不复告，欲令思而得之，亦所以利义而干事也。（《公羊传·定公十五年》疏）童，未冠之称。筮，问。渎，亵也。（《释文》）

郑氏既训释字义，又串讲卦爻辞之意。蒙，本指一种草。《尔雅》、《说文》皆释为"玉女"，"玉女"为草名。朱骏声云："即女萝

---

① 见马承源主编《上海博物馆藏战国楚竹书》（三）第137页，上海古籍出版社2003年。

菟丝也。附草而蒙其上,故曰蒙。"(《六十四卦经解》,以下简称《经解》)后引申为事物初始。《序卦》曰:"物生必蒙,故受之以蒙。蒙者,物之稺也。"冠,古代帽子的总称。按照古礼,男子二十行加冠之礼,以示成人。而在此之前为"童",故郑氏训童为"未冠之称"。亨,当训为通。郑氏以象释之,蒙䷃二三四互体为震,震为动,震一阳居内卦之中、初爻之上。又二爻为地道上,有自动其中而通达之意。亨,是就阳爻而言的。按郑氏之意,此卦卦辞是言弟子求学,易师解惑授业。

《彖》曰:蒙,山下有险,险而止,蒙。"蒙亨",以亨行,时中也,"匪我求童蒙,童蒙求我",志应也。"初筮告",以刚中也。"再三渎,渎则不告"。渎蒙也。蒙以养正,圣功也。

《象》曰:山下出泉,蒙。君子以果行育德。

初六,发蒙,利用刑人,用说桎梏,以往吝。

郑注:木在足曰桎,在手曰梏。(《周礼·大司寇》疏)

桎梏,古代惩治犯人的刑具,由木制成的。此刑具加在脚上称为桎,加在手上称为梏。《说文》云:"桎,足械也。梏,手械也。"其义与说文一致。

《象》曰:"利用刑人",以正法也。

九二,苞蒙吉,纳妇吉,子克家。

郑注:苞当作彪。彪,文也。(《释文》)

苞,通行本作"包",帛易作"枹",三字音同而通。"苞"与"彪"声近也通假。彪,本指虎身斑纹。《说文》:"彪,虎文也。"《广雅》:"彪,文也。"《革·象》:"大人虎变,其文炳也。""文炳"是释"虎变",其"文"即是郑氏所谓"彪文"之"文"。

《象》曰:"子克家",刚柔节也。

六三,勿用取女,见金夫,不有躬,无攸利。

《象》曰:"勿用取女",行不顺也。

六四,困蒙,吝。

《象》曰:"困蒙"之"吝",独远实也。

六五,童蒙,吉。

《象》曰:"童蒙"之"吉",顺以巽也。

郑注:巽当作"逊"。(《释文》)

巽与逊音同通假。《文选·魏都赋》:"巽其神器。"注云:"逊与巽同。"逊,有退让之义。《说文》:"逊,遁也。"《尔雅·释言》:"逊,遯也。"

上九,繫蒙。不利为寇,利御寇。

繫,今本"擊"。二字原出一字,故通假。李富孙曰:"古字当作'殻',后人或加手,或加糸,故有不同其字形,又相似。"(《易经异文释》,以下简称《异文释》)

《象》曰:利用御寇,上下顺也。

需(五)

䷄需,有孚,光亨贞吉,利涉大川。

郑注:需读为秀,阳气秀而不直前者,畏上坎也。(《释文》)

需,帛易作"襦",《归藏易》作"溽"。"需"与"襦"、"溽"、"秀"音近相通。李富孙云:"案'溽'转平声读若'儒',与'需'音相近。"(《异文释》)又说:"《说文》'獳'读若'槈',是需有槈音,与秀声亦相近。"(同上)秀,指禾穗之下垂。《释名·释天》:"秀者,物皆成也。"《尔雅·释草》:"不荣而实者谓之秀。"郑氏以"秀"喻进极停滞不前。需下三阳上升,上坎为险,故有不前畏上坎之象。

《彖》曰:需,须也。险在前也。刚健而不陷,其义不困穷矣。需,"有孚光亨贞吉",位于天位,以正中也。"利涉大川",往有功也。

《象》曰:云上于天,需。君子以饮食宴乐。

郑注：宴，享宴也。(《释文》)

宴，本指宴会，此为动词，指享受宴会。

初九，需于郊，利用恒，无咎。

《象》曰："需于郊"，不犯难行也。"利用恒无咎"，未失常也。

九二，需于沚，小有言，终吉。

郑注：沚，接水者。(《诗·兔罝》疏)

沚，惠本作"沚"，今本、帛本作"沙"，楚简本作"壜"。惠栋云："'沚'当为'沚'，与'沙'同。"(《九经古义》)又云："'沚'，古文沙……当据古文易也。"(《周易述》卷一)沙，水边小石。《说文》："沙，水边散石也，从水从少，水少沙见。"郑氏所谓"接水处"即是此意。需二三四互体，四爻为坎下，坎为水，二与水相接，故取沙象。

《象》曰："需于沚"，衍在中也。虽"小有言"，以"终吉"也。

九三，需于泥，致寇至。

《象》曰："需于泥"，灾在外也。自我致寇，敬慎不败也。

六四，需于血，出自穴。

《象》曰：需于血，顺以听也。

九五，需于酒食，贞吉。

《象》曰："酒食贞吉"，以中正也。

上六，入于穴，有不速之客三人来，敬之终吉。

《象》曰："不速之客"来，"敬之终吉"，虽不当位，未大失也。

讼（六）

郑注：辩财曰讼。(《释文》)

讼，争讼。《说文》："讼，争也。"争讼往往起自财。《周礼·大司徒》云："凡万民之不服教而有狱讼者。"郑注曰："争罪曰狱。争财曰讼。"

䷅讼，有孚，咥惕。中吉，终凶。利见大人，不利涉大川。

郑注：咥，觉悔貌。（《释文》）

咥，马融本同，今本作"窒"，帛本作"洫"。战国楚简本作"惾"，濮茅左考证："'惾'读为'窒'，上古音近。"①马融、虞翻、王弼等人训"窒"为止。马融云："咥读为踬，犹止也。"虞翻云："窒，塞止也。"王弼云："窒，谓窒塞也。"郑氏训"咥"为觉悔貌，乃取自本义。《说文》："咥，大笑也。从口，至声。诗曰：'咥其笑矣。'"清李富孙曰："郑云觉悔貌，当即本义而引伸之。盖以笑若有觉悔之意也。"（《异文释》）

《彖》曰：讼，上刚下险，险而健，讼。讼，"有孚咥惕中吉"，刚来而得中也。"终凶"，讼不可成也。"利见大人"，尚中正也。"不利涉大川"，入于渊也。

《象》曰：天与水违行，讼。君子以作事谋始。

初六，不永所事，小有言，终吉。

《象》曰："不永所事"，讼不可长也。虽小有言，其辩明也。

九二，不克讼归而逋，其邑人三百户无眚。

郑注：小国之下大夫采地方一成，其定税三百家，故三百户也。（《礼记·杂记下》疏）不易之田，岁种之；一易之田，休一岁乃种；再易之田，休二岁乃种，言至薄也。苟自藏隐，不敢与五相敌，则无眚灾。（《正义》）眚，过也。（《释文》）

郑氏以古代分封制释爻辞。在中国周代实行分封制，即天下所有土地归天子所有，天子按照不同的等级进行分封，社会上层不同等级的人享有不同的俸禄。"公之地以一易，侯伯之地以再易，子男之地以三易。"（《周礼》郑注，见《周礼注疏》卷十）所谓"一

---

① 见马承源主编《上海博物馆藏战国楚竹书》（三）第141页，上海古籍出版社2003年。

易"指耕作一年休耕一年的田,"再易"指耕作一年休耕两年的田,"三易"指耕作一年休耕三年的田。每个等级的人要向上纳税。按照规定,大夫享有一成九百夫之地,以再易之率之定税三百家,即三百家是大夫的俸禄。孔颖达对此解释说:"一成所以三百家,一成九百夫,宫室涂泽山川三分去一,余有六百夫地,又不易再易通率一家而受二夫之地,是定税三百家也。"(《礼记正义》卷四十三)因为小国大夫采地小,而言"至薄",知其至薄而不与上争则无灾。从卦象看,二为大夫,五为君,二五皆阳交不相应,故在争讼之时只有"自藏隐不敢与五相敌,则无眚灾"。眚,本指眼病,引申为过失。《说文》云:"眚,目病生翳也。"段注云:"眚,引申为过误。"

《象》曰:"不克讼",归逋窜也。自下讼上,患至惙也。

郑注:惙,忧也。(《释文》)

惙,通行本作"掇","惙"、"掇"字通假。王肃训为"若手掇拾物然"。惙,古多训为"忧"。《尔雅·释训》:"惙惙,忧也。"《一切经音义》十九引《字林》云:"惙,忧也。"

六三,食旧德,贞厉终吉,或从王事,无成。

《象》曰:"食旧德",从上吉也。

九四,不克讼,复即命,渝安贞吉。

郑注:渝,然也。(《释文》)

古代多训"渝"为"变"。郑训为"然"。渝,帛书作"俞",战国竹简本作"愈"。"渝"、"俞"、"愈"通假。《尔雅·释言》云:"俞,然也。"《尚书·尧典》:"俞,予闻,如何。"王引之曰:"此'俞'为'唯'之借。"(《经传释词》卷四)

《象》曰:"复即命,渝安贞",不失也。

九五,讼,元吉。

《象》曰:"讼元吉",以中正也。

上九,或锡之鞶带,

郑注：鞶带，佩鞶之带。(《周礼·巾车》疏)

鞶带，古代系在男子身上的大带。此带用革制成，因它是君王所受，故称为爵服。《说文》云："鞶，大带也。《易》曰：'或锡之鞶带。'男子带鞶，妇人带丝。从革般声。"朱骏声云："鞶，大也。鞶带，大带。凡命服，先系革带，使可悬珮，然后加以拖绅之带，为悬韠之大带。"(《经解》)

终朝三扡之。

郑注：三扡，三加之也。(《周易玩辞》)

扡，通行本作"褫"。按惠栋考证，"扡"与"褫"字异而义同。《说文》曰："褫，夺衣也。读若沱。"高亨曰："郑作扡，借为褫。《淮南子·人间篇》：'拖其衣被。'高注：'拖，夺也。'拖，俗扡字，亦借扡为褫。"(《周易古经今注》，以下简称《古经今注》)又帛本作"攎"，战国竹简本作"廲"，廖名春考证："案：'廲'，帛書《易經》本作'攎'，而王弼本等作'褫'。'褫'、'攎'皆从'虍'，而'虍'與'鹿'，常混，故简文將"褫"寫成了'廲'。"[1]

《象》曰：以讼受服，亦不足敬也。

师（七）

郑注：军二千五百人为师。(《周礼·夏官·序官》疏)多以军为名，次以师为名，少以旅为名。师者，举中之言。(《诗·棫朴》疏)

古代以军、师、旅作为军队组织单位。二千五百人为师，一万二千五百人为军，五百人为旅。《周礼·地官·小司徒》云："五人为伍，五伍为两，四两为卒，五卒为旅，五旅为师，五师为军。"从人数看，师居军旅之间，故古代军队以"师"称，即郑氏所谓"举中之言"。

---

[1] 见廖名春《楚简周易校释记》(一)，《周易研究》2004年第3期。

䷆师,贞丈人吉,无咎。

郑注:丈之言长,能御众。有朝①正人之德以法度为人之长,吉而无咎,谓天子诸侯主军者。(《周礼·春官·天府》疏)

丈,有长之义。《大戴礼记·本命》:"丈者,长也。"丈人指年长之人。年长之人一般德高望重,而德高望重者又可称为大人。《乾凿度》云:"大人者,圣明德备也。"故丈人和大人两个概念在古代往往被混。如"丈人",帛书作"大人"。丈,又是古代测量的尺度。丈人为人之楷模和表率,人们可以据丈人评价和规范自己的言行,故称丈人有法度之意。军队法令出自身为天子诸侯的主帅(丈人),行师以法令必吉而无咎。朱骏声云:"丈者,度数所自出,师行以法令节制为主,是以丈人吉。"(《经解》)

《彖》曰:师,众也。贞,正也。能以众正,可以王矣。刚中而应,行险而顺,以此毒天下,而民从之,吉又何咎矣。

《象》曰:地中有水,师。君子以容民畜众。

初六,师出以律,否臧凶。

《象》曰:"师出以律",失律凶也。

九二,在师中,吉无咎,王三赐命。

《象》曰:"在师中吉",承天宠也。"王三赐命",怀万邦也。

郑注:宠,光耀也。(《释文》)

宠,王肃作"龙",云:"宠也。"知"宠"、"龙"古相同。李富孙云:"案'龙'为古文'宠'字。《诗》:'为龙为光。'毛传云:'龙,宠也。''何天之龙',笺云:'龙当作宠。'古人训诂音义相兼,'龙'训为'宠',即读为宠。"(《异文释》)宠,有彰显光耀之意。《广雅·释言》:"龙,彰也。"韦注《国语·晋语》"宠其政"云:"宠,荣也。"

六三,师或舆尸,凶。

---

① 丁杰云:当作"幹"。王本无此字。

《象》曰："师或舆尸"，大无功也。

六四，师左次，无咎。

《象》曰："左次无咎"，未失常也。

六五，田有禽，利执言，无咎。长子帅师，弟子舆尸，贞凶。

《象》曰："长子帅师"，以中行也。"弟子舆尸"，使不当也。

上六，大君有命，开国承家，小人勿用。

《象》曰："大君有命"，以正功也。"小人勿用"，必乱邦也。

比（八）

䷇比，吉，原筮，元永贞，无咎，不宁方来，后夫凶。

《象》曰：比，吉也。比，辅也。下顺从也。"原筮元永贞无咎"，以刚中也。"不宁方来"，上下应也。"后夫凶"，其道穷也。

《象》曰：地上有水，比。先王以建万国亲诸侯。

　　郑注：亲诸侯，使诸侯相亲递相朝聘。（《周礼·形方氏》疏）

　　朝聘，指古代诸侯定期朝见天子。《礼记·王制》云："诸侯之于天子也，比年一小聘，三年一大聘，五年一朝。"郑注："比年，每岁也。小聘使大夫，大聘使卿，朝则君自行。"按照郑氏之意，先王效法比卦卦象，建立万国诸侯，使诸侯和睦相处，定期朝见天子。

初六，有孚比之，无咎。有孚盈缶，终来有它，吉。

　　郑注：爻辰在未，上值东井。井之水，人所汲用缶。缶，汲器。（《诗·宛丘》疏）

　　此取爻辰说注《易》。按郑氏爻辰说，乾坤两卦十二爻每爻纳十二辰（地支）：乾六爻自下而上依次为子、寅、辰、午、申、戌，坤六爻自下而上依次为未、酉、亥、丑、卯、巳。其他六十二卦三百七十二爻与十二辰相匹配皆以乾坤两卦为基石。即凡阳爻纳支皆从乾卦相应的阳爻，凡阴爻纳支皆从坤卦相应的阴爻。比初为阴爻，当取坤初爻纳未。未在天上值东井。东井，天上星名，属二十八宿之南方七宿。《礼记·月令》："仲夏之月，日在东井。"《诗·小雅·大东》："维南有箕。"孔颖达疏："郑称参傍有玉井，则井星在参东，故称东井。"在汉代人看来，十二辰与二十八宿星相应。如郑注《月令·孟春》"淫风暴雨總至"云："正月宿直尾箕。"注《月令·仲春》"仲春行秋令，则其国大水，寒气總至"云："八月值昴毕。"注《月令·季春》"行夏令……时雨不降"云："六月值鬼。"注《月令·季秋》"季秋行夏令……民多鼽嚏"云："六月宿直东井。"注《月令·季秋》"师兴不居"云："辰宿直角。"注《月令·季夏》云："行秋令，则丘隰水潦"云："九月宿直奎。"注《月令·孟秋》"戎兵乃来"云："十月宿直营室。"注《月令·仲秋》"仲秋行春令，则秋雨不降"云："卯直房心。"注《月令·孟冬》"小兵时起，土地亲削"云："申宿直参伐。"注《月令·仲冬》"行秋令，则天时雨汁，瓠瓜"云"酉宿直昴毕，昴毕好雨……子宿直虚危。"六月为未，故坤初值东井。井与水相关，故东井又称水星。巫咸曰："东井，水星也。"（《开元占经》卷三十六）石氏赞曰："东井八星主水衡，井者象法水，法水平定，执性不淫，故主衡。"（同上）此将"盈缶"训为从井汲水。卦中井之象来自比卦初爻纳未。缶，本来指盛酒器。《说文》："缶，瓦器所以盛酒浆。"此指古代汲水器。坎六四爻"贰用缶"即是此意。郑氏从爻象纳未，引出天上东井，又从东井为水星，引出水和汲水器缶，以训释爻辞"缶"。由此看出郑氏以爻辰为象释辞的方法，是非曲直自有公论。

《象》曰：比之"初六"，有它吉也。

六二，比之自内，贞吉。

《象》曰："比之自内"，不自失也。

六三，比之匪人。

《象》曰："比之匪人"，不亦伤乎。

六四,外比之,贞吉。

《象》曰:外比于贤,以从上也。

九五,显比,王用三殴,失前禽,邑人不诫,吉。

郑注:王因天下显习兵于蒐狩焉。驱禽而射之,三则已,发军礼。失前禽者,谓禽在前来者不逆而射之,旁去又不射,唯背走者,顺而射之,不中亦①已,是皆所失之②。用兵之法亦如之,降者不杀,奔者不禁,背敌不杀,加以仁恩养威之道。(《周礼·秋官·士师》疏、《左传·桓公四年》疏)

殴,通行本、帛本、楚简本皆作"驱"。殴,是古文。李富孙云:"驱,马驰也。古文作殴,是郑从古文。"(《异文释》)郑氏传费氏古文易,而取古文。蒐,郑注《周礼·大司马》"遂以蒐田"云:"春田为蒐。"贾公彦疏曰:"春田为蒐者,蒐者,搜也。春时鸟兽字乳,搜择取不孕任者,故以蒐为名。"按郑氏之意,此爻是言大王以狩猎研习兵法。古代狩猎,实行三面围禽兽,前来者逆者不射,向侧去者不射,唯背己顺去者射之。常有射不中者,而失去前禽。如用兵,凡投降者不杀,逃跑者不阻挡,背敌者也不杀,以施行仁恩养威之道。

《象》曰:"显比"之"吉",位中正也。舍逆取顺,"失前禽"也。"邑人不诫",上使中也。

上六,比之无首,凶。

《象》曰:"比之无首",无所终也。

小畜(九)

郑注:畜,养也。(《释文》)

---

① 亦,《左传》疏作"则"。

② 《左传》疏作"所以失之"。

畜，帛本作"蓄"，二者通。畜，有养之义。《诗·日月》曰："畜我不卒。"毛传："畜，养也。"《师·象》"君子以容民畜众"之畜即是此意。

☰☷ 小畜，亨，密云不雨，自我西郊。

郑注：密，静也。云静止不雨，喻纣恩泽不加于民也。不雨之灾，自其君也。西郊亦谓文王也。(《御览·天部·云》)

郑氏训"密"为"静"，取自《尔雅》。《尔雅·释诂》："密，静也。"此以纣王和文王解说卦爻辞，为以史说《易》之例。

《彖》曰：小畜，柔得位而上下应之，曰小畜。健而巽，刚中而志行，乃亨。"密云不雨"，尚往也。"自我西郊"，施未行也。

《象》曰：风行天上，小畜。君子以懿文德。

初九，复自道，何其咎，吉。

《象》曰："复自道"，其义"吉"也。

九二，牵复，吉。

《象》曰："牵复"在中，亦不自失也。

九三，舆说辐，夫妻反目。

郑注：辐，伏菟。(《释文》)舆下缚木，与轴相连，钩心之木是也。(《上九象传正义》)

辐，通行本作"辐"，帛本作"緮"。三者皆通假字。《子夏传》："辐，车下伏菟也。"(《周易正义》引郑注本之《子夏传》)。辐，系指古代车子下钩连底板与车轴的部件，其连接用绳或革，又言"缚"。《说文》："辐，车轴缚。"马融曰："车下缚也。"因此部件形状如伏兔(菟)，故称"伏菟"。《释名》："辐，似人之展伏菟在轴上似之。"《周礼·考工记·辀人》云"自伏兔不至轨七尺"之"伏兔"，即是此意。又"辐"是"㯪"之假借。《说文》："㯪，伏兔也。"可备一说。

《象》曰："夫妻反目"，不能正室也。

六四，有孚，血去惕出，无咎。

《象》曰："有孚惕出",上合志也。

九五,有孚挛如,富以其邻。

《象》曰："有孚挛如",不独富也。

上九,既雨既处,尚德载妇,贞厉。月几望,君子征,凶。

《象》曰："既雨既处",德积载也。"君子征凶",有所疑也。

履(十)

履虎尾,不噬人,亨。

　　郑注:噬,啮也。(《文选·西征赋》注)

　　噬,今本作"咥",阜阳简作"實",帛书作"真"。据韩自强先生考证,这几个字音同或音近者而相通。[①] 噬,有用牙咬之义,引申为食用之义。《说文》云:"啮,噬也。"《释名·释饮食》云:"鸟曰啄,兽曰啮。"《广雅·释诂》曰:"噬,啮也。""噬,食也。"《方言》曰:"噬,食也。"马融曰:"咥,龁也。"

《彖》曰:履,柔履刚也。说而应乎乾,是以"履虎尾不噬人"。"亨",刚中正,履帝位而不疚,光明也。

《象》曰:上天下泽,履。君子以辩上下定民志。

初九,素履往无咎。

《象》曰:"素履"之往,独行愿也。

九二,履道坦坦,幽人贞吉。

《象》曰:"幽人贞吉",中不自乱也。

六三,眇能视,跛能履,履虎尾,噬人凶,武人为于大君。

《象》曰:"眇能视",不足以有明也。"跛能履",不足以与行也。

---

　　① 韩自强:《阜阳汉简〈周易〉研究》,见《道家文化研究》第十八辑,第46页,三联书店2000年。

"噬人"之"凶",位不当也。"武人为于大君",志刚也。

九四,履虎尾,愬愬终吉。

《象》曰:"愬愬终吉",志行也。

九五,夬履,贞厉。

《象》曰:"夬履贞厉",位正当也。

上九,视履考详,其旋元吉。

郑注:履道之终,考正详备。(《晁氏易》)

详,通行本作"祥"。《释文》云:"祥,本亦作详。"故"详"、"祥"通。《说文》云:"祥,善也。"《尔雅·释诂》云:"祥,善也。"惠栋曰:"详,古文祥。……祥兼吉凶。"(《周易述》)郑氏注《礼》多训"祥"为"善"。考,考察。《小尔雅》以云:"考,稽。"上九居《履》之极,故"履道之终"。上以阳居阴失位,考察其变正,则吉祥备,故"考正详备"。

《象》曰:"元吉"在上,大有庆也。

泰(十一)

䷊泰,小往大来,吉,亨。

郑注:泰,通也。(《释文》)

此以《易传》释《易》。《序卦》:"泰者,通也。"

《彖》曰:"泰,小往大来吉亨",则是天地交而万物通也;上下交而其志同也。内阳而外阴,内健而外顺,内君子而外小人。君子道长,小人道消也。

《象》曰:天地交,泰。后以财成天地之道,辅相天地之宜,以左右民。

郑注:财,节也。辅相、左右,助也。以者,取其顺阴阳之节,为出内之政。春崇宽仁,夏以长养,秋教收敛,冬敕盖藏,皆可以成物助民也。(《集解》)

财，通"裁"。《释文》："财，荀作裁。"裁有节之义。《尔雅·释言》云："裁，节也。""辅相"、"左右"有"赞助"之义。《尔雅·释诂》云："诏相导左右助勖也。"虞翻注曰："相，赞。左右，助也。"阴阳之节，指阴阳变化的节气，即下文所谓春夏秋冬。李道平疏曰："'以者'，释'后以'也。'取其顺阴阳之节'者，释'财成天地之道'。'为出内之政'者，释'辅相天地之宜'也。体互震兑，震春兑秋，故'春崇宽仁，秋教收敛'。二五易位成既济，离夏坎冬，故'夏以长养，冬敕盖藏'。云'皆可以成物助民'者，释'以左右民'也。"（《集解纂疏》）

初九，拔茅茹以其彚，征吉。

郑注：彚，勤也。（《释文》）彚（汇），类也。茹，牵引也，茅喻君，有洁白之德，臣下引其类而仕之。（《汉书·刘向传》注）

彚，通行本作"彚（汇）"，帛书作"胃"。《释文》："彚，古文作'菁'。""彚"、"胃"、"菁"三字音近通假。据黄奭考证，《汉书》注所引郑氏，乃为别一注，《汉书》者非郑君也。王氏误，惠本仍之"。（黄辑《周易注》）黄氏之说令人深思。按郑玄在同一经文同一字不可能出现两种写法，又对比帛书《周易》经文，作"彚"，恐后人传抄之误，当以今本"彚"为是。《释文》："彚，音胃，类也。"故帛书作"胃"。胃，又与"谓"通假，帛书《系辞》凡"谓"皆作"胃"，即是其证。《尔雅·释诂》云："谓，勤也。"段玉裁曰："郑注'彚，勤也'，以为谓之假借也。"《尔雅·释诂》云："簪，勤也。"宋翔凤认为，郑氏训"彚"为勤，取自"簪"："郑训为勤者，盖'彚'、'彗'音近（古音'胃'、'彗'同部），故读'彚'为'彗'。"（《考异》）彚，又可训为类。朱骏声云："彚，当作彙，类也。"（《经解》）段玉裁云："按菁即彙字之异者，彚则假借字也。"惠栋从卦象训之曰："'否泰，反其类。'三阴三阳为类，故云'菁，类也'。"（《周易述》）

《象》曰："拔茅"、"征吉"，志在外也。

九二,包荒,用冯河。不遐遗,朋亡,得尚于中行。

郑注:荒,读为康,虚也。(《释文》)

荒,《集解》作巟,《释文》:"荒,本亦作巟,音同。"荒、巟通假。帛书作"妄"。"妄"与"巟"通假。《尔雅·释诂》:"㠪,虚也。"《释文》:"㠪,郭本或作'荒'。"故知"㠪"、"荒"通假。因"康"、"㠪"音同义也同。荒,有虚义。《诗·桑柔》:"具赘卒荒。"毛传:"荒,虚也。"晁氏云:"荒。郑读为康,大也。"据张惠言考证,晁氏所见《释文》北宋本作"大"为是。

《象》曰:"包荒"、"得尚于中行",以光大也。

九三,无平不陂,无往不复,艰贞无咎,勿恤其孚,于食有福。

《象》曰:"无往不复",天地际也。

六四,翩翩,不富以其邻,不戒以孚。

《象》曰:"翩翩不富",皆失实也,"不戒以孚",中心愿也。

六五,帝乙归妹,以祉元吉。

《象》曰:"以祉元吉",中以行愿也。

郑注:五,爻辰在卯春为阳中,万物以生。生育者,嫁娶之贵,仲春之月,嫁娶,男女之礼,福禄大吉。(《周礼·天官·媒氏》疏)

此以爻辰与周礼注《易》。按爻辰说(详见比卦初六注),《泰》卦五爻居中值卯。卯为春二月,为仲春。故为阳中。古人看来,春二月是万物发育生长月份,人效法之,当是男女婚嫁的季节,故《周礼·地官》云:"仲春之月,令会男女。"此时婚姻福禄大吉。

上六,城复于隍,勿用师,自邑告命,贞吝。

郑注:隍,壑也。(《诗·韩弈》疏)

壑,沟池、护城河。《诗·大雅·韩弈》"实墉实壑"、《礼记·郊特牲》"水归其壑",即是此义。《说文》:"隍,城池也。"虞翻注云:"隍,城下沟。无水称隍,有水称池。"

《象》曰:"城复于隍",其命乱也。

否(十二)

☶☰ 否之匪人,不利君子,贞大往小来。

《彖》曰:"否之匪人,不利君子贞"。"大往小来",则是天地不交而万物不通也,上下不交而天下无邦也,内阴而外阳,内柔而外刚,内小人而外君子,小人道长,君子道消也。

《象》曰:天地不交,否。君子以俭德辟难,不可荣以禄。

初六,拔茅茹以其汇,贞吉,亨。

《象》曰:"拔茅""贞吉",志在君也。

六二,包承,小人吉,大人否亨。

《象》曰:"大人否亨",不乱群也。

六三,包羞。

《象》曰:"包羞",位不当也。

九四,有命,无咎。畴离祉。

《象》曰:"有命无咎",志行也。

九五,休否,大人吉,其亡其亡,系于苞桑。

《象》曰:"大人"之"吉",位正当也。

郑注:休,美也。(《文选》二十五)苞,植也。否世之人,不知圣人有命,咸云:其将亡矣,其将亡矣。而圣乃自系于植桑不亡也。(同上)犹纣囚文王于羑里之狱,四臣献珍异之物而终免于难,"系于苞桑"之谓。(《集解》)

训"休"为"美",取《尔雅》之义。《尔雅·释诂》:"休,美也。"苞,本作艸(草)。《说文》:"苞,艸也。"物丛生曰苞。《尔雅·释言》:"苞,稹也。"孙炎曰:"物丛生曰苞,齐人名曰稹。"郝懿行云:"植,即稹之形讹耳。"(《尔雅义疏》)郑氏以殷周纣和文王之事释之。按史书记载,文王被囚羑里,文王之臣闳夭之徒通过贿赂纣而使文王得以释放。《史记·殷本纪》云："纣囚西伯于羑里,西伯之臣闳夭之徒,求美女奇物善马以献纣,纣乃赦西伯。"

上九,倾否,先否后喜。

《象》曰:否终则倾,何可长也。

同人(十三)

☲☰同人于野,亨。利涉大川,利君子贞。

　　郑注:乾为天,离为火,卦体有巽,巽为风。天在上,火炎上而从之,是其性同于天也。火得风然后炎上益炽,是犹人君在上施政教,使天下之人和同而事之,以是①为人和同者,君之所为也,故谓之同人。风行无所不遍,遍则会通之德大行,故曰"同人于野亨"。(《集解》)

　　郑氏于此以象和理释同人之义。以卦象言之,同人上乾为天,下离为火,天在上,火炎上,故其志向相同。又同人卦二三四互体为巽,巽为风。下体火得风而燃之益烈。以人事言之,同人上乾为阳为君,下离为阴为民。同人表示人君布施政教,使天下民众团结一致而遵循。其中人君是和同的主体,所谓和同是就人君而言的。又以巽风之象释"同人于野,亨"。巽为风,其特点无所不遍,遍及四周广大郊野,而有会通之德。故言"同人于野,亨"。

《象》曰:同人,柔得位得中,而应乎乾,曰同人。《同人》曰:"同人于野,亨,利涉大川";乾行也。文明以健,中正而应,君子正也。唯君子为能通天下之志。

《象》曰:天与火,同人。君子以类族辨物。

初九,同人于门,无咎。

《象》曰:出门同人,又谁咎也。

---

①　是,《义海撮要》作"事"。

六二,同人于宗,吝。

　　郑注:天子、诸侯后夫人无子①不出。(《仪礼·士昏礼》疏)

　　郑氏以礼注《易》。古代社会为已婚妇女制定了七条惩罚的礼教,谓之"七出"。《仪礼·丧服》云:"出妻之子为母。"郑注:"出,犹去也。"贾公彦疏曰:"七出者,无子,一也;淫泆,二也;不事舅姑,三也;口舌,四也;盗窃,五也;妒忌,六也;恶疾,七也。天子诸侯之妻无子不出,唯有六出耳。"此谓古代妇女违背七条中任何一条,就可以遗弃。而天子诸侯之妻则违背六条中任何一条就可以遗弃。曹元弼云:"郑意谓天子诸侯后夫人无子不出,其犯六出。则王后废远,夫人以下出而归宗,故吝,明妇人既嫁天夫,当一心于所事也。"(《补释》)

《象》曰:"同人于宗",吝道也。

九三,伏戎于莽,升其高陵,三岁不兴。

　　郑注:莽,丛木也。(《释文》)大阜曰陵。(李心传《丙子学易编》)

　　莽,本指草。《方言》:"莽,草也。南楚曰莽。"郑氏训为丛木恐为引申义。"大阜曰陵"取《说文》、《尔雅》等。《说文》云:"陵,大阜也。"又云:"阜,大陆也。"《尔雅·释地》云:"高平曰陆,大陆曰阜,大阜曰陵。"《释名》云:"土山曰阜。阜,厚也。言高厚也。陵,隆也。体高隆也。"

《象》曰:"伏戎于莽",敌刚也。"三岁不兴",安行也。

九四,乘其庸②,弗克攻,吉。

《象》曰:"乘其庸",义弗克也。其"吉",则困而反则也。

九五,同人,先号咷而后笑,大师克相遇。

《象》曰:"同人"之"先",以中直也。"大师"、"相遇",言相克也。

上九,同人于郊,无悔。

---

　　① 《诗·河广正义》无"无子"二字
　　② 庸,帛本也作"庸",通行本作"墉","庸"、"墉"音同而通假。

《象》曰:"同人于郊",志未得也。

大有(十四)

☰ 大有,元亨。

郑注:六五体离,处乾之上。犹大臣有圣明之德,代君为政,处其位①,有其事而理之也。元亨者,又②能长群臣以善使,嘉会礼通。若周公摄政,朝诸侯于明堂是也。(《集解》)

大有上离下乾,其六五处离中为主爻,又六五以阴居尊位。以人事言之,阳为君,阴为臣,阴居尊位,犹大臣有明德而代君王处理政事,而且能使群臣施仁政,国家聚会皆合乎礼节。古代周公摄政、在明堂朝见诸侯即是其例。李道平疏:"五为君位,阴为臣象。六阴,故云'犹大臣'。体离为明,故云有'圣明之德'。离处乾上,故云'代君为政'。六处五位,则当行五之事,故云'处其位有事而理之也'。'元者、善之长也',故云'长群臣以善使'。'亨者、嘉之会也',故云'嘉会礼通'。《礼·明堂位》曰:'武王崩,成王幼弱,周公践天子之位,以治天下。六年,朝诸侯于明堂。'是周公摄政之事也。"(《集解纂疏》)

《象》曰:大有,柔得尊位大中,而上下应之曰大有。其德刚健而文明,应乎天而时行,是以"元亨"。

《象》曰:火在天上,大有。君子以遏恶扬善,顺天休命。

郑注:命,所受天命也。(《文选·曹植〈赠白马王彪〉》注)

郑氏训"命"为天命。休命,美乐天命。郑注否九五:"休,美也。"《尔雅·释诂》:"休,美也。"

---

① 《义海撮要》下有"而"字。
② 《义海撮要》无"又"字。

初九,无交害。匪咎艰则无咎。

《象》曰:大有初九,"无交害"也。

九二,大车以载,有攸往,无咎。

《象》曰:"大车以载",积中不败也。

九三,公用亨于天子,小人弗克。

《象》曰:"公用亨于天子",小人害也。

九四,匪其彭,无咎。

《象》曰:"匪其彭,无咎",明辩遰也。

　　郑注:遰,读如,"明星哲哲"。(《释文》)

　　遰,它本或作"哲",或作"逝",或作"折"。"遰"字训为"去"、"往"。《说文》:"遰,去也。"《夏小正》:"九月遰鸿雁。"传曰:"遰,往也。""逝"折声,有"往"意,《说文》云:"逝,往也。……折声。"故"遰"、"逝"、"折"三者通假。"哲"也读"折"。《说文》:"哲,昭明也,从日,折声。""明星哲哲"出自于《诗经》。《诗经·陈风·东门之杨》:"东门之杨,其叶牂牂,昏以为期,明明煌煌;东门之杨,其叶肺肺,昏以为期,明星哲哲。""哲哲",即"煌煌",光亮貌。郑笺:"哲哲,犹煌煌也。"郑氏引"明星哲哲"旨在说明"遰"通"哲",有光明之意。

六五,厥孚交如威如,吉。

《象》曰:"厥孚交如",信以发志也。"威如"之吉,易而无备也。

上九,自天佑之,吉无不利。

《象》曰:大有上吉,"自天佑"也。

谦(十五)

☷☶ 谦①,亨,君子有终。

---

① 谦,惠本皆作"嗛"。张惠言云:"凡谦字惠皆改作嗛,非也。"

郑注:艮为山,坤为地,山体高今在地下,其于人道,高能下下,谦之象。亨者,嘉会之礼,以谦而①为主。谦者,自贬损以下人,惟艮之坚固,坤之厚顺,乃能终之,故君子之人有终也。(《集解》、《义海撮要》)

谦,子夏本作"嗛",帛书同。谦、嗛二字古通。《释文》:"嗛,谦也。"嘉会,是释"亨"之义。《文言》:"亨者,嘉之会也。"嘉会,指美好会合。《说文》:"嘉,美也。""会,合也。"《尔雅·释诂》:"嘉,美也。""嘉,善也。""会,合也。"段玉裁注云:"《礼经》:其之盖曰会。为其上下相合也。"古人看来,自然界阴阳相交而通达,人效法之,男女婚配,是谓嘉会。婚配当合乎礼节,故《文言》曰:"嘉会足以合礼。"惠栋引汉易注《文言》云:"以阳通阴,义同昏冓(婚媾),故曰嘉之会。"并疏云:"亨者,通也。六十四卦阴阳相应,经文多以'昏冓'言者,故云'义同昏冓'。婚礼称嘉,故曰嘉之会。"(《周易述》)以卦象言之,《谦》,上坤下艮,坤为地,艮为山,山高而在地下,有谦退之意。就人事而言,位尊而自贬处人下,故为谦。谦卦辞云"亨"者,是因古代嘉会之礼,恭恭敬敬以谦让为主。谦卦下艮山有坚固之义,上坤地有厚顺之德,故其辞言"有终"。此郑氏以卦象、《文言》释卦名卦辞之例。

《彖》曰:谦,亨。天道下济而光明,地道卑而上行,天道亏盈而益谦,地道变盈而流谦,鬼神害盈而福谦,人道恶盈而好谦。谦尊而光,卑而不可逾,君子之终也。

《象》曰:地中有山,谦。君子以捊多益寡,称物平施。

郑注:捊,取也。(《释文》、《汉上易传》)

捊,石经作"襃",通行本作"裒",《释文》:"《字书》作掊。"《盐铁论·利议》作"裒衣宽带",《汉书·隽不疑传》作"襃衣宽带"。

---

① 王本无"而"字。

"捪"、"褒"、"衷"为通假字。又段玉裁云:"衷者,捊之俗。《易》
'君子以衷多益寡'。"知"衷"、"捊"通假。《说文》:"捊,引取也。"
此取《说文》训"捊"。

初六,谦谦君子,用涉大川,吉。

《象》曰:"谦谦君子",卑以自牧也。

郑注:牧,养也。(《文选·潘岳〈闲居赋〉》注)

牧,本指养牛人。《说文》:"牧,养牛人也。"后泛指养。《尔
雅·释地》:"郊外谓之牧。"牧即养之义。

六二,鸣谦,贞吉。

《象》曰:"鸣谦贞吉",中心得也。

九三,劳谦,君子有终,吉。

《象》曰:"劳谦君子",万民服也。

六四,无不利,㧑谦。

郑注:㧑,读为宣。(《释文》)

㧑,帛《易》作"譌",楚简作"貨"。"譌"读"为","㧑"、"譌"
字音近通假。京房作"挥",㧑、挥音同义通。荀爽云:"㧑,犹举
也。"楚简作"貨",刘大钧先生据《子夏易传》和《说文》考证,此字
训为化,与"㧑"、"譌"义同。① 此说极是。笔者认为,货,恐是
"貨"省字,《说文》:"货,从贝,化声。"又说:"贿,资也,从贝,为声。
或曰此古货字。读曰贵。"桂馥云:"化、为声相近,故讹也作譌。"
故"货"、"譌"、"贿"、"貨"假借。而"㧑"、"宣"是转借字,李富孙
说:"郑读为宣,当取显著之义。"(《异文释》)曹元弼云:"以㧑为宣
之声,转借字。"(《周易郑氏注笺释》,以下简称《笺释》)

《象》曰:"无不利㧑谦",不违则也。

---

① 刘大钧:《今、帛、竹书〈周易〉疑难卦爻辞及其今、古文辨析》(一),《周易研
究》2004 年第 5 期。

六五,不富以其邻,利用侵伐,无不利。

《象》曰:"利用侵伐",征不服也。

上六,鸣谦,利用行师,征邑国。

《象》曰:"鸣谦",志未得也。可用行师,"征邑国"也。

豫(十六)

䷏豫,利建侯,行师。

郑注:坤,顺也。震,动也。顺其性而动者,莫不得①其所,故谓之豫。豫,喜佚②说乐之貌也。震又为③雷,诸侯之象。坤又为众,师役之象,故"利建侯行师"矣。④(《集解》、《义海撮要》)

此以卦象释卦名卦辞。按《说卦》:"坤,顺也;震,动也。"此卦震为动,下坤为顺,故豫卦有"顺其性而动"之象。"顺其性而动"本自《彖传》"顺以动"。在古人看来,遵循事物内在的规律活动必然得其所而成功,成功则喜悦。故此卦有喜悦之义。又豫卦上震为雷,为长男,古代长子主器为"祭主",而有"诸侯之象"。《说卦》:"坤为众。"《师·彖》:"师,众也。"故此卦有"行师"之象。

《彖》曰:刚应而志行,顺以动,豫。豫,顺以动,故天地如之,而况"建侯行师"乎。天地以顺动,故日月不过,而四时不忒。圣人以顺动,则刑罚清而民服。豫之时义大矣哉!

郑注:忒,差也。(《释文》)

忒,它本作"貣"或"贷",皆同音通假。《说文》云:"差,貣也。左不相值也。"《尔雅·释言》:"爽,差也。""爽,忒也。"故忒训差。

---

① 集解本叠"得"字,王本省。

② 佚,它本作"逸"。

③ "为",集解本误作"谓"。

④ 《义海撮要》本无"故谓之豫"四字,"豫,喜逸悦乐之貌"置于最后。

段玉裁曰："(《说文》)左部曰：差者，忒也。参差不相值也。不相值即更改之意。凡人有过失改常谓之忒。"

《象》曰：雷出地奋，豫。先王以作乐崇德，殷荐之上帝以配祖考。

郑注：奋，动也。雷动于地上，而①万物乃豫也。以者，取其喜佚动摇，犹人至乐，则手欲鼓之，足欲舞之也。崇，充也。殷，盛也。荐，进也。上帝，天也。王者功成作乐，以文得之者作籥舞，以武得之者作万舞，各充其德而为制。祀天帝②"以配祖考"者，使与天同饍其功也。故《孝经》云"郊祀后稷以配天，宗祀文王于明堂以配上帝"是也。(《集解》)

豫卦上为震，震为雷，为动，故言"奋"。奋，有动之义。《尔雅·释诂》："崇，充也。"《说文》："殷，作乐之盛称殷。"马融云："(殷,)盛也。"郑氏学于马融，取此训。荐，有进之义。郑注《天官·庖人》"与其荐羞之物"云："荐，亦进也。"豫卦上震为雷，下坤为地，有雷动于地上之象。古人认为，雷从地中出，雷出意味春天到来，万物萌芽而乐，故"万物乃豫也"。豫，有乐之义。朱骏声曰："豫，象之大者，不害于物，借为娱字，乐也。"(《经解》)"娱"是效法卦象这种喜佚动摇之貌，即人之喜乐表现在手欲击鼓，足欲舞蹈。君王大功告成据此而创作音乐和文武之舞。"王者功成作乐"引自《乐记》。籥舞、万舞是古代两种舞蹈。郑注《春官·籥师》云："羽籥，文舞也。"《夏小正》："万也者，干戚舞也。"万舞即干舞。《韵会》："汤武以万人得天下，故干舞称万舞。"其实文舞即文王舞，万舞即武王舞。李道平云："'以文得之者作籥舞'，即《左传》所称'南籥为文王'是也。'以武得之者作万舞'，即《乐记》所称'总干为武王之舞'是也。"郑氏所说的"各充其德而为制"是指

① 惠本脱"而"字。
② 帝，一本作"地"。

充实文武之德而各为制度。按照古礼,祭天则配合祭祖。《礼记·郊特牲》:"万物本乎天,人本乎祖,此所以配上帝也。"《礼记·丧服小记》:"王者禘其祖之所出,以其祖配之,而立四庙。"郑氏引《孝经》之言即是此意。

初六,鸣豫,凶。

《象》曰:"初六鸣豫",志穷"凶"也。

六二,砎于石,不终日,贞吉。

郑注:砎,谓磨砎也。(《释文》)

砎,通行本和帛书《系辞》引作"介",帛书经文作"疥",马融本作"扴",战国楚简作"犾"。五者因音同而通假。如廖名春所说:"疥,介声。'犾'、'砎'、'扴'字也从介声,故'介'与'犾'、'疥'、'砎'、'扴'可通用。"①《说文》:"扴,刮也。"段玉裁注云:"扴于石,谓摩硪于石也。"清儒李富孙、宋翔凤等人皆认为郑氏"磨砎"有摩擦、刮磨、摩硪之义,与《说文》训同。据濮茅左释曰:"介于石,两石相摩击而出火之意,介然守其节操,坚劲如石,行其正道,上交不陷,下交不渎,明道达理。"②

《象》曰:"不终日贞吉",以中正也。

六三,盱豫,悔;迟有悔。

郑注:盱,夸也。(《释文》)

盱,本指张目,后引申为喜悦、跐扈之貌。《说文》:"盱,张目也。"《释文》向云:"睢盱,小人喜悦之貌。"《庄子·寓言》:"睢睢盱盱。"注云:"睢睢盱盱,跐扈之貌。"郑氏训为夸,恐取自跐扈之义。跐扈,有自高夸大之义。夸,当训为大。《一切经音义》十五曰:"通

① 廖名春:《上海博物馆楚简〈周易〉管窥》,《周易研究》2000 年第 3 期。

② 马承源主编:《上海博物馆藏战国楚竹书》(三),第 156 页,上海古籍出版社 2003 年。

俗文,自矜曰夸。"《汉书·外戚传》"妾夸布服粝食"注:"夸,大也。"
《象》曰:"盱豫"、"有悔",位不当也。
九四,由豫,大有得,勿疑朋盍簪。

　　郑注:由,用也。簪,速也。(《释文》)

　　《广雅》云:"由、以,用也。"王引之云:"由、以、用,一声之转,
而语词之用亦然。"又云:"此'由'即'用'之借,'用'、'以'声
通。"(《经传释词》)《释文》:"簪,古字作贷,京作撍,马作臧,荀作
宗,虞作戠。"帛书作"讒",楚书作"壾"。据廖名春考证,以上字
因音同或音近通用①。段玉裁云:"古经无'簪'字,郑云'速也',实
'疌'之假借字。"《子夏传》:"(簪,)疾也。"《尔雅·释诂》:"疌,速
也。"郑氏此训本之《子夏传》和《尔雅》。后世王弼、孔颖达、宋翔
凤、李富孙等人多从之。刘大钧先生认为,郑氏训"簪"为"速",
是"后人转抄'连'字误为'速'字"②。此说值得商榷。

《象》曰:"由豫大有得",志大行也。
六五,贞疾,恒不死。
《象》曰:"六五贞疾",乘刚也。"恒不死",中未亡也。
上六,冥豫,成有渝,无咎。

　　郑注:冥,读为"鸣"。(《释文》)

　　冥,今本、帛书本同。楚书作"杲",濮茅左释为"杲"③,徐
在国释为"槙",认为"槙"当读为"冥"④。又考《豫卦》初六"鸣
豫",谦卦上六"鸣谦",故读"冥"为"鸣"。

---

　　① 廖名春:《楚简豫卦再释》,见山东大学易学与中国古代哲学研究中心编《出
土文献学术研讨会论文集》,2004年12月。
　　② 刘大钧:《今、帛、竹书〈周易〉疑难卦爻辞及其今、古文辨析》(一),《周易研
究》2004年第5期。
　　③ 马承源:《上海博物馆藏战国楚竹书》(三),上海古籍出版社2003年。
　　④ 徐在国:《上海竹书(三)周易释文补正》,简帛研究网,2004年4月20日。

《象》曰:"冥豫"在上,何可长也。

随(十七)

䷐随,元亨,利贞,无咎。

郑注:震,动也。兑,说也。内动之以①德,外说之以言,则天下之民②,咸③慕其行而随从之④,故谓之随也。既见随从,能长之以善,通其嘉礼,和之以义,干之以正,则功成而有富。若无此四德,则⑤有凶咎焉。焦赣曰:汉高帝与项籍其明征也。(《集解》)

按《说卦》:"震,动也。""兑,说也。"《随》卦内卦为震动,外卦为兑说。又震初爻为龙德,兑说为言语。故统治者于内以德感化而活动,于外以言语劝说,则天下之民皆仰慕其行而追随。此释"随"之义。郑氏又引《左传》、《文言》释"元亨利贞"。《左传·襄公九年》:"穆姜于东宫。始往而筮之。……史曰:'是谓《艮》之《随》,其出也,君必速出。'姜曰:'亡!是于《周易》曰:"《随》元亨利贞无咎。"元,体之长也。亨,嘉之会也。利,义之和也。贞,事之干也。体仁足以长人,嘉德足以合礼,利物足以和义,贞固足以干事。……有四德者,随而无咎;我皆无之,岂随也哉!我则取恶,能无咎乎。'"此与《文言》释"乾元亨利贞"义同。最后,郑氏引焦延寿之言,说明有此四德者吉,无此四德者凶。高祖刘邦有此四德宽厚爱人,礼贤下士而兴,项羽无此四德,自矜功伐,崇尚武力而亡。焦延寿,字赣,西汉梁人(今河南商丘),是西汉易学家京房的老

---

① 以,《左传·襄公九年》疏作"为"。
② 民,一本作"人"。
③ 《左传·襄公九年》疏无"咸"字。
④ 《义海撮要》无"之"字及下句。
⑤ 《义海撮要》无"若"字"则"字。

师。著有《易林》、《易林变占》等著作。

《彖》曰：随，刚来而下柔，动而说，随。大亨，"贞无咎"，而天下随时，随时之义大矣哉。

《象》曰：泽中有雷，随。君子以向晦入宴息。

郑注：晦，冥也。犹人君既夕之后，入于宴寝而止息。（《正义》）

宴，《正义》宋本、钱本作"冥"，据字意作"冥"为是，此为转抄之误。黄奭考之曰："案注'晦，宴也'，'宴'字当从七经《孟子考文》宋本作'冥'。《尔雅·释言》云：'晦，冥也。'《公羊》僖公十五年传、成十六年传并云：'晦者何？冥也。'郑下注云'既夕之后'与诸书合，今作'宴'者，因字形相近而讹。"（黄辑《周易注》）冥，指暮夜。宴寝，指安卧休息。《说文》："宴，安也。""寝，卧也。"

初九，官有渝，贞吉，出门交有功。

郑注：震为大涂，又为日门，当春分阴阳之所交也。是臣出君门，与四方贤人交，有成功之象也。昔舜"慎徽五典，五典克从。纳于百揆，百揆时序，宾于四门，四门穆穆"。是其义也。（《集解》）

《随》卦下为震，按《说卦》，"震为大涂"。震又为东方，日出东方，故称"日门"。按孟喜卦气说，震为四正卦，其初爻值春分。春分之时居冬夏之间，阳气上升，阴气下降，故言"阴阳之所交"。又震阳为乾，乾为君，为贤人。震阴爻为臣，为四方。故有"臣出君门，与四方贤人交"之象。此释"出门交有功"之义。最后，郑氏又引《尚书·舜典》说明"出门交有功"。徽：美。五典：五常之教，即父义、母慈、兄友、弟恭、子孝。揆：度，即思虑。序：又作"叙"，即次序。此句话是说，"尧使舜慎美笃行五常之教，而五常之教皆能顺从而行之无违命也，又纳于百官之事揆度行之，而百事所揆度者，于是皆得次序无废事也"（《尚书正义》卷三）。

《象》曰："官有渝"，从正吉也。"出门交有功"，不失也。

六二，系小子，失丈夫。

《象》曰："系小子",弗兼与也。

六三,系丈夫,失小子。随有求得,利居贞。

《象》曰："系丈夫",志舍下也。

九四,随有获,贞凶。有孚在道,以明何咎。

《象》曰："随有获",其义凶也。"有孚在道",明功也。

九五,孚于嘉,吉。

《象》曰："孚于嘉吉",位正中也。

上九,拘系之,乃从维之。王用亨于西山。

《象》曰："拘系之",上穷也。

蛊(十八)

䷑蛊,元亨,利涉大川。先甲三日,后甲三日。

　　郑注:蛊,事也。(《后汉书·谯玄传》注)甲者,造作新令之日,甲前三日,取改过自新,故用辛也。甲后三日,取丁宁之义,故用丁也。①(《正义》、《古周易订诂》)

　　蛊下巽上艮,艮为山,巽为风,风落山,其草木被摧坏,故有败坏之义。又艮为少男,巽为长女,有女惑男之象。万物从惑而起,故以蛊为事。郑氏训"蛊"为"事",取自《易传》。《象》释蛊曰:"'利涉大川',往有事也。"《序卦》:"蛊者,事也。"从文字学讲,蛊,本指器皿为虫所损,或谷物在器皿中生虫。《左传·昭公元年》:"赵孟曰:'何谓蛊?'对曰:'淫溺惑乱之所生也,于文皿虫为蛊;谷之飞亦为蛊。'"《论衡·商虫》:"谷虫曰蛊。"另一种说法,"蛊"训为"事",是假借为"故",非"蛊"有"事"之训。王引之曰:

_____

　　① 《正义》序引之云:"甲者,宣令之日,先之三日而用辛也,欲取改新之义。后之三日而用丁也,取其丁宁之义。"据张惠言等人考证,此注"皆约义言之,非正注"。

"蛊之言,故也。《尚书大传》云:'乃命五史,以书五帝之蛊事。'蛊事,犹故事也。"甲,本义指春时草木生芽。《史记·律书》:"甲者,言万物剖符甲而出也。"《说文》:"甲,位东方之孟,阳气萌动,从木戴孚甲之象。"甲前三日,指十干甲前第三日,即辛日。辛,本指秋时万物成熟。《说文》:"辛,秋时万物成而孰。"又引申为新。《史记·律书》:"辛者,言万物之辛生,故曰辛。"《释名》:"辛,新也。物初新者皆收成也。"《南齐书》引卢植《郊特牲》注云:"辛之为言,自新洁也。"郑氏所谓"改过自新"即是此义。甲后三日,指甲后第三日,即丁日。丁本指万物于夏时皆盛壮。《说文》:"丁,夏时万物皆丁实。"《史记·律书》:"丁者,言万物之丁壮也。"又从声音借为反复告诫。朱骏声曰:"丁之为丁宁者,钲也。其声丁丁宁宁,借为告戒重复之意。"(《经解》)

《彖》曰:蛊,刚上而柔下,巽而止,蛊。蛊,元亨而天下治也。"利涉大川",往事也。"先甲三日,后甲三日",终则有始,天行也。

《象》曰:山下有风,蛊。君子以振民育德。

初六,干父之蛊,有子,考无咎。厉,终吉。

《象》曰:"干父之蛊",意承考也。

　　郑注:子改父道,始虽劳①而终则吉。盖其②事若不顺,而其意则在于承其父③也。④(《周易会通》)

　　考,指父。《史记·三王世家》:"考者,父也。"《尔雅·释亲》:"父为考。"《公羊·隐公元年》:"隐之考也。"注云:"生称父,死称考。"郑氏又训"干"为"改",以"子改父道"释"干父之蛊"。然后将改父之事不顺的原因归结为"承其父",即顺承其父。

① 劳,《仲氏易》作"厉"。
② 《仲氏易》无"盖其"二字。
③ 《仲氏易》作"而意则顺也"。
④ 此条《会通》未明言郑氏注,据黄奭考证为郑氏易注。

九二,干母之蛊,不可贞。

《象》曰:"干母之蛊",得中道也。

九三,干父之蛊,小有悔,无大咎。

《象》曰:"干父之蛊",终无咎也。

六四,裕父之蛊,往见吝。

《象》曰:"裕父之蛊",往未得也。

六五,干父之蛊,用誉。

《象》曰:"干父用誉",承以德也。

上九,不事王侯,高尚其事。

郑注:上九艮爻,艮为山,辰在戌,得乾气,父老之象,是臣之致事也,故"不事王侯"。是不得事君,君犹高尚其所为之事。①(《礼记·表记》疏)

郑氏以爻体说和爻辰说注上九爻辞。按照爻体说,若三上为阳爻,则为艮;二五为阳爻,则为坎;初四为阳爻,则为震。若三上为阴爻,则为兑;二五为阴爻,则为离;初四为阴爻,则为巽。爻体说本于卦主说,体现了《系辞》"阳卦多阴、阴卦多阳"的思想。蛊卦上九为阳爻,故称"上九艮爻"。艮为山。又据爻辰说,蛊上九为阳爻,当同乾上九纳戌,戌为西北,西北为乾位而为"乾气",乾为父。上九又居卦极,故言"父老之象"。郑氏之意,是说大臣年迈不得侍奉君王,而君王高高在上而行事。

《象》曰:"不事王侯",志可则也。

临(十九)

䷒临,元亨,利贞。至于八月有凶。

---

① 《表记正义》未言郑氏注,但据惠栋、黄奭等人考证,当为郑注。

郑注:临,大也。阳气自此浸而长大,阳浸长矣。而有四德,齐功于乾,盛之极也。人之情,盛则奢淫,奢淫则将亡,故戒以凶也。临卦斗建丑而用事,殷之正月也。当文王之时,纣为无道,故于是卦为殷家著兴衰之戒,以见周改殷正之数云。临自周二月用事,讫其七月,至八月而遯卦①受之。此终而复始,王命然矣。(《集解》)

训"临"为"大",取自《易传》。《序卦》:"临者,大也。"此注前半部分释"元亨利贞",后半部分释"至于八月有凶"。以消息言之,临卦来自乾坤消息:一阳长于坤下为复,长至坤二为临,长至坤三为泰,长至坤四为大壮,长至坤五为夬,长至坤上为乾。乾卦有"元亨利贞"四德,临卦有此四德则因为临卦本于乾阳上长而成,此所谓德"而有四德齐功于乾"。阳长至坤上则为乾,至乾阳盛则必然走向衰,即一坤阴自下而上依次长于乾体,而成姤卦、遯卦、否卦、观卦、剥卦、坤卦。人之情欲也是如此,盛满必衰亡。李道平云:"夫满则必溢,人之恒情。溢则必覆,物之常理。惟圣人见微知著,所以戒之以凶也。"(《集解纂疏》)又按十二消息卦,临为十二月,建丑。夏十二月即殷之正月。临为二月用事,临至遯历经七个月,遯为六月,在殷为七月,在周为八月,故由临至遯则为八月,这就是"至八月而遯卦受之"。卦阴阳变化,周而复始,王朝更替也是如此。文王见纣无道,定此卦凶以戒后人。

《彖》曰:临,刚浸而长,说而顺,刚中而应,大亨以正,天之道也。"至于八月有凶",消不久也。

《象》曰:泽上有地,临。君子以教思无穷,容保民无疆。

初九,咸临,贞吉。

《象》曰:"咸临贞吉",志行正也。

九二,咸临吉,无不利。

---

① 遯,惠改"遂"。

《象》曰:"咸临吉无不利",未顺命也。

六三,甘临,无攸利,既忧之,无咎。

《象》曰:"甘临",位不当也。"既忧之",咎不长也。

六四,至临,无咎。

《象》曰:"至临无咎",位当也。

六五,知临,大君之宜,吉。

《象》曰:"大君之宜",行中之谓也。

上六,敦临,吉,无咎。

《象》曰:"敦临"之"吉",志在内也。

观(二十)

观,盥而不荐,有孚颙若。

郑注:坤为地,为众;巽为木,为风。九五天子之爻,互体有艮,艮为鬼门,又为宫阙。地上有木而为鬼门、宫阙者,天子宗庙之象也。(《集解》)诸侯贡士于天子,乡①大夫贡士于其君,必以礼宾之,唯主人盥而献宾,宾盥而酢主人,设荐俎则弟子也。(《仪礼·乡饮酒礼》疏、《古周易订诂》)

观卦上巽下坤,按《说卦》:"坤为地,为众。""巽为木,为风。"观卦九五为天子位,而称"天子之爻"。观卦三至五互体艮。艮为东北之卦。艮有归之义。归者为鬼。《易纬·乾坤凿度》云:"艮为鬼冥门……言鬼其归也,众物归于艮。"《山海经》:"东北曰鬼门,万鬼所出入也。"又按《说卦》,艮为宫阙。从卦象看,地上有木,为鬼门、宫阙,是谓"宗庙之象"。郑氏又据古饮酒之礼释"盥而不荐"。按古礼,诸侯、贡士、卿大夫朝见天子或国君,皆遵循一

---

① 郷,惠作"卿"。

定礼节。主人在接待客人时当先洗手以敬宾客,宾客以同样方式答谢主人。设立草俎而年轻人用之。盥,洗。

《彖》曰:大观在上,顺而巽,中正以观天下,观。"盥而不荐,有孚颙若",下观而化也。观天之神道,而四时不忒。圣人以神道设教,而天下服矣。

《象》曰:风行地上,观。先王以省方观民设教。

初六,童观,小人无咎,君子吝。

　　郑注:童,稚也。(《释文》)

　　童,指未成年人。因未成年其行为幼稚,故"童"有"稚"之义。《说文》作"僮"。童、僮通假,《说文》:"僮,未冠也。"《释名》:"十五曰童。"《广雅·释言》:"僮,稚也。"

《象》曰:"初六童观",小人道也。

六二,窥观,利女贞。

《象》曰:"窥观"、"女贞",亦可丑也。

六三,观我生进退。

《象》曰:"观我生进退",未失道也。

六四,观国之光,利用宾于王。

《象》曰:"观国之光",尚宾也。

九五,观我生,君子无咎。

《象》曰:"观我生",观民也。

上九,观其生,君子无咎。

《象》曰:"观其生",志未平也。

噬嗑(二十一)

噬嗑,亨,利用狱。

《象》曰:颐中有物曰噬嗑。"噬嗑"而"亨",刚柔分动而明,雷电合而章,柔得中而上行。虽不当位,"利用狱"也。

《象》曰:雷电,噬嗑。先王以明罚勑法。

郑注:勑,犹理也。一云整也。(《释文》)

勑,《字林》作"勅",《汉书》引作"飭",一本又作"敕"。"勑"、"勅"、"敕"、"飭"通假。《吕氏春秋》:"田事既飭。"高注:"飭,读作勑。"《释名》:"敕,飭也。"《说文》:"勑,劳也。""敕,诫也。"段注云:"敕,即'飭'之假借。'飭,致坚也。'后人用'勑'为'敕'。力部:'勑,劳也。'……又或从力作'勅'。"郑氏训"勑"为理、整,是引申义。《尔雅·释文》云:"案《说文》、《字林》'束'旁作'友',是始。"桂馥云:"始当为治,《广雅》:'敕,理也。'"(《说文解字义疏》)

初九,屦校灭趾,无咎。

《象》曰:"屦校灭趾",不行也。

六二,噬肤灭鼻,无咎。

《象》曰:"噬肤灭鼻",乘刚也。

六三,噬腊肉,遇毒,小吝,无咎。

郑注:小物全干曰腊。(《易解剩义》)

按黄奭考证,此注引自《周礼·天官·腊人》注,非郑氏易注。

《象》曰:"遇毒",位不当也。

九四,噬干胏,得金矢,利艰贞吉。

郑注:胏,簀也。(《释文》)

先儒多训胏为脯,即肉干,或带骨肉。郑氏训"胏"为"簀",段玉裁等人认为,此是"假胏为第"。《方言》:"床,齐鲁之间谓之簀,陈楚之间或谓之第。"《尔雅·释器》:"簀,谓之第。"《说文》:"第,簀也。"《说文》:"簀,床栈也。""栈,棚也。"又引申谓床上之席。考此卦六二"噬肤"、六三"噬腊肉"、六五"噬干肉",郑氏训"胏"为"簀",当不符合《易》本义。曹元弼云:"窃意注文阙意佚。当云肉有骨,谓之肺,肺读如簧也。肺、簧一声之转。盖读肺如簧,见其坚鲠不可噬,如木板然,以别于荀氏之诸家作'脯'耳。"(《笺释》)曹氏之说不无道理。

《象》曰,"利艰贞吉",未光也。

六五,噬干肉,得黄金,贞厉,无咎。

《象》曰:"贞厉无咎",得当也。

上九,何校灭耳,凶。

　　郑注:离为槁木,坎为耳,木在耳上,何校灭耳之象也。(《集解》)臣从君坐之刑。(《书·康诰》疏)

　　噬嗑上离下震,按《说卦》离"于木也,为科上槁",即"槁木"。卦三四五互体坎,坎为耳。木在耳上,有"何校灭耳"之象。上九以阳居阴位,故受此刑是臣从君所致。

《象》曰:"何校灭耳",聪不明也。

　　郑注:目不明耳不聪。(《释文》)

　　噬嗑上离为目,三四五互体坎为耳。《九家易》云:"当据离坎以为聪明。坎既不正,今欲灭之,故曰'聪不明也'。"

贲(二十二)

☲☶贲,亨,小利有攸往。

　　郑注:贲,变也,文饰之貌。(《释文》)贲,文饰也。离为日,天文也;艮为石,地文也。天文在下,地文在上,天地二文相饰成贲者也,①犹人君以刚柔仁义之道饰成其德也。刚柔杂,仁义合,然后嘉会礼通,故亨也。卦互体坎艮,艮止于上,坎险于下,夹震在中,

---

　　① 自"离为日"至此,又见《诗·白驹》正义。"日"下重"日"字,"天文"下无"也"字,"石"下重"石"字,"天地"以下作"天地之文交相而成贲贲然"。

故不利大行，小有所之则可矣。(《集解》)

贲有"变"义，本之卦变。贲自泰卦来，即泰二、上两爻互易而成贲，即《彖传》所说"柔来而文刚"、"分刚上而文柔"。泰上六居二为"柔来而文刚"，九二居上则为"分刚上而文柔"。贲有文饰之义，取自《易传》和《说文》。《序卦》："贲者，饰也。"《说文》："贲，饰也。"《彖传》所说的"柔来而文刚"、"分刚上而文柔"有刚柔杂居文饰之义。文，不同的颜色或不同的事物混杂一起。《考工记》云："画绘之事杂五色，青与赤谓之文。"《系辞》云："爻有等，故曰物。物相杂，故曰文。"又云："六爻相杂，唯其时物也。"显然，《系辞》"文"指代表不同事物的阴阳爻交错。从内外卦视之，上艮为石，石属地，地文；下离为日，日属天，天文。天文在下，地文在上，天地二文交感而成贲。此以卦爻象释"贲"义。就人事而言，柔为仁，刚为义。《说卦》："立天之道曰阴与阳，立地之道曰柔与刚，立人之道曰仁与义。"人君就是以刚柔兼顾、仁义并行成就其德性，然后致嘉会礼通。郑氏此是以阴阳交、仁义合推出"嘉会礼通"，以释卦辞"亨"之义。"嘉会礼通"，出自《文言》"亨者，嘉之会也……嘉会足以合礼"。又贲二三四互体坎，三四五互体震，其上卦为艮（郑氏常把内外卦视为互体），坎为险居下，艮为止居上，震为动居坎险和艮止当中，行动受到限制，故不利大行、利小行。此释卦辞"小利有攸往"。

《彖》曰："贲亨"，柔来而文刚，故"亨"。分刚上而文柔，故"小利有攸往"。(刚柔交错)，天文也；文明以止，人文也。观乎天文以察时变，观乎人文以化成天下。

《象》曰：山下有火，贲。君子以明庶政，无敢折狱。

郑注：折，断也。(《释文》)

折，本指断开。如《诗·郑风·将仲子》"无折我树杞"、《荀子·劝学》"朽木不折"即是此意。此指仲裁、判定。

初九,贲其趾,舍舆①**而徒。**

　　郑注:趾,足。②(《释文》)

　　初九爻居下,似人足居下,故言"趾"。趾,一本作"止"。"趾"、"止"古通,指脚趾。

《象》曰:"舍舆而徒",义不③**乘也。**

六二,贲其须。

《象》曰:"贲其须",与上兴也。

九三,贲如濡如,永贞吉。

《象》曰:"永贞"之"吉",终莫之陵也。

六四,贲如皤如,

　　郑注:六四巽爻也,有应于初九,欲自饰以适初,既进退未定,故皤如也。(《礼记·檀弓》疏)

　　按郑氏爻体说,贲六四阴爻,当为巽之主爻。故称"六四巽爻也"。贲初爻为阳,四爻为阴,初四两爻阴阳相应,故四爻言"自饰以适初",此释卦辞"贲如"。四爻居卦中,"上不在天,下不在田,中不在人"(《文言》),故曰"进退未定"。此释卦辞"皤如"。皤,通行本作"皤",帛《易》作"蕃"。"皤"、"皤"、"蕃"皆因音同通假。清儒丁杰、黄奭等考证,郑氏"皤"当作"蹯"。丁杰云:"《音训》云:音燔。顾宁人《易音》引《释文》云:郑元本作蹯,音燔,又引蔡邕赋为证,当从蹯字。"(丁本《周易》郑注卷三)张惠言云:"案进退未定则为蹯当是。"(同上)黄奭云:"今本、《释文》'皤',郑作'皤',音烦。此据顾氏《易音》所引,《释文》改易音。又引蔡邕《述行赋》'乘马蹯如而不进'句为证。案注文'进退未定',即'蹯'字之训,

---

　　① 舆,通行本和帛本皆作"车"。"车"、"舆"古通。

　　② 张惠言曰:"姚有'也'字。"

　　③ 不,今本作"弗"。

今作'燔'者,因字形相近而讹。"(黄辑本《郑氏周易注》)清儒之考,可备一说。

白马翰如,匪寇婚媾。

郑注:翰,白也。(《释文》)白马翰如,谓九三位在辰,得巽气为白马。翰,犹幹也。见六四适初未定,欲幹而有之。(《礼记·檀弓》疏)

郑氏训翰为白,为引申义。翰,本指白色马。《礼记·檀弓上》:"殷人上白……戎事乘翰。"郑注:"翰,白色马也。"按照郑氏爻辰说,贲九三本于乾九三,纳辰。辰为龙。古代骏马也称为龙。《周礼·夏官·廋人》:"马八尺以上为龙,七尺以上为騋,六尺以上为马。"又辰位在东南,《说卦》:"巽,东南也。""巽为白。"故曰"得巽气为白马"。郑氏又训翰为幹。黄奭云:"郑以白为正训,幹为旁训。""翰"无"幹"义,此恐为假借。按郑意,此承上句,是言六四进退未定,三与四相比,欲取之为自己拥有。如曹元弼所言:"白马翰如,三体震坎皆为马,爻辰在辰,三月东南,巽位。巽为白,故象白马。四乘三,白马四所乘也。翰读为幹,举也。凡爻相比者,或相取,三见四乘白马适初而未定,欲取而有之使比已。"(《补释》)

《象》曰:六四当位疑也。"匪寇婚媾",终无尤也。

六五,贲于丘园,束帛戋戋。吝,终吉。

《象》曰:六五之吉,有喜也。

上九,白贲,无咎。

《象》曰:"白贲无咎",上得志也。

剥(二十三)

䷖剥,不利有攸往。

《象》曰:剥,剥也。柔变刚也。"不利有攸往",小人长也。顺而止之,观象也。君子尚消息盈虚,天行也。

　　郑注:阴气侵阳,上至于五,万物需①落,故谓之剥也。五阴一阳,小人极盛,君子不可有所之,故"不利有攸往"也。(《集解》)

　　需,本指下雨。《说文》:"需,雨零也。"零,有降落义。《诗·小明》:"涕零如雨,又定之方中,灵雨既零。"传云:"零,落也。"《夏小正》云:"八月栗零。"传云:"零也者,降也。"此需也取降落之义。按消息卦,乾坤阴阳消长。坤阴于乾卦自下而上依次上长,至乾初,为姤,长至二为遯,长至三为否,长至四为观,长至五为剥。剥为九月之卦,故此卦象征阴气侵阳,万物剥落。从阴阳爻数量看,此卦五阴一阳,阴盛阳衰,在此情景下,小人得势,君子不可有为,即卦辞所谓"不利有攸往"。

《象》曰:山附于地,剥。上以厚下安宅。

初六,剥床以足,蔑贞,凶。

　　郑注:蔑,轻慢。(《释文》)

　　蔑,古人多本卦象,或训为"灭"、"灭下";或训为"消";或训为"无"。郑氏训"蔑"为轻慢,是"懱"之假借。《说文》:"懱,轻易也。从心,蔑声。"《玉篇》:"懱,轻也,易也,侮也。"段玉裁《说文注》云:"《说文》:'懱,轻易也。'谓轻易,人蔑视之也。"蔑,帛《易》作"截",阜阳简作"蔑",于豪亮先生说:"截是蔑的或体,所以可假借为蔑。"②又据韩自强先生考证,阜阳简"蔑"与帛书"截"与今本"蔑"通假。③

《象》曰:"剥床以足",以灭下也。

六二,剥床以辨,蔑贞凶。

---

　　①　需,《汉上易传》引作"零"。
　　②　于豪亮:《帛书周易》,《文物》1984 年第三期。
　　③　韩自强:《阜阳汉简〈周易〉研究》,见《道家文化研究》第十八辑,第 104—105 页,三联书店 2000 年。

郑注:足上称辨。谓近膝之下,诎①则相近,信②则相远,故谓之辨。辨,分也。(《集解》)

从爻象看,初六居下称"足",六二在初六之上,故足上谓"辨"。就人而言,脚以上、膝盖以下部分是谓"辨"。李道平云:"'近膝之下',胫腓也。前为胫,后为腓。"(《集解纂疏》)按照郑意,其腓与膝有远近之分,屈则相近,伸则相远。此为"辨"。辨,从文字学释之,则有分辨之义。诎,通"屈"。信,通"伸"、"申"。

《象》曰:"剥床以辨",未有与也。

六三,剥之无咎。

《象》曰:"剥之无咎",失上下也。

六四,剥床以肤,凶。

《象》曰:"剥床以肤",切近灾也。

郑注:切,急也。(《释文》)

切,本义与刀有关,有切割之义。《说文》:"切,刌也。""刌,切也。"切为急是引申义。段玉裁云:"今文'刌'为'切',引申为迫切。"《论语·子张》"切问而近思"之"切"即是此义。

六五,贯鱼以宫人宠,无不利。

《象》曰:"以宫人宠",终无尤也。

上九,硕果不食,君子得舆,小人剥庐。

郑注:小人傲很,当剥彻庐舍而去。(《周礼·地官·遗人》疏)

很,不听从。《说文》:"很,不听从也。"傲很,指傲慢自以为是。彻,剥取。《诗·豳风·鸱鸮》:"彻彼桑土,绸缪牖户。"毛传:"彻,剥也。"

《象》曰:"君子得舆",民所载也。"小人剥庐",终不可用也。

---

① 诎,王本作"屈"。
② 信,一本作"申"。

复(二十四)

☷☳ **复,亨。出入无疾,朋来无咎。**

郑注:复,反也,还也。阴气侵阳,阳失其位,至此始还反,起于初,故谓之复。阳君象,君失国而还反,道德更兴也。(《左传·襄公二十八年》疏)

郑氏训"复",取自《尔雅》。《尔雅·释言》:"还,复,返也。"以十二消息卦言之,阴长阳退,阴长至五为剥卦,长至上为坤卦,坤卦为纯阴之卦,象征阴盛。物极必反,阴盛之时必有阳长,一阳始长于下为复卦。故复卦一阳居下,有一阳复返于初之义。就人事而言,阳代表君,阴长阳退,以示小人得势,君王渐失其位。由乾变坤,表示君王失其国。由坤变复,则有君失其国而又重新得到、伦理道德更兴之意。此释"复"义。

反复其道,七日来复,利有攸往。

郑注:建戌之月,以阳气既尽,建亥之月,纯阴用事,至建子之月,阳气始生,隔此纯阴一卦,卦主六日七分,举其成数言之,而云"七日来复"。(《正义序》)

此用消息卦释卦辞。按照消息卦,剥卦为九月,即建戌之月,此时阴气盛阳气将尽。由剥卦变坤卦,由九月进入十月,即建亥之月,此时阴气盛极。至复卦为十一月,即建子之月,此月阳气始生,故有阳气来复之意。此释"来复"。由剥卦变复卦,隔一坤卦。六十四卦与一年三百六十四日相配,一卦主六日七分。从整数言之,六日七分,近似七日。故言"七日来复"。

《彖》曰:复,亨。刚反动而以顺行,是以"出入无疾,朋来无咎"。"反复其道,七日来复",天行也。"利有攸往",刚长也。复,其见天地之心乎。

《象》曰:雷在地中,复。先王以至日闭关,商旅不行,后不省方。

郑注:资货而行曰商。旅,客也。(《释文》)

古代将商人分为商、贾两种。《白虎通·商贾》云:"行曰商,止曰贾。"郑注《周礼·大宰》"六曰商贾"云:"行曰商,处曰贾。"旅,本是军中单位。《说文》:"旅,军之五百人。"训旅为客,是引申义。段玉裁云:"凡言羁旅,义取乎庐。庐,寄也。"《说文》:"客,寄也。"

初九,不远复,无祇悔。元吉

郑注:祇,病也。(《释文》)

祇,马融、王肃作"禔",帛本作"提"。阜阳简作"智"。邓球柏认为"提为禔之误"。① 而韩自强认为,帛书"提"与"祇"、"禔""智"同为支部字,通假。② 陆云:"禔,安也。"《九家易》作"疻"。王引之云:"祇当从九家,作'疻',《广雅》:'多也。'"(《经传释词》)唐石经作"祇",韩训祇为大。郑玄训"祇"为"病",是为假借。段玉裁云:"郑盖借'祇'为'疧'。按'祇'之训'病',《诗·小雅·何人斯》'台者之来,俾我祇也',毛传:'祇,病也。'兹训为病,正本毛传。"宋翔凤云:"按郑训病,则'祇'当读为'疧'、'疻'字。"(《考异》)二者所言,各有其理,兹列其上,以备参考。

《象》曰:"不远"之"复",以修身也。

六二,休复,吉。

《象》曰:"休复"之"吉",以下仁也。

六三,频复,厉,无咎。

《象》曰:"频复"之"厉",义无咎也。

六四,中行独复。

---

① 邓球柏:《帛书〈周易〉校释》,第 241 页,湖南人民出版社 1987 年。

② 韩自强:《阜阳汉简〈周易〉研究》,见《道家文化研究》第十八辑,第 106 页,三联书店 2000 年。

郑注:爻处五阴之中,度中而行,四独应初。(《汉上易传》)

复卦一阳五阴,六四爻上下各有两阴爻,处五阴当中,故言"度中而行"。此释卦辞"中行"。初爻为阳,四爻为阴,整个卦唯独四爻与初爻相应。此释卦辞"独复"。

《象》曰:"中行独复",以从道也。

六五,敦复,无悔。

《象》曰:"敦复无悔",中以自考也。

郑注:考,成也。(《释文》)

郑训考为成,本之《尔雅》。《尔雅·释诂》:"考,成也。"成,有成就之义。《说文》:"成,就也。"

上六,迷复,凶,有灾眚。用行师,终有大败,以其国君凶,至于十年不克征。

郑注:异自内生曰眚,自外曰祥,害物曰灾。(《释文》)

灾,通行本作"灾"。"灾"、"灾"异体字。马王堆帛书作"兹",当为通假字。刘大钧考证,"灾"又作"菑",帛书"兹"与"菑"同音相假。[①] 李富孙云:"案《说文》,灾或作灾,籀文作灾,古文作灾。"(《异文释》)眚,本指目生疾。《说文》:"眚,目病生翳也。"引申为怪异灾害。《子夏传》:"妖祥曰眚。"《汉书·五行志》:"异物生谓之眚。"祥,也指妖孽。《汉书·五行志》:"妖孽自外来谓之祥。"

《象》曰:"迷复"之"凶",反君道也。

无妄(二十五)

郑注:妄,犹望,谓无所希望也。(《释文》)

---

① 刘大钧:《今、帛、竹书〈周易〉疑难卦爻辞及其今、古文辨析》(一),《周易研究》2004 年第 5 期。

"妄",楚简作"忘",阜阳简作"亡",帛书作"孟",又作"望"。据韩自强先生考证,亡、妄、望、孟(孟)均从亡声,故通。①《易传》将"无妄"训为灾卦。《杂卦》:"无妄,灾也。"汉儒依此多释无妄为大旱卦。京房等人认为,无妄"为大旱卦,万物皆死,无所复望"。(《集解》虞氏引)《汉书·谷永传》谷永云:"陛下承八世之功业……遭无妄之卦运,直百六之灾阸。"应劭注云:"无妄者,无所望也。万物无所望于天,灾异之最大者也。"郑氏训妄为望,盖本于此。

☳ 无妄,元亨利贞。其匪正有眚,不利有攸往。

《象》曰:无妄,刚自外来而为主于内,动而健,刚中而应,大亨以正,天之命也。"其匪正有眚,不利有攸往",无妄之往,何之矣。天命不佑,行矣哉。

　　郑注:妄之言望,人所望宜正,行必有所望,行而无所望,是失其正,何可往也。(《后汉书·李通传》注)佑,助也。(《释文》)

　　按郑意,以正道而行,则有希望;失其正道,则无所希望,故其行无意义。前一句是释"大亨以正"。后一句是释"'其匪正有眚,不利有攸往',无妄之往,何之矣"。佑,今本《系辞》作"祐",马融作"右"。三字通假。张惠言云:"佑,乃俗字,此条王作祐,惠改作右为是。"《系辞》:"祐,助也。"《说文》:"右,助也。"

《象》曰:天下雷行物与,无妄。先王以茂对时育万物。

初九,无妄,往吉。

《象》曰:"无妄"之"往",得志也。

六二,不耕获,不菑畬,则利有攸往。

---

① 韩自强:《阜阳汉简周易研究》,见《道家文化研究》第十八辑第108页,三联书店2000年。

郑注:田①一岁曰菑,二岁曰新,田三岁曰畬。(《诗·采芑》疏、《尔雅·释地》疏)

古人将新开垦耕种的土地分为三种:一种是耕作一年的田,称为"菑"。一种是耕作二年的田,称作"新田"。一种是耕作三年的田,称为"畬"。此注取之《尔雅》。《尔雅·释地》:"田一岁曰菑,二岁曰新,三岁曰畬。"

《象》曰:"不耕获",未富也。

六三,无妄之灾,或系之牛,行人之得,邑人之灾。

《象》曰:行人得牛,邑人灾也。

九四,可贞,无咎。

《象》曰:"可贞无咎",固有之也。

九五,无妄之疾,勿药有喜。

《象》曰:"无妄"之"药",不可试也。

上九,无妄行有眚,无攸利。

《象》曰:"无妄"之"行",穷之灾也。

大畜(二十六)

䷙大畜,利贞,不家食,吉。利涉大川。

郑注:自九三至上九有颐象,居外是不家食吉②而养贤。(《礼记·表记》疏)

大畜三、四、五互体震,四、五、上为艮,上艮下震为颐卦,故"自九三至上九有颐象"。颐,有"养"之义。《序卦》:"颐者,养也。"从卦象看,颐上下两爻为阳,中间四爻为阴,外实中虚,口腔之象。人

---

① 王本无"田"字。

② 王本无"吉"字。

赖口腔而生存,故颐有食养之义。又引申为养贤。如《彖传》所云:"颐贞吉,养正则吉也。观颐,观其所养也。……天地养万物,圣人养贤以及万民。"互体颐卦居大畜外卦,有"不家食养贤"之义。

《彖》曰:大畜,刚健,笃实辉光,日新其德,刚上而尚贤。① 能止健,大正也。"不家食吉",养贤也。"利涉大川",应乎天也。

《象》曰:天在山中,大畜。君子以多识前言往行,以畜其德。

初九:有厉利已。

《象》曰:"有厉利已",不犯灾也。

九二,舆说輹。

《象》曰:"舆说輹",中无尤也。

九三,良马逐逐②,利艰贞。

> 郑注:逐逐③,两马走也。(《释文》)

逐,帛书和阜阳简作"遂",楚简作"由"。"逐"、"遂"形近误写。廖名春指出:"'遂',当为'逐'之形讹。"④ 而韩自强则考证:"遂"由"篴"变来,"篴"与"逐"通假。⑤ 刘大钧、廖名春先生皆认为"逐"和"由"音近通假。⑥ 按《说文》:"笛,从竹,由声。"段注:"由与逐皆三部声也,古音如逐。"故知逐、遂、由通假。《说文》:

---

① 《释文》及《彖旨决录》引郑氏以"日新"绝句,而《古周易订诂》引郑氏以"辉光日新"绝句。

② 通行本作"逐"、帛本作"遂"。郑氏作"逐逐",《颜氏家训·书证篇》引此句也作"逐逐",知郑氏所据版本不同于今本和帛本。

③ 惠栋据经文增"逐"字。

④ 廖名春:《上海博物馆楚简〈周易〉管窥》,《周易研究》2000年第3期。

⑤ 韩自强:《阜阳汉简〈周易〉研究》,见《道家文化研究》第十八辑,第110页,三联书店2000年。

⑥ 见刘大钧《今、帛、竹书〈周易〉疑难卦爻辞及其今、古文辨析》(一),《周易研究》2004年第5期。

"逐,追也。"追,有追赶之义。即两马追赶前进。姚信云"逐逐,并驱之貌"也是此意。

曰闲舆卫,利有攸往。

郑注:曰习车徒。闲,习。(《释文》)

曰,郑读为"日"。"曰"、"日"字形相近误写。闲,有"习"之义。《尔雅·释诂》:"闲,习也。"舆,即车。卫,当为"徒",即保护车马的随从或士兵。曹元弼云:"卫,徒也。"(《补释》)

《象》曰:"利有攸往",上合志也。

六四,童牛之梏,元吉。

郑注:牛在手曰梏,牛无手以前足当之。(《周礼·天官·内饔》疏)梏者,牛虽无手谓梏,前足也。(《左传·庄公三十年》疏)巽为木,互体震,震为牛之足,足在艮体之中,艮为手,持木以就足,是施梏。(《周礼·秋官·大司寇》疏)

梏,一本作"牿",又作"告",帛书作"鞠",楚竹简作"𣝑"。按照廖名春解释:梏是告的繁化,而"鞠"是告的同义词。楚简"𣝑"从木、从口、从幸,当为梏的异体。[①] 梏,本指加在手上的刑具。《说文》:"梏,手械也。"先儒多训为"角",或"牛角上横木"。郑氏训"牿"为加在牛前足上的刑具。从卦象看,六四阴爻为巽体,巽为木。三、四、五互体震,震为足,足在大畜卦上体艮中,艮为手,故有手持木以就足,是谓施梏于牛。

《象》曰:"六四元吉",有喜也。

六五,豮豕之牙,吉。

郑注:牙读为互。(《释文》)

清儒黄奭和今人高亨等以"豮豕之牙"与上句"童牛之梏"对举,证明此"牙"当作"互",古"牙"、"互"通。互,指设在牛角或鼻

---

① 廖名春:《上海博物馆楚简〈周易〉管窥》,《周易研究》2000 年第 3 期。

子上的横木以防触人。又指放肉的木格。《周礼·牛人》:"凡祭祀共有其牛牲之互。"郑注:"郑司农云:'互谓楅横之属。'玄谓互,若今屠家县肉格。"《周礼·修闾氏》:"掌比国中宿互柝者。"郑注:"故书互为巨。郑司农云:'巨当为互,谓行马所以障互禁止人也。'"此"互"指束缚小猪的木栏或木桩。

《象》曰:"六五"之"吉",有庆也。

上九,何天之衢,亨。

郑注:艮为手,手上肩也。乾为首,首肩之间荷物处。乾为天,艮为径路,天衢象也。(《后汉书·崔骃传》注)

何,通荷。衢,大道。大畜上艮为手,手往上则为肩。其下乾为首,首肩处即扛物处。艮又为路径,故有肩负天之大道之象。

《象》曰:"何天之衢",道大行也。

郑注:人君在上位,负荷天之大道。(《文选·灵光殿赋》注)

阳爻为君,上九阳爻居卦之上,故人君上位而肩负天之大道。

颐(二十七)

☶☳颐,贞吉。观颐,自求口实。

郑注:颐者①,口车辅之名也。震动于下,艮止于上。口车动而上②,因辅嚼物以养人,故谓之颐。颐,养也。能行养则其干事,故吉矣。二、五离爻皆得中,离为目,观象也。观颐,观其养贤与不肖也。颐中有物曰口实。自二至五有二坤,坤载养物,而人所食之物皆存焉。观其求可食之物,则贪廉之情可别也。(《集解》)

车,指口腔内牙车。辅,指外面颊。《左传·僖公五年》:"辅

① 者,今本《集解》作"中",据《左传正义》、王本改正。
② 上,《汉上易传》作"止"。

车相依。"注曰:"辅,颊辅。车,牙车。"疏云:"辅为外表,车为肉骨。"因此,颐,指口及与口相关的部分。人赖口腔而生存,故颐有食养之义。《序卦》:"颐者,养也。"从卦象看,颐上下两爻为阳,中间四爻为阴,外实中虚,口腔之象。又颐上艮下震,艮为止,震为动,震动于下,艮止于上,似人嚼食之象。人只有进食不断补充营养才能生存和强健身体。就国家而言,实行养贤,是成就事业的基础,故卦辞言"贞吉"。按爻体说,颐二五皆为阴爻居中,为离爻。离为目,目有观视的功能。故卦辞言"观颐"。不肖,本指骨肉不相似。引申为不孝。《说文》:"肖,骨肉相似也。从肉,小声。不似其先,故曰不肖也。"口实,指能自食其力。从卦象看,颐是口中无物,"颐中有物曰噬嗑"。噬嗑卦中有一阳爻,即"物"。颐卦自二至五互体有二坤。《坤·象》曰:"地势坤,君子以厚德载物。"《说卦》:"坤也者,万物皆致养焉。"此是言卦象有坤,坤地生万物,人所食之物皆在坤中。贪廉,指贪恋和节制。颐卦下震动为贪象,上艮止为廉象。故"贪廉之情可别"。

《彖》曰:颐"贞吉",养正则吉也。"观颐",观其所养也。"自求口实",观其自养也。天地养万物,圣人养贤以及万民。颐之时大矣哉。"

《象》曰:山下有雷,颐。君子慎言语,节饮食。

初九,舍尔灵龟,观我朵颐。凶。

郑注:朵,动也。(《释文》)

朵,阜阳简作"端",京房作"揣","端"、"揣"音同,"朵"与"端"、"揣"音近通假。朵,本指树木下垂,易学家多释为动或下动之貌。朵与端通假,《集韵》:"端动也。"黄奭云:"案《释文》'朵',京作'揣',晁氏引作'端'云:'动也。'此用京氏易。"

《象》曰:"观我朵颐",亦不足贵也。

六二,颠颐,拂经于丘颐,征凶。

《象》曰："六二征凶"，行失类也。

六三，拂颐贞凶。十年勿用，无攸利。

《象》曰："十年勿用"，道大悖也。

六四，颠颐，吉。虎视眈眈，其欲逐逐。无咎。

《象》曰："颠颐"之"吉"，上施光也。

六五，拂经，居贞吉。不可涉大川。

《象》曰："居贞"之"吉"，顺以从上也。

上九，由颐，厉吉，利涉大川。

《象》曰："由颐厉吉"，大有庆也。

郑注：君以得人为庆。（《汉上易传》、《义海撮要》）

颐卦上九阳爻，阳爻为君，颐卦二、三、四、五互体二坤，上九阳爻处坤之上。坤为众人，有君得众人之象。君得众人则安，故有庆。

大过（二十八）

郑注：阳爻过也。卦四阳二阴，阳居用事之地，故曰大过。大者，过也。（《汉上易传》）

大过 ☱ 上下两爻皆阴爻，中间四爻为阳爻。初爻阴柔处下，其势微弱不利做事。上爻阴爻亢极也不利做事。中间四爻为阳爻则适合做事。无论从爻的数量还是爻的功用看，阳爻胜于阴爻，而有过之义。故大过，是指阳胜过阴。在《周易》阳爻为大，阴爻为小。"大者过也"取自《彖传》。

☱ 大过，栋桡，利有攸往，亨。

《象》曰：大过，大者，过也。"栋桡"，本末弱也。刚过而中，巽而说，行。"利有攸往"，乃亨。大过之时，大矣哉。

《象》曰：泽灭木，大过。君子以独立不惧，遯世无闷。

初六，藉用白茅，无咎。

《象》曰:"藉用白茅",柔在下也。

九二,枯杨生荑,老夫得其女妻,无不利。

　　郑注:枯,谓无姑山榆。荑,木更生,谓山榆之实。(《释文》)以丈夫年过娶二十之女,老妇年过嫁于三十之男,皆得其子。(《诗·桃夭》疏)

　　枯,帛本作"楛",今本和阜阳简作"枯","枯"、"楛"通假。枯,山榆,即无姑。《尔雅·释木》:"无姑,其实夷。"《广雅》:"山榆,毋估也。"毋估,即无姑。枯,通姑。《御览》九百五十六引《尔雅》"无姑"作"无枯"。荑,帛书也作"荑",通行本作"稊"。"荑"与"稊"古通。荑,草生芽。《诗·邶风·静女》:"自牧归荑,洵美且异。"毛传:"荑,茅之始生也。"种子发芽,故又指树种子,此山榆种子。实,种子。《左传·僖公十五年》:"岁云秋矣,我落其实。"此实即果实。从此爻辞看,实既指嫩芽,又指种子。曹元弼云:"荑者,木更生,在枯则为实,硕果之种也。在杨则为萌芽,颠木之蘖也。"(《笺释》)就人婚姻而言,枯杨像老夫,生荑似女妻。按郑氏得理解,"枯杨生荑",似老夫娶少女,或老妇嫁少男,皆得其子。"枯杨"对应老夫老妇,"荑"对应子。

《象》曰:"老夫女妻",过以相与也。

九三,栋桡,凶。

《象》曰:"栋桡"之"凶",不可以有辅也。

九四,栋隆,吉,有它吝。

《象》曰:"栋隆"之"吉",不桡乎下也。

九五,枯杨生华,老妇得其士夫,无咎无誉。

《象》曰:"枯杨生华",何可久也。"老妇"、"士夫",亦可丑也。

上六,过涉灭顶,凶,无咎。

《象》曰:"过涉"之"凶",不可咎也。

坎(二十九)

☵☵习坎,有孚维心,亨,行有尚。

《彖》曰:习坎,重险也。水流而不盈,行险而不失其信。"维心亨",乃以刚中也。"行有尚",往有功也。天险,不可升也。地险,山川丘陵也。王公设险以守其国,险之时用大矣哉。

《象》曰:水洊至,习坎。君子以常德行习教事。

初六,习坎,入于坎窞。凶。

《象》曰:"习坎"入坎,失道凶也。

九二,坎有险,求小得。

《象》曰:"求小得",未出中也。

六三,来之坎坎,检且枕。入于坎窞,勿用。

　　郑注:木在手曰检,木在首曰枕。(《释文》)

　　检,通行本作"险",帛书作"唫",三字叠韵。检,本指封书题签。《说文》:"检,书署也。"后引申约束之义。枕,指枕头。在此指刑具。曹元弼云:"三体艮为小木,为手。五在艮上,自乾来。乾为首,木在手曰检,梏也。在首曰枕,噬嗑所谓'何校'也。检且枕,谓既检且枕,与睽'天且劓'文例同。'检'、'枕'以喻险。"(《补释》)

《象》曰:"来之坎坎",终无功也。

六四,樽酒簋,贰用缶,纳约自牖,终无咎。

　　郑注:六四上承九五,又互体在震上。(《礼记·礼器》疏)爻辰在丑,丑上值斗,可以斟之象。斗上有建星,建星之形似簋。贰,副也。建星上有弁星,弁星之形又如缶。天子大臣以王命出会诸侯,主国尊于簋副设玄酒以缶。(《诗·宛丘》疏)

　　尊,古代盛酒器。《说文》:"尊,酒器也。"今本作"樽",俗字,

"尊"为古字。此"尊"当为动词,指置酒。"簋",古代祭祀宴享时盛粮食的器具,其形状方圆不一。荀注《损·象》:"簋者,宗庙之器也。"《说文》:"簋,黍稷方器也。"《诗·伐木》:"陈馈八簋。"毛传:"圆曰簋。"《周礼·舍人》:"凡祭祀共簠簋。"郑注:"方曰簠,圆曰簋,盛黍稷稻粱器。"《诗·舆》:"每食四簋。"毛传:"四簋,黍稷稻粱。"《释文》:"内方外圆曰簋,以盛黍稷。外方内圆曰簠,用贮稻粮,皆容一斗二升。"缶,瓦制的一种古代盛酒器。按照郑氏解说,天子大臣会诸侯,以置酒于簋中作为主设,又置酒于缶中作为副设。如曹元弼所言:"郑云'尊于簋',谓置酒于簋中,用簋为尊也。贰,副也。尊有玄酒,教民不忘本。副设玄酒以缶,用缶为副尊也。"(《补释》)此说极是。此为郑氏以古宾礼释爻辞之例。郑氏又用取象法解说爻辞本于象。从卦象言之,六四为阴爻,上承九五阳爻,又坎卦二三四互体震,六四处震上,六四阴为臣,九五阳为君,震为动。有天子大臣出会之象。又以爻辰说配星象释坎六四言"簋"和"缶"。坎六四为阴爻,当同于坤六四爻纳丑,丑值斗星。但郑氏未取斗星之象,而是取斗星之上的建星和弁星的形状为象,说明坎六四言"簋"和"缶",则是因为此爻值丑,丑值斗星,斗上的建星形状像簋,建星上弁星形状像缶。建星,有六星组成,属斗宿,在南斗北(或上)。《礼记·月令·仲春》:"日在奎,昏弧中,旦建星中。"郑注:"建星在斗上。"弁星,又叫天弁,有九星组成,属斗宿,在建星北(或上)。

《象》曰:"樽酒簋贰",刚柔际也。

九五,坎不盈,祗既平,无咎。

郑注:祗当为坻,小丘也。(《释文》)

古"祗"、"坻"通假。李富孙云:"郑训为坻,以祗为坻之假借。"(《异文释》)《说文》:"坻,小渚也。"《尔雅·释水》:"水中可居者曰洲,小洲曰陼,小陼曰沚,小沚曰坻。"由此可知,"坻"为水中小丘。

《象》曰:"坎不盈",中未大也。

上六,系用徽纆,寘于丛棘,三岁不得,凶。

郑注:系,拘也。爻辰在巳,巳为蛇,蛇之蟠屈似徽纆也。三五互体艮,又与震同体。艮为门阙,于木为多节。震之所为,有丛拘之类。门阙之内有丛木、多节之木,是天子外朝左右九棘之象也。外朝者,所以询事之处也。左嘉石平罢民焉,右肺石达穷民焉。罢民,邪恶之民也。上六乘阳有邪恶之罪,故缚约徽纆寘于丛棘,而后公卿以下议之,其害人者,置之圜土,而施职事焉,以明刑耻之。能复者,上罪三年而赦,中罪二年而赦,下罪一年而赦。不得者,不自思以得正道,终不自改,而出圜土者,杀。故凶。"(《公羊传·宣公元年》疏)

系,通行本和阜阳简作"係",帛书作"系"。"系"、"係"音同,并通"系"。《说文》:"系,系缀也。""缀"当训为维。《说文》:"缀,系缀也。……一曰维。"段玉裁注云:"缀,也训维系。"又云"凡相系者曰维"。《说文》又云:"係,絜束也。"段玉裁注云:"絜束者,围而束之。"故"系"、"係"、"系"三者皆有捆绑之义。"拘"有捆绑之义。《周易·随》"拘系之"为其证。郑氏训"系"为"拘"盖取于此。徽纆,谓古之绳索。《说文》:"徽……一曰三纠绳也。""纆,索也。"马融曰:"徽纆,索也。"虞翻曰:"徽纆,黑索也。"刘表云:"三股曰徽,两股曰纆,皆索名。"寘,它本多作"置",《释文》:"寘,置也。""寘"、"置"古通。此置有投置、放置之意。丛棘,一说为古代监狱。古监狱外种九棘,以防犯人逃跑。虞翻云:"狱外种九棘,故称丛棘。"一说为听狱处。《周礼·秋官·朝士》曰:"朝士掌建邦外朝之法,左九棘,孤卿大夫位焉,群士在其后。右九棘,公侯伯子男位焉,群吏在其后……左嘉石,平罢民焉。右肺石,达穷民焉。"《礼记·王制》:"正以狱成告于大司寇。大司寇听之棘木之下。"

从郑玄注文看,郑氏当属后者。嘉石,指有纹理的石头。郑注《周礼》云:"嘉石,文石也。"古于外朝门外立嘉石,命有罪之人坐其上以耻辱示众。并按罪行轻重分别坐三日、五日、七日、九日。还要服役。《周礼·秋官·大司寇》云:"以嘉石平罢民,凡万民之有罪过而未丽于灋,而害于州里者,桎梏而坐诸嘉石,役诸司空。重罪旬有三日坐,期役;其次九日坐,九月役;其次七日坐,七月役;其次五日坐,五月役;其下罪三日坐,三月役。"肺石,古时设于朝廷右门外的石头。民有冤则可以立于石鸣冤。其石赤色,形如肺,故称肺石。《周礼·秋官·大司寇》云:"以肺石达穷民,凡远近茕独老幼之欲有复于上,而其长弗达者,立于肺石,三日,士听其辞,以告于上,而罪其长。"郑注:"肺石,赤石也。"圜土,指监狱。《释名》:"狱,确也。……又谓之圜土。土筑表墙,其形圜也。"古对于害人重罪者则置于圜土。《周礼·秋官·大司寇》云:"以圜土聚教罢民,凡害人者,置之圜土,而施职事焉,以明刑耻之。其能改过,反于中国,不齿三年。其不能改而出圜土者,杀。"郑注:"圜土,狱城也。聚罢民其中,困苦以教之为善也。"按郑氏注,此爻是言断狱之事。即将罪犯嫌疑人捆绑置于审议处(丛棘),由公卿根据罪轻重判刑。罪重者在监狱服刑三年,其次服刑二年,轻者服刑一年。若有不思改者而出逃监狱者则处死。此是郑氏以《周礼》注《易》之例证。从卦象看,坎上六为阴爻与坤上六同,纳巳,巳肖像为蛇,蛇之蟠曲似徽纆,故有"徽纆"之辞。又坎三四五互体艮,二三四互体震,艮震两爻相重,而称"同体"。按《说卦》,艮为门阙,"其于木也为坚多节"。震为春,草木丛生,故有"丛棘"之象。由艮震两象可以看出,门阙内有丛生的多节之木,故有"天子外朝左右九棘之象"。又坎上六以阴乘阳,故"有邪恶之罪"。

《象》曰:上六失道,凶三岁也。

离（三十）

☲☲离，利贞，亨，畜牝牛吉。

《彖》曰：离，丽也。日月丽乎天，百谷草木丽乎土，重明以丽乎正，乃化成天下，柔丽乎中正，故"亨"。是以"畜牝牛吉"也。

《象》曰：明两作，离。大人以继明照于四方。

郑注：作，起也。（《释文》）明两者，取君明上下以明德相承，其于天下之事无不见也。（《文选·谢瞻〈张子房诗〉》注）明明相继而起，大人重光之象。尧、舜、禹、文、武之盛也。（《汉上易传》）

作，有兴起之义。《说文》："作，起也。"《释名》同。明两，指离卦上下皆离，离为日，为明。君象日，君之德象日之光，而曰"君明"。因离上下皆离明，以示君之明德前后相承。如曹元弼所言："郑以为两离相继，君明臣良，父作子述，尧、舜、禹、文、武重光之象。"（《补释》）

初九，履错然，敬之无咎。

《象》曰："履错"之"敬"，以辟咎也。

六二，黄离，元吉。

郑注：离，南方之卦。离为火，土托①位焉。土色黄，火之子，喻子有明德，能附丽于②父之道。文王之子发、旦是也③。（《文选·颜延之〈讌曲水诗〉》注）慎成其业，则吉矣。④（《御览·皇亲部·太子》）

按照《说卦》，离为南方之卦，离为火，火生土，土为火之子，而

---

① 托，《御览》作"寄"。
② 《初学记》、《御览》"于"下有"其"字。
③ 《御览》无"旦"字。《初学记》无此八字。
④ 《初学记》"慎"作"顺"，"则"作"故"。

土在五行居中,其色黄,故此爻有"黄离"之辞。从寓意看,此爻喻周文王与其子武王、周公之事。即武王、周公承其父文王之大德,完成了讨伐商纣、建立周朝的大业。附丽,依附。《象》曰"日月丽乎天,百谷草木丽乎土,重明以丽乎正,乃化成天下,柔丽乎中正"之"丽"即是此义。

《象》曰:"黄离元吉",得中道也。

九三,日昃之离,不击缶而歌,则大耋之嗟。①

郑注:艮爻也。位近丑,丑上值弁星,弁星②似缶。《诗》云:"坎其击缶",则乐器亦有缶。(《诗·宛丘》疏)耋,年逾七十③。(《诗·车邻》疏、《尔雅·释言》疏)

按爻体说,离三阳爻为艮,曰"艮爻"。离三爻当纳辰,言近丑,是艮位在东北,东北对应的时间为丑。《易纬·乾凿度》云:"艮终始之于东北方,位在十二月。"又三爻近四,六四纳丑。故曰"近丑"。如注坎六四所言:"爻辰在丑,丑上值斗可以斟之象。斗上有建星,建星之形似篚。贰,副也。建星上有弁星,弁星之形又如缶。"即爻辞言"缶",本于此爻近丑。缶,此指古代一种乐器。郑氏引《诗·陈宛》"坎其击缶"为证。耋,老寿之称。《尔雅·释言》:"耋,老也。"《诗·车邻》传:"耋,老也。八十曰耋。"《说文》、《释名》俱本毛传。《释文》引马融注及《诗正义》引《左传》服虔注并云"七十曰耋"。郑氏训"耋"盖承马融之说。

《象》曰:"日昃之离",何可久也。

九四,突如其来如,焚如死如弃如。

郑注:震为长子,爻失正,又互体兑。兑为附决。子居明法之

---

① 击,它本多作"鼓"。爻辞末有"凶"字。
② 《尔雅·释器》疏引"弁星"二字不重。
③ 《礼记·射义》正义"逾"作"余",末有"也"字。

家而无正，何以自断，其君父不志也。㐬如，震之失正，不知其所如，又为巽。巽为进退，不知所从。不孝之罪，五刑莫大焉，得用议贵之辟，刑之，若如所犯之罪。焚如，杀其亲之刑。死如，杀人之刑也。弃如，流宥之刑。（《周礼·秋官·掌戮》疏）

㐬，通行本多作"突"，帛《易》、阜阳《易》作"出"，京房作㐬。韩自强先生根据《方言》"江湘谓卒相见曰突，一曰出貌"推断，"阜《易》和帛《易》出于楚国故地，此处用'出'不用'突'，与楚地方言也许有关"。① 郑氏本之于京房。㐬是古字"子"，㐬本为"子"倒字，其意谓不孝之子被驱逐。《说文》："㐬，不顺忽出也。从到子。《易》曰：'突如其来如。'不孝子突出，不容于内也。重文作㐬，云或从到古文子，即《易》'突'字也。"高亨云："突借子，㐬本字。㐬者，逐出不孝子也。即流放之流也。古者子不孝则逐出也。"（《古经今注》）按照郑意，㐬如，此指不孝之子不知所往所从。议贵之辟：专指上层人之刑法。古代大夫以上的人犯法可以在判决后以判决之罪与事实不符而再次进行上诉审议然后定罪，称为议贵之辟。按周代刑法，对上层人制订的刑法有八："一曰议亲之辟，二曰议故之辟，三曰议贤之辟，四曰议能之辟，五曰议功之辟，六曰议贵之辟，七曰议勤之辟，八曰议宾之辟。"（《周礼·秋官·小司寇》）郑注："辟，法也。"流宥，流放。据郑氏解说，此爻辞是言惩处不孝之子。古代之罪，以不孝为大。《孝经》云："五刑之属三千，而罪莫大于不孝。"惩罚不孝之子，依罪之轻重，分别定为焚烧、杀死、流放刑法。罪重者焚烧，其次杀死，再次流放。从卦爻象看，离九四爻体震，震为长子，九四爻以阳居阴位失正，二三四互体巽，巽为进退，故不孝之子"不知其所如"、"不知所从"。又离三四五互体兑，

---

① 韩自强：《阜阳汉简〈周易〉研究》，见《道家文化研究》第十八辑，第 115 页，三联书店 2000 年。

兑为附决,故此爻有处决不孝之子之象。

《象》曰:"突如其来如",无所容也。

六五,出涕沱若,戚嗟若,吉。

郑注:自目出曰涕。巽为长,沱若也。五失位为忧戚也。兑口,嗟若也。(《汉上易传》)自目出曰涕。人为烟所冲则出涕曰沱若,以下卦离火冲突之烈也。(《周易会通》)

涕,眼泪。《说文》:"涕,泣也。"泣,哭泣,指不出声音流眼泪。《说文》:"无声出涕曰泣。"沱若,哭泣时眼泪流得很长。沱,《说文》:"水别流。"此形容泪多貌。《诗·泽陂》"涕泗滂沱"即是此义。戚,据高亨先生考证,当通"慽"。《说文》:"慽,忧也。"嗟,叹息。"嗟"古文作"𠲷",帛《易》作"𠲷",阜阳《易》、荀爽作"差"。帛《易》、阜阳《易》、荀爽恐用假借字。从卦象看,离为目,二三四互体巽,巽为长,故言"沱若"。六五以阴居阳而失位,故言"忧戚"。离三四五兑,兑为口,故言"嗟若"。又下离为火,上离为目,火燃出烟冲目而流泪言"沱若"。

《象》曰:六五之吉,丽王公也。

上九,王用出征,有嘉折首,获匪其丑,无咎。

《象》曰:"王用出征",以正邦也。

郑注:行诛之后致太平。(《诗·周颂谱》疏)

行诛,即讨伐,是释"出征"。"致太平"是释"正邦"。

二、下　经

咸（三十一）

䷞**咸，亨，利，贞；取女吉。**

郑注：咸，感也。艮为山，兑为泽，山气下，泽气上，二气通而相应，以生万物，故曰咸也。其于人也，嘉会礼通，和顺于义，干事能正，三十之男有此三德，以下二十之女，正而相亲说，取之则吉也。（《集解》）

郑氏于此先释卦名。咸，上兑下艮，艮为山，兑为泽，艮为阳气，兑为阴气，山气在下而上升，泽气在上而下降，二气交通而阴阳相应，万物产生，故此卦为咸。咸有交感之义。《彖传》云："咸，感也。"次又释卦辞。咸于人事，兑为少女居上，艮为少男居下，以示男女交媾。故卦辞讲的是婚姻。"嘉会礼通"是释"亨"，"和顺于义"是释"利"，"干事能正"是释"贞"。此释取自《易传》。《文言》释乾云："亨者，嘉之会也；利者，义之和也；贞者，事之干也。"就自然界而言，亨、利、贞，是指事物通达、适中、得正。而就人而言，则指婚配合礼，做事合义，成就事业而得正。能做到此三者，则可以娶女。按照古礼，男三十，女二十可以结婚。《周礼·地官·媒氏》："令男三十而娶，女二十而嫁。"其婚礼是按一定程式进行。

《仪礼·士昏礼》:"凡纳亲、问名、纳吉、纳征、请期、亲迎诸礼,皆男下女之事。"有时男下女,仅指男到女方家迎亲,即古代婚礼举行的仪式。《礼记·郊特牲》:"男子亲迎,男先于女,刚柔之义也。"如高亨先生所言,"男亲至女家以迎女,女升车,男授绥御车,走几步。男先至己家,待女于门外,女至,男揖女以入,此皆男下女之仪式"(《周易大传今注》)。"三十之男有此三德以下二十之女"正是此意。嘉会,指婚配。嘉,美。会,合。最美好交合即是婚配。如何妥注《文言》所言:"礼是交接会通之道,故以通配。五礼有吉、凶、宾、军、嘉,故以嘉合于礼也。"

《象》曰:咸,感也。柔上而刚下,二气感应以相与。

郑注:与,犹亲也。(《释文》)

《易传》用"与"字较多,有时指"随从"。如《小过·象》"与时行也",《贲·象》"与上兴也",《文言》"与天地合其德,与日月合其明,与四时合其序,与鬼神合其吉凶"等即是其义。此指亲近、亲附。《大过·象》"过以相与也",《井·象》"无与也"等"与"亦有此意。

止而说,男下女,是以"亨利贞,取女吉"也。天地感而万物化生,圣人感人心而天下和平。观其所感,而天地万物之情可见矣。

《象》曰:山上有泽,咸。君子以虚受人。

初六,咸其拇。

郑注:拇,足大指也。(《释文》)

荀、虞作"母",《子夏传》作"踇"。今本和楚简皆作"拇"。母,古文"拇"。《说文》:"拇,将指也。"徐楷云:"所谓将指者为诸指之率也。"因此字从手,故本义指手大拇指。《玉篇》:"拇,手拇。"《广韵》:"拇,大拇指也。"马融、郑玄、虞翻等人皆训拇为"足大指"。当与取象相关。初六爻居下,象人足,故此拇为足大指。

《象》曰:"咸其拇",志在外也。

六二,咸其腓,凶。居吉。

郑注:腓,腨肠也。(《释文》)

腓,荀作"肥"。帛《易》作"𦝢"。"腓"与"肥"、"𦝢"音同,义当通。帛《易》作"𦝢",则更说明了荀氏"肥"当与足有关。段玉裁曰:"郑云腓,腨肠也。或言腓肠,谓胫骨后之肉也。"此指腿肚子。宋翔凤云:"按《说文》四篇下:'腓,胫腨也。''腨,腓肠也。'此谓足胫,胫之后多肉者似有肠,故谓之腨肠。犹今俗所谓腿肚。"(《考异》)从卦象看,六二居初六足之上,故言"腓"。

《象》曰:虽凶"居吉",顺不害也。

九三,咸其股,执其随,往吝。

《象》曰:"咸其股",亦不处也;志在随人,所执下也。

九四,贞吉,悔亡。憧憧往来,朋从尔思。

《象》曰:"贞吉悔亡",未感害也。"憧憧往来",未光大也。

九五,咸其脢,无悔。

郑注:脢,背脊肉也。(《释文》)

脢,《子夏传》:"在背曰脢。"马融云:"脢,背也。"《说文》云:"脢,背肉也。"郑氏从《说文》义。从象看,九五处上爻之下,与人背对应,故象背。脢,战国楚简作"拇",帛书作"股",与郑氏异。

《象》曰:"咸其脢",志末也。

上六,咸其辅颊舌。

《象》曰:"咸其辅颊舌",滕口说也。

郑注:滕,送也。(《释文》)咸道极薄,徒送口舌言语相感而已,不复有志于其间。(《正义》)

滕,一本作"滕",或作"腾"。根据清儒的考证,三者通假。《尔雅·释言》:"滕,送也。"虞翻注同。上六居极,象人头部,故辞言"辅颊舌"。按照郑注,"滕口说",是言咸道穷尽而只得用言语相感应,不再有身体各部位的感应。

恒（三十二）

䷟ **恒，亨，无咎，利贞。利有攸往。**

郑注：恒，久也。巽为风，震为雷，雷风相须而养物，犹长女承长男，夫妇同心而成家，久长之道也。夫妇以嘉会礼通，故无咎。其能和顺干事，所行而善矣。（《集解》）

郑氏以《传》文训卦名，《彖》曰："恒，久也。"《序卦》曰："恒，久也。"从卦象看，恒下巽为风，上震为雷。根据《易传》，风有散的性能，雷有动的性能。即《说卦》："雷以动之，风以散之。"因此二者长久交织在一起而可以生养万物，此像男女组合而成家一样，有长久之意。巽为长女，震为长男。相须，指长久交织在一起。须，有待之义。《彖》释需云："需，须也，险在前也。"险在前，有停止不前之义。《杂卦》云："需，不进也。""不进"即为"须"。此引申为雷风相聚在一起。即《彖》所谓"雷风相与"。与，相亲与。郑注《咸·彖》："与，犹亲也。"《彖》"相与"，即郑氏"相须"。此注后一节是释卦辞"亨，无咎，利贞"，与咸卦辞注同。

《彖》曰：恒，久也。刚上而柔下，雷风相与，巽而动，刚柔皆应，恒。"恒，亨无咎利贞"，久于其道也。天地之道，恒久而不已也。"利有攸往"，终则有始也。日月得天而能久照，四时变化而能久成，圣人久于其道而天下化成。观其所恒，而天地万物之情可见矣。

《象》曰：雷风恒，君子以立不易方。

初六，濬恒，贞凶，无攸利。

濬，通行本作"浚"。晁氏曰："濬，古文；浚，篆文。"《玉篇》云："濬，深也。"《象》云："浚恒之凶，始求深也。"即是此义。从爻象看，初六居下有"深"义。

《象》曰："濬恒"之"凶"，始求深也。

九二,悔亡。

《象》曰:"九二悔亡",能久中也。

九三,不恒其德,咸承之羞。贞吝。

郑注:(爻)得正,互体为乾,乾有刚健之德;体在巽,巽为进退,是不恒其德也①。又互体为兑,兑为毁折,是将②有羞辱也。(《礼记·缁衣》疏、《后汉书·马廖传》注)

"咸",通行本、帛本皆作"或"。案《论语》及帛本当作"或",郑氏作"咸",为传写之误。郑氏以互体之象释爻辞。九三以阳居阳位,故"爻得正"。恒䷟二三四互体乾,乾为刚健之德,故为"德"象。恒下体为巽,巽为进退,为"不恒"之象。三四五互体兑,按《说卦》,兑为毁折,故有"羞辱"之象。

《象》曰:"不恒其德",无所容也。

九四,田无禽。

《象》曰:久非其位,安得禽也?

六五,恒其德,贞,妇人吉,夫子凶。

郑注:以阴爻而处尊位,是天子之女。又互体兑,兑为和说。至尊主(王)家之女,以和说干其家事,问正于人,故为吉也。应在九二,又男子之象,体在巽,巽为进退,是无所定而妇言是从,故云夫子凶也。(《礼记·缁衣》疏)

按照郑注,此爻是言王家之女事。六五为阴爻,居天子尊位,故为天子之女。恒䷟三四五互体兑,兑为说。《说卦》:"兑,说也。"《序卦》:"兑者,说也。"说,通悦。王家之女和乐干家事,并向人请教如何行止,而有吉。此释"贞妇人吉"。"问正"释"贞"。《师·象》:"贞,正也。"从爻象看,六五与九二相应,九二为阳爻,

---

① "是不恒其德也",《后汉书·马廖传注》引作"不恒其德之象"。
② "是将",《后汉书·马廖传注》引作"后或"。

有夫子(男子)之象。九二处下体巽中,巽为进退,以示男子进退不定而听从妇人之言,故"夫子凶"。

《象》曰:妇人贞吉,从一而终也。夫子制义,从妇凶也。

上六,振恒,凶。

郑注:振,摇落也。(《释文》)

振,一本作"震"。《说文》引作"楮",古三者通。惠栋云:"震亦作振,古文震、振、祇三者字同物同音,祇有耆音,故《说文》引《易》做'楮恒'也。"《说卦》:"震,动也。"《尔雅·释诂》:"震,动也。"《广雅·释诂》:"振,动也。"郑氏训摇落,其根据在爻象。曹元弼云:"案郑作振,训摇落者,初'濬恒'如揠苗助长,故至上而摇落。"(《补释》)

《象》曰:"振恒"在上,大无功也。

遯(三十三)

☰☰ 遯,亨小利贞。

郑注:遯,逃去之名也。艮为门阙,乾有健德,互体有巽,巽为进退,君子出门行,有进退、逃去之象。二五得位而有应,是用正道得礼见召聘。始仕他国,当尚谦谦,小其和顺之道,居小官干小事,其进以渐,则远妒忌之害,昔陈敬仲奔齐辞卿是也。(《集解》)

遯,古文作"逯",帛《易》作"掾",阜阳简作"椽",楚简作"媵"。"遯"、"逯"、"椽"、"掾"、"媵"五字音同或近而假借。① 濮茅左云:"'媵',读为'遁'。"②《说文》:"遯,逃也。"《广雅》:"遯,

---

① 详见韩自强《阜阳汉简〈周易〉研究》,见《道家文化研究》第十八辑第116页,三联书店2000年。

② 马承源主编:《上海博物馆藏战国楚竹书》(三),第177页。

去也。"故遁有"逃去"之义。从卦象言之,遁下为艮,上为乾,二三四互体有巽,艮为门阙,乾有健德,巽为进退,故有君子出门,行有进退、逃去之象。遁二爻以阴居阴位,五爻以阳居阳位,二五两爻相应,故当"用正道得礼见召聘"。自"始仕他国"以下,是以人事释"亨小利贞"。因遁有逃去之义,故言"始仕他国,当尚谦谦"。谦谦,指十分谦逊。出自谦初六"谦谦君子"。"小其和顺之道,居小官干小事"是释"小利贞"。他在释咸"利贞"时云:"和顺于义,干事能正。"在释恒"利贞"时云:"能和顺干事。"此其义同,皆取《乾·文言》之意。不同的是此卦辞有"小"字,故此强调"小其和顺之道"、"小官"、"小事"。郑氏又以陈敬仲奔齐而辞卿之事说明当以小官小事进入尊位,远妒嫉之害。此典取自《左传》。《左传·庄公二十二年》:"陈公子与颛孙完奔齐……齐侯使敬仲为卿,辞曰:'羁旅之臣,幸若获宥,及于宽政,赦其不闲于教训,而免于罪戾,弛于负担,君之惠也,所获多矣。敢辱高位,以速官谤,请以死告。《诗》云:"翘翘车乘,招我以弓,岂不欲往,畏我朋友。"使为工正。'"

《彖》曰:"遁亨",遁而亨也。刚当位而应,与时行也。"小利贞",浸而长也遁之时义大矣哉!

郑注:正道见聘,始仕他国,亦遁而复亨也。(《汉上易传》)

九五以阳居阳位得正位,与六二相应,故曰"正道见聘",此释"刚当位而应"。干小事,居小官,而仕他国,虽为逃去,但却亨通。此释"遁而亨"、"与时行"。

《象》曰:天下有山,遁。君子以远小人,不恶而严。

初六,遁尾,厉,勿用有攸往。

《象》曰:"遁尾"之"厉",不往何灾也。

六二,执之用黄牛之革,莫之胜说。

《象》曰:执用黄牛,固志也。

九三,系遯,有疾厉;畜臣妾,吉。

《象》曰:"系遯"之"厉",有疾惫也。"畜臣妾吉",不可大事也。

郑注:惫,困也。(《释文》)

惫,荀作"备",《说文》引作"憊"。三者古通。《广韵》:"憊,疲劣。"《玉篇》:"憊,极也,疲劳也。"《广雅》:"憊,羸困也。"《一切音义》七引《通俗文》曰:"疲极曰惫。"故惫有疲困之义。

九四,好遯,君子吉,小人否。

郑注:否,塞也。(《释文》)

《说文》:"否,不也。"否上乾为天,下坤为地,阴阳不通,万物不交,故于《易》,否为"塞"。

《象》曰:君子"好遯",小人否也。

九五,嘉遯,贞吉。

《象》曰:"嘉遯贞吉",以正志也。

上九,肥遯,无不利。

《象》曰:"肥遯无不利",无所疑也。

大壮(三十四)

☰☰ 大壮,利贞。

郑注:壮,气力浸强之名。(《释文》)

壮,有强盛之义。从卦象看,大壮 ☰☰ 二阴四阳,有四阳渐长之势,故郑云"气力浸强"。浸,本指湿润,此指渐渐积累。《临·彖》、《遯·彖》"浸而长"即其义。孔颖达疏《遯·彖》云:"浸者,渐进之名。"

《象》曰:大壮,大者壮也。刚以动,故壮。"大壮利贞",大者正也。正大而天地之情可见矣。

《象》曰:雷在天上,大壮。君子以非礼弗履。

初九,壮于趾,贞凶有孚。

《象》曰:"壮于趾",其孚穷也。

九二,贞吉。

《象》曰:"九二贞吉",以中也。

九三:小人用壮,君子用罔,贞厉。羝羊触藩,羸其角。

羸,通行本、阜阳简及帛本皆作"羸",蜀才作"累",张作"纍"。羸、羸、累、纍四者通假,当训为"拘系"。

《象》曰:"小人用壮","君子用罔"也。

九四,贞吉,悔亡。藩决不羸,壮于大舆之輹。

《象》曰:"藩决不羸",尚往也。

六五,丧羊于易。无悔。

郑注:易,音亦,谓佼易也。(《释文》)

易,先儒多训为"场",谓壃场。郑训"佼易"。佼,一本作"狡",指一种兽,与"交"通假。"佼易"即交换。曹元弼云:"郑训'佼易'则当读'难易'之'易',而《释文》云郑音亦,或注'佼'当为'交'。"(《笺释》)又云:"郑训佼易者,以易简之德化小人之阴贼险很也,但训佼易,不当音亦,或佼当为交。"(《补释》)

《象》曰:"丧羊于易",位不当也。

上六:羝羊触藩,不能退,不能遂,无攸利,艰则吉。

《象》曰:"不能退,不能遂",不祥也。"艰则吉",咎不长也。

郑注:祥,善也。(《释文》)

祥,通行本作"详",多训为"审",古"祥"、"详"通。郑训取自《尔雅》。《尔雅·释诂》:"祥,善也。"

晋(三十五)

䷢晋,康侯用锡马蕃庶,昼日三接。

郑注：康，尊也，广也。蕃庶，谓蕃遮禽也。接，胜也。(《释文》)

康侯，马融、虞翻等人皆训为安康之侯。郑氏训为(天子)褒奖诸侯。康，尊崇、褒大之义。《礼记·祭统》："昔者周公旦，有勋劳于天下，周公既没，成王、康王追念周公之所以勋劳者，而尊鲁，故赐之以重祭……康周公，故以赐鲁也。"郑注："康，犹褒大也。《易·晋卦》曰：'康侯用锡马。'"锡，通"赐"。蕃庶，先儒多训为众多。郑训为"藩遮"，即把兽围起来。接，音读捷，故接、捷互假借。《尔雅·释诂》："接，捷也。""捷，胜也。"《左传·庄公十二年》："宋万弒其君捷。"捷，《公羊》作"接"。因此，按照郑注释，此卦辞意为：天子褒奖诸侯，赐马围猎，一日三胜。曹元弼云："郑以康为《祭统》'康周公'之康。蕃庶读为藩遮，谓虞人驱禽入围，藩而遮之以待发。藩遮，以目田猎也。接，读为《诗》'一月三捷'之'捷'，三捷，三杀也。言天子褒广诸侯，用其进而来朝，锡之乘马，与之田猎，一昼之间有三胜之功。"(《补释》)

《彖》曰：晋，进也。明出地上，顺而丽乎大明，柔进而上行，是以"康侯用锡马蕃庶，昼日三接"也。

《象》曰：明出地上，晋，君子以自昭明德。

郑注：地虽生万物，日出于上，其功乃著，故君子法之，而以明自昭其德。(《集解》)

晋卦上离下坤，故言"明出地上"。日出于地，升于天而照，万物化生。对地而言功德显著，不言自明。故君子法之，当以自昭其明德。

初六，晋如摧如，贞吉。罔孚，裕无咎。

郑注：摧，读如"南山崔崔"之"崔"。(《释文》)

"南山崔崔"，引自《诗·南山》。毛传："崔崔，高大也。"《说文》："崔，大高也。"曹元弼云："郑读摧为崔，谓以至正屹然特立于群邪之间。"(《补释》)李富孙曰："案《毛传》云：'崔崔，高大也。'笺但谓'南山之上'，此读如崔，当取进而上行之义，不失其正，则吉。故《象》曰'独行正也'。"(《异文释》)曹、李氏对郑训解说可备一说。先儒多训摧为折毁、忧愁、退等，与郑异。

《象》曰："晋如摧如"，独行正也。"裕无咎"，未受命也。

六二，晋如愁如，贞吉；受兹介福，于其王母。

郑注：愁，变色貌。(《释文》)

郑训愁为"变色貌"，是愁读为"愀"。《礼记·哀公问》："孔子愀然作色而对。"郑注："愀然，变动貌也。作，犹变也。"古多训为"变色貌"。《史记·司马相如传》："愀然改容。"《索隐》引郭璞注，《后汉书·郅恽传》注同。

《象》曰："受兹介福"，以中正也。

六三，众允，悔亡。

《象》曰："众允"之志，上行也。

九四，晋如鼫鼠，贞厉。

郑注：《诗》云："硕鼠硕鼠，无食我黍。"谓大鼠也。(《正义》)

引文出自《诗·硕鼠》。此"鼫"通"硕"。《子夏传》、《集解》皆作"硕"。硕，即"大"。郝懿行《尔雅义疏》云："鼫与硕，古字通。硕者，大也。"硕鼠即大鼠。《尔雅·释兽》："鼫鼠。"郭璞注云："形大如鼠，头如兔，尾有毛，青黄色，好在田中食粟豆。"

《象》曰："鼫鼠贞厉"，位不当也。

六五，悔亡，矢得勿恤。往吉，无不利。

矢，通行本作"失"，帛书、孟、马、虞、王肃本皆同郑氏。故当以"矢"为是。又按爻象，晋五处离中，离为矢。荀爽引申为射。荀注："五从坤动而来为离，离者，射也。故曰'矢得'。"虞翻云："'矢'古'誓'字。誓，信也。"

《象》曰："矢得勿恤"，往有庆也。

上九,晋其角,维用伐邑,厉吉无咎,贞吝。

《象》曰:维用伐邑,道未光也。

明夷（三十六）

䷗明夷,利艰贞。

　　郑注:夷,伤也。日出地上,其明乃光,至其入地,明则伤矣。故谓之明夷。日之明伤,犹圣人、君子有明德而遭乱世,抑在下位,则宜自艰,无干事政,以避小人之害也。(《集解》)

　　《序卦》:"夷者,伤也。"郑训"夷"取《序卦》。从卦象看,明夷上坤为地,下离为明。光明在上为晋卦,晋时日出地上,光明乃著,而此时日入地下,光明被遮,则有伤之意。故此卦为明夷。明夷以喻人事,则为黑白颠倒、是非不明之乱世。君子道消,小人道长。此时,作为有明德的圣人、君子,则退藏于世,不敢有为,以避小人之害。

《象》曰:明入地中,"明夷"。内文明而外柔顺,以蒙大难。文王似之。"利艰贞",晦其明也。内难而能正其志,箕子似之。

　　郑注:蒙,犹遭也。(《释文》)

　　遭,即遭受。似,通行本作"以"。此以"似"为胜。

《象》曰:明入地中,明夷。君子以莅众,用晦而明。

初九,明夷于飞,垂其翼,君子于行,三日不食,有攸往,主人有言。

《象》曰:"君子于行",义不食也。

六二,明夷,睇于左股,用拯马壮,吉。

　　郑注:旁视为①睇。六二辰在酉,酉在②西方;又下体离,离为目。九三体在震,震东方。九三又在辰,辰得巽气为股。此谓六二

---

　　① 为,《释文》作"曰"。
　　② 在,王氏本作"是"。

有明德，欲承九三，故云"睇于左股"。(《礼记·内则》疏)拯，承也。(《释文》)

　　睇，通行本及帛书皆作"夷"，京作"胰"，《子夏传》作"睇"。郑氏取《子夏传》。夷、胰、睇音近而相假借。《说文》："睇，目小视也。从目，弟声。南楚谓眄曰睇。"眄，有斜视之义。《说文》："眄，目偏合也。一曰衺视也。"《苍颉篇》："眄，旁视也。"郑注《礼记·内则》云："睇，倾视也。"与《释文》义同。承，通行本作"拯"，《子夏传》作"抍"。《字林》云："抍，上举，音承。"《说文》："抍，上举也。"此承，是承受、顺从之义。六二为阴爻，其上为九三阳爻，以阴居阳下为承，即阴顺阳。《象》曰"顺以则"，即是其义。以爻辰言之，明夷六二当从坤六二，值酉，酉方位在西，西方为右。下体离，离为目。又三四五互体震，震为东方，东方为左。九三阳爻当从乾九三值辰，辰为东南，巽居东南。《说卦》："巽为股。"故从爻象看，"睇于左股"是指六二承九三，从文字意义看，是指斜视左腿，顺承马则强壮。

《象》曰："六二"之"吉"，顺以则也。

九三，明夷于南狩，得其大首，不可疾贞。

《象》曰："南狩"之志，乃大得也。

六四，入于左腹，获明夷之心，于出门庭。

《象》曰："入于左腹"，获心意也。

六五，箕子之明夷，利贞。

《象》曰："箕子"之"贞"，明不可息也。

上九，不明晦，初登于天，后入于地。

《象》曰："初登于天"，照四国也。"后入于地"，失则也。

家人（三十七）

䷤家人，利女贞。

《彖》曰：家人，女正位乎内，男正位乎外，男女正，天地之大义也。家人有严君焉，父母之谓也。父父、子子、兄兄、弟弟、夫夫、妇妇，而家道正，正家而天下定矣。

《象》曰：风自火出，家人。君子以言有物而行有恒。

初九，闲有家，悔亡。

郑注：闲，习也。（《释文》）

闲，本指门上一木。关门时，用此木拴住，防止门开。《说文》："闲，阑也。从门中有木。"后引申为防。马融云："阑，防也。"此"闲"，指练习。与郑注大畜九三"曰闲舆卫"义同。

《象》曰："闲有家"，志未变也。

六二，无攸遂，在中馈，贞吉。

郑注：二为阴爻，得正于内。五，阳爻也，得正于外，犹妇人自修正于内，丈夫修正于外。"无攸遂"，言妇人无敢自遂也。爻体离，又互体坎，火位在下，水在上，饪之象也。馈，食也①，故云在中馈也。（《后汉书·杨震传》注）

此先释家人之义。家人六二处内卦，以阴居阴位得正；九五处外卦，以阳居阳位得正。正像古代"男主外，女主内"的家庭，故此卦为家人卦。遂，有所作为。《公羊传》桓公八年："遂者何？生事也。大夫无遂事。"何休注："专事之辞。"此言妇人无地位、无专制之义，不做大事。《大戴礼记·本命》曰："妇人，伏于人也。是故无专制之义，有三从之道……无所敢自遂也。故令不出闺门，事在馈食之间而已矣。"《后汉书·谷永传》永对问云："《易》曰：'在中馈，无攸遂'，言妇人不得与事也。"《后汉书·杨震传》震上疏云："夫女子小人，近之喜，远之怨，实为难养。《易》曰'无攸遂，在中馈'，言妇人不得与于政事也。"在中馈，指在家中做饭。馈，烹饪。

---

① 《后汉书·王符传》注引此句作"中馈，酒食也"。

《说文》:"馈,饷也。"郑氏训"馈"为酒食即是此义。从象看,家人卦下体为离,二体离,离为火。又二三四互体坎,坎为水,火在下,水在上,而有烹饪之象,故言"馈"。

《象》曰:六二之吉,顺以巽也。

九三,家人嗃嗃,悔厉吉。

郑注:嗃嗃,苦热之意。(《释文》)

嗃嗃,刘作"熇熇",荀作"确确",郑氏训"嗃"为"熇"。晁氏易云:"嗃嗃",郑作"熇熇"。《说文》:"熇,火热也。"九三居离上,离为火,而有"熇熇"之义,干宝注《说卦》云"离为熇",即其证。而马融云:"嗃嗃,悦乐自得貌。"郑训与马氏异。

妇子嘻嘻,终吝。

郑注:嘻嘻,骄佚喜笑之意。(《释文》)

嘻嘻,张作"嬉嬉"、陆作"喜喜"。"嘻"、"嬉"、"喜"音同而义通。《说文》:"喜,乐也。"马融注"嘻"云:"笑声。"郑氏训释也取此义。

《象》曰:"家人嗃嗃",未失也。"妇子嘻嘻",失家节也。

六四,富家大吉。

《象》曰:"富家大吉",顺在位也。

九五,王假有家,勿恤,吉。

郑注:假,登也。(《释文》)

郑氏训"假"取自《尔雅》。《尔雅·释诂》:"假登,陞也。"假,帛《易》作"段"。《方言》:"假,至也。"假与徦同声系,而可以假借。又《说文》:"徦,至也。"郑注萃"王家有庙"云:"假,至也。"至有"到"之义。古者到家称为登家。曹元弼云:"郑读假为格,训登,与萃注训'至'义同。假、格皆徦之借字。古者登堂直曰登。《春秋传》曰:'公登亦登,王登有家。'谓登家之堂而与族人燕食,与'王假有庙'文例同。"(《补释》)

《象》曰:"王假有家",交相爱也。

上九,有孚,威如,终吉。

《象》曰:"威如"之"吉",反身之谓也。

睽(三十八)

䷥睽,小事吉。

郑注:睽,乖也。火欲上,泽欲下,犹人同居而异志也。故谓之睽。二五相应,君阴臣阳,君而应臣,故小事吉。(《集解》)

《序卦》云:"睽,乖也。"案帛《易》"睽"作"乖",则"睽"、"乖"通。又楚简作"楑",濮茅左云:"'楑',从木,癸声。……可读为'睽'、'乖'。"①睽䷥上离为火,下兑为泽,又火在上而又炎上,兑在下而又润下,二者正好相反,而有泽火相违背之义。于人则为上离为中女,下兑为少女,二女同居而事一夫,志不相同。此即《彖》所谓"睽,火动而上,泽动而下,二女同居,其志不同行"。此取《彖》意释睽。睽,九二以阳居阴位,六五以阴居阳位,故君阴臣阳,君而应臣,君臣失位。在此种阴阳失调、君臣失位的情况下,只适合做小事,而不宜做大事,因而卦辞言"小事吉"。此释卦辞"小事吉"。

《彖》曰:睽,火动而上,泽动而下,二女同居,其志不同行。说而丽乎明,柔进而上行,得中而应乎刚,是以"小事吉"。天地睽而其事同也,男女睽而其志通也,万物睽而其事类也,睽之时用大矣哉。

《象》曰:上火下泽,睽。君子以同而异。

初九,悔亡,丧马勿逐,自复。见恶人,无咎。

《象》曰:"见恶人",以辟咎也。

---

① 马承源主编:《上海博物馆藏战国楚竹书》(三),第180页,上海古籍出版社2003年。

九二,遇主于巷,无咎。

《象》曰:"遇主于巷",未失道也。

六三,见舆曳,其牛掣。其人天且劓,无初有终。

郑注:牛角皆踊曰觢 。(《释文》)

掣,通行本作"掣",虞翻云:"牛角一俯一仰,故称'掣'。"《说文》作"觢",云:"角一俯一仰。"《子夏传》作"契",云:"一角仰也。"荀作"觭"。《说文》:"觭,角一俛一仰也。"案《尔雅·释畜》:"角一俯一仰,觭。皆踊,觢。"《释文》引樊云:"倾角曰觭。"故知众家虽用字不同,但训释其义皆本之《尔雅》。曹元弼云:"《尔雅》:'角一俯一仰,觭皆踊,觢。'许郑皆本之。《尔雅·释文》'觢,或作掣'。则掣即觢之异体。《说文》'一角仰',段氏谓'一当为二'。至确,但其误已久,故陆氏所引义同。今本《子夏》作契,即觢之假借,而训'一角仰',盖六朝人据误本《说文》为之。荀作'觭',虞同其义,而字作'掣'。觭,正字,掣,借字。……二角仰,所谓'皆踊'也。'皆踊象离炎上,一俯一仰象离上坎下,皆非牛角之正。"(《补释》)。曹氏训释至确,当从之。

《象》曰:"见舆曳",位不当也。"无初有终",遇刚也。

九四,睽孤,遇元夫,交孚,厉无咎。

《象》曰:"交孚"、"无咎",志行也。

六五,悔亡,厥宗噬肤,往何咎。

《象》曰:"厥宗噬肤",往有庆也。

上九,睽孤,见豕负涂,载鬼一车,先张之弧,后说之壶。匪寇婚媾,往遇雨则吉。

壶,通行本作"弧",京、马、王肃、翟玄、帛书、阜阳简与郑同。"壶"、"瓠"、"弧"同为鱼部字相通。《尔雅·释器》:"康瓠谓之甈。"郭璞注:"瓠,壶也。"瓠,本指葫芦,此指瓦器,《说文》:"壶,昆吾,圜器也。"故今本作"弧"。又惠栋据《尔雅》训壶为"宫中巷",

他说:"《释宫》曰:'宫中巷谓之壸。'艮为宫,为径路,宫中有径路,故称巷。"可备一说。

《象》曰:"遇雨"之"吉",群疑亡也。

蹇(三十九)

䷦蹇,利西南,不利东北,利见大人,贞吉。

《彖》曰:蹇,难也,险在前也。见险而能止,知矣哉。"蹇,利西南",往得中也。

郑注:中,和也。(《释文》)

《白虎通·五行》:"中者,和也。"《蒙·彖》:"以亨行时中也。"《释文》释"中"云:"和也。"此为中有"和"义之证。

"不利东北",其道穷也。"利见大人",往有功也。当位"贞吉",以正邦也。蹇之时用大矣哉。

《象》曰:山上有水,蹇。君子以反身修德。

初六,往蹇,来誉。

《象》曰:"往蹇来誉",宜待时也[1]。

六二,王臣蹇蹇,匪躬之故。

《象》曰:"王臣蹇蹇",终无尤也。

九三,往蹇,来反。

《象》曰:"往蹇来反",内喜之也。

六四,往蹇,来连。

郑注:连,迟久之意。(《释文》、《正义》)

连,虞翻云:"连,辇也,蹇难也。"马融云:"难也。"《说文》:"连,负车也。"段玉裁曰:"连,即古文辇也。"而郑氏训"连"为"迟

---

[1] 通行本作"宜待也"。郑氏作"宜待时",于义更明,当以郑氏为是。

久",恐为引申义,因有难则来之必迟久。

《象》曰:"往蹇来连",当位实也。

九五,大蹇,朋来。

《象》曰:"大蹇朋来",以中节也。

上六,往蹇来硕,吉,利见大人。

《象》曰:"往蹇来硕",志在内也。"利见大人",以从贵也。

解(四十)

䷧解,利西南,无所往,其来复吉,有攸往,夙吉。

《象》曰:解,险以动,动而免乎险,解。"解,利西南",往得众也。"其来复吉",乃得中也。"有攸往夙吉",往有功也。天地解而雷雨作,雷雨作而百果草木皆甲宅。

郑注:木实曰果,皆读如人倦之解,解,谓坼呼。皮曰甲,根曰宅。宅,居也。(《文选·左思〈蜀都赋〉》注)

郑氏训"果"取自《说文》。《说文》:"果,木实也。"宋衷注《说卦》云:"木实谓之果,草实谓之蓏。"也取此义。果,是指树木结的果实。皆,读音解。甲,为天干之首,本指万物孚甲而生。《说文》:"甲,东方之孟,阳气萌动,从木,戴孚甲之象。"《白虎通·五行》:"甲者,万物孚甲也。"孚甲,指果实的外壳。宅,一本作"坼",王引之曰:"宅乃乇之假借。《说文》曰:'乇,草叶也。从垂穗上贯一,下有根,象形。'乇、宅、坼古并同声,故又通坼。"此说可信。马融、陆绩皆训宅为"根",与郑义同。郑氏又训"宅"为居,《尔雅·释言》:"宅,居也。"古者,择吉地而居之,故宅有居之义。《释名》:"宅,择也。择吉处而营之也。"此将果实种子外壳喻为房宅,把种子内核视为居住之人。《诗·大田》:"既方既皁。"郑笺云:"方,房也。谓孚甲始生而未合时也。"孔颖达疏:"谓米外之房者,言其孚甲,米生于中,若人之房舍然也。"

《象》曰:"雷雨作",解。君子以赦过宥罪。

初六,无咎。

《象》曰:刚柔之际,义无咎也。

九二,田获三狐,得黄矢,贞吉。

《象》曰:九二"贞吉",得中道也。

六三,负且乘,致寇至,贞吝。

《象》曰:"负且乘",亦可丑也。自我致戎,又谁咎也。

九四,解而拇,朋至斯孚。

《象》曰:"解而拇",未当位也。

六五,君子维有解,吉,有孚于小人。

《象》曰:君子有解,小人退也。

上六,公用射隼于高墉之上,获之,无不利。

《象》曰:"公用射隼",以解悖也。

损（四十一）

郑注:艮为山,兑为泽,互体坤,坤为地。山在地上,泽在地下,泽以自损增山之高也,犹诸侯损其国之富,以贡献于天子,故谓之损矣。(《集解》)

郑氏从卦象和人事两个方面释损卦之义。从卦象看,损☷上艮下兑,艮为山,兑为泽,三四五爻互坤,坤为地,故有山在地上,泽在地下之象。泽润下而又处下,山高而居上,相对而言,泽下自损而显得山更高,即增山之高。就人事看,诸侯用国家的财富,贡献给上位的天子,对诸侯来说就是损。

☷损,有孚,元吉,无咎,可贞,利有攸往。曷之用?二簋可用享。

郑注:四以簋进黍稷于神也。初与二直,其四与五承上,故用

二簋。四，巽爻也，巽为木。五，离爻也。离为日，日体圜，木器而圜，簋象也。①（《周礼·冬官·旄人》疏）

此以卦爻象释《彖》。泰三上互易为损，损有祭祀之象。李道平曰："爻位上为宗庙，又艮为门阙，有宗庙之象，坤鬼居之，有祖宗之象。互震为长子主祭，坤形下为器，艮手执之，享祭之象也。"（《集解纂疏》）损之祭祀，从爻象看，体现在四爻上，即初、二、四、五四爻。初爻与四爻，二爻与五爻相应，四与五承上，故言用二簋。按照古礼，天子之祭八簋，而今减至用二簋，用士礼，以示祭重在诚。直，训为当，指相应。簋，古祭祀器，专盛粮食之类祭品（注详见坎六四）。损四爻为阴爻，五亦为阴爻，按照爻体说，四为巽爻，五为离爻，巽为木，离为日，日体圜，木器而圜，簋之象。曹元弼云："'四以簋进黍稷'。'四'当为'三'，'初与二直'当为'三与上直'。"（《笺释》）恐有失。

《彖》曰：损，损下益上，其道上行。损而"有孚元吉无咎，可贞，利有攸往。曷之用？二簋可用享"。二簋应有时，损刚益柔有时，损益盈虚，与时偕行。

《象》曰：山下有泽，损。君子以惩忿窒欲。

郑注：徵，犹清也。窒，止也。（《释文》）

徵，今本作"惩"，刘作"澂"，蜀才作"澄"。"徵"、"惩"、"澂"、"澄"古通。惠栋云："徵，读为惩，古文也。"段玉裁云："徵者，澂之假借字，澂、澄古今字。"《说文》："澂，清也。"窒，通行本作"窒"，孟子作"恎"。《说文》中无"窒"、"恎"字。郑作"窒"，是借"躓"。讼卦"窒惕"，《释文》："马作'咥'，读为'躓'，犹止也。"是知窒、躓、窒通。《说文》："躓，跲也。"跲，则止义。跲，即是"疐"，《尔雅·释言》：

① 《仪礼·少宰馈食礼》疏云："离为日，日圆。巽为木，木器象。"《诗·权舆》疏云："离为日，日体圆。巽为木，木器圆簋象。"亦为郑义。

·322·

"寋,跮也。"《说文》:"寋,碍不行也。从夌,引而止之也。"

初九,巳事遄往,无咎。酌损之。

《象》曰:"巳事遄往",尚合志也。

九二,利贞,征凶,弗损益之。

《象》曰:"九二,利贞",中以为志也。

六三,三人行,则损一人;一人行,则得其友。

《象》曰:"一人行","三"则疑也。

六四,损其疾,使遄有喜,无咎。

《象》曰:"损其疾",亦可喜也。

六五,或益之十朋之龟,弗克违,元吉。

　　郑注:《尔雅》云:"十朋之龟者,一曰神龟,二曰灵龟,三曰摄龟,四曰宝龟,五曰文龟,六曰筮龟,七曰山龟,八曰泽龟,九曰水龟,十曰火龟。"(《正义》、《尔雅·释鱼》疏、《礼记·礼器》疏)

　　按照郭璞注,神龟,为龟之最神明者。《史记·龟策传》云:"神龟出于江水中"、"神龟在江南嘉林中"。灵龟,指有灵气的龟。"涪陵郡出大龟,甲可以卜,缘中文似瑇瑁,俗呼为灵龟。"摄龟,较小的龟。"腹甲曲折,解能自张闭,好食蛇,江东呼为陵龟。"宝龟,龟以青纯色为宝。据说,千年的龟则为青纯色。文龟,指"甲有文彩"的龟。筮龟,指"常在蓍丛下潜伏"的龟。而山龟、泽龟、水龟、火龟,指从其所生之处而命名的。

《象》曰:"六五元吉",自上祐也。

上九,弗损益之,无咎,贞吉,利有攸往,得臣无家。

《象》曰:"弗损益之",大得志也。

益（四十二）

䷩益,利有攸往,利涉大川。

郑注:阴阳之义,阳称为君,阴称为臣,今震一阳二阴,臣多于君矣。而四体巽之不①应初,是天子损其所有以下诸侯也。人君之道,以益下为德,故谓之益也。震为雷,巽为风。雷动风行,二者相成,犹人君出教令,臣奉行之,故"利有攸往"。坎为大川,故"利涉大川"矣。②(《集解》)

按照《易传》,阳爻称君,阴爻称臣。益䷩下为震,震一阳二阴,阴多于阳,故就人事而言之,臣多于君。四爻为阴爻,处上体巽中,与下初阳爻相应,犹天子减损其所有而施于下层诸侯。作为人君,当以厚施于下为其德,故此卦为益。益下震为雷,上巽为风,雷动风行,在人事则为君王发出教令,臣立即奉行,故辞言"利有攸往"。按照爻体说,九五为阳爻体坎,坎为大川,故言"利涉大川"。

《彖》曰:益,损上益下,民说无疆;自上下下,其道大光。"利有攸往",中正有庆。"利涉大川",木道乃行。益动而巽,日进无疆;天施地生,其益无方。凡益之道,与时偕行。

《象》曰:风雷,益。君子以见善则迁,有过则改。

初六,利用为大作,元吉,无咎。

《象》曰:"元吉无咎",下不厚事也。

六二,或益之十朋之龟,弗克违,永贞吉。王用享于帝,吉。

《象》曰:"或益之",自外来也。

六三,益之用凶事,无咎。有孚中行,告公用圭。

《象》曰:益"用凶事",固有之也。

六四,中行告公从,利用为依迁国。

《象》曰:"告公从",以益志也。

九五,有孚惠心,勿问元吉,有孚惠我德。

---

① 不,《义海撮要》作"下"。
② 《义海撮要》引此注多有阙字。

《象》曰："有孚惠心"，勿问之矣。"惠我德"，大得志也。

上九，莫益之，或击之，立心勿恒，凶。

《象》曰："莫益之"，偏辞也。"或击之"，自外来也。

夬（四十三）

≣夬：扬于王庭。

郑注：夬，决也。阳气浸长，至于五。五，尊位也。而阴先之，是犹圣人积德说天下，以渐消去小人，至于受命为天子，故谓之夬。扬，越也。五互体乾，乾为君，又居尊位，王庭之象也。阴爻越其上，小人乘君子，罪恶上闻于圣人之朝，故曰"夬，扬于王庭"也。（《集解》）

《象》曰："夬，决也。"《序卦》、《杂卦》同。夬，五阳一阴，据卦气说，乾阳长于坤体内，自初至五为夬。五为天子位，而称"尊位"。乾阳长坤阴消，阴在先，阳在后而消之，如圣人积德使天下说，渐渐革除小人。一至五爻为受命天子，故此卦为夬。李道平以象释之云："自复至乾为积善，积德犹积善，内体乾，乾为德，故言'圣人积德'。外体兑，兑为说，故言'说天下'。以乾阳消坤阴，自初至五，故云'以渐消去小人'。乾息至五，则'受命而为天子'。阴已决矣，'故谓之夬'。"（《集解纂疏》）郑氏训"扬"为"越"，取自《尔雅》。《尔雅·释言》："扬，越也。"夬三、四、五互体乾，乾为君，五处尊位，而有"王庭"之象。上六阴爻居五阳之上，有超越之义，以阴居阳上为乘。阴为小人，阳为君子，故谓小人乘君子。因小人之罪恶已闻于圣人之朝，故卦辞言"夬，扬于王庭"。

孚号有厉，告自邑，不利即戎，利有攸往。

《象》曰：夬，决也。刚决柔也。健而说，决而和。"扬于王庭"，柔乘五刚也。"孚号有厉"，其危乃光也。"告自邑，不利即戎"，所尚乃穷也。"利有攸往",刚长乃终也。

《象》曰:泽上于天,夬。君子以施禄及下,居德则忌。

初九,壮于前趾,往不胜,为咎。

《象》曰:"不胜"而"往",咎也。

九二,惕号,莫夜有戎,勿恤。

郑注:莫,无也。无夜非一夜。(《释文》)

莫,音"暮",莫、暮古相通。暮,多训为"晚"、"夜",郑则训为"无"。《广雅·释言》:"莫,无也。"遯六二爻"莫之胜说"之"莫"即是此意。无夜,即非一时。曹元弼云:"无夜,非一朝夕也。"(《笺释》)

《象》曰:"有戎勿恤",得中道也。

九三,壮于頄,有凶。君子夬夬,独行遇雨,若濡有愠,无咎。

郑注:頄,夹面也。(《释文》)

頄,楚简和通行本作"頯"。蜀才作"仇",帛《易》与郑同。《说文》无"頯"字,《说文》:"頄,权也。"《广韵》:"頯,颊间之骨。"王弼注云:"頯,面权也。"翟氏云:"頯,面也。"故"頄"、"頯"二者通。又案《庄子·大宗师》:"其容寂,其颡頯。"《释文》:"頯,李音仇,权也。"故"頄"又通"仇"。

《象》曰:"君子夬夬",终无咎也。

九四,臀无肤,其行趑趄,牵羊悔亡,闻言不信。

趑趄,通行本作"次且"。他本有作"趀趄"或"跂跙"。四者音近而通假。

《象》曰:"其行趑趄",位不当也。"闻言不信",聪不明也。

九五,苋陆夬夬,中行无咎。

郑注:苋陆,商陆也。(《释文》)

商陆,一种草名。古者有释"苋陆"为二草者,如宋衷曰:"苋,苋菜也。陆,商陆也。"荀爽云:"苋,根小。陆,根大。"子夏、马融、王肃等训"苋陆"为一草,郑氏从学于马融,故此说本马融。

《象》曰:"中行无咎",中未光也。

上六,无号,终有凶。

《象》曰:"无号"之"凶",终不可长也。

姤(四十四)

☰☴姤,女壮,勿用取女。

  郑注:姤,遇也。一阴承五阳,一女当五男,苟相遇耳。非礼之正,故谓之姤。女壮如是,壮健似淫,故不可娶。妇人以婉娩为其德也。(《集解》)

  姤,通行本作"姤"。姤,古文作"遘",帛《易》作"狗"或"均",楚简作"敂"。姤、狗、均、敂音同或近而通假。郑氏训"姤"为遇,本《易传》。《彖》曰:"姤,遇也,柔遇刚也。"《杂卦》同。《序卦》云:"姤者,遇也。"古者不期而会曰遇。姤☰☴一阴爻居下与五阳爻相遇,以示一女以不期而会五男,违背从一而终之义,故言"苟相遇"、"非礼之正"。苟,随便。《论语·子路》"君子于其言,无所苟而已矣"之"苟"即是其义。此释姤卦卦名之义。姤,一女而与五男相遇,说明女壮健,这不符合女子的特点,因此不可娶为妻。妇女当以言、容为德。淫,有过之义。婉,指言语娵婉。娩,指容貌美丽。《礼记·内则》云:"女子十年不出,姆教婉娩听从。"郑注:"婉谓言语也。娩之言媚也。媚谓容貌。"此释卦辞。

《彖》曰:姤,遇也,柔遇刚也。"勿用取女",不可与长也。天地相遇,品物咸章也,刚遇中正,天下大行也。姤之时义大矣哉。

《象》曰:天下有风,姤。后以施命诰四方。

  郑注:诘,止也。(《释文》)

  诘,通行本作"诰"。京房作"告"。"告"为古文。诘、诰二字音相近,二者通用。止,王本、胡本、《音训》、《会通》皆作"正"。然考《后汉书·鲁恭传》释"诰四方"云"君以夏至之日施命止四方行者",当作"止"为是。

初六,系于金柅,贞吉。有攸往,见凶,羸豕孚蹢躅。

羸,晁氏易云:"郑作纍。"案大壮九三爻"羸其角"。《释文》云:"王肃作'縲',音'螺'。郑、虞作'纍',蜀才作'累',张作'纍'。"故晁氏引有误。縲、纍、累、纍通假,此训为"大索"。

《象》曰:"系于金柅",柔道牵也。

九二,包有鱼,无咎。不利宾。

《象》曰:"包有鱼",义不及宾也。

九三,臀无肤,其行趑趄,厉,无大咎。

《象》曰:"其行趑趄",行未牵也。

九四,包无鱼,起凶。

《象》曰:"无鱼"之"凶",远民也。

九五,以杞包瓜,含章,有陨自天。

郑注:杞,柳也。(《释文》)

杞,楚简作"芑",杞、芑通假。杞柳是一种树木。赵注《孟子·告子章句》云:"杞柳,柜柳也。一曰杞木名。"虞翻曰:"杞,杞柳,木名也。"

《象》曰:九五"含章",中正也。"有陨自天",志不舍命也。

上九,姤其角,吝,无咎。

《象》曰:"姤其角",上穷吝也。

萃(四十五)

䷬**萃,亨,王假有庙,利见大人,亨,利贞。用大牲吉,利有攸往。**

郑注:萃,聚也。坤为顺,兑为说。臣下以顺道承事其君,说德居上待之,上下相应,有事而和通,故曰"萃,亨"也。假,至也。互有艮巽,巽为木,艮为阙,木在阙上,宫室之象也。四本震爻,震为长子。五本坎爻,坎为隐伏,居尊而隐伏,鬼神之象。长子入阙升堂,祭祖称之礼也,故曰"王假有庙"。二本离爻也,离为目,居正应五,故"利见大人"矣。大牲,牛也。言大人有嘉会时可干事,必杀牛而盟,既盟则可以往,故曰"利往"。(《集解》)

郑训"萃"为"聚",取《彖》、《序卦》、《杂卦》之义。《彖》曰:"萃,聚也。"《序卦》云:"物相遇而后聚,故受之以萃。萃者,聚也。"《杂卦》云:"萃聚而升不来也。"萃☷下坤上兑,坤为顺,兑为说。坤为臣,九五为君,九五又处上兑中,故"臣下以顺道承其君,说德居上待之"。由于上下相应,则有事则和通。亨,即通。此卦有亨通之义。此阐发《彖》"萃聚也,顺以说,刚中而应……致孝享也"之义,而释卦辞萃"亨"之义。《方言》:"假,至也。"根据高亨考证,"假"实借为"徦",同声系,古通用。《说文》:"徦,至也。"至,即到、登。郑注《家人》"王假有庙"云:"假,登也。"从卦象看,萃☷二三四互体为艮,三四五互体巽,巽为木,艮为阙,木在阙上,有宫室(庙)之象。又按照爻体说,四为阳爻为震爻,五为阳爻为坎爻。震为长子,坎为隐伏,五居尊位而隐伏,鬼神之象。长子入阙升堂祭祖之礼。此释卦辞"王假有庙"。阙,又叫"观",指宫门两旁的台榭。《尔雅·释言》:"观谓之阙。"孙炎注:"宫门双阙,旧章悬焉,使民观之,因谓之观。"《释名》:"观,观也。于上观望也。阙,阙也,在门两旁中央阙然为道也。"萃二为阴爻,即离爻,离为目,有"见"之义。五为阳爻居尊位而为"大人"。二五相应,故卦辞言"利见大人"。萃下为坤,坤为牛。牛在古代家畜中属大牲也。《说文》:"牛,大牲也。"卦辞"用大牲吉,利有攸往"是言大人要做大事,必杀牛取血发誓而订立同盟,然后可以行事。《礼记·曲礼下》"涖牲为盟"即"杀牛而盟"。

《彖》曰：萃，聚也。顺以说，刚中而应，故聚也。"王假有庙"，致孝享也。"利见大人亨"，聚以正也。"用大牲吉，利有攸往"，顺天命也。观其所聚，而天地万物之情可见矣。

《象》曰：泽上于地，萃，君子以除戎器，戒不虞。

郑注：除，去也。（《释文》）

除，先儒多训为"修"、"治"。郑训为"去"则与诸家不同。《诗·斯干》"风雨攸除"、《国语·晋语》"除闇以应外"之"除"即其义。

初六，有孚不终，乃乱乃萃。若号，一握为笑，勿恤，往无咎。

郑注：握，当读为"夫三为屋"之"屋"。（《释文》）

握，帛本作"屋"，楚简作"斛"。按李富孙考证，握、屋同音通假。又据濮茅左考证，"'斛'读为'握'，'斛'、'握'同韵，或读为'屋'"①。《周礼·地官·小司徒》曰："考夫屋"，郑注云："夫三为屋，屋三为井。"又郑注《考工·匠人》云："三夫为屋，屋具一井之地，三屋九夫，三三相具以出赋税。"故此屋为古代土地单位。古代以此为单位征收军事赋税。张惠言云："天子将有征讨，此当言军赋之法……若号一屋为笑者，言王有事征讨，简除戎器令于夫屋，民皆欢笑，则可以以萃众治乱也。"（《周易郑氏义》）

《象》曰："乃乱乃萃"，其志乱也。

六二，引吉，无咎。孚乃利用禴。

郑注：禴，夏祭名。（《释文》）

禴，帛书作"濯"，它本作"爚"、"躍"等。殷代春祭、周代的夏祭皆作"禴"。"禴"又通"礿"。《说文》："礿，夏祭也。"《周礼·大宗伯》："以禴夏享先王。"《尔雅·释天》："夏季曰礿。"《白虎通·宗庙篇》："夏曰禴者，麦熟进之。"《春秋繁露·四祭篇》："夏曰礿，

---

① 见马承源主编《上海博物馆藏战国楚竹书》（三），第194页，上海古籍出版社2003年。

衿者,以四月始食麦也。"

《象》曰:"引吉无咎",中未变也。

六三,萃如嗟如,无攸利,往无咎,小吝。

《象》曰:"往无咎",上巽也。

九四,大吉,无咎。

《象》曰:"大吉无咎",位不当也。

九五,萃有位,无咎。匪孚,元永贞,悔亡。

《象》曰:"萃有位",志未光也。

上六,齎咨涕洟,无咎。

郑注:齎咨,嗟叹之辞也。自目曰涕,自鼻曰洟。(《释文》)

虞翻训"齎咨"为货财丧失。而马融云:"齎咨,悲声、怨声。"郑训本马融。涕洟,诸家多训为鼻涕和眼泪。虞翻曰:"自目称涕,自鼻称洟。"与郑同,此本《说文》。《说文》云:"涕,泣也。"又曰:"洟,鼻液也。"涕洟,帛书作"涕泪",据于豪亮先生考证,"洟"、"泪"音近相通,"泪"是本字,"洟"是假借字。①

《象》曰:"齎咨涕洟",未安上也。

升(四十六)

☷☴升,元亨,用见大人,勿恤。南征吉。

郑注:升,上也。坤地巽木,木生地中,日长而上,犹圣人在诸侯之中,明德日益高大也。故谓之升,升进益之象矣。(《集解》)

升,帛书和阜阳简作"登",今本又作"升"。升、登、昇古通假。升和萃两卦为覆卦,即萃☷☴倒置为升。萃坤为聚,萃变升,是坤由下变上,即《序卦》所谓"聚而上者谓之升",《象》曰"柔以时升"也

① 于豪亮:《帛书周易》,《文物》1984年第3期。

是此意。故升有"上"之义。升上坤下巽，坤为地，巽为木，"有木生地中"之象。《说文》："木，冒也，冒地而生"，即是"有木生地中"。有木生地中则日长而上。从人事言之，圣人潜藏在诸侯之中，明德日益增进高大。《象》曰："君子以顺德积小，以成高大。"讲的即是此意。

《彖》曰：柔以时昇，巽而顺，刚中而应，是以大亨。"用见大人勿恤"，有庆也。"南征吉"，志行也。

《象》曰：地中生木，昇。君子以顺德积小，以高大。

顺，通行本作"慎"。"顺"、"慎"古通。《诗·应候》"顺德"，《家语》、《淮南子》俱引作"慎德"，《孟子》"王顺"，即是其证。（参见《异文释》）

初六，允昇，大吉。

《象》曰："允昇大吉"，上合志也。

九二，孚乃利用禴。无咎。

《象》曰：九二之"孚"，有喜也。

九三，昇虚邑。

《象》曰："昇虚邑"，无所疑也。

六四，王用亨于岐山，吉，无咎。

郑注：亨，献也。（《释文》）

此"亨"本指祭祀。祭祀当以进献物品，故亨，有献之义。《说文》："亨，献也。"

《象》曰："王用亨于岐山"，顺事也。

六五，贞吉，昇阶。

《象》曰："贞吉昇阶"，大得志也。

上六，冥昇，利于不息之贞。

《象》曰："冥昇"在上，消不富也。

困（四十七）

䷮困，亨，贞，大人吉，无咎。有言不信。

郑注：坎为月，互体离，离为日，兑为暗昧，日所入也。今上揜日月之明，犹君子处乱代①，为小人所不容，故谓之困也。君子虽困，居险能说，是以通而无咎也。（《集解》）

困䷮下为坎，坎为月，二三四互体离，离为日。其上卦为兑。兑为西，按《尚书·尧典》"分命和仲，宅西，曰昧谷"，又，西为日落之处，故西又为暗昧。西方又为日落之方而称"日所入"。此卦下有日月，上为暗昧，即有日月之明被掩盖之意。就人事而言，离日坎月当为君子，兑当为小人。有君子处乱世为小人所不容而困惑。此释卦名困之义。揜，一本作"掩"，或作"弇"。《尔雅·释文》云："弇，古奄字。"又云："弇，古掩字，又作揜。"又《系辞》"恶积而不可掩"，唐石经作"揜"。弇、掩、揜、奄四者通假。《说文》："奄，覆也。"《尔雅·释言》："弇，盖也。"故"揜"有掩盖、覆盖之义。又困下坎为险，上兑为说（悦），故"居险而能说"，此是言君子虽处困而能喜悦。即处困通达则悦之，故"通而无咎"。此释卦辞之义。

《彖》曰：困，刚揜也。险以说，困而不失其所，"亨"。其唯君子乎。"贞，大人吉"，以刚中也。"有言不信"，尚口乃穷也。

《象》曰：泽无水，困。君子以致命遂志。

初六，臀困于株木，入于幽谷，三岁不觌。

《象》曰："入于幽谷"，幽不明也。

九二，困于酒食，朱绂方来，利用亨祀。征凶，无咎。

郑注：二据初，辰在未，未为土，此二为大夫，有地之象。未上

---

① 代，王本作"世"，《集解》避唐讳改之。故当以王本为是。

值天厨,酒食象。困于酒食者,采地薄不足己用也。二与日①为体离,为镇霍。爻四为诸侯,有明德受命当王者。离为火,火色赤。四爻辰在午时,离气赤又朱是也。文王将王,天子制用朱韨,(《仪礼·士冠礼》疏)②朱深云③赤。(《诗·斯干》疏)

　　困九二爻在初爻之上而称"据"。初爻为阴爻。按爻辰说,初爻阴爻当值未,未为土。二爻为大夫,二据初则有地之象。二爻居中,在天上为中垣紫微十五星,其中有天厨星居其东北维,故未上值天厨星。古代传说,好酒出自天厨。《神仙传》卷三《王远》:"方平语经家人曰:'吾欲赐汝辈酒,此酒乃出天厨,其味醇酿。'"故天厨有酒食象。此酒食引申为采地,"困于酒食"则为采地薄而不足己用。困二与四互体离,离为南方,于山则为霍山南岳,也称天柱山,即今日衡山。四爻为诸侯爻,处离中,且纳午,离为明。午火也明,故"有明德受命当为王"。又火色赤。午时离火则色朱,故辞言"朱",朱深于赤,即赤色再深则朱。郑氏此注,除了爻辰说外,其他本于《易纬》,按照《易纬》之意,困是言文王处乱世为小人所困。《乾凿度》云:"孔子曰:绂者,所以别尊卑、彰有德也。故朱赤者,盛色也,是以圣人法以为绂服,欲百世不易也。故困九五,文王为纣三公,故言'困于赤绂也'。至于九二,周将王,言'朱绂方来',不易之法也。"又曰:"天子三公九卿朱绂,诸侯赤绂。困之九二有中和,居乱世,交于小人,又困于酒食者,困于禄也。赤绂者,赐大夫之服。文王方困而有九二大人之行,将锡之朱绂也。其位在二,故以大夫言之。"

《象》曰:"困于酒食",中有庆也。

---

① "日"当作"四"。
② 张惠言认为"是也……朱韨"十二字为王应麟误连引。
③ "云"当作"于"。

六三,困于石,据于蒺藜,入于其宫,不见其妻,凶。

《象》曰:"据于蒺藜",乘刚也。"入于其宫,不见其妻",不祥也。

九四,来徐徐,困于金车,吝,有终。

《象》曰:"来徐徐",志在下也。虽不当位,有与也。

九五,劓刖,困于赤绂,乃徐有说,利用祭祀。

　　郑注:劓刖当为倪仉。(《释文》)

　　劓刖,本指古代刑罚。虞翻曰:"割鼻曰劓,断足曰刖。"《易纬·乾凿度》:"劓刖,不安也。"郑玄训为倪仉,也取此意。劓刖,荀、陆、王肃作"臲卼",曰:"臲卼,不安貌。"《易篡言》引晁氏云:"倪仉即臲卼之省文也。"李富孙曰:"案臲卼,倪仉 皆音声相近,即书阢陧之倒文,与上爻义同。"(《异文释》)帛书作"貳椽",据于豪亮先生考证,"貳椽"与"劓刖"相通。①

《象》曰:"劓刖",志未得也。"乃徐有说",以中直也。"利用祭祀",受福也。

上六,困于葛藟,于臲卼,曰动悔。有悔,征吉。

《象》曰,"困于葛藟",未当也。"动悔有悔",吉行也。

井(四十八)

☷☴井,改邑不改井,无丧无得。

　　郑注:井,法也。(《释文》)坎,水也。巽木,桔槔也。互体离兑。离,外坚中虚,瓶也。兑为暗泽,泉口也。言桔槔引瓶下入泉口汲水而出,井之象也。井以汲(养)人,水无空竭,犹君子以政教养天下,惠泽无穷也。(《集解》)

　　郑氏训井为法,乃本之"刑"、"型"之假借。《说文》:"型,铸器

---

① 于豪亮:《帛书周易》,《文物》1984 年第 3 期。

之法也。"段注:"以木为之曰模,以竹曰范,以土曰型,引申之为典型。假借刑字为之。"《说文》:"刑,罚辠也。从刀从井。《易》曰:'井,法也'。"《风俗通义》:"井者,法也,节也。言法治居人,令节其饮食,无穷竭也。"(引自《初学记》卷七)《春秋元命苞》:"井,刀守也。饮水之人入井争水,陷于泉,刀守之,割其情也。"井,通荆,《尔雅·释诂》:"荆,法也。"《一切经音义》二十:"荆,法也,井为刑法。"井,后引申为社会组织单位。《说文》云:"八家一井,象构韩形。"韩,井上木阑也。古代奴隶社会将土地分割成"井"字形,其中有公田私田并存,称为井田制,《穀梁传》宣公十五年:"古者三百步为里,名为井。井田者,九百亩,公田居一。"此为井田法。曹元弼云:"井之字象井构之形,井田之法放于此,八家成一井,而公田之中有井焉,此先王养民莫大之法,故井为法。"(《补释》)又云:"凡先王治法条理,画一泾渭分明,皆如井法之象。"(《笺释》)井卦☶上坎下巽,坎为水,巽为木,此木在井则为桔槔,即井上吸水工具。井二三四互体兑,三四五互体离,离上下为阳中为阴,即外坚中虚,象瓶。兑为暗昧,为泽,暗泽即泉口,故此卦有"桔槔引瓶下入泉口汲水而出"之象,即井象。井水供人使用不枯竭,好像君子教养万民而无穷。

往来井井,汔至,亦未繘井,羸其瓶,凶。

郑注:繘,绠也。(《释文》)羸读曰纍。(同上)

此训取自《说文》。《说文》:"繘,绠也。"绠即吸水绳。《说文》:"绠,吸井缏。"《一切经音义》引作"汲井绳也。"《玉篇》:"绠,吸绳也。"《广韵》:"绠,井索。"繘、绠两字含义一致,在不同地区有不同称呼。《方言》:"繘,自关而东,周、洛、韩、魏之间,谓之绠,或谓之络。关西谓之繘。"《急就篇》:"繘,汲索也,一名绠。"羸,指"大索"。大壮"羸其角",《释文》引马融云:"大索也。"郑氏于大壮作"纍"。同字此又读"纍",知纍、纍通。《说文》:"纍,大索也。"

《象》曰：巽乎水而上水，井。井养而不穷也。"改邑不改井"，乃以刚中也。"汔至，亦未繘井"，未有功也。"羸其瓶"，是以凶也。

《象》曰：木上有水，井。君子以劳民劝相。

初六，井泥不食，旧井无禽。

> 郑注：在井之下故称泥。井而泥则不可食。（《御览·地部·泥》）

初六爻居井卦最下而为井底泥。井底有泥则水脏而不可食，故此爻为"井泥不食"。

《象》曰："井泥不食"，下也。"旧井无禽"，时舍也。

九二，井谷射鲋，瓮敝漏。

> 郑注：射，厌也。瓮，停水器也。（《释文》）九二，坎爻也。坎为水，上①直巽。生一②，艮爻也。艮为山，山下有井，必因谷水所生鱼无大鱼，但多鲋鱼耳，言微小也。夫感动天地，此鱼之至大，射鲋井谷，此鱼之至小，故以相况。（《文选·左太冲〈吴都赋〉》注）

郑氏训"射"为"厌"，取自《尔雅》、《释诂》云："射，厌也。"《说卦》"水火不相射"，陆绩、董遇、姚信并云"射，厌也"也取此义。厌（厭）通猒，《说文》："猒，饱也。"《国语·周语》："岂敢猒从其耳目心腹以乱百度。"注："猒，足也。"饱、足有多之义。曹元弼云："郑训射为厌，厌，犹多也。"（《补释》）瓮（甕），《说文》作"甖"，云："吸瓶也。"郑训为"停水器"也是此意。按照爻体说，九二爻居中而体坎，坎为水，井下体为巽，巽为鱼，九三体艮，艮为山。故山下有水，水中有鱼，因谷水中无大鱼，多鲋鱼。鲋鱼，小鱼。大鱼可以感天地，小鱼则不能感动天地。惠栋用卦气说释之曰："郑据六日七分

---

① 上，按文意当作"下"。
② 生一，惠栋改为"九三"。

谓中孚,十一月卦,卦辞'豚鱼吉'。巽为鱼,巽以风动天。故云'感动天地,此鱼之至大'。井,五月卦,九二失位,不与五应,故'射鲋井谷',言微阴尚未应卦,不能动天地,故云'此鱼之至小'也。"(《周易述》)曹元弼用人事释之:"中孚信及豚鱼,言德之所孚者大。此井谷射鲋,言先王流风善政之所存者微。"(《补释》)

《象》曰:"井公射鲋",无与也。

九三,井渫不食,为我心恻,可用汲,王明并受其福。

郑注:谓已浚渫也,犹臣修正其身以事君也。(《文选·王粲〈登楼赋〉》注)

浚渫,修正之义。荀爽曰:"渫,去秽浊、清洁之意也。"向秀云:"渫者,浚治去泥浊也。"黄颖云:"渫,活也。"浚,有取之义。《说文》:"浚,抒也。"徐锴曰:"抒,取出之也。"此引申为清理、修治其井,于人事大臣正身以侍君王。

《象》曰:"井渫不食",行恻也。求"王明",受福也。

六四,井甃,无咎。

《象》曰:"井甃无咎",修井也。

九五,井洌,寒泉食。

《象》曰:"寒泉"之"食",中正也。

上六,井收勿幕,有孚元吉。

《象》曰:"元吉"在上,大成也。

革(四十九)

䷰革,巳日乃孚。元亨利贞,悔亡。

郑注:革,改也。水火相息而更用事,犹王者受命,改正朔,易服色,故谓之革也。(《集解》)

革,本指皮革,因治皮革而更新,故引申为更改之义。《说文》：“兽皮治去其毛，革更之象。”《尚书·尧典》“鸟兽希革”，孔传：“革，改也。”《象传》“天地革而四时成”之“革”也取此义。息，马训为“灭”。水火相息，取自《象传》，指水火相灭，即水灭火，或火灭水，而相互更替。社会朝代更替也是如此，一个朝代取代另一个朝代，必先治历明时，改变服饰颜色。

《彖》曰：革，水火相息，二女同居，其志不相得，曰革。“巳日乃孚”，革而信之。文明以说，大亨以正，革而当，其悔乃亡。天地革而四时成，汤武革命，顺乎天而应乎人，革之时大矣哉。

《象》曰：泽中有火，革。君子以治历明时。

初六，巩用黄牛之革。

《象》曰：“巩用黄牛”，不可以有为也。

六二，巳日乃革之，征吉，无咎。

《象》曰：“巳日”“革之”，行有嘉也。

九三，征凶，贞厉。革言三就，有孚。

《象》曰：“革言三就”，又何之矣。

九四，悔亡，有孚，改命吉。

《象》曰：“改命”之“吉”，信志也。

九五，大人虎变，未占有孚。

　　郑注：大人，天子。（《仪礼·士相见礼》疏）

　　九五居尊位，故此“大人”指天子。其实，古代“大人”和“天子”称呼是不同的。《易纬·乾凿度》云：“天子者，爵号也。”“大人者，圣明德备也。”

《象》曰：“大人虎变”，其文炳也。

上六，君子豹变，小人革面。征凶，居贞吉。

　　郑注：君子，诸侯。（《仪礼》疏同上）

　　君子次于大人。上六为阴爻，与五爻相临，故为诸侯。故此“君子”指“诸侯”。

《象》曰："君子豹变"，其文蔚也。"小人革面"，顺以从君也。

鼎（五十）

☲☴ 鼎，元吉，亨。

郑注：鼎，象也。卦有木火之用，互体乾兑，乾为金，兑为泽，泽钟金而含水，爨以木火，鼎亨孰物之象。鼎亨孰以养人，犹圣君兴仁义之道，以教天下也，故谓之鼎矣。（《集解》）

"鼎，象也。"取自《象传》文，其义是指鼎卦取鼎器之象。鼎 ☴ 下巽为木，上离为火，其卦有"木火之用"。二三四互体乾，三四五互体兑，乾为金，兑为泽，"鼎本金也，泽即水也，故云'泽钟金而含水'"（李道平语）。卦象有木火，有水，有金（鼎），烹饪之象。也就是"爨以木火，鼎亨孰物之象"。爨，炊。亨，通"烹"。孰，即熟。鼎烹饪以善人，如圣君在上兴仁义之道，教化天下，故此卦为鼎。此句是对《象传》"鼎，象也。以木巽火，亨饪。圣人亨以享上帝，而大亨以养圣贤"的阐发。

《彖》曰：鼎，象也。以木巽火，亨饪也。圣人亨以享上帝，而大亨以养圣贤。巽而耳目聪明，柔进而上行，得中而应乎刚，是以"元亨"。

《象》曰：木上有火，鼎。君子以正位凝命。

郑注：凝，成也。（《释文》）

凝，在汉代有"成"之义。虞翻注"凝命"之"凝"云："凝，成也。"《尚书·皋陶谟》："庶绩其凝。"孔氏传曰："凝，成也。"郑氏与此注同。凝，翟作"擬"，曰："度也。"即审度之义，可备一说。

初六，鼎颠趾，利出否，得妾以其子，无咎。

郑注：颠，踏也。趾，足也。无事曰趾，陈设曰足。爻体巽为股，初爻在股之下，足象也。足所以承正鼎也。初阴爻而柔，与乾同体,以否正承乾。乾为君,以喻君夫人事君,若失正体,蹐为其足之道,情无怨,则当以和义出之。然如否者,嫁于天子,虽失礼,无出道,废远之而已。若其无子,不废远之,后尊如故,其犯六出,则废之,①远之,子废。坤为顺,又为子母牛,在后妃之旁侧。妾之列也。有顺德,子必贤,贤而立以为世子,又何咎也。(《御览》一百四十六)

颠,帛书作"填"。邓球柏云:"填、颠一声之转,故通用。"②郑氏训"颠"为"蹐",是"蹞"字之假借。段云:"蹞,经传多假借'颠'字为之。"《说文》:"蹞,跋也。"据段注,跋,经传多借沛字。《论语》、《大雅》"颠沛"皆即"蹞跋"。毛传:"颠,仆也;沛,拔也。"拔同跋。马融注《论语》曰:"颠,沛,僵仆也。"蹐、仆音义皆同。孙炎曰:"前覆曰仆。"《左传正义》:"前覆谓之蹐。"故蹞、跋、蹐义同。趾,古文作"止",故趾、止互通。《易·艮》"艮其趾",《释文》引荀氏作"止"。《易·贲》"贲其趾",《释文》曰"一本作止"。即是其证,趾、止则指足。《说文》:"止,下基也,象草木出有址,故以止为足。"《尔雅·释言》:"趾,足也。"因足又有停止、独处、闲居之义,故引申为"无事"。足,本指人脚趾,因脚趾依次排列,又有"陈设"之义。否正,即不正。出,废弃,此指古代男子对其妻子的处置。古代妇女有七出,即不顺父母,淫辟,无子,不事舅姑,恶疾,多舌,盗窃,犯有任何一条,都可以废弃。从卦象看,此卦有颠趾之象,鼎初六为阴爻,为下体巽主爻。按《说卦》,巽为股,初爻居下,故称"足"。鼎足本当承正鼎,但初爻以阴居阳位而失正。二三四互体为乾,乾为君。失正以承乾。于人事,君夫人事君失礼象颠趾。乾

---

① 自"若其无子"至此十九字,《御览》无,据《仪礼·士昏礼》疏、《礼记·内则》疏增之。

② 邓球柏:《帛书〈周易〉校释》,第311页,湖南人民出版社1987年。

为君,巽柔为君夫人。又按爻辰说,初六纳未,未坤位,故坤为顺,又为子母牛。"据初正位在后妃之旁侧为妾,以为夫人则颠趾为妾,则顺而有子者,后夫人宜正妾承君而已"(张惠言语)。郑氏又以古礼后妃、世子废立说明卦辞之义。按照古代礼节,妻犯六出之罪,则驱逐出家而废之,因天子以天下为家,则无所出,故无出道。郑注同人六二"天子诸侯后夫人无子不出",即是此意。王后事君失礼,因无出道,当废而远之,若无子则不废远,而尊贵之。若犯了"六出",其子也因母而废,当立妻之贤子为世子。根据郑意,王后失礼犯六出则废之,其子因之废之,是为"鼎颠趾,利出否",而立妾之贤子为世子,是为"得妾以其子"。

《象》曰:"鼎颠趾",未悖也;"利出否",以从贵也。

九二,鼎有实;我仇有疾,不我能即,吉。

郑注:怨耦曰仇。(《释文》)九四为九二仇。(《汉上易传·丛说》)

仇,古代指配偶。《尔雅·释诂》:"仇,匹也。"《诗·关雎》:"窈窕淑女,君子好逑。"《礼记·缁衣》引"逑"为"仇",郑注:"仇,匹也。"《一切经音义》:"仇,怨也,匹也。"一般不和睦,夫妻称仇。《左传》桓公二年:"嘉偶说妃,怨偶曰仇。"从爻象看,初与四相应,然九二阳据初六阴,故九二、九四相争而为仇。

《象》曰:"鼎有实",慎所之也。"我仇有疾",终无尤也。

九三,鼎耳革,其行塞,雉膏不食。方雨亏悔,终吉。

郑注:雉膏,食之美者。(《释文》)

雉膏,指雉之肥肉,膏,肥肉。《说文》:"膏,肥也。"《国语·晋语》:"夫膏粱之性难正也。"韦注:"膏,肉之肥者也。"

《象》曰:"鼎耳革",失其义也。

九四,鼎折足,覆公餗,其刑剭,凶。

郑注:餗,菜也。(《释文》)糁谓之餗。震为竹,竹萌为笋,笋者,㻌之为菜也。是八珍之食,臣下旷官,失君之美道,当刑之于屋中。(《周礼·天官·醢人》疏)㻌美馔,鼎三足,三公象。若三公倾覆王之美道,屋中刑之。(《周礼·秋官·司烜氏》疏)菽为八珍所用。(《诗·大雅·韩奕》疏)

㻌,指古代一种菜粥。这种菜是由笋和粮食做成。《说文》"㻌"作"鬻",云:"鬻,鼎实,惟苇及蒲,陈留谓键为鬻。……㻌,鬻或从食束。"此"苇",指芦笋,郑氏认为即竹笋,其实竹笋、芦笋是一类。这种菜粥,"有米和肉菜之粥,有不和肉之粥"。(段注)按照文意,郑氏所谓㻌,指用米和竹笋等做成的八珍粥。糁,即指用米做成的粥。糁,古文为"糂"。《说文》:"糂,以米和羹也。"《礼记·内则》:"析稌犬羹兔羹,和糁不蓼。"郑注:"凡羹齐,宜五味之和,米屑之糁,蓼则不矣。"这种菜粥又可称为菽。《尔雅·释器》:"菜谓之菽。"据郝懿行《义疏》,菽,㻌之假音。"㻌"、"菽"通。刑剭,通行本作"形渥",帛《易》作"刑屋"。刑剭,是古代一种刑罚,指贵族官僚犯法在屋下受刑,以别于民众市上受刑。故本作"刑屋",后称"刑剭"。通行本作"形渥",古通假。《周礼·秋官·司烜氏》云:"邦若屋诛。"郑注:"谓屋读如'其刑剭'之'剭'。剭诛,谓所杀不于市而适甸师氏者也。"《汉书·叙传》:"底剭鼎臣。"颜师古注引服虔曰:"《周礼》有屋诛,诛大臣于屋下,不露也。"因此,据郑意,此爻用鼎覆作为比喻,说明为人臣,若倾覆王之美道,等待的是在屋中受刑。

《象》曰:"覆公㻌",信如何也。

六五,鼎黄耳,金铉,利贞。

郑注:金铉,喻明道能举君之官职也。(《文选·潘岳〈西征赋〉》注、《唐律义疏》)

《说文》:"铉,举鼎具也。"此郑氏以"明道"释"金",以"举君之官职"释"铉"。曹元弼云:"郑以金喻明道,铉喻举君之官职。

大臣有明德,为君所任,所以能举其职而正君位义相成。"(《补释》)

《象》曰:"鼎黄耳",中以为实也。

上九,鼎玉铉,大吉,无不利。

《象》曰:"玉铉"在上,刚柔节也。

震(五十一)

䷲震,亨。

郑注:震为雷,雷,动物之气也。雷之发声,犹人君出政教以动中国之人也①。故谓之震。人君有善声教,则嘉会之礼通矣。(《集解》)

震上下皆为震,按照《说卦》,震为雷,为动,震一阳动于下示阳气萌动,而称"动物之气"。雷动发声,万物皆动。在社会,君令如雷声,令发则民从。此是释"震"之意。人君出言声则善,千里之外应之,故嘉会之礼通达。此以《系辞》、《文言》之意释"亨"。《系辞》:"君子居其室,出其言善,则千里之外应之。……言出乎身,加乎民。"《文言》曰:"亨者,嘉之会也。""嘉会足以合礼。"

震来虩虩,笑言哑哑。

郑注:虩虩,恐惧貌。哑哑,乐也。(《释文》)

虩虩,荀作"愬愬"。"虩"和"愬"相通。履九四"愬愬",马融作"虩虩"。《释文》引《子夏传》云:"恐惧也。"马融、《说文》义同。虩,本指一种蝇虎,形似蜘蛛而色灰白,善捕蝇,后引申为恐惧。《说文》:"虩虩,恐惧也。一曰蝇虎也。"陆希声曰:"虩,蝇虎,始在穴中,跳跃而出,象人心之恐动也。"哑哑,笑声。《说文》:"哑,笑

---

① "中国",《诗·召南正义》引作"国中"。自"人君"以下无。

也。"马融云:"哑哑,笑声。"郑玄训为"乐"也取此意。

震惊百里,不丧匕鬯。

郑注:惊之言警戒也。① 雷发声闻于百里,古者诸侯之象。诸侯出教令,能警戒其国。内则守其宗庙社稷,为之祭主,不亡匕与鬯也。人君于祭之礼,匕牲体、荐鬯而已,其余不亲也。升牢于俎,君匕之,臣载之。鬯,秬酒,芬芳条鬯,因名焉。(《集解》、《仪礼·特牲·馈食礼》疏)

惊,本指马受惊而失常。《说文》:"惊,马骇也。"此引申为警戒。匕即匙。《说文》:"匙,匕也。"古代匕有浅升。《仪礼·有司彻》:"二手执挑匕枋以拒湇,注于疏匕。"郑注:"此二匕者皆有浅升,状如饭橬。"匕有用木制,有用角制,长短不一,长者数尺,短者数寸,可用盛酒,可盛饭,盛肉。此用盛酒。鬯,用黑黍与草酿成香酒。《说文》:"以秬酿郁草,芬芳攸(条)服以降神也。从凵。凵,器也,中象米,匕所以扱之。"周人崇尚嗅香味,常以此招待贵宾。《礼记·郊特牲》:"诸侯为宾,灌用郁鬯,灌用臭也。"牢,祭祀牺牲,牛谓大牢,羊谓少牢。《大戴礼记·曾子天圆》:"诸侯之祭,牲牛曰太牢;牲羊曰少牢。"俎,祭祀用的桌子。秬,黑黍。《诗·大雅·生民》"维秬维秠"之"秬"即是此义。按照郑意,此句是以雷为喻说明诸侯发教令警戒而不亡国。爻辞言"百里",是指诸侯。《正义》:"先儒云:'雷之发声,闻乎百里,故古帝王制国,公侯地方百里,故以象之。'《逸礼·王度记》:'诸侯封不过百里,象雷震百里。'郑氏取《彖》"出可守宗庙社稷,以为祭主"释"不丧匕鬯"。郑氏又以古之祭礼说明"匕鬯"之义。按古礼,宗庙之祭,君王亲自用匕盛祭品(牲肉)和盛酒,其他事由左右人臣处理。

《彖》曰:震,"亨","震来虩虩",恐致福也。"笑言哑哑",后有则

---

① 《集解》无此句,引自《诗·召南正义》。

也。"震惊百里",惊远而惧迩也。出可以守宗庙社稷,以为祭主也。

《象》曰:洊雷,震。君子以恐惧修省。

初九,震来虩虩,后笑言哑哑,吉。

《象》曰:"震来虩虩",恐致福也。"笑言哑哑",后有则也。

六二,震来厉,亿丧贝。跻于九陵,勿逐,七日得。

郑注:十万曰亿。(《释文》)

郑训"亿"为十万,是言数之大。黄奭云:"《周易窥余》引诸家,惟康成训亿为数,言其丧贝之多也。"(黄辑《周易注》)曹元弼云:"郑云'十万曰亿',数之大者,故六五《传》曰:'大无丧',以大训亿,犹万为大名也。"(《补释》)

《象》曰:"震来厉",乘刚也。

六三,震苏苏,震行无眚。

郑注:苏苏,不安也。(《释文》)

苏,有动生之义。《淮南子·时训》:"蛰虫始振苏。""蛰虫咸动苏。"是其义。后引申为恐惧不安。王肃曰:"苏苏,躁动貌。"又据卦象,震是一阳动于下而不安,故六三曰"苏苏"。

《象》曰:"震苏苏",位不当也。

九四,震遂泥。

《象》曰:"震遂泥",未光也。

六五,震往来厉。亿无丧,有事。

《象》曰:"震往来厉",危行也。其"事"在中,大"无丧"也。

上六,震索索,视矍矍,征凶。震不于其躬,于其邻,无咎。婚媾有言。

郑注:索索,犹缩缩,足不正也。矍矍,目不正。(《释文》)

马融训"索索"为"内不安貌"。高亨将"缩"训为"蹜",从内不安引申为足战栗。他说:"考蹜蹜,乃步履战栗之貌。……盖蹜踊乃恐惧存于心而形于足也。今北土方言,状人身战栗之状曰多多索索,疑索索即《易》之索索,古代之遗言也。"(《周易古经今注》)高氏之说极是。索索,帛《易》作"昔昔"。邓球柏训为"趚趚",《说文》"趚趚,行貌"与郑义有异。此当从郑义。矍矍,帛《易》作"惧惧",指由内心恐惧而表现在眼上不正。即高亨所言"矍矍者,恐惧存于心而形于目也"。

《象》曰:"震索索",中未得也。虽"凶""无咎",畏邻戒也。

艮(五十二)

☶艮,其背,不获其身;行其庭,不见其人,无咎。

郑注:艮为山,山立峙各于其所,无相顺之时,犹君在上,臣在下,恩敬不相与通,故谓之艮也。(《集解》)艮之言很也。(《释文》)

艮☶上下皆为艮,艮为山,为止,有两山立峙而各止其所,彼此不相顺从之意。艮卦卦象上艮象君,下艮象臣,故艮于人事如君臣上下,各尽其道而不相通。又艮爻象,一阳在上象君,二阴在下象臣,君臣上下各尽其道。如李道平所言:"阳,君象也,一阳在上,犹君在上。阴,臣象也,二阴在下,犹臣在下。君主恩,臣主敬,各尽其道而不相通,故谓之艮也。"(《集解纂疏》)郑氏训"艮"为"很"取《说文》。《说文》:"艮,很也。从匕目,匕目犹目相匕,不相下也。"据段玉裁解释,很有三义,"很,不听从也。一曰行难也。一曰盭也。《易传》曰:'艮,止也。'止可兼很三义"。盭,指乖戾。

《象》曰:艮,止也。时止则止,时行则行,动静不失其时,其道光明。艮其止,止其所也。上下敌应,不相与也。是以"不获其身;行其庭,不见其人,无咎"也。

《象》曰:兼山,艮。君子以思不出其位。

初六,艮其趾,无咎,利永贞。

《象》曰:"艮其趾",未失正也。

六二,艮其腓,不拯其随,其心不快。

《象》曰:"不拯其随",未退听也。

九三,艮其限;列其夤,厉薰心。

郑注:限,要也。(《释文》)

限,本义指险,又指门橛,《说文》:"限,阻也。……一曰门橛。""橛,限也。"郑氏训限为要,取马融之义。马融云:"限,要也。"要即腰。虞翻云:"限,要(一本作腰)带处也。"九三居卦中,与人体对应正是腰处。夤,通行本作"夤"。荀作"肾",孟、京、一行作"胂"。《说文》:"胂,夹脊肉也。"马融云:"夤,夹脊肉也。"《集韵》:"腴,夹脊肉也。"胂、夤、腴为"胂"之假借字。丁寿日云:"《说文》:'胂,夹脊肉也。'《易》盖假夤为胂,故马季长云'夹脊肉'。康成作腴,则胂之或体。"(《读易会通》)李富孙云:"郑作腴当为胂之别体,胂、肾声之转,夤本上从肉,与腴同,今俗本误从夕。胂疑亦胂之假字。"(《异文释》)丁氏、李氏之说极是,兹从之。

《象》曰:"艮其限",危"薰心"也。

六四,艮其身,无咎。

《象》曰:"艮其身",止诸躬也。

六五,艮其辅,言有序,悔亡。

《象》曰:"艮其辅",以中正也。

上九,敦艮,吉。

《象》曰:"敦艮"之"吉",以厚终也。

渐(五十三)

䷴渐,女归吉,利贞。

《象》曰:渐之进也,"女归吉"也。进得位,往有功也;进以正,可以正邦也。其位刚得中也,止而巽,动不穷也。

《象》曰:山上有木,渐。君子以居贤德善俗。

初六,鸿渐于干,小子厉,有言,无咎。

郑注:干谓大水之旁,①故停水处。(《诗·伐檀》疏、《诗·斯干》疏)

按照高亨先生的训解,干有二义。其一,读"干"为"岸",如《释文》引陆云"水畔称干",引翟云"涯也"。又《诗·伐檀》:"寘之河之干兮。"毛传:"干,涯也。"其二,读"干"为"涧",指山间溪水。《释文》引王肃云:"山间涧水也。"《集解》引虞翻曰:"小水从山流下称'干'。"《诗·斯干》:"秩秩斯干。"毛传:"干,涧也。"郑氏训干为"大水旁",取前者。干,楚简作"涧",帛书作"渊",其义大致相同。

《象》曰:"小子"之"厉",义"无咎"也。

六二,鸿渐于磐,饮食衎衎,吉。

《象》曰:"饮食衎衎",不素饱也。

九三,鸿渐于陆,夫征不复,妇孕不育,凶。利御寇。

郑注:孕,犹娠也。(《释文》)九三上与九五互体为离,离为大腹,孕之象也。又互体为坎,坎为丈夫,坎为水,水流而去,是夫征不复也,夫既不复,则妇人之道颠覆,故孕而不育。②(《礼记·郊特牲》疏)

孕,指怀子。《说文》:"孕,怀子也。"虞翻云:"孕,妊娠也。"郑训"孕"为"娠",其义同。渐☶☴,九三、六四、九五三爻互体离,六二、九三、六四三爻互体为坎。按《说卦》,离为大腹,即孕之象。

---

① 《释文》无"谓大"、"之"三字。
② 黄奭云:"案《正义》不云注文,以互体证之,其为郑注无疑。"

坎为中男（即丈夫），又为水，水流而去，是"夫征不复"。妇人怀子当生，此为妇道，然夫征不复，则妇人失妇道而怀子不生，故"孕而不育"。

《象》曰："夫征不复"，离群丑也。"妇孕不育"，失其道也。"利"用"御寇"，顺相保也。

郑注：離，犹去也。（《释文》）

離，本指黄鸟。《说文》："離，離黄，仓庚也。"《方言》："鹂黄，或谓之黄雀。"后引申为离别、失去之义。《尚书·胤征》："沈乱于酒，畔官离次。"《礼记·中庸》："道也者，不可须臾离也。"此"离"即是其义。郑氏于此亦取引申之义。

六四，鸿渐于木，或得其桷，无咎。

《象》曰："或得其桷"，顺以巽也。

九五，鸿渐于陵，妇三岁不孕，终莫之胜，吉。

《象》曰："终莫之胜吉"，得所愿也。

上九，鸿渐于陆，其羽可用为仪，吉。

《象》曰："其羽可用为仪吉"，不可乱也。

归妹（五十四）

䷵归妹，征凶，无攸利。

《象》曰：归妹，天地之大义也。天地不交，而万物不兴。归妹，人之终始也。说以动，所归妹也。"征凶"，位不当也。"无攸利"，柔乘刚也。

《象》曰：泽上有雷，归妹。君子以永终知敝。

初九，归妹以娣，跛能履，征吉。

《象》曰："归妹以娣"，以恒也。"跛能履"吉，相承也。

九二，眇能视，利幽人之贞。

《象》曰:"利幽人之贞",未变常也。

六三,归妹以须,反归以娣。

郑注:须有①才智之称。天文有须女,屈原之姊②名女须。(《周礼·天官序官》疏)

须,帛《易》、荀、陆作"嬬",陆云:"妾也。"案《说文》:"嬬,弱也。一曰下妻也。"《广雅·释亲》:"妾谓之嬬。"故帛《易》、荀、陆皆本此说。郑氏训须为"婿"。《说文》:"婿,女字。从女须声。《楚辞》曰:女须之婵媛。贾侍中说,楚人谓姊为婿。"须又与谞、胥同音,三者通用。谞,有才智也。《说文》:"谞,知也。"此知即智。《周礼》、《诗》皆假胥为谞。《周礼·天官》:"胥十有二人。"郑注:"胥读如谞,谓其有才知为什长。"《周礼·秋官》"象胥"注:"象胥,其有才知者也。"《小雅》"君子乐胥",笺云:"胥有才智之名也。"在天上又有须女星。陆希声云:"在天文,织女为贵,须女为贱。"郑训本之《说文》,指有才智之女,也指天上有须女星,屈原之妹而名须。

《象》曰:"归妹以须",未当也。

九四,归妹愆期,迟归有时。

《象》曰:"愆期"之志,有待而行也。

六五,帝乙归妹,其君之袂,不如其娣之袂良。月几望,吉。

《象》曰:"帝乙归妹","不如其娣之袂良"也。其位在中,以贵行也。

上六,女承筐无实,士刲羊无血,无攸利。

郑注:宗庙之礼,主妇奉筐米。(《仪礼·特牲馈食礼》疏)《士昏礼》云:"妇入三月而后祭行。"(《诗·葛屦》疏)

---

① 据《释文》、《诗·桑扈》疏增"有"字。
② "姊",《诗·桑扈》疏作"妹"。案黄奭考证,作"姊"更有据。

郑氏训"承"为"奉",《说文》:"承,奉也。"筐,又作"匡",筐、匡通。《说文》:"匡,饭器筥也。"郑氏以昏礼释爻辞。按照古礼,女子出嫁,举行家庙祭祀。张惠言云:"上象妇入祭行者,以爻辰在巳,由卯至巳三月,故曰妇入三月。上,宗庙祭。故曰祭。三月祭行而后成妇。未承祭,犹称女也。"(《周易郑氏义·礼象》)

《象》曰:上六"无实",承虚筐也。

丰(五十五)

丰,亨,王假之,勿忧,宜日中。

郑注:丰之言腆,充满意也。(《释文》)

丰,本义是指豆丰满。《说文》:"丰,豆之丰满者也。"郑氏释为充满是引申义。腆,旧本作"倎"。腆,其义为多厚。《说文》:"设膳腆腆,多也。"《方言》:"腆,厚也。"《小尔雅·广言》"腆,厚也。"故"丰之言腆"有充满之义。

《象》曰:丰,大也。明以动,故丰。"王假之",尚大也。"勿忧,宜日中",宜照天下也。日中则昃,月盈则食。

郑注:言皆有休已,无常盛。(《公羊传·定公十五年》疏)

日月有消长变化,日中则昃,月盈则食,是谓日月由盛转衰,日中、月盈谓盛。日昃、月食则衰。昃,本义指日偏西方。《说文》:"昃,日在西方时侧也。"郑氏言"皆有休已,无常盛"是由"日中则昃,月盈则食"引申出事物盛衰转化道理。

天地盈虚,与时消息,而况于人乎?而况于鬼神乎?

《象》曰:雷电皆至,丰。君子以折狱致刑。

初九,遇其妃主。

郑注:嘉耦曰妃。(《释文》)

妃,通行本作"配",帛《易》作"肥"。晁氏曰:"案:妃,古文

'配'字。"段玉裁曰:"妃,本上下通称,后人以为贵称耳。……其字亦假配为之。""'配'当本是'妃'省声,故假借为'妃'字。"故配、妃通。按邓球柏解说,肥、配相通。妃,指配偶。《说文》:"妃,匹也。"《尔雅·释诂》:"妃,合也。"古代把和睦夫妻称为"妃",不和睦的夫妻称为"仇"。《左传》桓公二年:"嘉耦曰妃,怨耦曰仇。"郑氏之训源于此。

虽旬无咎,往有尚。

郑注:初修礼上朝四,四以匹敌恩厚待之,虽留十日,不为咎。正以十日者,朝聘之礼,止于主国,以为限。聘礼毕,归大礼,曰旬而稍。旬之外为稍,久留非常。(《诗·有客》疏)

郑氏以朝觐之礼释爻辞。按照郑意,此爻是言诸侯朝见受命之王,王以朝聘之礼待之。对于此爻郑注,清张惠言释之甚详。他说:"'丰,王假之',受命之象。王者受命,诸侯修礼来朝者,恩厚待之,不职者诛。卦震上离下,震在上为帝,初本震爻为诸侯,故以四为妃主,言见匹敌相人偶也。九四爻辰在午,初九爻辰在子,君南面,臣北面,故云修礼朝四,离为日,日数十,故'虽旬无咎',过则非常。"(《周易郑氏义·礼象》)此为张氏以爻辰、爻体说释郑注,即按爻辰、爻体,初为诸侯,四为受命之妃主。丰下离为日,日数十,十日不为咎。关于聘礼日期,孔颖达在引郑注后疏之曰:"郑此言似诸侯之朝邻国,其留以十日为限。……又《聘礼记》曰:致饔。明日夕。夫人归礼既致饔则旬,而稍于大礼之后,每旬而稍稍供其刍秣,亦非一旬即归。且诸侯朝王,必待助祭,祭前斋,斋犹十日,明非一旬而反。但郑以虽旬之言,故云十日为限,不必从来至去唯十日也。"(《毛诗正义》卷十九)《仪礼·聘礼》云:"聘口致饔,明日问大夫。夕,夫人归礼,即致饔旬而稍。"贾公彦疏之云:"即致饔旬而稍者,以其宾客之道,十日为止,行聘礼既迄,合归,一旬之后,或逢凶变,或主人留之,不得时而反,即有稍礼。"由此,郑氏此注本之《周礼》。

《象》曰:"虽旬无咎",过旬灾也。

六二,丰其菩,日中见斗,往得疑疾,有孚发若,吉。

郑注:菩,小席。(《释文》)

菩,通行本作"蔀",帛《易》作"剖"。"菩"是"蔀"的古字。李富孙曰:"案《说文》云:'菩,草也。'《广韵》:'蔀,小席也。'是蔀为后人滋乳之字。晁氏曰:'菩,古文蔀字。'"(《异文释》)帛《易》"剖"是"菩"之假借。郑训"小席"乃引申之义。

《象》曰:"有孚发若",信以发志也。

九三,丰其韦,日中见昧,

郑注:韦,祭祀之蔽膝。(《释文》)

韦,通行本作"沛",子夏和楚简作"芾",帛《易》作"薠"。子夏训为"小",《释文》作"旆","谓幡幔也"。郑作"韦",是借"韦"为"韠"。郑注《玉藻》:"凡韠以韦为之。"《说文》:"市,韠也。古衣蔽前而已,市以象之。天子朱市,诸侯赤市,卿大夫葱衡,市之属皆从市。"又:"韨,篆文市,从韦从犮。俗作绂。"《说文》:"韠,韨也,所以蔽前者。……命缊韠,再命赤韠,从韦畢声。"《释名》:"韠,蔽也,所以蔽膝前也。"《左传》桓公二年"衮冕韨珽",杜云:"韨,韦韠,以蔽膝也。"其他作"芾"、"沛"、"旆"者皆本之于"市"。段玉裁云:"芾与沛,盖本用古文作市,而后人改之。"帛书作"薠"则异之。昧,通行本作"沫",帛《易》作"茉"。昧、沫、茉音近而通。楚简作"芾",恐为转抄之误。

折其右肱,无咎。

郑注:三艮爻,艮为手,互体为巽,巽又为进退,手而便于进退,右肱也。犹大臣用事于君,君能诛之,故无咎。(《仪礼·觐礼》疏)

丰,按照爻体说,三阳爻为艮爻,二三四互体为巽,《说卦》"艮为手","巽为进退"。右手宜进退,故辞言"右肱",又三四五互体兑,兑为毁折,故言"折其右肱"。在人事,右臂如君之大臣,折其右臂喻君能杀其臣而无咎。

《象》曰:"丰其蔀",不可大事也。"折其右肱",终不可用也。

九四,丰其蔀,日中见斗。遇其夷主,吉。

《象》曰:"丰其蔀",位不当也。"日中见斗",幽不明也。"遇其夷主",吉行也。

六五,来章有庆誉,吉。

《象》曰:六五之吉,有庆也。

上六,丰其屋,蔀其家,窥其户,阒其无人,三岁不觌,凶。

郑注:阒,无人貌。(《释文》)

此训本之马融。虞翻注:"阒,空也。"《字林》:"静也。"孟喜作"窒",据李富孙考证,"窒有空义"(《异文释》)。与马、郑义近。姚信作"阋",恐因"阋"与"阒"音近而假借。帛《易》作"𡩋",于豪亮说:"帛书之𡩋与瞑形近,当为瞑之异体,故𡩋即昊,以音近假借为阒。"[1]

《象》曰:"丰其屋",天际翔也。

郑注:际当为瘵。瘵,病也。(《释文》)

按《诗·菀柳》:"无自瘵焉。"郑音作"際",笺云:"瘵,接也。""際"与"瘵"音同而假借,故郑训"際"为"瘵"。《说文》:"瘵,病也。"《尔雅·释诂》:"瘵,病也。"《诗·菀柳》:"无自瘵焉。"毛注:"瘵,病也。"祥,通行本作"翔"。"祥"通"详"。大壮上九《象》"不详"之"详",郑玄、王肃作"祥"。又"详"通"翔"。《汉书·西域传》:"其土地山川、王侯户数、道里远近翔实矣。"师古注:"翔与祥同,假借用耳。"

"窥其户,阒其无人",自戕也。

---

[1] 见于豪亮《帛书周易》,《文物》1984 年第 3 期。

郑注：戕，伤也。(《释文》)

戕，通行本作"臧"，李富孙云："古臧即为藏字，戕、藏声相近。"(《异文释》)故二者相通。戕，本指枪或枪杀。《说文》："戕，枪也。他国臣来弑君曰戕。"伤为引申义，《尔雅·释诂》："戕，伤也。"

旅(五十六)

旅，小亨，旅，贞吉。

《彖》曰："旅，小亨"，柔得中乎外而顺乎刚，止而丽乎明，是以"小亨，旅，贞吉"也。旅之时义大义哉。

《象》曰：山上有火，旅。君子以明慎用刑而不留狱。

初六，旅琐琐，斯其所取灾。

郑注：琐琐，犹小小也①。爻互体艮，艮，小石，小小之象。三为聘客，初与二，其介也。介当以笃实之人为之，而用小人琐琐然。客人为言，不能辞曰非礼，不能对曰非礼。每者不能以礼行之，则其所以得罪。(《仪礼·聘礼》疏)

琐，本指玉声，因玉声小，故引申为小义。《说文》："琐，玉声。"段注云："谓玉之小声也。《周易》'旅琐琐'，郑君、陆绩皆曰：'琐琐，小也。'"《尔雅·释训》："琐琐，小也。"旅下体为艮（郑将内卦也视为互体），艮为小石。故此爻有"琐琐"之象。郑氏以聘礼释此爻。旅三爻为聘客，初爻、二爻皆为阴爻又居三阳爻之下，故为"介"，"介"当用笃实之人。阴爻为小人，而有小人琐琐之象。介，此指传宾主之言的人。古礼中，主有傧相迎宾，宾有随从通传叫介。《礼记·聘义》："聘礼，上公七介，候伯五介，子男三介，所以明贵贱也。"此"介"即是此义。按照郑意，此爻有灾，是"介"在

---

① 此句又见《释文》。《释文》云："琐琐，小也。"

行礼中不能言、不能对而招致。清儒张惠言对比二、三两爻辞释之曰："旅莫大于聘客，故取象焉。卦离上艮下，三互巽为进退，兑为附决。大夫出境进退专之，故三为聘客。初二同在艮体，以聘客言之，三为卿，二为大夫，初为士，故云初与二其介也。下三爻同体艮，初最在下而不正，故独象小人琐琐然。聘礼记辞曰非礼也。敢对曰非礼也。敢此介为宾设辞，故以不能为罪。以义推之，六二'旅即次'，次即大门外之西之次，宾皮弁聘至于朝，宾入于次是也。'怀其资斧'者，资谓币圭璋是也，谓有司入于主国庙门外以布幕陈币，宾入将命贾人取圭，授上介，上介授宾也。'得童仆贞'，谓有司也。以言介供其礼，则有司能干事也。九三'旅其次，丧其童仆贞'者，谓初为介不能设辞则灾及宾，《聘义》'使者聘而误，主君弗亲享食'，是谓焚其次。象曰：'以旅与下，其义焚也。'下谓初也。"（《周易郑氏义》）

《象》曰："旅琐琐"，志穷灾也。

六二，旅即次，怀其资，得童仆贞。

《象》曰："得童仆贞"，终无尤也。

九三，旅焚其次，丧其童仆，贞厉。

《象》曰："旅焚其次"，亦以伤也。以旅与下，其义"丧"也。

九四，旅于处，得其齐斧，我心不快。

齐斧，通行本作"资斧"。帛本作"潪斧"。齐、资相通。李富孙云："案《考工记》注云：故书'资作齐'。杜子春云：'齐当为资'，资、齐音之转，古或通用。"（《异文释》）齐又通斋。《释文》："《子夏传》及众家并作'齐斧'。张轨云：齐斧盖黄钺斧也。张晏云：整齐也。应劭云：齐，利也。虞喜《志林》云：齐当作斋，斋戒入庙而受斧。"帛《易》"潪"也通"齐"。今本《晋卦》帛本作潪卦。《释文》："晋，《象》云：'进也。'孟作齐。"故晋、潪、齐相通。

《象》曰："旅于处"，未得位也。"得其齐斧"，心未快也。

六五,射雉,一矢亡,终以誉命。

《象》曰:"终以誉命",上逮也。

上九,鸟焚其巢,旅人先笑后号咷,丧牛于易,凶。

《象》曰:以旅在上,其义焚也。"丧牛于易",终莫之闻也。

巽(五十七)

☴巽,小亨,利有攸往,利见大人。

《彖》曰:重巽以申命,刚巽乎中正而志行,柔皆顺乎刚,是以"小亨,利有攸往,利见大人"。

《象》曰:随风,巽。君子以申命行事。

初六,进退,利武人之贞。

《象》曰:"进退",志疑也。"利武人之贞",志治也。

九二,巽在床下,用史巫纷若,吉,无咎。

《象》曰:"纷若"之"吉",得中也。

九三: 频巽,吝。

《象》曰:"频巽"之"吝",志穷也。

  郑注:频,频顣。(《释文》)

  顣,一本作"蹙"。王弼注:"频,频蹙不乐。"《释文》引作"顣"。郑意与王弼同。

六四,悔亡,田获三品。

《象》曰:"田获三品",有功也。

九五,贞吉,悔亡,无不利;无初有终,先庚三日,后庚三日,吉。

《象》曰:九五之"吉",位正中也。

上九,巽在床下,丧其齐斧,贞凶。

《象》曰:"巽在床下",上穷也。"丧其齐斧",正乎"凶"也。

兑（五十八）

☱☱兑,亨,利贞。

《彖》曰:兑,说也。刚中而柔外,说以"利贞",是以顺乎天而应乎人。说以先民,民忘其劳;说以犯难,民忘其死;说之大,民劝矣哉。

《象》曰:丽泽,兑。君子以朋友讲习。

郑注:丽,犹併也。(《释文》)

丽,通行本作"丽"。离、丽通。《彖》:"离,丽也。"《说卦》:"离,丽也。"丽,有依附相连之义,引申为併。併,即并排。《礼记·祭义》"行肩而不併"之"併"即是此义。从兑卦卦象看,两兑重叠合并,故"丽泽"之"丽"有"併"之义。

初九,和兑,吉。

《象》曰:"和兑"之"吉",行未疑也。

九二,孚兑,吉,悔亡。

《象》曰:"孚兑"之"吉",信志也。

六三,来兑,凶。

《象》曰:"来兑"之"凶",位不当也。

九四,商兑未宁,介疾有喜。

《象》曰:九四之"喜",有庆也。

郑注:商,隐度也。(《释文》)

商,指知内外商人。《说文》:"商,从外知内也。"《汉书·律历志》:"商之为言章也,物成孰可章度也。"《白虎通·说商贾》云:"商之为言章,章其远近,度其有亡,通四方之物,故谓之商也。"《广雅·释诂》:"商,度也。"张惠言云:"商贾能隐度财利,故取互巽象。"因此,商有隐度之义。

九五,孚于剥,有厉。

《象》曰:"孚于剥",位正当也。

上六,引兑。

《象》曰:上六"引兑",未光也。

涣(五十九)

涣,亨,王假有庙,利涉大川,利贞。

《象》曰:"涣亨",刚来而不穷,柔得位乎外而上同。"王假有庙",王乃在中也。"利涉大川",乘木有功也。

《象》曰:风行水上,涣。先王以享于帝立庙。

初六,用拯马壮,吉。

《象》曰:初六之"吉",顺也。

九二,涣奔其机,悔亡。

《象》曰:"涣奔其机",得愿也。

六三,涣其躬,无悔。

《象》曰:"涣其躬",志在外也。

六四,涣其群,元吉。涣有丘,匪夷所思。

《象》曰:"涣其群,元吉",光大也。

九五,涣汗其大号,涣王居,无咎。

郑注:号,令也。(《文选·张衡〈东京赋〉》注)

案《巽·彖》"重巽以申命",《巽·象》"君子以申命行事"。此命即为命令,故巽为命令。又涣上为巽,九五处巽之中,故言号,号即号令。《尚书·冏命》:"发号施令,罔有不藏。"《庄子·田子方》:"何不号于国中。"其"号",即"令"。

《象》曰:"王居无咎",正位也。

上九,涣其血去逖出,无咎。

《象》曰:"涣其血",远害也。

节（六十）

䷻节，亨，苦节，不可贞。

《彖》曰："节亨"，刚柔分而刚得中。"苦节不可贞"，其道穷也。说以行险，当位以节，中正以通。天地节而四时成。节以制度，不伤财，不害民。

郑玄注：空府藏则伤财，力役繁则害民。二者奢泰之所致。（《后汉书·王符传》注）

此言官府荒淫奢侈，横征暴敛，大兴徭役，而致劳民伤财。空，大。《诗·白驹》："在彼空谷。"毛传："空，大也。"府，指国家储藏财物的地方。《礼记·曲礼下》："在官言官，在府言府，在库言库，在朝言朝。"郑注："府，谓宝藏货贿之处也。"府藏，也指储藏财物的地方。《史记·大宛传》："令外客遍观名（各）仓库府藏之积，见汉之广大。"从前后文看，此府藏是指用府收藏。

《象》曰：泽上有水，节。君子以制数度，议德行。

初九，不出户庭，无咎。

《象》曰："不出户庭"，知通塞也。

九二，不出门庭，凶。

《象》曰："不出门庭凶"，失时极也。

六三，不节若，则嗟若，无咎。

《象》曰："不节"之"嗟"，又谁咎也。

六四，安节，亨。

《象》曰："安节"之"亨"，承上道也。

九五，甘节，吉，往有尚。

《象》曰："甘节"之"吉"，居位中也。

上六，苦节，贞凶，悔亡。

《象》曰："苦节贞凶"，其道穷也。

中孚（六十一）

☰☱中孚，豚鱼吉，利涉大川，利贞。

郑注：三辰在亥，亥为豕。爻失正，故变而从小名言豚耳。四辰在丑，丑为鳖蟹，鳖蟹，鱼之微者。爻得正，故变而从大名言鱼耳。三体兑，兑为泽。四上值天渊，二五皆坎爻，坎为水，二浸泽，则豚利，五亦以水灌渊，则鱼利。豚鱼，以喻小民也。而为明君贤臣恩意所供养，故吉。（《诗·无羊》疏）

按照爻辰说，中孚☰☱，三四两爻为阴爻，当从坤三四两爻爻辰，三爻值亥，亥属肖为猪，三爻以阴爻居阳位失正，故言小猪。豕，猪。《尔雅·释兽》："豕子，豬。"郭注云："今亦曰彘，江东呼豨皆通名。"《说文》："豕，彘也。"豚，小猪。《说文》："豚，小豕也。"《方言》："北燕朝鲜之间谓之豮，关东西或谓之彘，或谓之豕，南楚谓之豨，其子或谓之豚，或谓之貕，吴扬之间谓豬子。"四爻值丑，丑为十二月，万物闭藏。甲虫上有硬壳，似万物闭藏，故甲虫为冬虫。《礼记·月令》："孟秋行冬令，则阴气大胜，介虫败谷。"郑注云："介，甲也，甲虫属冬。败谷者，稻蟹之属。"《礼记·月令》："孟冬之月……其虫介。"郑注云："介，甲也。象物闭藏地中，龟鳖之属。"《礼记·月令》："季冬之月……其虫介。……季冬行秋令，则白露蚤降，介虫为妖。"郑注："丑为鳖蟹。"古人认为介虫为阴气所生。《大戴礼记·曾子天圆》："介虫，介而后生；鳞而后生，介鳞之虫，阴气所生也。"故郑曰"丑为鳖蟹。"鱼之微，指鱼之祖先。古人认为介鳞之虫是鱼类祖先。《淮南子·地形》："介鳞生蛟龙，蛟龙生鲲鲠，鲲鲠生建邪，建邪生庶鱼；凡鳞者生于庶鱼。"因四爻以阴爻居阴位而得正，故此爻从大名言鱼。按爻体说，三爻为中孚下兑卦，即为兑爻，兑为泽。四上值丑，

"丑上值斗,天渊,星名,在南斗牵牛南"(引自曹元弼《集解补释》语)。又中孚二五皆为阳爻,体坎,坎为水,二爻以水浸。卦下体兑泽,则利豚。五以水灌四爻天渊,则利于鱼。豚鱼则为阴气所生而为阴物。就人事而言,则为小民。四为臣,五为君,故三四豚鱼为明君贤臣意所供养而有吉。如曹元弼所言:"阴为民。豚鱼喻小民,谓三四也。二五以中德孚之,君臣合志,施实德于民,故豚鱼吉。"(《补释》)其实郑氏是对《彖》"孚乃化邦"的阐发。《易纬·稽览图》末有一段与此郑注大略相同。据张惠言、黄奭等人考证,此并非《易纬》本文,"乃郑氏易义之文,后人以《稽览图》者有卦气中孚之义,故引郑氏易说附入以相阐发"。

《彖》曰:中孚,柔在内而刚得中;说而巽,孚乃化邦也。"豚鱼吉",信及豚鱼也。"利涉大川",乘木舟虚也。

郑注:舟,谓集板,如今自空大木为之曰虚。(《诗·谷风》疏)

此释"舟虚"。舟,指船。古代为了交通方便,发明舟以渡水。《系辞》:"刳木为舟,剡木为楫,舟楫之利,以济不通。"据说古人先将空木作舟,后将木凿空而成舟。故称舟虚。《说文》:"舟,船也。古者共鼓、货狄,刳木为舟,剡木为楫,以济不通。"又云:"俞,空中木为舟也。"《淮南子·氾论训》:"左者大川名谷,冲绝道路,不通往来也。乃为窬木方版,以为舟航。"高诱注:"窬,空也。方,并也。舟相连为航也。"段注"俞"云:"按窬同俞,空中木者,舟之始。并板者,航之始。……其始见本空之木用为舟,其后刳木以为舟。"郑氏训舟为集板,则是指将木板固定在一起而成凿空的木状,即舟。中孚卦象三四两爻为阴爻,初、二、五、上则为阳爻,中虚外实,舟虚之象。

中孚以"利贞",乃应乎天也。

《象》曰:泽上有风,中孚。君子以议狱缓死。

初九,虞吉,有他不燕。

《象》曰:初九"虞吉",志未变也。

九二,鸣鹤在阴,其子和之;我有好爵,吾与尔靡之。

《象》曰:"其子和之",中心愿也。

六三,得敌,或鼓或罢,或泣或歌。

《象》曰:"或鼓或罢",位不当也。

六四,月几望,马匹亡,无咎。

《象》曰:"马匹亡",绝类上也。

九五,有孚挛如,无咎。

《象》曰:"有孚挛如",位正当也。

上九,翰音登于天,贞凶。

《象》曰:"翰音登于天",何可长也。

小过(六十二)

☶☳小过,亨,利贞。

郑注:中孚为阳,贞于十一月子;小过为阴,贞于六月未,法于乾坤。(《汉上易传》卷六)

此句引自《易纬·乾凿度》,按照《易纬·乾凿度》爻辰说,将六十四卦分为三十二对,每一对十二爻配十二支,代表一年十二个月。具体方法:以乾坤两卦为始,乾为阳卦,顺纳六辰,其初爻纳子,六爻自下而上,依次纳子、寅、辰、午、申、戌。坤为阴卦,逆纳六辰,其初爻纳未,六爻自下而上依次纳未、巳、卯、丑、亥、酉。即所谓"乾阳也,坤阴也。并治而交错行。乾贞于十一月子,左行,阳时六。坤贞于六月未,右行,阴时六,以奉顺成其岁"。中孚与小过两卦纳支与乾坤相同。据黄奭考证,此条是朱震误引,本为《易纬·乾凿度》,而朱震视为郑氏易,王应麟辑康成易为朱震所误。然案郑玄注过《乾凿度》,其注文与原文相差无几,故而引之,恐非朱震误引。

可小事,不可大事,飞鸟遗之音,不宜上,宜下大吉。

郑注:上,谓君也。(《释文》)

上,指五。曹元弼云:"郑云上谓君者,言阴不宜居君位,所以当应乾刚也。"(《补释》)

《象》曰:小过,小者过而亨也。过以"利贞",与时行也。柔得中,是以"小事吉"也。刚失位而不中,是以"不可大事"也。有"飞鸟"之象焉,"飞鸟遗之音,不宜上,宜下大吉",上逆而下顺也。

《象》曰:山上有雷,小过。君子以行过乎恭,丧过乎哀,用过乎俭。

郑注:取过于礼而不为害。(《御览·人事部》七十)

此释"恭",恭敬在古代是一种礼。《礼记·曲礼上》:"是以君子恭敬撙节,退让以明礼。"孔颖达疏引何胤云:"在貌为恭,在心为敬。"郑注是言行为过于恭敬而不为害。

初六,飞鸟以凶。

《象》曰:"飞鸟以凶",不可如何也。

六二,过其祖,遇其妣。不及其君,遇其臣,无咎。

《象》曰:"不及其君",臣不可过也。

九三,弗过防之,从或戕之,凶。

《象》曰:"从或戕之",凶如何也。

九四,无咎,弗过遇之,往厉必戒,勿用永贞。

《象》曰:"弗过遇之",位不当也。"往厉必戒",终不可长也。

六五,密云不雨,自我西郊,公弋取彼在穴。

《象》曰:"密云不雨",已尚也。

郑注:尚,庶几也。(《释文》)

尚,一本作"上",古"尚"、"上"通假。《仪礼·士虞礼记》"尚饗",《仪礼·特牲馈食礼》"尚饗",《仪礼·少牢馈食礼》"尚饗",郑氏皆注云:"尚,庶几也。"《诗·兔爰》"尚无为",《诗·大东》"尚可载也",《诗·菀柳》"不尚息焉",郑皆笺云:"尚,庶几也。"《说文》:"尚,庶几也。"《尔雅·释言》:"庶几,尚也。"据郝懿行《尔雅义疏》,

庶几为近幸之义和原慕之义。郑训本之于《说文》、《尔雅》。

上六,弗遇过之,飞鸟离之,凶,是谓灾眚。

《象》曰:"弗遇过之",已亢也。

既济(六十三)

䷾ 既济,亨小,利贞。初吉,终乱。

> 郑注:既,已也,尽也。济,度也。(《释文》)

虞翻注小畜上九云:"既,已也。"《玉篇》:"既,已也。"《公羊》桓公三年:"既者,何也?尽也。"《尔雅·释言》:"卒,既也。"《尔雅·释诂》:"卒,尽也。"济,本指渡河,后引申为成功。《尔雅·释言》:"济,渡也。济,成也。"《说文》:"渡,济也。"《方言》:"过度谓之涉济。"郭注:"犹今云济度。"丁惟汾云:"度为渡之初爻。"(《方言音释》)度、渡二字相通。故郑训"济"为"度"。

《象》曰:"既济亨",小者亨也。"利贞",刚柔正而而当也。"初吉",柔得中也。"终"止则"乱",其道穷也。

《象》曰:水在火上,既济。君子以思患而豫防之。

初九,曳其轮,濡其尾,无咎。

《象》曰:"曳其轮",义无咎也。

六二,妇丧其茀,勿逐,七日得。

> 郑注:茀,车蔽也。(《释文》)

茀,子夏作"髴",荀作"绂",董作"髢",多训为"妇人首饰"、"蔽膝"等。郑训为"车蔽",本之《毛诗》。《诗·硕人》:"翟茀以朝。"毛传:"翟翟,车也。夫人以翟羽饰车。茀,蔽也。"《诗·载驱》:"簟茀朱鞹。"毛传:"车之蔽曰茀。"《诗·韩奕》:"簟茀错衡。"郑笺云:"簟茀,漆簟以为车蔽,今之藩也。"

《象》曰:"七日得",以中道也。

九三,高宗伐鬼方,三年克之,小人勿用。

《象》曰:"三年克之",惫也。

郑注:惫,劣弱也。(《释文》)

此训与郑训遯《象》"惫"义相近。遯九三《象》曰:"有疾惫也。"郑注:"惫,困也。"困,即疲劳之义,疲劳则困。《一切经音义》七引《通俗文》曰:"疲极曰惫。"《广韵》:"惫,疲劣。"《玉篇》:"憊,极也,疲劳也。"故惫有疲劳之义,而疲劳即劣弱。《广韵》言"疲劣"即是此义。

六四,繻有衣袽,终日戒。

繻,郑读"须",帛《易》作"襦",楚简作"需"。按《释文》:薛云,古文作"繻"。郑玄作"繻"从古文。繻,音须,与"需"同音。《广雅》:"需,须也。""襦"也读为"需",《说文》:"襦,从衣需声。"繻、襦、需古音同而通假。

《象》曰:"终日戒",有所疑也。

九五,东邻杀牛,不如西邻之禴祭,实受其福。

郑注:互体为坎也。又互体为离,离为日,坎为月,日出东方,东邻象也。月出西方,西邻象也。(《礼记·坊记》疏)禴,夏祭之名。(《诗·天保》疏、《尔雅·疏器五》)

既济上坎下离,且二三四互坎,三四五互离。按《说卦》离为日,坎为月,日出东方,东邻之象,月出西方,西邻之象。郑氏此言互体是指既济内外卦,郑氏常把内外卦视为互体。禴,古代指夏祭。《白虎通·宗庙篇》:"夏曰禴者,麦熟进之。"《周礼·大宗伯》:"以禴夏享先王。"禴,通"礿",《说文》:"礿,夏祭也。"《礼记·明堂位》:"夏礿。"《公羊传》桓公八年:"夏曰礿。"《尔雅·释天》:"夏祭曰礿。"孙注:"禴,薄也,夏时百谷未登,可荐者薄也。"有时春祭亦曰禴。《礼记·王制》:"春曰礿。"《祭统》:"春祭曰礿。"

《象》曰:"东邻杀牛","不如西邻"之时也。"实受其福",吉大来也。

上六,濡其首,厉。

《象》曰:"濡其首厉",何可久也。

未济(六十四)

䷿未济,亨,小狐汔济,濡其尾,无攸利。

郑注:汔,几也。(《释文》)

汔,即"汽",本指水干。《说文》:"汽,水涸也。"训汔为几,是引申义。段玉裁云:"《大雅·民劳》传曰:'汔,危也。'《周易》'汔至亦未繘井。''小狐汔济。'虞翻曰:'汔,几也。'皆引申之义。水涸为将尽之时,故引申之义曰危、曰几也。"

《彖》曰:"未济亨",柔得中也。"小狐汔济"未出中也。"濡其尾,无攸利",不续终也。虽不当位,刚柔应也。

《象》曰:火在水上,未济,君子以慎辨物居方。

初六,濡其尾,吝。

《象》曰:"濡其尾",亦不知极也。

九二,曳其轮,贞吉。

《象》曰:九二"贞吉",中以行正也。

六三,未济,征凶,利涉大川。

《象》曰:"未济,征凶",位不当也。

九四,贞吉,悔亡。震用伐鬼方,三年有赏于大国。

《象》曰:"贞吉悔亡",志行也。

六五,贞吉,无悔,君子之光,有孚,吉。

《象》曰:"君子之光",其晖"吉"也。

上九,有孚于饮酒,无咎。濡其首,有孚失是。

《象》曰:"饮酒"濡首,亦不知节也。

三、系 辞 上

天尊地卑,乾坤定矣,卑高以陈,贵贱位矣。

郑注:君臣尊卑之贵贱,如山泽之有高卑也。(《礼记·乐记》疏)

《系辞》此言天地定乾坤、卑高、贵贱。郑氏以人事释之,主张君臣尊卑贵贱效法自然界山泽高卑。此释与原义不符。按照《系辞》之意,君臣尊卑贵贱当如天地有高卑。

动静有常,刚柔断矣。

郑注:动静,雷风也。(《礼记·乐记》疏)

动静,指自然界雷风。雷风有动有静。

方以类聚,物以群分。

郑注:类聚群分,谓水火也。(《礼记·乐记》疏)

此言水火相互区分,即水以水类相聚,火则以火类相聚。

吉凶生矣。在天成象,在地成形。

郑注:成象,日月星辰也。成形,谓草木鸟兽也。(《礼记·乐记》疏)形谓草木鸟兽。(《御览·地部》)

象,指天象。形,指地形。《系辞》"在天成象,在地成形"为其证。此言天地动静变化、群分类聚而形成了日月星辰之天象、草木鸟兽之地象。

变化见矣。是故刚柔相摩,八卦相荡。

郑注:摩,迫也。(《释文》、《礼记·乐记》注)

摩,一本作磨,帛《易》作"靡"。摩、磨在古代可以互换。《说文》作"礳",俗作"磨",帛《易》作"靡",是借"靡"为"礳",本义是治石。《释文》引京云:"相硙切也。"引马云:"摩,切也。"《说文》:"礳,石硙也。"段注云:"礳,今字省作磨,引申之义为研磨。"因治石则需逼近,故有迫之义,虞翻训为"薄"也是此义。

鼓之以雷霆,润之以风雨,日月运行,一寒一暑,乾道成男,坤道成女,乾知大始,坤作成物,乾以易知,

郑注:易,佼易。(《诗·天作》疏)

佼易,自然无为。郑注《易纬·乾凿度》"佼易立节"云:"佼易者,寂然无为之谓也。"

坤以简能,易则易知,简则易从,易知则有亲,易从则有功,有亲则可久,有功则可大,可久则贤人之德,可大则贤人之业。易简而天下之理得矣,天下之理得而成位乎其中矣。

圣人设卦观象系辞焉而明吉凶,刚柔相推而生变化。是故吉凶者,失得之象也;悔吝者,忧虞之象也;变化者,进退之象也;刚柔者,昼夜之象也。六爻之动,三极之道也。

郑注:三极,三才也。(《释文》)

此言六爻有天地人三才。就经卦而言,初爻为地,中爻为人,上爻为天。就别卦而言,初二为地,三四为人,五上为天。即《系辞》所谓"《易》之为书也……有天道焉,有地道焉,有人道焉,兼三才而两之,故六"。《说卦》所谓"兼三才而两之,故《易》六画而成卦"。极,本义指栋梁。《说文》:"极,栋也。""栋,极也。"因栋梁为屋至高之处,故引申为至高之义。《尔雅·释诂》:"极,至也。"《广雅·释诂》:"极,高也。""极,远也。"此"三极"之"极",指三界或三端。帛《易》作"亟",通"极"。

是故君子所居而安者，易之序也；所乐而靁①者，爻之辞也。是故君子居则观其象而靁其辞，动则观其变而靁其占，是以"自天佑之吉无不利"。

象者，言乎象者也；爻者，言乎变者也；吉凶者，言乎其失得也；悔吝者，言乎其小疵也；无咎者，善补过也。是故列贵贱者存乎位，齐大小者存乎卦，辩吉凶者存乎辞，忧悔吝者存乎介，震无咎者存乎悔。

郑注：震，惧也。（《释文》）

震为雷，雷震则俗人恐惧，故有惧之义。震卦："震来虩虩。"马融、郑玄注："虩虩，恐惧貌。"《象》云"震来虩虩，恐致福也。……震惊百里，惊远而惧迩也"即是其证。

是故卦有小大，辞有险易。辞也者，各指其所之。

易与天地准。

郑注：准，中也，平也。（《释文》）

准，本指水平。《说文》："水，准也。"《说文》："准，平也。从水，隼声。"段注云："谓水之平也，天下莫平于水，水平谓之准。因之制平物之器亦之准。"因平有平均之义，故又引申为"中"。《国语·晋语》："夫以回鬻国之中。"韦注："中，平也。"

故能弥纶天地之道，仰以观于天文，俯以察于地理，是故知幽明之故，原始及②终，故知死生之说。精气为物，游魂为变，是故知鬼神之情状，与天地相似，故不违。

郑注：精气，谓七八也。游魂，谓九六也。七八，木火之数也。九六，金水之数。木火用事而物生，故曰精气为物。金水用事而物变，故曰游魂为变。精气谓之神，游魂谓之鬼。木火生物，金水终

---

① 此"靁"，通行本作"玩"，音同而通假。

② 及，通行本作"反"，帛《易》也作"反"。"及"，"反"字形相近，郑氏作"及"，恐是传抄之误。

物,二物变化,其情与天地相似,故无所差违之也。(《集解》)精气谓七八,游魂谓九六,游魂谓之鬼,物终所归,精气谓之神,物生所信也。言木火之神生物东南,金水之鬼终物西北,二者之情其状与春夏生物、秋冬终物相似。①(《礼记·乐记》疏)

精气,指阴阳精灵之气。游魂,指气之游散。精气聚则物成其形,此为神。游散而物变其故,此为鬼。鬼神为阴阳之气屈伸变化。物终气归曰鬼,物生气伸曰神。郑氏此用五行和数释"精气"、"游魂"。易数六、七、八、九,六、八为阴数,七、九为阳数。六为老阴之数,八为少阴之数,七为少阳之数,九为老阳之数。老变少不变,即七、八不变,六、九变。不变在气则为精气,精气凝而物生而为神。神,伸也。故精气为七、八。变在气则为气散,气散则物灭而复归为鬼。鬼者,归也。故游魂谓九、六。七、八、九、六则又为天地之数,在五行则属于火、木、金、水之数。郑注"大衍之数五十"云:"天一生水于北,地二生火于南,天三生木于东,地四生金于西,天五生土于中,阳无偶,阴无配,未得相成。地六成水于北,与天一并,天七成火于南,地二并,地八成木于东,与天三并,天九成金于西,与地四并。"从方位看,木八居东,火七居南,金九居西,水六居北;从季节看,木八火七居春夏,金九水六居秋冬,故木火用事则生物,金水用事则终物。即春夏生物,秋冬终物。因此,从气之变化看,可知鬼神与天地变化规律相似而不违背。

知周乎万物而道济天下,故不过。

郑注:道当作导。(《释文》)

道、导,古者通。黄奭云:"案古导字省作道。《论语》'道千乘之国',皇侃本作'导'。《汉书·文帝纪》'令各率其意以道民焉',颜师古注云:'道读曰导。'"(黄辑《周易注》)

———————————

① 《月令正义》、《中庸正义》引之简略,其义大致相同。

旁行而不流，乐天知命，故不忧。安土敦乎仁，故能爱。范围天地
之化而不过。

郑注：范，法也。（《释文》）范者，形之所自出；围者，数之所能
周，天地之化有形数，故可得范围。木桡而水弱，金坚而火燥，土均
而布，稼穑出焉。相成也，而开物相克也。而成务制于形，丽于数
而未始有穷也。无以范围之则，天有伏阴，地有愆阳，五行之气怫
郁而失其性，其发也，有不得其平而甚至于过，水有启闭，火有出
纳，而必适其时，冶金以为利，伐木以为用，陶土以为器，而必顺其
理，此范围天地之化也，故不过。（《义海撮要》卷七）

《尔雅·释诂》："範，法也。"範又作"笵"，《说文》："笵，法
也。"段注："笵或作軓，按许无軓字，车部为範軝，则《系辞》'範
围'，假借字也"。帛《易》、马、王肃作"犯"，是"范"、"犯"音同通
用。《说文》："範，範軝也。……读与犯同。"段注云："《周易》'范
围'字当作'軓'，或作'笵'，而'範'其假借字也。"《释文》曰："郑
曰：'範，法也。'马、王肃、张作'犯违'，此亦範、犯同音通用之证
也。"宋人李衡《周易义海撮要》又引郑注，不知何据。按照此注，
范围用裁成之义。张氏云："犯违，犹裁成也。"物有形数，形数似
尺度规范裁成规范万物。世间五行相成，开物成务，则受制形数，
在自然界中阴阳相伏愆，五行之气之发反常，取五行之动，当适其
时，五行之用，必顺其理，此谓范围之地之化而不过。怫郁，指抑郁
不安。《说文》："怫，郁也。"《字林》："怫郁，心不安也。"愆，过度。
《说文》："愆，过也。"

曲成万物而不遗。

郑注：易也，天地也，圣人也。合则同，离则异，天下之万物出
入死生之不齐，而不可为量数，由其道得其宜，极其高大，莫不安其
性命之情而致曲以成之者，易而已。盖帝之于万物，所以出齐相见
与夫役说战劳而遂至于成也。岂一理而足哉，此之谓曲成万物而

不遗也。(《义海撮要》卷七)

此言万物之成乃易理而为。易理、天地、圣人三者一致，易理是天地之自然之理，由圣人体悟出，但三者又有不同。易理是抽象的自然规律，天地是具体的实体，圣人则又是万物之灵长，故三者合则同，离则异。万物出入死生变化参差不齐，而不可量数，但由其道得宜，由其性命而成。就某一物而言，其生壮老终皆为一理而成，即以《说卦》所谓"帝出乎震，齐乎巽，相见乎离，致役乎坤，说言乎兑，战乎乾，劳乎坎，成言乎艮"。

通乎昼夜之道而知，故神无方而易无体。一阴一阳之谓道。

郑注：道，无方也，阴阳则有方矣。道无体也，阴阳则有体矣。无方故妙物而为神，无体故用数而为易，有方则上下位焉，有体则大小形焉，是物而已。然所谓道者未尝离物，而物无乎非道，则道非即阴阳，非离阴阳，而万物之所由者，一阴一阳而已。彼师天而无地，师阴而无阳者，皆万物之所不由也。(《义海撮要》卷七)

此言道与阴阳关系：一方面道与阴阳有别，即：道无方所，无大小体积，是抽象的；而阴阳有方所，有体积，是具体的物。另一方面，道未尝脱离阴阳万物，阴阳万物体现着道。从万物看，皆按一阴一阳规律变化，一阴一阳体现了道，故"道非阴阳，非离阴阳"。万物所由者，一阴一阳。方，指方所。体，指体积。此注与《周易正义》有相同之处，其阴阳与道的关系论述尤为突出。如《周易正义》云："道虽无于阴阳，然亦不离于阴阳，阴阳虽由道成，即阴阳亦非道。"若《撮要》所引确为郑注，可以看到《正义》受到郑注影响的痕迹。

继之者善也，成之者性也。

郑注：在仁为元，在义为藏，在礼为嘉，在智为寂，在信为毅，善端不一而皆在于可欲，则所以继道而不绝者，善而已。道非有心者所能得近，非无心所能得远，惟默而得之，性而成之，则所以成道而无亏者,性而已。善名立而道之体亏矣。故《庄子》曰:"离道以善。"自道以降,可欲者,惟善而已,故曰:"继之者,善也。"命之在我,各有仪,则一性自成,体道咸备,以空寂以觉照,则所谓性者果且有亏乎哉? 故曰:"成之者,性也。"(《义海撮要》卷七)

此承接"一阴一阳之谓道"而言的。道是阴阳刚柔、清浊混沌体。阳刚清为善,阴柔浊为恶。虽然善端表现形式不一,但在大化流行中,绵绵不绝、生生不息的是道之善。因善只是道的一个方面,善立而道亏。性是事物本来的样子,故性成则体现了道之全体,故性成之而道无亏。此是"继之者,善也,成之者,性也"。元为善。《文言》:"元者,善之长也。"仁者万生为爱,故"在仁为元"。义,《中庸》"义者,宜也",指宜于应当,利人利物为义。《墨子·经说》:"义,志以天下为分,而能利之,不必用。"《孟子·尽心下》:"人皆有所不为,达之于其所为,义也。"藏,通臧。《诗·邶风·雄雉》:"何用不臧。"毛传:"臧,善也。"《说文》:"臧,善也。"《尔雅·释诂》同。嘉,指嘉会。《文言》:"嘉会足以合礼。"故曰:"在礼为嘉。"寂,《说文》作"宋",云:"无人声。"《方言》:"寂,静也。"《老子》:"寂兮寥兮。"《系辞》"寂然不动",有静而无声之义。在道家那里,寂然不动的是"道",道生物,有生义,生即善。彀,通"谷",《尔雅·释天》:"东风谓之谷风。"邢昺疏云:"孙炎曰:'谷之言彀,彀,生也。'谷风者,生长之风也。"故此谷,指虚空,即没有杂念。《老子》"谷神不死"、"上德若谷"之"谷"即是此义。《尔雅·释诂》:"彀,善也。"道,即指物之本体,又指事物规律。离道以善,出自《庄子·缮性》,是言离道以求善。觉照:自我省察,反省。前面"智为寂"讲的就是智慧在于空寂的道,而不在于认识外物。人性体道,故认识在于自我认识,即"觉照"。台湾学者胡自逢"以空寂,以觉照"为据,提出此注"显系后代释氏之言",而非郑注。此引之以备一说。

仁者见之谓之仁，知者见之谓之知，百姓日用而不知，故君子之道
尟矣。

郑注：尟，少也。(《释文》)

此训"尟"为"少"，本之《说文》。《说文》："尟，是少也。"尟，
通行本作"鲜"，"尟"、"鲜"为异体字。

显诸仁，臧诸用。

郑注：臧，善也。(《释文》)

臧，通行本作"藏"。臧，古"藏"字。《荀子·解蔽》"心未尝
不臧也"，杨倞注："臧，读为藏。"《墨子·耕柱》"不举而自臧"，《玉
篇》引作"藏"。训"臧"为"善"本之《尔雅》。《尔雅·释诂》：
"臧，善也。"

鼓万物而不与圣人同忧，盛德大业至矣哉。富有之谓大业，

郑注：兼济万物故有曰富有。(《御览·人事部》一百二十二)

济，有接济、救助、增益之义，与"道济天下"之"济"义同。助
万物曰富有。郑氏于此是释"富有"。

日新之谓盛德，生生之谓易，成象之谓乾，效法之谓坤。

郑注：象有见而已，法则制焉。乾位乎亥前，天一肇焉。万物
于是乎始有见。坤位未后，万宝成焉，裁而制焉。万物皆睹，圣人
立成器以为天下利，亦合乎天地之法象而已。(《义海撮要》卷七)

此言天地人之功能。天之功能是生物见象。地之功能是效法
天裁成万物。从数理言之，西北为亥位，亥为十二，子为一，乾居西
北，乾为天，故天一生，万物出。南方，万物相见，坤位于未后，养物
成物。圣人之功能是立成器，以利天下，亦合天地法象。

极数知来之谓占，通变之谓事，阴阳不测之谓神。夫易广矣大矣，
以言乎远则不御，以言乎迩则静而正，以言乎天地之间则备矣。
夫乾，其静也专，其动也直，是以大生焉。夫坤，其静也翕，其动也
辟，是以广生焉。

郑注:无为而制命,有为而顺理,无容心焉,任一气之自运,是以大生焉。无一物之不覆冒也。以土为质而受物之归,以化为事而效法,以示无容心焉。委众形之自化,是以广生焉。无一物之不持载也。乾"其动也直"。而坤卦曰"六二之动直以方也"。"辟户谓之乾",而三曰"坤其动也辟"。何也?任理而不为私者,乾之直也。坤之道尽于三,二则一,法天而已。出命而万物以出者,乾也。至柔而动也刚,则其趋时也,有所辟焉。而不可以为常也。乾坤一道也。动静不失其时,而物生焉。此其所以为广大欤。(《义海撮要》卷七)

自"无为而制命"至"无一物之不持载"是释"大生"和"广生"。气之生物,无为而从天命,有为而顺规律,不需要任何意识的参人。只是一气独立运动而已,此谓"大生",世上无一物不包含其中。具体事物是以土作为其归宿,以变化作为效法天地之事。此是谓"无容心"。气生物,曲成众形后而自我变化,是谓"广生"。世上无一物不载盛。自"乾其动也"至"为广大欤"是释乾坤动静其性。乾本为动直,而坤六二《象》:"六二之动,直以方也。"乾本为辟户,《系辞》言"辟户谓之乾"。而坤曰"其动也辟"。究其原因,坤动则法乾,故坤也言"动直以方","动也辟","动也刚"。也就是说,乾坤相对而言,乾为动,为直,为辟,为刚;坤为静,为曲,为闭,为柔。然而乾坤又各分阴阳、动静、开闭。坤的动、直、刚、辟是法乾而成。就数而言,乾一坤二,一分二,二合一,一二相含,故阴阳动静刚柔不是一成不变的。正因为如此,乾坤动静不失其时,相互作用而生成万物。这就是"广大"。制,顺从。《淮南子·氾论》:"圣人作法而万物制焉。"高注:"制,犹从也。"制又有控制、驾御之义。覆冒:指遮掩,此指包含、囊括。持载,盛载。载,盛。古凡酒在尊,牲在俎皆曰载。《诗·大雅·旱麓》:"清酒既载。"《仪礼·士冠礼》:"若杀,则特豚,载合升。"郑注:"凡牲皆用左胖,煮于镬曰亨,在鼎曰升,在俎曰载。"此指物受形自化无物不遗。

广大配天地，变通配四时，阴阳之义配日月，易简之善配至德。

子曰："易，其至矣乎。夫《易》，圣人所以崇德而广业也。

郑注：成己者，德也。故欲崇，崇则日新。成物者，业也，故欲广，广则富有。夫《易》者，用数而非数也。变动不居，超然于形器之外，以此尽其性，则极高明矣。故圣人所以崇德，以此通于事，则功盖天下矣。故圣人所以广业。（《义海撮要》卷七）

此言《易》功用为"崇德广业"。崇德是进行道德修养的自我完善。广业，则是成就事物，干举事业。"崇德"、"广业"其实就是《文言》所谓"进德修业"。《易》之所以有此功用，在于易理是绝对的、抽象的宇宙之本，即用数非数，变动不居，超乎形器。

知崇礼卑，崇效天，卑法地。

郑注：德之崇在智，以辨物故也。业之广在礼，以交物故也。辨则天道升，故知言崇。交则天道降，故礼言卑。智于五行为水，水趋下也，而致用常在上升而为云是也。礼于五行为火，火炎上也，而致用常在下，若烹饪是也。然智天一也，辨而见独，故崇效天，以远而尊故也。礼地二也，示也弗闶，故卑法地，以迩而亲故也。（《义海撮要》卷七）

郑氏以三个方面释之。先用天道升降释崇卑，崇是崇德，卑是广业。"知崇"则是通过智慧辨别事物，区分事物，才能了解天道生物的德性崇高。"礼卑"则是通过以卑下之位广交万物，体现天道下降。再用五行释之。以五行言，智为水，水性润下，而用则常上升而为云，此为知崇。礼为火，火性炎上，而用常在下，如烹饪则用火在下。以数言之，智为天一，一为奇数，生其他数，而为数之尊，因而"辨而见独，故崇效天，以远而见尊故也"。礼为地二，则为偶数，则有匹对，"示也弗闶，故卑法地，以迩而亲故也"。

天地设位，而易行乎其中矣。成性存存，道义之门。"

圣人有以见天下之赜，而拟诸其形容，象其物宜，是故谓之象。

郑注:拟诸其形容者,"刚柔有体"。象其物宜者,"百物不废"。(《义海撮要》卷七)

此引《系辞》文释之。《系辞》云:"阴阳合德,而刚柔有体。"又云:"其道甚大,百物不废。""刚柔有体"是指通过观察比类万物外部特征而后八卦有了形体。因每一卦皆由阴阳构成,故称"刚柔"。"百物不废"是指因八卦卦象效法万物而具有博大的道理,百物皆具备其中而无所遗弃。

圣人有以见天下之动,而观其会通,以行其典礼,系辞焉以断其吉凶,是故谓之爻。

郑注:爻者,九六之数也,会则万物皆相见,通则气融而亨。典言常,礼言变,而辞者所以命其物也。万物方静,辨而各正,后不省方而君子则向晦,亦无所效矣。天下之时至于会通而无道以御之,则是在萃之聚而忘不虞之戒。处既济之定而无防患之思也,岂能必无凶乎,故有典焉。以经之有礼焉,以纬之顺之者吉,逆之者凶,而系辞焉以断之,天下之动始得而和矣。若否泰损益之不同,而消息盈虚之不能违,爻,效之故也。(《义海撮要》卷七)

此言爻之形成效法万物之动。天地万物千变万化,它们既相遇,又相交。在静止时它们有不变典常可寻,即其性各得其正,上下尊卑吉凶不移。在变化时上下尊卑吉凶互变。根据事物变与不变,而画出爻,爻,其意是效法。爻的特点,一方面有不变的等级,另一方面又交会往来不断变化。爻用九六以示变化,爻之所以断吉凶,其关键就在于此。郑氏又以萃卦、既济卦说明之。萃,有聚之义,此言相遇。既济是相交,而位得正。但是,爻又是变化的,故在萃相聚时忘不虞。在既济定时忘防患,则一定有凶,这是典常。以此典常行事,则必然遵循一定的等级,那么顺从这个等级则吉,逆之则凶。这种否泰、损益、盈虚规律不可能违。会通,指阴阳交合而亨通。《文言》:"亨者,嘉之会也。"典,常。《尔雅·释诂》:

"典,常也。"典礼,指不变的等级,因物会合必有等级。《文言》:
"嘉会足以合礼。"经,本也指常典,《尔雅·释言》:"典,经也。"引
申为道路。《释名》:"典,经也。常,典也,径路无所不通,可常用
也。"此用作动词,犹行也。纬与经相对,也有行动实施之义。《释
名》:"纬,围也,反覆围绕以成径也。"

言天下之至赜而不可恶也,言天下之至动①而不可乱也。

郑注:天下之赜,去人情也远矣,则疑若可恶,象之所言,每
与理会,则人将乐而玩之矣。天下之动,扰扰而不齐,则疑若可
乱,爻之所言,每与事适,则人将居而安之。(《义海撮要》卷七)

赜,京房作"责",九家易作"册",帛《易》作"业"。按照李
富孙考证,赜,本作"啧",因赜与啧字形相似,或以致讹。《释名》
以"啧"释"册"当为古义。册、啧通,古人多训为赜为深、烦言、
人情等。帛书作"业","业"本义为"大版",即刻版,与"啧"义
异。按照郑氏之义,此"赜"当为动。此是言天下之事道理深远,
天下事物变化杂乱无间,故在人看来疑惑似可恶可乱,但《易》卦
爻概括了天地万物之理,故其所言,与其理相会通,与其事相适
宜,人则可以乐而玩之,居而安之。

拟之而后言,仪②之而后劲,拟仪以成其变化。

郑注:老子曰"善言无瑕谪","善行无辙迹"。夫言至于无
瑕谪,行至于无辙迹,可谓神矣。则所谓变化者,其外乎拟议之间
哉。(《义海撮要》卷七)

谪,过失。拟,揣度。《说文》:"拟,度也。"引申为此拟
"仪",通行本作"议",帛书作"义"。三字音同通假。《说文》:
"仪,度也。"故拟、仪二字义相同。拟仪引申为比拟、效法之义。

---

① 动,原本为"赜",郑玄云:"赜当为动。"(《释文》)
② 仪,通行本作"议"。

此引老子之言,说明善言善行完善无缺,神妙莫测,卦爻变化也是如此。天地万物变化复繁,通过思虑这种变化而用言语之辞来表述之,而成《周易》卦爻之变化。如姚配中所言:"拟之,拟天下之赜。言,谓卦辞。议之,议天下之动。动,谓六爻。'系辞以尽言',故拟之而后言,'系辞焉而命之,动在其中矣',故议之而后动。拟议动赜以成卦爻之变化,卦爻明而天下之动赜见矣。"(《周易姚氏学》)"则所谓变化者、其外乎拟议之间",是指《周易》中的变化,不外乎由拟议而作的卦爻辞之中。《系辞》所说"极天下之赜者存乎卦,鼓天下之动者存乎辞,化而裁之存乎变"即是其义。

"鸣鹤在阴,其子和之;我有好爵,吾与尔靡之。"子曰:"君子居其室,出其言善,则千里之外应之,况其迩者乎。居其室,出其言不善,则千里之外违之,况其迩者乎。言出乎身,加乎民,行发乎迩,见乎远。言行,君子之枢机。枢机之发,荣辱之主也。

郑注:枢谓① 户枢也,机谓弩牙也。户枢之发,或明或暗,弩牙之发,或中或否,以喻君子之言,或荣或辱②。(《礼记·曲礼》疏)

枢指门上转轴。《说文》:"枢,户枢也。"《汉书·五行志下》:"视门枢下,当有白发。"颜注:"门扇所由开闭者也。"机,指古机械发动机关。《说文》:"主发谓之机。"此指弓箭发动机关。《尚书·太甲上》:"若虞机张。"孔安国传:"机,弩牙也。"弩,指弓。《说文》:"弩,弓有臂者,《周礼》四弩:夹弩、庾弩、唐弩、大弩。"古代弓上发箭的机关为"弩牙"。《释名》:"弩,怒也。有势怒也,其柄曰臂,似人臂也。钩弦者曰牙,似齿牙也。牙外曰部,为牙之规郭也。下曰悬刀,其形然也,合名之曰机。"此用枢机比喻君子之言。户枢之动,则主门开闭。机之发,主箭出中否。君子之言出,有善与不

---

① 《左传·襄公二十五年》正义引无"谓"字,下句也无"谓"字。

② 此句《左传正义》引作"以譬言语之发,有荣有辱"。

善,则主荣禄。

言行,君子之所以动天地也,可不慎乎。""同人,先号咷而后笑。"
子曰:"君子之道,或出或处,或默或语。二人同心,其利断金。同
心之言,其臭如兰。"

郑注:兰,香草也。(《文选·张衡〈东京赋〉》注)

此用《说文》义。《说文》:"兰,香草也。"

初六,"藉用白茅,无咎"。子曰:"苟错诸地而可矣。藉之用茅,
何咎之有? 慎之至也。夫茅之为物薄,而用可重也。慎斯术也以
往,其无所失矣。"

郑注:术,道。(《释文》)

在古代,"道"与"术"二者义有时相同。道即术,术即道。《国
语·吴语》:"道将不行。"韦注:"道,术也。"《左传》定公五年传:
"吾未知吴道。"杜注:"道犹法术。"

"劳谦,君子有终,吉。"子曰:"劳而不伐,有功而不德,

郑注:置当为德。(《释文》)

德,陆绩、蜀才作"置"。考帛书亦作"德"。故当以"德"为
是。李富孙曰:"案古道德字作'悳',与'置'字形似,亦易相乱。
卢氏曰'置德古通'。"(《异文释》)

厚之至也。语以其功下人者也。德言盛,礼言恭。谦也者,致恭以存
其位者也"。"亢龙有悔"。子曰:"贵而无位,高而无民,贤人在下位
而无辅,是以动而无悔也"。"不出户庭,无咎"。子曰:"乱之所生也,
则言语以为阶。君不密则失臣,臣不密则失身,几事不密则害成。

郑注:几,微也。密,静也。言不慎于微而以动作,则祸变必
成。(《公羊传·文公六①年》疏)

几,指事之初而微小。《系辞》曰:"几者,动之微,吉之先见者

---

① "六",丁杰撰、张惠言订《周易郑注》作"五",误。

也。"《说文》:"几,微也。"微,指微小。《广雅·释诂》:"微,小也。"密,指安静。《说文》:"密(宓),安也。""安,静也。"《尔雅·释诂》:"密,静也。"此是言君臣之术。君臣于事之初,当谨慎之,不可以动作,否则必发生祸变,以致其事不能成功。

是以君子慎密而不出也。"子曰:"作《易》者,其知盗乎。《易》曰:'负且乘,致寇至。'负也者,小人之事也;乘也者,君子之器也。小人而乘君子之器,盗思夺之矣。上慢下暴,盗思伐之矣。慢藏诲盗,野容诲淫。

郑注:饰其容而见于外曰野。(《后汉书·崔骃传》注)言妖野容仪教诲淫泆也。(《释文》)

野,通行本作"冶"。"野"与"冶"同音而相通假。段玉裁云:"按野、冶皆蛊之假借也。张衡赋言'妖蛊',今言'妖冶'。"野,本指郊外,《说文》"野,郊外也"。《尔雅·释地》:"邑外谓之郊,郊外谓之牧,牧外谓之野。"就人而言,野与心相对,指表现于外的容貌。郑氏所谓"饰其容而见于外曰野"正是此义。淫,指纵欲放荡。《尚书·酒诰》:"诞惟厥纵淫泆于非彝。"《左传》隐公三年:"骄奢淫泆所自邪也。"其中"淫泆"即是此义。从行文看,此处指奸淫。《左传》成公二年:"贪色为淫,淫为大罚。"泆,本指水溢出。《说文》:"泆,水所荡泆也。"此亦指行为放荡。

《易》曰'负且乘,致寇至。'盗之招也。"
天一,地二,天三,地四,天五,地六,天七,地八,天九,地十。大衍之数五十,其用四十有九。

郑注:衍者,演也。(《释文》)天地之数五十有五,以五行气通。凡五行减五,大衍又减一,故四十九也。① (《正义》)天一生水

---

① 刘牧《易数钩隐图》引"有五"下有"者"字,"气通"下有"于万物故"四字,无"凡五行"三字,"故"下多"用"字。

于北，地二生火于南，天三生于东，地四生金于西，天五生土于中，阳无偶，阴无配，未得相成。地六成水于北，与天一并；天七成火于南，与地二并；地八成木于东，与天三并；天九成金于西，与地四并；地十成土于中，与天五并也。大衍之数五十有五，五行各气并，气并而减五，唯有五十，以五十之数，不可以为七、八、九、六，卜筮之占，以用之故更减其一，故四十有九也。（《礼记·月令》疏）

衍、演，古二者相通。高亨云："先秦人称算卦为衍，汉人称算卦为演。"郑玄将天地之数和五行之数相结合释大衍之数。所谓"天地之数"，即"天一，地二，天三，地四，天五，地六，天七，地八，天九，地十"十个自然数。所谓"五行之数"，指五行生成数。五行生数是：一水，二火，三木，四金，五土。这取自五行排列次序。按照《尚书·洪范》五行排列为"一曰水，二曰火，三曰木，四曰金，五曰土"。那么，五行为何如此排列，孔颖达有两种解释。兹列如下，以备参考。孔疏《尚书·洪范》云："又数之所起，起于阴阳，阴阳往来于日道，十一月冬至日，南极阳来而阴往，冬水位也，以一阳生为水数。五月夏至日，北极阴进而阳退，夏火位也，当以一阴生为火数，但阴不名奇，数必以偶，故以六月二阴生为火数也。是故易说称'乾贞于十一月子'、'坤贞于六月未，而皆左行'由此也。冬至以及夏至，当为阳来，正月为春，木位也。三阳已生，故三为木数。夏至以及冬至，当为阴进。八月为秋，金位也。四阴已生，故四为金数。三月，春之季，四季土位也。五阳已生，故五为土数。此其生数之由也。又万物之本，有生于无者，生于微及其成形，亦以微著为渐。五行先后，亦以微著为次。五行之体，水最微为一，火渐著为二，木形实为三，金体固为四，土质大为五。"（《尚书正义》卷十二）关于五行方位排列，孔在疏《礼记·月令》时指出："水所以在北方者，从盛阴之气，所以润下者，下从阴也。火所以在南方者，从盛阳之气，炎上者，从阳也。木所以在东者，东是半阴半阳,曲直以阴阳俱有,体质尚柔,故可曲可直也。金所以在西方者,西方亦半阴半阳,但物既成就,体性坚之,虽可改革,犹须火柔之。土所以在中者,以其包载四行含养万物,为万物之主,稼穑者,所以养万物也。"(《礼记正义》卷十四)五行之成数是六、七、八、九、十。这五个数是由生数分别加五而成。郑玄把"天地之数"一至十视为五行生成数,然后将生成数相合并,生成五组数。因而大衍之数五十五减五而为五十。如他注"天数五,地数五,五位相得而各有合"时云:"五行之次,一曰水,天数也;二曰火,地数也;三曰木,天数也;四曰金,地数也;五曰木,天数也。此五者,阳无匹,阳无偶,故又合之。"五十减一,可以得六七八九四个数,否则就求不出这四个数,故五十再减去一为四十九,为大衍之数之用数。这里需要说明的是,按照郑氏的解说,天地之数的排列,就是宋刘牧等人所说的"洛书",朱熹等人所说的"河图"。其图如下:

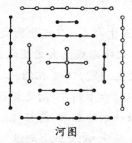

河图

由此可见,宋人所说的"河图"(或"洛书")虽属伪造,但必有所本。

分而为二以象两,挂一以象三,揲之以四以象四时,

郑注:揲,取也。(《释文》)

揲,其义为数。《说文》:"揲,阅持也。"段注云:"阅者,具数也,更迭数之也。……此阅持者,既得其数而持之。"郑氏训"揲"为"取",本于"持"。

归奇于扐以象闰，五岁再闰，故再扐而后挂。

天数五，地数五，五位相得而各有合。

郑注：天地之气各有五，五行之次：一曰水，天数也。二曰火，地数也。三曰木，天数也。四曰金，地数也。五曰土，天数也。此五者，阴无匹，阳无偶，故又合之。地六为天一匹也，天七为地二偶也，地八为天三匹也，天九为地四偶也，地十为天五匹也。二五阴阳各有合，然后气相得，施化行也。（《左传·昭公九年》疏）

此用五行生成数二二相并释"天地之数"相得相合。五行有生数、成数。据阴阳气相配相通的理论，生成数相并配对：一为阳，六为阴，一六合；二为阴，七为阳，二七合；三为阳，八为阴，三八合；四为阴，九为阳，四九合；五为阳，十为阴，五十合。此所谓："天数五，地数五，五位相得而各有合。"

天数二十有五，地数三十，凡天地之数五十有五，此所以成变化而行鬼神也。①

郑注：天地之数五十有五，以之开物成务，以之冒天下之道。所谓易者，如斯而已，此所以成莫大之变化，行无形之鬼神也。新故相代，清浊相废，死生相胶，万变相缠，此之谓成变化。五辰伏见，四时潜处，七宿轸转，六甲内驯，此之谓行鬼神。鬼神无形而数能行之，何哉？周官以八则治都鄙，有祭祀以御其神，夫所谓神者，王之祭祀，犹足以御之而使，况天地之数哉。（《义海撮要》卷七）

五辰，古指以五行分主四时。《尚书·皋陶谟》："抚于五辰。"孔传："言百官皆抚顺五行之时。"孔颖达疏："五行之时，即四时也。"七宿，指二十八宿。四方各七宿。东方七宿：角、亢、氐、房、

---

① 宋代张载、程颐、朱熹等认为，自"天数五"至"行鬼神也"一节错简，当在"大衍之数"之上。案汉熹平经本自"天一"至"行鬼神也"两节在"故再扐而后挂"之下，《汉书·律历志》等书引同，故当以熹平经本为是。

心、尾、箕；北方七宿：斗、牛、女、虚、危、室、壁；西方七宿：奎、娄、胃、昴、毕、觜、参；南方七宿：井、鬼、柳、星、张、翼、轸。轸，本指车后横木，《周礼·考工记》"车轸四尺"。郑注："轸，舆后横木。"在车底部四周横木亦曰轸。戴震《考工记图》上《释车》："舆下四面材合而收舆谓之轸。"也指车，如《国语·晋语》"还轸诸侯"，即是此义。后引申为转。此"轸转"，指旋转之义。六甲，指时日。古用天干地支相配记时日。其中六甲一循环，故六甲指甲子、甲戌，甲申、甲午、甲辰、甲寅，又指妇女怀胎，此取后者之义。内驯，指胎儿在母体内顺其自然成长。驯，通"顺"。《说文》："驯，马顺也。"都鄙：采邑，封邑。《周礼·天官·大宰》："则八则三治都鄙。"郑注："都之所居曰鄙……都鄙，公子大夫之采邑，王子弟所食邑。"此是言《周官》以八法治理采邑。八法指祭礼、法则、废置、禄位、赋贡、礼俗、刑赏、田役八种方法。《周官·天官·大宰》云："大宰之职……以八则治都鄙，一曰祭祀，以驭其神；二曰法则，以驭其官，三曰废置，以驭其吏；四曰禄位，以驭其士；五曰赋贡，以驭其用；六曰礼俗，以驭其民；七曰刑赏，以驭其威；八曰田役，以驭其众。"郑氏此注是言天地之数五十有五之功用，即"开物成务"、"冒天下之道"，以达到"成变化行鬼神"之目的。他所理解的"变化"则是新旧、清浊、死生相互转变、取代。他所理解的"行鬼神"，即是指万事万物自然而然变化，这种变化是神妙莫测，如四时伏见、潜处、七宿旋转、六甲生长，皆不依人的意志为转移。鬼神无形，但人可以通过祭鬼神驾驭之。

乾之策二百一十有六，坤之策百四十有四，凡三百有六十，当期之日。

郑注：四正卦之爻，减二十四之数，与当期之日相契。（《汉上易传·丛说》）

当期之日，是指一年三百六十日。六十四卦三百八十四爻，减去二十四数,正好是三百六十。此处"四正卦",当为"六十四"。

二篇之策,万有一千五百二十,当万物之数也。是故四营而成易,十有八变而成卦。八卦小成,引而申之,触类而长之,天下之能事毕矣。

郑注:八卦以象告而已,虽曰"通神明之德,类万物之情",而《易》之为书,未悉备也。故曰:"八卦小成,引而伸之。"所谓数者,自一以至千百万之不同,触类而长之。所谓卦者,有上下焉,有内外焉,而遂至于六十四,则大为天地,幽为鬼神,散为万物,骇天下而同吉凶之患,周世变而际古今之运,无不该也,无不偏也。故曰天之能事毕矣。天能,天而不能地;地能,地而不能天,人各有能,有不能,是岂天下之能事哉? 惟无能也,无不能也,然后天下之能事毕矣。(《义海撮要》卷七)

《系辞》是言经过十八变的演算,而求出一卦六画。而每一卦都是由九变的三画而成。三画之卦是"小成",而六画之卦是"大成"。郑氏在此引"包牺氏之王天下也……于是始作八卦,以通神明之德,以类万物之情"说明八卦具有神奇的作用,但是又指出其局限,即对比六画卦,八卦没有上下、内外卦之分,还非常不完备,故当引而伸之。又从数和卦两个方面说明其中的原因。就数而言,数可以按照规律增至千百万。就卦而言,一卦六画分内外、上下,而成六十四卦。这六十四卦可以囊括一切事物,大为天地,幽为鬼神,散为万物,搅动天下而与吉凶同患,周流世故变化而察古今之远,包罗万象,万事具备其中,而"天下之能事毕矣"。天地人因各有自己的职能,不能互相取代。天地人有能、不能都在其中。骇,通"骇"。《庄子·外物》:"对人之所以骇天下。"骇,成玄英本作"骇"。《庄子·德充符》:"又以恶骇天下。"《释文》:"骇,崔本作'骇'。"段注《说文》云:"《经典》亦作'骇'。戒声、亥声同在一部也。"骇,有惊之义。《说文》:"骇,惊也。"《广雅·释诂》同。际,通"察"。该,具备。《穀梁传》哀公元年:"此该之变而道之也。"范宁集解曰:"该,备也。"又《后汉书·窦宪传》注、《班彪传》注、《张衡传》注等同。

显通神德行,是故可与酬酢,可与祐神矣。子曰:"知变化之道者,其知神之所为乎?"

郑注:物极之谓变,变则离形而藏于密。物生之谓化,化则因形而易以渐。万物之新故,四时之盈亏,日月之往来与,夫人之所以视听言动,若有机缄而不能自已者,皆变化也。变化代兴,孰为之者,必曰神而已。知此则合散消息,举在我矣。托于地文,示以天壤,奔逸绝尘而独立乎形器之上,有颜子之所不能知,季咸之所自失而走者,则其体化而合变,庸非知神之所为乎。(《义海撮要》卷七)

此释"变"、"化"及"神"。事物发展到极点则转变为另一事物则为变。事物生长过程是为化,"变"与"化"区别在于,"变"离开原来的形,是质变或突变,"化"未离开原来的形,是渐变。万物新旧、四时盈虚、日月往来及人之视听立动,似有动力推动皆变化。这个动力就是神。能认识神、物之聚散、消息则在于人。神通过地文、天壤变化表现出来,又超乎形器之外,颜回不能知,季咸自失而走,但体化合变,则知神所为。机缄,谓事物之动力。《庄子·天运》:"天其远乎,地其处乎,日月其争于所乎。孰主张是,孰维纲是,孰居无事,推而行是,意者,其有机缄而不得已邪?"成玄英疏:"机,关也。缄,闭也。……谓有主司关闭,事不得已。"颜子,颜回。季咸,古代传说中的神。《庄子·应帝王》:"郑有神曰季咸。"

《易》有圣人道四焉:以言者尚其辞,以动者尚其变,以制器者尚其象,以卜筮者尚其占。

郑注:此者,存于器,象可得而用。一切器物及造立皆是。(《周礼·春官·太卜》疏)

此者，孙堂云："此者，当为'此四者'，字脱也。"此言圣人之道四存乎象器可以用。一切器物皆是按这个卦象创立。韩康伯注云："此四者存乎器象，可得而用也。"此引袭用郑语。孔疏云："此四者存乎器象者，辞是爻辞，爻辞是器象也。变是变化，见其来去亦是器象也。象是形象，占是占其形状，并是有体之物。有体则是物之可用，故云可得而用者也。"（《周易正义》）

是以君子将有为也，将有行也，问焉而以言。其受命也如响，无有远近幽深，遂知来物。非天下之至精，其孰能与于此。参伍以变，错综其数，通其变，遂成天下之文。极其数，遂定天下之象。非天下之至变，其孰能与于此？易无思也，无为也，寂然不动，感而遂通天下之故，非天下之至神，其孰能与于此？夫易，圣人之所以极深而研几也。

郑注：研，喻思虑也。（《文选·陆机〈吊魏武帝文〉》注）机，当作几，几，微也。（《释文》）

研，本义指以石磨物。《说文》："研，礦也。"段注："谓以石礦物曰研也。"蜀才作"掔"，以石磨物当用手，故蜀才借为"掔"。《说文》："掔，摩也。""摩，掔也。"郑氏训"研"为"思虑"取喻义。

唯深也，故能通天下之志；唯几也，故能成天下之务；唯神也，故不疾而速，不行而至。子曰《易》有圣人之道四焉"者，此之谓也。子曰："夫《易》何谓也？夫《易》开物成务，冒天下之道，如斯而已者也。"是故圣人以通天下之志，以定天下之业，以断天下之疑。是故蓍之德圆而神。

郑注：蓍形圆而可以立变化之数，故谓之神也。（《仪礼·少劳馈食礼》疏）

古人认为天道圆地道方。《周易》取蓍草圆形为筮法道具，以效天道变化。取方形的卦以效地道方正。天道变化神妙莫测，即"阴阳不测之谓神"。"唯神，故不疾而速，不行而至。""神也者，妙万物而为言者也",故蓍可以立变化数而神秘莫测。

卦之德方以知,六爻之义易以贡。圣人以此洗心,退藏于密,吉凶与民同患。神以知来,知以藏往,其孰能与此哉! 古之聪明睿知神武而不杀者夫。

郑注:不意杀也。(《音训》、《晁氏易》)

此释"不杀"之义。意,当作"衰"。虞训为"反复不衰"。郑氏亦取此义。不杀,即不衰败。古者杀、衰音近义同而通假。《汉书·扬雄传下》集注:"杀,衰也。"《仪礼·士冠礼》:"德之杀也。"郑注:"杀,犹衰也。"

是以明于天之道,而察于民之故,是兴神物以前民用。圣人以此斋戒,以神明其德夫。是故阖户谓之坤,辟户谓之乾,一阖一辟谓之变,往来不穷谓之通,见乃谓之象,形乃谓之器,制而用之谓之法,利用出入,民咸用之谓之神。

是故易有太极。

郑注:极中之道,淳和未分之气也。(《文选·张华〈励志诗〉》注)

太极,马融训为"北辰",虞翻训为"太一"。郑氏认为"太一"即是"北辰"。郑注《乾凿度》"太一"云:"太一者,北辰之神名也,居其所曰太一。""太一,主气之神。"郑氏认为,太一是神,此神主气,是淳和未分之气。李道平曰:"太一者,极大曰太,未分曰一。郑氏所谓'未分之道'是也。太极者,《说文》'极,栋也'。《逸雅》'栋,中也,居屋之中也'。是极者,中也。未分曰一,故谓之太一。未发为中,故谓之太极。在人为皇极,即郑氏所谓'极中之道'是也。"(《集解纂疏》)

是生两仪,两仪生四象。

郑注:布六于北方以象水,布八于东方以象木,布九于西方以象金,布七于南方以象火。(《汉上易传·丛说》)

此谓《易纬·乾凿度》注文。王应麟、朱震引之。此以五行之数成数六、七、八、九及所代表的四方释"四象"。

四象生八卦,八卦定吉凶,吉凶生大业,是故法象莫大乎天地,变通莫大乎四时,县象著明莫大乎日月,崇高莫大乎富贵。备物致用,立成器以为天下利,莫大乎圣人。探赜索隐,钩深致远,以定天下之吉凶,成天下之亹亹者,莫大于蓍龟。

郑注:凡天下之善恶及没没之众事皆成定之,言其广大无不包也。(《公羊传·定公八年》疏)

亹亹,勉力不懈。《尔雅·释诂》:"亹亹,勉也。"郑训为"没没"。《尔雅·释诂》:"没,勉也。""没"与"亹"通。惠栋云:"训'亹亹'为'没没'者……'亹'、'没'同训,故云'亹亹'犹'没没'也。"(《周易述》)亹亹,《集解》本作"娓娓"。据高亨考证,"亹亹"、"娓娓"相通。帛《易》作"勿勿",也有"勉勉"义。《礼记·祭义》:"勿勿乎其欲飨之也。"郑注:"勿勿,犹勉勉也。"《大戴礼记·曾子立事篇》:"君子终身守此勿勿也。"卢辨注:"勿勿,犹勉勉也。"按照郑氏之意,此句是言蓍龟可以推断天下之善恶,也可以推断勉勉奋进之众事。由此说明易道广大而无所不包。

是故天生神物,圣人则之;天地变化,圣人效之;天垂象,见吉凶,圣人象之;河出图,洛出书,圣人则之。

郑注:《春秋纬》云:"河以通乾出天苞,洛以流坤吐地符。"河龙图发,洛龟书感,河图有九篇,洛书有六篇也。(《集解》、《正义》)

河图洛书,在汉代多指帝王受命之符。《礼记·礼运》云:"天不爱其道,地不爱其宝,人不爱其情,故天降膏露,地出醴泉,山出器车,河出龙马,凤皇麒麟,皆在郊椰,龟龙在宫泽。"此河出龙马,指河图。惠栋认为,郑引《春秋纬》之言与《礼运》其意一致。他说:"郑氏易注据《春秋纬》云'河以通乾出天苞',是天不爱其道,故河出图也。又云'洛以流坤吐地符',是地不爱其宝,故洛出书也。河图洛书为帝王受命之符,圣人则象天地以顺人情。"(《周易述》)郑氏"河龙图发"是释"河出图","洛龟书感"是释"洛出书"。据李道平解释,河图九篇,洛书六篇,是指"纬书之数",即圣人据帝王受命之符而作成纬书。(《集解纂疏》)郑氏解释与孔安国不同。孔氏云:"河图则八卦也,洛书则九畴也。"即河图、洛书早于八卦、九畴,八卦、九畴源于河图洛书。由于汉代对河图洛书训释不明,而使此问题的研究成为易学界一大公案。至宋代而演绎出图书之学,学者各引一端,众说纷纭,成为一种易学思潮。虽然各家皆引秦汉资料为据,但都无法证明宋之"河图"、"洛书"即汉之"河图"、"洛书"。

易有四象,所以示也;系辞焉,所以告也;定之以吉凶,所以断也。《易》曰:"自天佑之,吉无不利。"子曰:"佑者,助也。天之所助者,顺也;人之所助者,信也。履信思乎顺,有以①尚贤也。是以自天佑之,吉无不利。"

子曰:"书不尽言,言不尽意。"然则,圣人之意,其不可见乎?子曰:"圣人立象以尽意,设卦以尽情伪,系辞焉以尽其言,变而通之以尽利,鼓之舞之以尽神。"乾坤,其易之缊耶?乾坤成列,而易立乎其中矣。乾坤毁,则无以见易。易不可见,则乾坤或几乎息矣。是故形而上者谓之道,形而下者谓之器,化而裁之谓之变,推而行之谓之通,举而错之天下之民谓之事业。是故夫象,圣人有以见天下之赜,而拟诸其形容,象其物宜,是故谓之象。圣人有以见天下之动,而观其会通,以行其典礼,系辞焉以断其吉凶,是故谓之爻。极天下之赜者,存乎卦;鼓天下之动者,存乎辞;化而裁之,存乎变;推而行之,存乎通;神而明之,存乎人;默而成之,不言而信,存乎德行。

---

① 有以,通行本作"又以"。

四、系辞下

八卦成列,象在其中矣,因而重之,爻在其中矣,刚柔相推,变在其中矣。系辞焉而命之,动在其中矣。吉凶悔吝者,生乎动者也。

郑注:虑羲作十言之教曰乾坤震巽坎离艮兑消息,无文字谓之《易》。① (《汉上易传》卷八) 神农重卦。(《正义序》、《周礼疏二十四》、《汉上易传·卦图上》、《汉上易传·丛说》、《象旨决录》) 道无变动则为三才,而八卦以象告。道有变动则为六爻,而九六以数倚。天数肇于一,地数起于二,木生于三,金别于四,而土备于五,此数之自然也。参天数而得九,两地数而得六。九六定其数而卦成,卦成而为爻,爻成而变动备矣。盖易者,象而已。发天下之赜,而托于健、顺、动、入、陷、丽、止、说之用;寓天下之道,而形于天、地、山、泽、风、雷、水、火之物,则八卦成列,而象斯在其中矣。卦始于三画,未有爻也。因而重之,则其体有上下,其位有内外,其时有初终,其序有先后,其数有九六,其序有本末,而爻在其中矣。五阳也,而居之以六;二阴也,而居之以九,柔来而文刚,分刚上而文柔,刚柔之中,不中屡变而无常也,故曰"刚柔相推,变在其中矣"。蹇之不可以往也,坎之不可以出也,大过之可以大有为,睽之

---

① 《左传·定公四年》疏引《易》云"伏羲"至"消息"。

可以小事，履之所以经世，需之所以待时，率其辞而揆其方，天下之动不可易矣，故曰"系辞焉而命之，动在其中矣"。曰"在其中"者，其理犹隐也。圣人系辞焉而命之吉凶，则吉凶悔吝者，生乎动者也。天下之理动不若静，静而无为则荡然无执，孰为吉凶不睹一疵，孰为悔吝，动而交物，则所谓吉者，常少；而凶悔吝者，常多，此圣人之动所以常寓于不得已者欤。(《义海撮要》卷八)

关于八卦起源和六十四卦成书，易学史上多有争议。郑氏认为伏羲氏画八卦，神农氏重八卦，其根据是《系辞》："包牺氏没，神农作……盖取诸《益》。……盖取诸《噬嗑》。"《益》、《噬嗑》皆为重卦。因此，郑氏以伏羲画八卦释"八卦成列"，以神农重卦释"因而重之，爻在其中矣"。但是孙盛以为夏禹重卦，司马迁等认为文王重卦，王弼、孔颖达认为伏羲重卦，各持己见。造成此种状况的原因是《易传》记载不清，多有矛盾之处。郑氏在此称"虑羲"，即伏羲或包牺。郑氏又以"道"是否有变动来释八卦和重卦。《系辞》曰："道有变动，故曰爻。"据此，道不变则效法为八卦，八卦则为自然界中八种象，而道变动，效法之重卦六爻。爻有效之义。《系辞》曰"爻也者，效天下之动者也"。同时，道有变动，定卦之数九六，九为老阳之数，六为老阴之数，九六皆为变数。此九六数是由"参天两地"而得。天数一，地数二，天数三，地数四，天数五，此五个数又是五行生数。一、三、五为天数，相加为九，二、四为地数，相加为六。有九、六数则爻成，即阳爻为九，阴爻为六，则爻变动。八卦有象，此象是法天下之象而成。据《说卦》乾为健，为天；坤为顺，为地；震为动，为雷；巽为入，为风；坎为陷，为水；离为丽，为火；艮为止，为山；兑为说，为泽。故"八卦成列，象在其中"。但三画卦只有卦象而无爻象，八卦相重而为六十四卦。此时，卦分上下、内外、初始、先后、本末，则有九六数，则有爻，故"爻在其中矣"。重卦形成后，六位是固定的。初、三、五为阳位，二、四、上为阴位，而每位的爻则是变化的。有时是阳爻居阳位,阴爻居阴位,有时阳爻居阴位,阴爻居阳位,变动不居。如五位是阳位,以六(阴)居之;二位是阴位,以九(阳)居之。如《贲·象》所言:"柔来而文刚。""分刚上而文柔",刚柔变化而无常。故曰:"刚柔相推,变在其中矣。"每一卦都有文辞,这个文辞反映的是特定的变动含义。如蹇表示不可出往,坎表示不可出,大过可以大有作为,睽可以做小事,履可以经世,需当待时。根据其辞可以测度天下之道("率其辞而揆其方")。天下之动不可易,故曰:"系辞焉而命之,动在其中矣。""其中",是指理隐藏。圣人系辞而使之有吉有凶,吉凶悔吝生于动。理有动静,静而无为,则无所谓吉凶。悔吝,动而交物,吉者少,凶悔吝者多,圣人之动则是不得已。

刚柔者,立本者也;变通者,趣时者也;吉凶者,贞胜者也;天地之道,贞观者也;日月之道,贞明者也;天下之动,贞夫一者也。夫乾确然示人易也,夫坤聩然示人简矣。

郑注:确然,坚高也,乾之德不陷乎阴,而其道上行,崇以临之,刻以制之,可谓确然矣。然昭之以象,觌之以文,则日月有象,云汉有章,因性而已,其德行常易也。坤之势承天而以下为顺,其厚以载物,其静以代终,可谓聩然矣。然山河之融结,草木之华实,其止说以性,其生成以时,循理而已,其德行常简也。(《义海撮要》卷八)

确,有坚义。《说文》:"确,磐石也。"桂馥云:"磐石也者,谓坚也。""确"又有高义。"确"通"隺"。《说文》引《系辞》"夫乾确然"作"隺",郑氏《易赞》也引作"隺"。《说文》:"隺,高至也。"陨,下落。《说文》:"陨,下隊也。"隊,从高下墜。《说文》:"隊,从高隊也。"隊,即墜。段注:"隊,墜正俗字,古书多作隊,今则墜行,而隊废矣。"《尔雅·释诂》:"隊,落也。"觌,有见之义。《尔雅·释诂》:"觌,见也。"按照郑氏注释,此句话是言乾之德性。乾为纯阳而无阴,其特性是上行,临之崇高,制之雕刻,以示高坚,此谓"确然"。乾以象昭示,以文见之,日月有象,天河有文,皆因其性,故"易"。坤之德性承天而下,"厚德载物",以终成万物,此谓"陨然"。山河之凝结,草木华实,以时生成,以性以悦,只遵循其理,故曰"简"。**爻也者,效此者也;象也者,像此者也。爻象动乎内,吉凶见乎外,功业见乎变,圣人之情见乎辞。**

郑注:道之在事者,爻效之,其在理者,象像之,静而已。则吉凶泯而未见,动乎内,然后吉凶见乎外,故曰"爻象动乎内,吉凶见乎外"。兴事造业谓之功,功之所成谓之业。情者,性之动。辞者,言之文。复命曰常,则道之贞,所以治身也。出而应物,则帝之所兴,王之所起,应时而造者,或损或益,不可以为常也。故曰"功业见乎变"。圣人也者,尽性而足则无言可也。其发之于象,著之于爻者,亦曰以情言而已,则辞之所寓者,特圣人之情而已,故曰"圣人之情见乎辞"。《易》曰"辞有险易",又曰"系辞焉以尽其言",夫险易之理明,而天下知其所趋,则不陷乎凶咎悔吝之域。圣人之情,盖可见矣。(《义海撮要》卷八)

按照郑意,爻效法的是事物。象,像的是事物的理(规律)。故《系辞》第一个"此"指"事",第二个"此"指"理",这与《系辞》"夫象,圣人有以见天下之赜,而拟诸其形容,象其物宜,是故谓之象。圣人有以见天下之动,而观其会通,以行其典礼,系辞焉以断其吉凶,是故谓之爻"是一致的。郑氏认为,此爻是根据万物会通典礼而作,此象是象其物宜,百物不废,即是指"理"。爻象静则吉凶未见,动则吉凶见。"内",指卦爻象,"外",指预测的事物。如韩康伯注"爻象动乎内"所言"兆数见乎卦也",注"吉凶见乎外"云"失得验于事也"。功业,是指创业达到成功,古多指帝王圣贤建国立业。情,人性之动。《荀子·正名》:"性之好、恶、喜、怒、哀、乐谓之性。"辞,指文辞。"复命曰常"引自《老子》十六章,其意是谓万物归根为静，又叫"复命"，即恢复其本性，只有这样，才能常存。老子云："夫物芸芸，各复归其根，归根曰静，是曰复命，复命曰常。"郑氏引老子之语是说作为"常"就是道。这个作为万物根本的道，功用是居可以治身，即修心养性，出则以应物。应物当随机应变。帝王兴，有损有益，不可为常，故"功业见乎变"。易辞为古圣人所作，故圣人通过作辞表达了喜怒哀乐的情感。这就是郑氏所谓"其发之于象（辞），著之于爻者"。故"圣人之情见乎辞"，"爻象以情言"也是此意。圣人寄情于辞的目的则是通过明险易之理而使天下趋利避害。

天地之大德曰生，圣人之大宝曰位，何以守位曰人，

郑注：持一不惑曰守。（《诗·兔罝》疏）

守，有保持固守之义。郑氏训为"持之而不惑"即是此义。《坎·彖》"王公设险，以守其国"、《震·彖》"出可以守宗庙社稷"之"守"，也取此义。

何以聚人曰财，理财正辞、禁民为非曰义。

郑注：敛聚有经，费出有法，兼并无所肆，其开阖邦国，不得擅其节制，此之谓"理财"。垂法于象魏，读法于乡党，著之话言，布之典册，上言之以为命，下守之以为令，此之谓"正辞"。奢不得僭上，贱不得逾贵，造言者有诛，伪行者有刑，有以率其怠倦，有以锄其强梗，此之谓"禁民为非"，凡此皆义也。（《义海撮要》卷八）

此言税收、开支、土地兼并、关口的开合等经济活动当有一定的法度，不得随意，谓"理财"。法律的制订、颁布、执行，谓之"正辞"。严格按照等级行事，奢侈不得越上，卑贱不得越贵。造谣者、欺诈者当施以刑罚诛之，劝其怠倦，惩其强暴者，谓之"禁民为非"。象魏，本指宫廷外的阙门。古宫廷外有二台，上作楼观，上圆下方，两观双植，门在两旁，中央阙然为道，以其悬法，谓之象魏。《周礼·天官·太宰》："乃悬治象之法于象魏。"郑玄引郑司农注

"象魏，阙也"。贾公彦疏云："郑司农云象魏阙也者，周公谓之象魏，雉门之外，两观阙高魏魏然，孔子谓之观。《春秋左氏定二年》'夏五月雉门灾及两观'是也。云观者，以其有教象可观望，又谓之阙者，阙去也。仰视治象阙去疑事，或解阙中通门，是以庄二十一年云'郑伯享王于阙西辟'，注'阙'，象魏也'。"（《周礼注疏》卷二）此指朝廷颁布法律。乡党，乡里。《论语·乡党》"孔子于乡党，恂恂如也"，《礼记·曲礼上》"故州闾乡党称其孝也"，其"乡党"即是其义。"率其怠倦"，"锄其强梗"，见于韩愈《原道》。今人台湾学者胡自逢认为"为禁民为非之事，语亦不伦"，则为唐宋间治《易》者所托为之无疑。（见《周易郑氏学》）此说极有见地，但又无其他例证，故此仍存之以备考。率，指劝梗，刚猛。

古者包牺氏之王天下也。

郑注：*包，取也。鸟兽全具曰牺。（《释文》）*

按胡自逢考证，包取者，郑假"包"为"捊"，包、捊双声叠韵，二字同在下平五肴内。捊字，郑训为取。（见《周易郑氏学》）《谦·象》："君子以捊多益寡。"郑注"捊，取也"。牺，指牺牲，即古代祭祀所用的动物祭品。《说文》："牺，宗庙之牲也。"这些祭品多用牛羊和禽兽。《周礼·膳夫》"膳用六牲"，郑注："六牲，马牛羊豕犬鸡。"这些禽兽毛羽俱全谓之牺牲。《周礼·牧人》："凡祭祀共其牺牲"。郑注："牺牲，毛羽完具也。"此释包牺之字义。《系辞》中包牺是指伏羲。

仰则观象于天，俯则观法于地，观鸟兽之文，与地之宜，近取诸身，远取诸物，于是始作八卦，以通神明之德，以类万物之情。

郑注：*伏羲世质作《易》以为政令，而不书上止画其卦之形象。*（《路史后纪》一）

此言伏羲作《易》为政，其《易》只有卦画而无文字。

作结绳而为罔罟，以佃以渔，盖取诸《离》。包牺氏没，神农氏作。

郑注:女娲修伏羲之道无改作。(《书序》疏)

女娲,神话中古帝名。传说古代天崩地裂,女娲炼五色石以补天,断鳌足以立四极。有谓伏羲之妹者,有谓伏羲之妻者。在治理社会方面,她沿袭和修正了伏羲之道,但没有更改。

斲木为耜,揉木为耒,耒耨之利,以教天下,盖取诸《益》。日中为市,致天下之民,聚天下之货,交易而退,各得其所,盖取诸《噬嗑》。神农氏没,黄帝、尧、舜氏作。

郑注:金天高阳高辛遵黄帝之道,无所改作,故不述焉。(《周礼·大司乐》疏)

高阳,为黄帝之孙,即帝颛顼。高辛,为黄帝曾孙,即帝喾。据《史记·五帝本纪》记载,典帝生二子,一曰玄器,一曰昌意。昌意生高阳。玄器生蛟极,蛟极生高辛。黄帝、高阳、高辛、尧、舜又被称为五帝。《白虎通·号篇》:"五帝者何谓也?《礼》曰:'黄帝、颛顼、帝喾、帝尧、帝舜,五帝也。'"高阳、高辛执政多遵黄帝之道而无改制,故不言之,而至尧、舜对社会进行了大的改制。

通其变,使民不倦,神而化之,使民宜之。易穷则变,变则通,通则久,是以自天佑之,吉天不利。

郑注:黄帝、尧、舜其号名虽殊,其所以应时而趋变。凡以为民而已。执久则释,视久则瞬,事久则弊,不更则致,故"通其变者,使民不倦"而已,非常之变,黎民惧焉。故神而化之,使民宜之,川行而涉,陆行而涂也。为之舟车以通之,木处而颠,土处而病也,为之宫室以居之。为之棺椁以易沟壑之陋,为之书契以革结绳之简,为之衣裳以辨上下,为之弧矢以威不恪。患至,而为之备;事来,而为之应。法之所未病,圣人不强易,民之所未厌,圣人不强去,凡此者,所谓"通其变"也。如天之运,如神之化,在之而不示其所以在之之迹,宥之而不示其所以宥之之事,其效至于民无所施其智巧也,日用饮食而已,此之谓"使民宜之"。物则备而有穷,道则通而

无弊。易者，道也。故穷则变，变则通，通则久。天下之事所以易
亏而巫坏者，变而不能通也。道之所以自古而固存者，一阖一辟，
往来不穷也，故常久而不已者，天地之道而显然无间者。庄子谓之
命，此所以"自天佑之，吉无不利"欤。（《义海撮要》卷八）

按照郑意，黄帝、尧、舜的功绩则是趋事而变，变是事物发展的
规律，是大势所趋。"执久则释，视久则瞬，事久则弊，不更则敦"
是其义，故曰通其变使民不倦。因变之突然，黎民则畏惧，故帝王
则采取了"神而化之，使民宜之"的方法。所谓"通其变"，即革故
鼎新，发明舟车以济不通，发明宫室以代木处土处，发明棺椁以易
沟壑之陋，发明书契以变结绳之简，发明衣裳以辨上下，发明弓箭
以应祸患，这就是《系辞》所谓："刳木为舟，剡木为楫，舟楫之利，
以济不通"，"服牛乘马，引重致远"；"弦木为弧，剡木为矢，弧矢之
利，以威天下"；"上古穴居而野处，后世圣人易之以宫室"；"古之
葬者，厚衣之以薪，葬之中野……后世圣人易之以书契"。所谓
"神而化之"是指神妙莫测而变化。如天之运行，虽存在而不显存
在之迹，有利而不显有利之事。此即《系辞》"显诸仁，藏诸用"。
所谓"使民宜之"，则是指其变之利，无所施于民而民用之，即所谓
"百姓日用而不知"。所谓变通，是就易道而言；易道变动不居，周
流六虚，故而使万物生生不已，故易穷则变，变则通，通则久，故自
天佑之，吉无不利。据台湾学者胡自逢先生考证，"木处而颠，土处
而病"、"为之宫室"取韩愈《原道》之句，则疑为唐宋治易者所托。
从其行文看，也像唐宋人之易注。如俞琰云："时当变则变，不变则
穷……变而通之所以趣时也，民之所未厌，圣人不强去，民之所未
安，圣人不强行。"与《义海》所引注文极为相似。然是因缺乏铁
据，则不敢弃之。敦，败坏。《尚书·洪范》"彝伦攸敦"即是其义。
宥，利。《吕览·去宥》"此有所宥也"，注："宥，利也。"
黄帝尧舜垂衣裳而天下治，盖取诸《乾》《坤》。

郑注:始去羽毛。(《公羊传·桓公四年》疏)乾为天,坤为地,天色玄,地色黄,故玄以为衣,黄以为裳,象天在上,地在下,土托位南方。(《诗·七月》疏、《礼记·王制》疏)南方色赤,黄而兼赤,故为纁也。(同上)

去羽毛,是指黄帝改羽毛遮体为衣服。《九家易》云:"黄帝以上,羽皮革木以御寒暑,至乎黄帝,始制衣裳垂示天下。"《魏志·高贵乡公纪》俊对曰:"三皇之时,人寡而禽兽众,故取其羽皮,而天下用足。及至黄帝,人众而禽兽寡,是以作衣裳而济时变也。"黄帝发明衣裳效法乾坤天地。乾为天,坤为地,天色玄,地色黄,即《文言》所谓"天玄地黄",天在上,地在下,故法天上为衣色玄,法地下为裳色黄。纁,赤与黄色为纁色。《周礼·染人》疏:"乾坤即天地之色,但天玄地黄,纁者,土无正位,托位南方火,火色赤与黄,其为纁也。"《周礼·司服》疏:"赤与黄即是纁色,故以纁为名也。"

刳木为舟,剡木为楫,舟楫之利,以济不通,致远以利天下,盖取诸《涣》。服牛乘马,引重致远,以利天下,盖取诸《随》。重门击柝,以待虣①客,盖取诸《豫》。

郑注:豫坤下震上,九四体震,又互体有艮,艮为门。震日所出亦为门,重门象。艮又为手,巽爻也,应在四,皆木也,手持二木也。手持二木以相敲,是为击柝。击柝为守备警②戒也。③ 四又互体为坎,坎为盗,五离爻,为甲胄戈兵,盗谓④(甲胄)持戈兵,是暴(虣)客也。又以其卦为豫,有守备则不可自逸是也。(《周礼·天官·宫正》疏)

---

① 虣,通行本作"暴"。
② 警,王本作"惊"。
③ 自"手持"至此又见《左传·哀公七年》疏。
④ 盗谓,字误,惠栋改为"甲胄"。

豫下坤上震。震以阳爻为主,故九四体震,二、三、四爻互体艮。按《说卦》,艮为门,震为东方,东方为日所出之地,故震亦为门,有重门之象。又艮为手,据爻体说,初阴为巽,与四震相应。巽震皆为木,故有手持二木之象。手持二木相敲,是为击柝。马融云:"柝,两木相击以行夜。"柝,即今日所谓更梆。三、四、五爻互体坎,五爻阴体离。按《说卦》,坎为盗,离为甲胄戈兵。盗胄持戈兵,是暴客之象。豫,有享乐之义。《杂卦》:"豫,怠也。"《释文》引虞作"怡",《集解》本同。《尔雅·释诂》:"怡,乐也。"因卦有享乐之义,故言当有守备不可自逸。虣,今本作"暴",二字相通。《周礼·地官·大司徒》:"以刑事教中,则民不虣。"《周礼·地官·司虣》:"禁其斗器者与其虣乱者。"其中"虣"有"暴"义。

断木为杵,掘地为臼,臼杵之利,万民以济,盖取诸《小过》。弦木为弧,剡木为矢,弧矢之利,以威天下,盖取诸《睽》。上古穴居而野处,后世易之以宫室,上栋下宇,以待风雨,盖取诸《大壮》。古之葬者,厚衣之以薪,葬之中野,不封不树,丧期无数,后世圣人易之以棺椁,盖取诸《大过》。

郑注:大过者,巽下兑上之卦,初六在巽体,巽为木。上六位在巳,巳当巽位,巽又为木,二木在外,以夹四阳,四阳互体为二乾,乾为君,为父,二木夹君父是棺椁之象。(《礼记·檀弓》疏)

按爻体说,大过初六为巽体,巽为木。又按爻辰说,坤六爻自下而上依次纳未、酉、亥、丑、卯、巳。大过上爻为阴爻,当从坤上六纳巳,巳从方位看为东南,东南为巽位,巽也为木。故从此卦上六爻看,上下二木夹中间四阳爻。四阳爻互体为两乾(二三四互乾,三四五互乾)。乾为君,为父,君父在二木之中,是为棺椁。

上古结绳而治。

郑注:事大,大结其绳;事小,小结其绳。(《正义》、《书序》疏)

此言上古结绳记事。上古时代先民思维水平低下,还没有数字和文字，谈不上用数字计算和用文字记录，在生活中只能用"结绳"方法记事。这一点从文字学上可得到证明。甲骨文"数"，从字形结构看，有用绳子打结之意。《说文》："数，计也。"说明"结绳"是为了计算，故"结绳"是中国数学和文字的萌芽。郑氏所谓"事大大结其绳，事小小结其绳"是对"结绳"记事更为具体的说明。此说与《九家易》相类，然而《九家易》则更为详尽。《九家易》说："古者无文字，其有约誓之事。事大大其绳，事小小其绳，结之多少，随物众寡，各执以相考，亦足以相治也。"

后世圣人易之以书契。

郑注：书之于木，刻其侧为契，各持其一后以相考合。（《书序》疏）

此言圣人以刻事于木取代"结绳记事"。按郑玄说法，书契是指写在木头上和刻在木头上的文字。写和刻似两种方法，其实，据考证二者是一回事。《书序·释文》引郑注作："以书书木边，言其事刻其木，谓之书契也。"

百官以治，万民以察，盖取诸《夬》。①

是故《易》者，象也。象也者，像也。

郑注：像，拟也。（《释文》）

《说文》："像，侣也，从象声。"段注："象为古文，圣人以像释之。凡形像、图像、想像字，皆当从人。而学者多作象，象行而像废矣。"此言象、像通。象，有比拟之意，《管子·七法》："义也，名也，时也，似也，类也，比也，状也，谓之象。"故"象"训为"像"，而"像"可训为"拟"。

彖者，材也。爻也者，效天下之动者也，是故吉凶生而悔吝著也。

阳卦多阴，阴卦多阳，其故何也？阳卦奇，阴卦偶，其德行何

---

① 夬，帛书作"大有"。

也？阳一君而二民，君子之道也。阴二君而一民，小人之道也。

郑注：一君二民，谓黄帝、尧、舜，谓地方万里为方千里者百。中国之民居七千里，七七四十九。方千里者四十九，夷狄之民居千里者五十一，是中国、夷狄二民共事一君。二君一民，谓三代之末，以地方五千里一君，有五千里之土，五五二十五，更足以一君二十五，始满千里之方五十，乃当尧、舜一民之地，故云："二君一民。"（《礼记·王制》疏）

此以古土地分封制释之。首先以黄帝、尧、舜及所居地数量释"一君二民"。古代土地为君王所有，一个君统治中国、夷狄二民。从地域看，一千平方公里，中国居七千里，四十九平方里，夷狄之民居五十一平方里。在两块土地上共事一个君，此为"一君二民"。所谓"二君一民"，是指三代末，五千平方里，若一君有二千五百平方里，另二千五百平方里还可以供一君之用，相当于尧、舜时一民之地，此谓"二君一民"。

《易》曰："憧憧往来，朋从尔思。"子曰："天下何思何虑？天下同归而殊涂，一致而百虑。天下何思何虑？日往则月来，月往则日来，日月相推，而明生焉。寒往则暑来，暑往则寒来，寒暑相推，而岁成焉。往者，屈也；来者，信也。屈信相感，而利生焉。尺蠖之屈，以求信也；龙蛇之蛰，以存身也；精义入神，以致用也；利用安身，以崇德也。过此以往，未之或知也。穷神知化，德之盛也。"《易》曰："困于石，据于蒺藜，入于其宫，不见其妻，凶。"子曰："非所困而困焉，名必辱。非所据而据，身必危。既辱且危，死期将至，妻其可得见耶？"《易》曰："公用射隼于高墉之上，获之，无不利。"子曰："隼者，禽也；弓矢者，器也；射之者，人也。君子藏器于身，待时而动，何不利之有？动而不括，是以出而有获，语成器而动者也。"子曰："小人不耻不仁，不畏不义，不见利不劝，不威不惩，小惩而大戒，此小人之福也。《易》曰：'履校灭趾，无咎。'此之谓也。善不积，不足以成名;恶不积,不足以灭身,小人以小善为无益而弗为也,以小恶为无伤而弗去也。故恶积而不可揜,罪大而不可解。《易》曰;'何校灭耳,凶。'"子曰:"危者,安其位者也;亡者,保其存者也;乱者,有其治者也。是故君子安而不忘危,存而不忘亡,治而不忘乱,是以身安而国家可保也。《易》曰:'其亡其亡,系于苞桑。'"子曰:"德薄而位尊,知小而谋大,力小而任重,鲜不及矣。《易》曰:'鼎折足,覆公𫗧,其形剧,凶。'言不胜其任也。"子曰:"知几其神乎?君子上交不谄,下交不渎,其知几乎。几者,动之微,吉之先见者也。君子见几而作,不俟终日。《易》曰:'砎于石,不终日,贞吉。'砎如石焉,宁用终日,断可识矣。君子知微知章。

郑注:君子知微,谓幽昧。知章,谓明显也。(《文选·潘岳〈西征赋〉》注)

从郑氏注文看,此是释"微"、"章"。微,本义指隐行。《说文》:"微,隐行也。"后引申为微小幽昧之义。《系辞》言"几者,动之微"。此"微"是微小之义。《文选·归田赋》"谅天道之微昧",注云:"微昧,幽隐。"此"微"是幽昧之义。章,帛本同今本作"彰",古章、彰通。章,有明显之义。《仪礼·士冠礼》"章甫",《礼记·场记》"章民之别",《礼记·缁衣》"章志贞教"等,郑皆注:"章,明也。"《楚辞九章序》"章者,著明也",《周易·丰》"来章有庆誉",虞注:"章,明也。"

知柔知刚,万夫之望。"子曰:"颜氏之子,其殆庶几乎?

郑注:庶,幸也。几,觊也。(《诗·兔爰》疏)

按《尔雅》,庶,有"幸"义。《尔雅·释言》:"庶,幸也。"几,也有"幸"之义。《说文》:"觊,㰱幸也。"按段注:㰱,古作"几"。故庶、几其义同。曹元弼云:"郑以则以'庶几'为冀幸之义,近辞也。"(《集解补释》)胡自逢云:"几觊也者,觊为觊觎,希望之辞。觊、冀音同义通。"(《周易郑氏学》)又云:"庶训幸,幸亦有所希求。

《说文》：'觊，欲幸也。'是庶几之义全同。"（同上）

有不善未尝不知，知之未尝复行也。《易》曰：'不远复，无祗悔，元吉。'""天地絪缊，万物化醇，男女觏精，

郑注：觏，合也。男女以阴阳合其精气。（《诗·草虫》疏）

觏，今本作"构"（搆），二者音同形近故相通。觏，有遇见之义。《说文》："觏，遇见也，从见，冓声。"段玉裁注："《诗·如南·草虫》：'亦即见止，亦既觏止。'传曰：'觏，遇也。'……毛云：遇也。实含会合之义。"又冓有交合之义。《说文》："冓，交积材也。象对交之形。""对交之形"即"合"。冓通觏，故觏也有交合之义。"男女觏精"，指男女交合。

万物化生。《易》曰：'三人行，则损一人；一人行，则得其友。'言致一也。"子曰："君子安其身而后动，易其心而后语，定其交而后求，君子修此三者，故全也。危以动，则民不与也。惧以语，则民不应也。无交而求，则民不与也。莫之与，则伤之者至矣。《易》曰：'莫益之，或击之，立心勿恒，凶。'"

子曰："乾坤其易之门户①邪。乾，阳物也；坤，阴物也。阴阳合德，而刚柔有体，以体天地之撰，以通神明之德。其称名也，杂而不越，于稽其类，其衰世之意邪。夫易，彰往而察来，而微显阐幽。开而当名辨物，正言断辞则备矣。其称名也小，其取类也大，其旨远，其辞文。其言曲而中，其事肆而隐。因贰以济民行。

郑注：贰当为式。（《释文》）

案《说文》云："贰，副益也。从贝二声。"又云："二，地之数也。以耦一。弍，古文二。"故知贰、弍通。孔颖达疏云："贰，二也，谓吉凶二理。"郑氏作弍，从古文，今作"贰"，为俗用字。

以明失得之报。"

① 今本无"户"字。

《易》之兴也,其于中古乎。

郑注:《易》是文王所作。(《左传序》疏)

郑注本之《系辞》。《系辞》云:"《易》之兴也,其当殷之末世,周之盛德邪。当文王与纣之事邪。"

作《易》者,其有忧患乎。

郑注:文王囚而演易。(《正义·卷首》)

此说本之司马迁《史记》。《史记》云:"西伯即位五十年,其囚羑里,盖益《易》之八卦为六十四卦。"

是故履,德之基也;谦,德之柄也;复,德之本也;恒,德之固也;损,德之修也;益,德之裕也;困,德之辨也。

郑注:修,治也。(《释文》)辨,别也,遭困之时,君子固穷,小人穷则滥,德于是别也。(《集解》)损其所有余,则累去而德全;益其所不足,则智明而德光。无患而自若者,众人也;有忧而不改其操者,君子也。困则君子小人较然见矣。(《义海撮要》卷八)

修,古通"脩"。《说文》:"脩,饰也。"饰有治义。《礼记·中庸》"修道之谓教",郑注:"修,治也。"《广雅·释诂》:"修,治也。"《说文》:"辩,判也。"又:"判,分也。"故辨有分别之义。郑氏引《论语·卫灵公》孔子"君子固穷,小人穷斯滥矣"说明处困之时君子与小人的不同表现。固穷,指穷困而能坚守。穷斯滥,指穷困而无所作为。君子修养道德减其多余,增益其不足则德全而广大。君子与小人不同则表现为小人没有忧患意识,泰然自若,而君子则有忧患意识而不改操守。此与"君子固穷,小人穷斯滥矣"义类似。

井,德之地也;巽,德之制也。履,和而至;谦,尊而光;复,小而辨于物;恒,杂而不厌;损,先难而后易;益,长裕而不设;困,穷而通;井,居其所而迁;巽,称而隐。

郑注:履者,礼也。以交物为事,故其用以和为贵,以辨上下,则虽交而有辨焉。出而交物为无所至,入而辨焉,为有所至。所谓君子者,其交也,其辨也,一而已,故柔乘刚而不咥,"履帝位而不疚",以经世而无患,若夫知交物之为和,而不知辨物之为至,则在四而怀"愬愬"之志,在二而为"幽人"之事,失其所履矣。与物杂而不厌,然后见君子,若长沮桀溺之徒方且厌用之浊,而自谓处其清,宜君子以为不可与同群也。忿欲之害性,损之为难觉而宜焉,是即性也。何难之有?自生也,而无益生之祥;自长也,而无助长之害;自成也,而无劝戒之殆。长而至于裕,其益也,孰御,岂以饰为事哉。不见是而无闷,困而通也。井居而有迁,义以德分人也,巽之应轻重,因彼而物莫能测也。(《义海撮要》卷八)设,大也。(《周礼·考工记·桃人》疏)

自"履者,礼也"至"失其所履矣"是释"履"。案帛书作"礼"。《荀子》云:"礼者,人之所履也。"知"履"通"礼"。交物,即与物打交道。与物打交道皆按一定等级秩序,故言"履"。辨上下:取自《履·象》"履,君子以辨上下定民志"。乘刚而不咥:本之《履》卦。《履》六三乘九二,由于兑与乾相应,故卦辞云"履虎尾,不咥人"。即《象》云:"履,柔履刚也。说而应乎乾,是以履虎尾,不咥人。"履帝位而不疚:取自《履·象》。此是指《履》九五阳刚居中处尊而不忧。帝位,指五位。疚,一本作"疾"。此指不安、忧虑。在四怀"愬愬"之志,在二而为"幽人"之事:此本之《履》爻辞。九二云:"履道坦坦,幽人贞吉。"故"在二而为幽人之事"。九四云:"履虎尾,愬愬,终吉。"故言"在四而怀愬愬之志"。愬愬,危惧貌。按照郑意,履道当与物打交道,既以和为贵,又要辨上下,识尊卑,否则失其道。自"与物杂而不厌"至"不可与同群也",是释"恒杂而不厌"。长沮、桀溺,为春秋时隐士。据《论语·微子》,长沮、桀溺在田中耕种,孔子曾派子路问路。长沮、桀溺嘲笑孔子改革。孔子说:"鸟兽不可与同群,吾非斯人之徒与而谁与?"此引长沮、桀溺典故说明只有当跻身于复杂的事物当中,与人打交道才是君子,此为"杂而不厌"。而长沮、桀溺自命清高非真君子。自"忿欲之害性"至"岂以饰为事哉"是释"损先难而后易，益长裕而不设"。人之性有忿怒有私欲，而这种忿欲危害其人性，故当损之。《损·象》"君子以惩忿窒欲"即是此义。减损或惩治私欲和忿怒则是逆情，故而"难之"。觉悟且有宜于人性则"易"。人性是"自生"、"自长"、"自成"，本无祥，无害，无殆，故损之不难。长养而宽裕于物，这种"益"是无法阻挡的，这并非虚假修饰设置的，此为"不设"。设，有侈大不诚实之义。不诚实即"饰"。"不见是而无闷"是释"穷困而通"，此取自《文言》"龙德而隐者也，不易乎世，不成乎名，遁世无闷，不见是而无闷"。是，指正义。"义以德分人也"是释"井居其所而迁"。此本于"井以辨义"。井能施水于人而无私则是"义"，故井可以辨明君子之义。如孔颖达所言："井能施而无私则是义之方所，故辨明于义也。""巽之应轻重因被而物莫能测也"是"巽称而隐"。此言"巽以行教"应轻重，可以称量事物而显露。"莫能测"指"隐"。

履以和行，谦以制礼，复以自知，恒以一德，损以远害，益以兴利，困以寡怨，井以辨义，巽以行权。

《易》之为书也不可远，为道也屡迁，变动不居，周流六虚，上下无常，刚柔相易，不可为典要，唯变所适，其出入以度，外内使知惧，又明于忧患与故，无有师保，如临父母，初率其辞而揆其方，既有典常，苟非其人，道不虚行。

郑注："以言者尚其辞，以动者尚其变，以制器者尚其象，以卜筮者尚其占"，欲违则不能也，此之谓"不可远"。其变也神游，其动也雷行，其周也天旋，其流也川通，此之谓"为道也屡迁"。道有出乎无方者，不可以方求，故上下则无常。有入乎不测者，不可以体居，故刚柔则相易。阳上而阴下为有常矣，乾刚而坤柔为不可易矣。然且无常而相易，则事之有典，体之有要者，岂足以喻于易之道哉。一阖一辟，往来不穷，"唯变所适"而已，故曰"上下无常，刚柔相易，不可为典要，唯变所适"。《传》曰：用之弥满六虚，则六虚者，岂特六爻之位哉。此《易》之所以无乎不在也，故曰仰而视之在乎上，俯而窥之在乎下，典，犹册之有典；要，犹体之有要。典要者，道也。既有典常，辞也。"其出入以度，外内使知惧，又明于忧患与故，无有师保，如临父母，初率其辞而揆其方，既有典常"者，所以申言《易》之为书不可远如此也。静而已，不涉于动，性而已，不交乎情，则内外泯而为一，亦何患之有？有出焉，往而之上；有入焉，来而之内，则不可以无度也。若《中孚》之初九以"虞吉"，《屯》之六三以无虞而吝，则出入以度。内外者，凡使之知惧而已，非特知惧也。又明于忧患与故，则民之所患与夫事之理，无不察焉，故"虽无师保，如临父母"，则《易》之为书，能使人之爱敬，殆若天性然。"初率其辞而揆其方，既有典常"，则易之辞见端而知末，观旨而知归。若形之于影，声之于响，其典为可考，其常为可守故也。《文言》曰"君子行此四德者，故曰乾元亨利贞"。元亨利贞，乾之德也。而必曰君子行然后可以为乾之备，则道果在天邪，果在人也。故曰"苟非其人，道不虚行"。道之在天下，贤者识其大者，不贤者识其小者则明于本数，系于末度，而道待之以行者，非圣人，其孰能与于此。(《义海撮要》卷八)

自"以言者尚其辞"至"以卜筮者尚其占"是引《系辞上》第十章之言说明《易》之功用，即"《易》之为书也不可远"。自"其变也"至"其流也川通"是释"为道也屡迁"。此是谓易道在自然界中没有固定的表现形式，其天地运转、变动、周流，神妙莫测皆体现了易道，此即"为道也屡迁，变动不居，周流六虚"。自"道有出乎无方者"至"既有典常，辞也"是释"上下无常，刚柔相易，不可为典要，唯变所适"。道出无方所，不可以方所求之，故上下无常。道入而神妙莫测，不可以定体居之，即阴阳相互转换，故"刚柔相易"。

阳居上，阴居下，乾为刚，坤为柔，本不可易，然则又相互转化而相易。作为具体的事物则有一定的规律，一定的物体则有一定的要领，但这不足以比喻易道。易道阴阳开辟，往来不穷，体现只是"变"，故"唯变所适"。易道周流六虚，在《易》指六爻之位，在自然界当指易道无时不在，无处不有。事物之典要，是道，而将这种典常加以总结并用语言表达出则是易辞。自"静而已"至"非特知惧也"是释"其出入以度，外内使知惧"。此言人性不动，内外为一而无患。其出入、内外当有尺度，这个尺度是《易》。《中孚》初九"虞吉"，《屯》六三无虞而吝，即是人行动知惧的尺度。自"又明于忧患"至"殆若天性然"是释"又明于忧患与故，无有师保，如临父母"。是言《易》能明察民之患和事之理，能使人爱敬。自"初率其辞而揆其方"至"其常为可守故也"是释"初率其辞而揆其方，既有典常"。此言据易之辞可以原始反终，由本知末。典常为易辞，易辞与事物的关系，如形之于影，声之于音，由影可知形，由音可知声，即易辞可以了解事物本质。自"《文言》曰"至"其孰能与于此"是释"苟非其人，道不虚行"。此以"乾元亨利贞"四德为例，说明道在天，却要人总结推行，尤其需要识其大者的圣人来完成如此大任。此谓"苟非其人，道不虚行"。此注引传文，此传文不见现存的唐以前易注，又从此段注文的文风看，不像汉代的注文风格，很像宋人注文。疑此注非郑注，以待考之。

《易》之为书也，原始要终，以为质也。

郑注：始于三画，成于六爻。始有所萌，《易》实原之；终有所归，《易》实要之。（《义海撮要》卷八）

此言易卦形成始于三画，又三画相重而成六画，事物有始终，《易》用三画、六画之卦来概括之，是谓"原""要"。

六爻相杂，唯其时物也。

郑注：二至四，三至五两体交互各成一卦也。（《象旨决录》）

此言互体。每一卦二三四互体一卦,三四五互体一卦,共互出两个经卦而成一别卦。

其初难知,其上易知,本末也。初辞拟之,卒成之终。若夫杂物算德,

郑注:算,数也。(《释文》)

算,通行本、帛《易》皆作"撰",《周礼·大司马》"撰东徒",郑注云:"撰,读算。"按算、撰古音通转。《说文》:"算,数也。"《尔雅·释诂》:"算,数也。"故郑训本《说文》、《尔雅》。

辩是与非,则非其中爻不备。噫!亦要存亡吉凶,则居可知矣。

郑注:居,辞。(《释文》)

居,在古代齐鲁常训为助辞。郑注《礼记·檀弓上》"何居":"居读为姬姓之姬,齐鲁之间助语也。"孔疏:"居,语辞。"又郑注《礼记·郊特牲》"何居":"居读为姬,语之助也。何居,怪之也。"

知者观其彖辞,

郑注:彖辞,爻辞也。(《释文》)

彖辞,一般指卦辞或卦爻辞,有时也指《彖传》。《释文》引马融云:"彖辞,卦辞也。"又引王肃云:"彖,举象之要也。师说通谓交卦之辞也。"郑氏训为爻辞,恐本上下文讲爻之意。

则思过半矣。二与四同功而异位,其善不同,二多誉,四多惧,近也。柔之为道不利远者,其要无咎,其用柔中也。三与五同功而异位,三多凶,五多功,贵贱之等也。

郑注:谦惧逊说,不可以大有为,柔之道也。方睽之时,柔进而上行,小事吉而已。《诗》称"仲山甫之德",曰"柔嘉维则而已"。"柔之为道不利远者",盖远者大者非柔之所能为也。故其要止于无咎者,以其用柔中故也,以过物而解难,岂柔之所能济哉?三在下卦之上而过中,虽若乾之君子乾乾,而且不能以无危也。故曰多凶。五则操天之利器,所往无不得志矣,故多功。《系辞》曰"列贵贱者存乎位",贵有常,则功易以立;贱有等,咸而不僭,以慢者以多凶故也,故曰"三多凶五多功,贵贱之等也"。
(《义海撮要》卷八)

　　自"谦惧逊说"至"非柔之所能为也"是释"柔之为道不利远"。
《谦》卦五阴一阳,阴多阳少,有谦让、恐惧之义,不可以大有作为,
此为柔道。《睽》三五为柔,五柔居尊位而行在上,故《睽·彖》云:
"睽,……说而丽乎明,柔进而上行,……是以'小事吉'。"此是言
柔道行而"小事吉"。《诗·烝民》:"仲山甫之德,柔嘉维则。"仲山
甫,鲁献公次子,周宣王时大臣,封于樊(陕西长安南),亦称樊仲、
樊穆仲。《诗经》称赞仲山甫有柔美之德。远大是刚德,柔德是顺
从,故柔之为德则不为远大。自"故其要止于无咎者"至"岂柔之
所能济哉",是释"其要无咎,其用柔中也"。此是言,柔爻居中是
谓柔中,即柔不偏不倚行事方可无咎,过中解难则非柔之功用。自
"三在下卦之上"至"故多功",是释"三与五同功而异位,三多凶,
五多功"。三与五同为阳位而有"同功"之说。但三居下卦之上,
过下卦中位,虽然《乾》九三言"君子终日乾乾"也不能无危,故言
"三多凶"。也就是说,"三多凶"其因在于过中。五居中,处尊位,
似君王掌天下之利器,往皆得志,故"五多功"。自"《系辞》曰"至
"贵贱之等也",是释"贵贱之等"。此用贵贱说明"三多凶,五多
功"。《周易》爻位有贵贱之分,五居上为贵,三居下为贱,贵者则
易立功,贱者僭越而多凶。

其柔危,其刚胜邪。

**易之为书也,广大悉备,有天道焉,有人道焉,有地道焉,兼三材而
两之,故六。六者非它也,三材之道也。**

　　郑注:若天之覆,若地之载,嘿而该之,以言乎迩,则静而正;挥
而散之,以言乎远,则莫之御,此之谓广大。大之为天地,微之为豚
鱼,幽之为鬼神之情状,变之为人物死生,无不该也,无不遍也,此
之谓悉备。扬雄曰:"其上也,悬天;其下也,沦渊;其纤也,入葳;其

广也，包畛。"岂类此欤。阴敛其质，阳散其文，天道也。静翕以柔，动辟以刚，地道也。以仁立人，以义立我，人道也。天辟乎上而流元气，人位乎中而统元识，地辟乎下而统元形，其体虽各立，而其用无不通，此之谓材。（《义海撮要》卷八）

自"若天之覆"至"岂类此欤"是释"广大悉备"。嘿，通"默"，有沉默之义。《荀子·不苟》："君子之德，嘿然而喻。"《晏子春秋·内篇·谏上》"臣闻之，近臣嘿"，其"嘿"即是其义。该，具备，《方言》"备，该，威也"。《穀梁·哀公元年传》："此该之变而道之也。"范宁集解曰："该，备也。"《管子·小问》："四言者，该焉。"尹知章注曰："该，备也。"《广韵》："该，备也，威也，柔也，皆也。""嘿而该之"、"挥而散之"取自扬雄之语。《太玄·摛》云："嘿而该之者，玄也；挥而散之者，人也。""广大"之意是指似天覆地载，敛而聚之则近而静，挥而散之，则远而不可限量，即《系辞》所言"夫《易》广矣大矣，以言乎远则不御，以言乎迩则静而正，以言乎天地之间则备矣"。"悉备"是指宇宙万事万物皆概括其中，即"无不该也，无不遍也"。具体言之，大至天地，微至鱼虫，幽至鬼神，变至生死，……尽在其中。此又引扬雄《太玄·摛》之文说明易道渗透到天地万物之中无所不在。葳，杂草。《说文》："葳，芜也。"包畛，包括一切范围。《太玄》本意指玄上通于天，下泊于地，细入于草木。即玄无所不在。自"阴敛其质"至"人道也"是释"天道"、"人道"、"地道"。按《说卦》"立天之道曰阴与阳，立地之道曰柔与刚，立人之道曰仁与义"。天道分阴阳，地道分刚柔，人道分仁义。阴静而聚其为体质，阳动而散其为文彩。动静聚散为天道，柔静而闭，刚动而开，刚柔动静开闭是地道。爱人为仁，利公为义，仁是就人而言，义是就自己而言。董仲舒云："《春秋》之所治，人与我也，所以治人与我者，仁与义也。以仁安人，以义正我，故仁之为言，人也；义之为言，我也。……仁之法，在爱人，不在爱我；义之法，在正我，不在正人。"此之为"以仁立人，以义立我"。爱人利公是人之道。自"天辟乎上而流元气"至"此之谓材"是释"三材"。三材指"天地人"。天主宰上而流行元气，人居中而有意识，地主宰下而有形。元气，元形，元识三者相通是"材"。

道有变动，故曰爻。爻有等，故曰物。物相杂，故曰文。文不当，故吉凶生焉。

易之兴也，其当殷之末世、周之盛德邪，当文王与纣之事邪。

郑注：据此言以《易》是文王所作，断可知矣。(《左传·昭二年》疏、《左传序》疏)

郑氏以"文王与纣之事"为据，提出《易》为文王所作。

是故其辞危，危者使平，易者使倾。其道甚大，百物不废，惧以终始，其要无咎，此之谓《易》之道也。

夫乾天下之至健也，德行恒易以知险；夫坤天下之至顺也，德行恒简以知阻。

郑注：乾，纯阳也，为天下之至健。坤，纯阴也，为天下之至顺。"至健矣"，与时偕行而无所积，则疑若难而未尝不易者，因性故也。"至顺矣"，与理偕会而无违，则疑若烦而未尝不简者，以循理故也。惟因性故拂性而行者，有所不为则知险矣，此阴之所以不能陷也。惟循理故违理而动者，有所不作则知阻矣，此阳之所以不能止也。险在前也，阳不能进而为需，阴无得而胜焉。阻在前也。坤自由而为比，阳无得而胜焉，此又乾坤之不忽于阴阳而为健顺之至欤。(《义海撮要》卷八)

此言乾坤性与功用。乾为纯阳而曰至健，坤为纯阴而曰至顺，如《文言》所言："大哉乾乎，刚健中正，纯粹精也。""坤至柔而动也刚，"乾至健，其性动而与时行始万物，虽难而容易。坤至柔，其性静而顺从理成万物，虽繁杂而简单，其所谓"乾知大始，坤作成物。乾以易知，坤以简能，易则易知，简则易从"即是此义。若违背阳性而行事,则不会成功,则一定有险,这是阴所不能陷入的。若阴违背顺从之理而行事也不会有作为,则一定有阻力,这是阳所不能制止的。险在前,阳不能进,而为需。需上坎下乾,坎为险在前,乾阳不进而等待。《彖》曰:"需,须也,险在前也。"阳不进则阴胜。阻在前,而坤自由,而为比。比上为坎,下为坤,坎为阻,坤性静而自由,阳无得而阴胜。此为乾坤不忽略阴阳而为至健至顺。从此注文行文看,谈性谈理,与郑氏其他注文的风格不同,更像唐宋人的注文,故疑此注不是郑玄易注。

能说诸心,能研诸侯之虑,定天下之吉凶,成天下之亹亹者。

郑注:亹亹,没没也。(《释文》)

释见《系辞上》注。

是故变化云为,吉事有祥,象事知器,占事知来。天地设位,圣人成能。人谋鬼谋,百姓与能。

郑注:鬼谋谓卜筮于庙门。(《仪礼·士冠礼》疏)言谋为善谋助之,百姓能与安己者。(《御览·人事部》八十九)

古代帝王举行重大活动时若有疑问,除了征求大臣谋士意见外,还要借助于卜筮和祭祀以定夺。《尚书·洪范》:"汝则有大疑,谋及乃心,谋及卿士,谋及庶人,谋及卜筮。"谋及卿士即"人谋"。谋及"卜筮"即"鬼谋"。谋及"庶人"即"百姓与能"。郑氏注也是此意。

八卦以象告,爻彖以情言,刚柔杂居,而吉凶可见矣。变动以利言,吉凶以情迁。是故爱恶相攻而吉凶生,远近相取而悔吝生,情伪相感而利害生。凡《易》之情,近而不相得则凶,或害之,悔且吝。将叛者其辞惭,中心疑者其辞枝,吉人之辞寡,躁人之辞多,诬善之人其辞游,失其守者其辞屈。

五、说　卦

昔者圣人之作《易》也，

郑注：昔者圣人，谓伏羲、文王也。（《书序》疏）

案《系辞》"古者包牺氏之王天下也，仰则观象于天，俯则观法于地，观鸟兽之文与地之宜，近取诸身，远取诸物，于是始作八卦"，可以确定八卦为伏羲所画。又案"《易》之兴也，其当殷之末世，周之盛德邪，当文王与纣之事邪"，可以确定文王演《周易》。故昔者圣人作《易》指伏羲画卦，文王演《易》。

幽赞于神明而生蓍，参天两地而倚数。

郑注：天地之数备于十，乃三之以天，两之以地，而倚托大演之数五十也。必三之以天，两之以地者，天三覆，地二载，欲极于数庶得吉凶之审也。（《正义》）

倚，《周礼·地官·媒氏》注作"奇"。蜀才同。《释文》云："奇，于岂反，本或作'倚'，音同。"倚、奇通。《荀子·修身》："倚魁之行。"注云："倚，奇也。"《方言》曰："倚，奇也。"倚，依托。《说文》引马融注："依也。"《广雅·释诂》："倚，依也。"郑氏师从马融学《易》，其注本之马融。虞翻训"倚"为立，与郑氏义异。郑氏注是言，天地之数为十个自然数，取其天三、地二进行推演，三参之而为九，二两之为六。九六之数则依托大衍数五十，三、两在此是动词，指参杂推演。之所以取"三"、"两"，是因三两二数相互包括。如

《正义》引张氏云："以三中含两,有一以包两之义,明天有包地之德,阳有包阴之道,故天举其多,地言其少也。"《周礼·地官·媒氏》:"今男三十而娶,女二十而嫁。"郑注:"二三者,天地相承覆之数也。"即是此义。对于此句解释,历来存有歧义。马融、王肃云:"五位相合,以阴从阳,天得三合,谓一三与五也,地得两合,谓二与四也。""三两"之义与郑氏近。虞翻云:"倚,立。参,三也。谓分天象为三才,以地两之,立六画之数,故倚数也。"韩康伯云:"参,奇也,两,偶也,七九阳数,六八阴数。"虞注则与郑义异。案《说卦》前后文义,马、郑、韩说较胜。

观变于阴阳而立卦,发挥刚柔而生爻,

郑注:挥,扬也。(《释文》)

《说文》:"挥,奋也。"又曰:"奋,翠也。"故"挥"与"翠"义同,有飞扬之义。

和顺于道德而理于义,穷理尽性以至于命。

郑注:言穷其义理,尽其人之情性,以至于命。吉凶所定。(《文选·陆机〈吊魏武帝文〉》注)

此是言《易》卦之功用,即三画未穷尽天地人物之理,兼"三才而两之"成六画之卦而尽天地人物之理,故可以定吉凶福祸。郑以义理释"理",以情性释"性"。"理"在古代指治玉,后引申为条理,即道。《荀子·正名》:"道也者,治之经理也。"注:"理,条贯也。"理又有"义"之义。故"义理"联用。《孟子·告子上》:"谓理也,义也。"《礼记·丧服四制》:"理也,义也。"《庄子·庚桑》:"性者,生之质也。"《荀子·正名》:"情者,性之质也。""性之好恶喜怒哀乐谓之情",故情是天生状态,情是性之动,是性的一种表现形式,故性情相联。在古代"性"常指性情。

昔者圣人之作易也,将以顺性命之理,是以立天之道曰阴与阳,立地之道曰柔与刚,立人之道曰仁与义。兼三才而两之,故

《易》六画而成卦。分阴分阳,迭用柔刚,故易六位而成章。

郑注:三才天地人之道。六画画六爻。(《仪礼·士冠礼》疏)

此言重卦,八卦为三画之卦,每卦初画为地,中画为人,上画为天。八卦相重而成六十四卦,每卦为六画,六画即六爻。

天地定位,山泽通气,雷风相薄,

郑注:薄,入也。(《释文》)

《释文》引马融说:"薄,入也。"郑师从马融学《易》,故此训从师说。经传"薄"多训为"迫"。据胡自逢说:"迫,为逼近,逼之急则入,故薄训入也。"(《周易郑氏学》)

水火不相射,八卦相错,数往者顺,知来者递,是故易递数也。雷以动之,风以散之。雨以润之,日以烜之。艮以止之,兑以说之。乾以君之,坤以藏之。帝出乎震,齐乎巽,相见乎离,致役乎坤,说言乎兑,战乎乾,劳乎坎,成言乎艮。万物出乎震,震,东方也。齐乎巽,巽东南也。齐也者,言万物之絜齐也。离也者,明也,万物皆相见,南方之卦也。圣人南面而听天下向明而治,盖取诸此也。坤也者,地也。万物皆致养焉。故曰致役乎坤。兑,正秋也,万物之所说也,故曰说言乎兑,战乎乾,乾西北之卦也,言阴阳相薄也。坎,水也。正北方之卦也,劳卦也,万物之所归也,故曰劳乎坎。艮,东北之卦也,万物之所成终而成始也,故曰成言乎艮。

郑注:万物出于震,雷发声以生之也。齐于①巽,②风摇动以齐之也。潔③,犹新也。相见于离,万物皆相见,日照之使光大。万物皆致养,地气含养使④秀实也。万物之所说,草木皆老,犹以泽气说成之。战言阴阳相薄,西北阴也,而乾以纯阳临之,犹君臣对

---

① 上两"于"字,《折中》作"乎"。
② 《汉上易传》将下"相见于离"四字置于此。
③ 潔,《汉上易传》作"絜"。
④ 《汉上易传》此有"有"字。

合也。坎,劳卦也,水性劳而不倦,万物之所归也。万物自春出生于地,冬气闭藏,还皆入地。万物之所成终而成始,言万物阴气终,阳气始,皆艮之用事也。坤不言方神①之养物,不专此时也。② 兑不言方而言正秋者,秋分也。兑言秋分,则震为春分,坎为冬至,离为夏至,乾为立冬,艮为立春,巽为立夏,坤为立秋可知。兑言正秋者,正时也。离言圣人南面而听天下,向明而治,则余卦亦可以类推矣,战乎乾,言阴阳相薄而乾胜也。(《义海撮要》)卷九)

《说卦》是言八卦方位,季节及在事物生成中的作用。《易纬·乾凿度》在此基础上,又以八卦方位所示月份说明其在生物中的作用。它指出:"震生物于东方,位在二月;巽散之于东南,位在四月;离长之于南方,位在五月;坤养之于西南方,位在六月;兑收之于西方,位在八月。乾制之于西北方,位在十月;坎藏之于北方,位在十一月;艮终始之于东北方,位在十二月。……夫万物始出于震,震东方之卦也。阳气始生,受形之道也,故东方为仁;成于离,离南方之卦也,阳得正于上,阴得正于下,尊卑之象,定礼之序也,故南方为礼。入于兑,兑西方之卦也,阴用事而万物得其宜,义之理也。故西方为义,渐于坎。坎北方之卦也,阴气形盛,阳气含闭,信之类也,故北方为信,夫四方之义皆统于中央,故乾坤艮巽位在四维,中央所以绳四方行也。"《说卦》与《易纬》相互表里,表达了八卦卦气思想。郑玄既注《说卦》又注过《易纬》,其对《说卦》的注可视为对《说卦》、《易纬》的阐发。震为雷,二月雷声发,示万物生。《说卦》云"雷以动之",荀爽云:"谓建卯之月,震卦用事,天地和合,万物萌动也。"《淮南子·时则训》:"仲春之月,招摇指卯。……其位东方……是月也,日夜分,雷始发声,蛰虫咸动苏,先雷三

---

① 神,当作"坤"。
② 此句《周易正义》引作"坤不言方所者,言地之养物不专一也"。

日,振锋以令于兆民曰:雷旦发声。"《释名·释天》:"卯于《易》为震,二月之时,雷始震也。"故万物出乎震,巽为风,为东南,为四月,风有发散的特点。《说卦》:"风以散之。"荀爽注云:"谓建巳二月,万物上达,布散田野。"《史记·律书》:"清明风居东南维,主风吹万物。……其于十二支为巳,巳者言阴之已尽也。"《说文》:"巳,巳也。四月阳气已出,阴气已藏,万物见,成文章。"故言"风摇动以齐"。潔,一本作"絜",二字通用。古代多训"潔"为白,或干净,如《楚辞宋玉扫魂》"朕幼清以潔兮",注曰"不受曰廉,不污曰潔"。郑氏训"新",为引申义。离为日,为光明,为南方,于日为午,于时为中午,光照而万物茂盛。《释名·释天》:"午,于《易》为离。离,丽也。物皆附丽,阳气以茂也。"故"万物相见,日照之后光大"。按《说卦》坤为地,为母,地养万物,母生子。《坤·象》"君子以厚德载物"。《坤·彖》:"坤厚载物,德合无疆。"故坤有役养之义。坤于方位为西南,于时为未,《说卦》不言方,不言时,是因为坤善物居中央不分时。《白虎通德·五行篇》:"土在中央者,主吐含万物,土之为言土也……土所以不名时。""五行更王亦须土也,五四季居中央,不名时。"虞翻云:"坤阴无阳,故道广布不主一方,含弘光大,善成万物。"兑为西方为八月,兑为说(悦),为泽,为秋天,秋天泽气润之,万物成熟而喜悦。《释名·释天》:"酉于易为兑。兑,说也。物得备足,皆得喜悦。"《说卦》于兑也不言方所,突出秋天。虞翻云:"兑象不见西,故不言西方之卦,与坤同义。"乾为西北,为十月,此时阴阳交合,阳盛即将转阴,故"阴阳相薄"而战,于人事君为阳,臣为阴,此时如君臣对合。如荀爽所言:"建亥二月,乾坤合居,君臣得也。"坎为水,为北方,为十一月,水的特点是润下,即流动而不倦。阳气生至坎藏,万物由春生于地,至冬入于地,故万物皆归于坎而为劳卦。归,即归藏。劳,即劳作不休。艮为东北方,为十二月,此时阴阳交替,阴气终而阳气始。《释名·释天》："丑于《易》为艮,艮,限也。时来可听物生,限止之也。"故艮作用是成始成终。最后郑氏还取节气说明八卦。此恐本于《易纬》。《易纬·通卦验》云："乾,西北也,主立冬。……坎,北方也,主冬至。……艮,东北也,主立春。……震,东方也,主春分。……巽,东南也,主立夏。……离,南方也,主夏至。……坤,西南也,主立秋。……兑,西方也,主秋分。"

神也者,妙万物而为言者也。

郑注:共成万物,物不可得而分,故合谓之神。(《汉上易传》卷九、《义海撮要》卷九)

郑氏训"妙"为成。"共成万物"是释"妙万物"。从下文看,是言雷动、风桡、火燥、泽说、水润、艮终成万物。在这个过程中,"六者"相辅相成,不可分离,分则物不能形成,合则变化生成万物。故"六者"合而化生万物的过程是谓"神"。

动万物者,莫疾乎雷;桡万物者,莫疾乎风;燥万物者,莫熯乎火;说万物者,莫说乎泽;润万物者,莫润乎水;终万物始万物者,莫盛乎艮。

郑注:盛,里也。(《释文》)

《说文》:"盛,麦稷在器中,以祀者也。"《公羊传》桓公十四年何注:"黍稷曰粢,在器曰盛。"《诗·甫田》孔传:"在器曰盛。"郑注《周礼·甸师》云:"在器曰盛。"胡自逢云:"在器中,则为器所包里,故盛有里义。里者,包纳物。"(《周易郑氏学》)胡氏之说甚是。**故水火相逮。①　雷风不相悖,山泽通气,然后能变化,既成万物也。**

乾,健也;坤,顺也;震,动也;巽,入也;坎,陷也;离,丽也;艮,止也;兑,说也。

---

① 今本作"水火不相逮"。按今本上文"水火不相射",帛本《易之义》作"水火相射",知郑氏言"水火相逮"必有所本。

乾为马,坤为牛,震为龙,巽为鸡,坎为豕,离为雉,艮为狗。

郑注:艮卦在丑,艮为止以能吠,守止人则属艮。以能言则属兑,兑为言故也。①(《周礼·秋官·序官》疏)

此条未明言郑注。但从其注例看,似为郑注,故历代辑家多采入郑注。按照卦气说,艮卦在丑,艮为止,此守御为狗。又天狗星居东北,故艮为狗。《九家易》云:"艮止,主守御也。艮数三,七九六十三,三主斗,斗为犬。"艮与兑卦画相反,兑为言。

兑为羊。

郑注:其畜好刚卤 。(《周礼·夏官·羊人序官》疏、《周易订诂》卷十四)

兑为西方,为金,羊居西方之物。《易纬·是类谋》云:"太山失金鸡,西岳亡玉羊。"惠栋云:"羊是西方之畜。"又按《说卦》,兑为刚卤,故其畜为刚卤,刚卤,指西方坚硬而含咸质的土地。《说文》:"卤,西方咸地也。"

乾为首,坤为腹,震为足,巽为股,坎为耳,离为目,艮为手,兑为口。

郑注:兑为口,兑上开似口。(《汉上易传》卷九)

据《汉上易传》,"郑本此章在'乾为马之前'"。兑为口,取卦象义。兑卦象上交阴,阴交断开,似口。

乾,天也,故称呼父;坤,地也,故称呼母。震一索而得男,故谓之长男,巽一索而得女,故谓之长女。坎再索而得男,故谓之中男;离再索而得女,故谓之中女。艮三索而得男,故谓之少男;兑三索而得女,故谓之少女。

乾为天,

郑注:天清明无形。(《汉上易传》卷九)

---

① 此注未明言郑注,但合乎郑义,王应麟附于书卷末。

古人认为，天是由清明之气构成的，故清明无形。《素问·阴阳应象大论》云："积阳为天，积阴为地……故清阳为天，浊阴为地。"《易讳·乾凿度》云："一者，形变之始，清轻者上为天，浊重者下为地。"《淮南子·天文训》："道始于虚霩，虚霩生宇宙，宇宙生气，气有涯垠。清阳者薄靡而为天，重浊者凝滞而为地。"

为圆，为君，为父，为玉，为金，为寒，为冰，为大赤，为良马，为老马，为瘠马，

郑注：凡骨为阳，肉为阴。(《汉上易传》卷九)

乾为瘠马，是就瘠马骨多肉少而言。骨坚硬为阳，肉柔软为阴。如崔憬所言："骨为阳，肉为阴，乾纯阳爻，骨多，故'为瘠马'也。"

为驳马，为木果。

坤为地，为母，为布，为釜，为吝啬，为均，

郑注：今亦或作旬也。(《礼记·内则》注)

古代多假借旬为均。《管子·侈靡篇》："旬身行。"注："皆以旬为均。"《丰》初九："虽旬无咎。"王弼注："旬，均也。"十日为旬，坤数为十，故称"旬"。

为子母牛，为大舆，为文，为众，为柄，其于地也为黑。

震为雷，为龙。

郑注：龙读为龙，取日出时色杂也。(《汉上易传》卷九)

龙，虞翻作"駹"。并云："駹，苍色，震东方，故为駹。旧读作'龙'，上已为龙，非也。"干宝也作"駹"，云"駹，杂色"。郑氏读"駹"为"駹"，也与"駹"通。《周礼·秋官·犬人》："凡几、琪、沈、辜，用駹可也。"郑注："故书駹作龙，郑司农云：'……龙读为駹，谓杂色也'。"《周礼·地官·牧人》："凡外祭毁事，用龙可也。"郑注："龙作駹。"杜子春云："龙当为駹，駹谓杂色不纯。"[①] 黄奭云："古駹字多作

---

① 郑注、杜注有误，据北京大学出版社《十三经注疏》校点本改之。

'龙',虞、干本经文龙改为'駹',古龙字亦通駹。"(黄辑《周易注》)曹元弼云:"苍者,玄黄之杂,郑、虞、干义同,'龙'与'駹''尨'古多通借,然其义易之讹,故郑云当为以正之。"(《补释》)

为玄黄,为专①,为大涂,

郑注:国中三道曰涂,震上值房心,涂而大者,取房有三涂焉。(《汉上易传》卷九)

古道路分三,《礼记·王制》:"道路,男子由右,妇人由左,车从中央。"郑注:"道中三涂,远别也。"震为卯,卯上值房心,房心出入有三道。如惠栋所言,"震在卯,卯上值房心。《洪范·五行传》曰:'出入不节。'郑注云房有三道,出入之象,三涂即三道也"(《周易述》)。

为长子,为决躁,为苍茛竹,为萑苇,

郑注:竹类。(《汉上易传》卷九)

《说文》:"苇,大葭也。"又曰:"葭,苇之未秀者。"《夏小正》曰:"未秀则不为萑苇,秀而然后为萑苇。"《九家易》云:"萑苇,兼葭也。根茎丛生,蔓衍相连,有似雷行也。"郑氏训为竹类,也取此义。

其于马也为善鸣,为馵足,为作足,为的颡,其于稼也为反生,

郑注:生而反出也,反其生者,有生有不生。(《汉上易传》卷九)

种子始生朝下谓反生,多指麻豆之属戴甲而出。震上两阴下一阳、一阳动于下而谓反生。宋衷云:"阴在上,阳在下,故'为反生'。谓枲豆之类,戴甲而生。"孔颖达云:"取其始生戴甲而出。"陆德明云:"麻豆之属反生,戴孚甲而出也。"此即郑氏所谓"生而反出"。

其究为健,为蕃鲜。

---

① 一本作"勇",专、勇通。

巽为木,为风,为长女,为绳直,为墨,①为白,为长,为高,为进退,为不果,为臭,其于人也为宣发。

　　郑注:宣发取四月靡草死,发在人体,犹靡草在地。(《周礼·考工记·车人》疏)

　　宣,今本作"寡"。《周礼·考工记·车人》:"车人之事,半矩谓之宣。"郑注:"头发皓落曰宣。"贾疏:"云头发皓落曰宣者,以得谓宣去之义,人发皓白落堕,故云此者解头各宣意也。……按《说卦》云:'其于人为宣发,'……今《易》文不作'宣'作'寡'者,盖'宣''寡'义得两通,故郑为'宣'不作'寡'也。"《集解》引虞翻云:"为白,故宣发。马君以宣为寡发,非也。"是知虞氏、马氏皆作"宣"。马以"宣"为寡发,是"宣"、"寡"二者相通之证。

为黄②额,为多白眼,为近利市三倍,其究为躁卦。

坎为水,为沟渎,为隐伏,为矫輮,③为弓轮,其于人也为加忧。为心病,为耳痛,为血卦,为赤,其于马也为美脊,为亟心,为下首,为薄蹄,为曳,其于舆也为多眚,为通,为月。

　　郑注:臣象也。(《文选·谢希庄〈月赋〉》注)

　　古代以日与月象征君臣,日为阳为君,月为阴为臣。《诗·柏舟》"日居月诸",郑玄笺云:"日,君象也;月,臣象也。"

为盗,其于木也为坚多心。

离为火,为日,为电,

　　郑注:取火明也,久明似日,暂明似电也。(《集解》)

---

　　① 墨,今本作"工",晁氏易引郑作"墨"。案李富孙考证,上作"绳",此作"墨",取同类之义。

　　② 《释文》《汉上易传·丛说》引作"黄",今本作"广",《九家易》与郑氏同,"黄"、"广"声之转,故相通。

　　③ 輮,京房作"柔",荀作"桡",宋衷、王廙作"揉",宋衷云:"后曲者直,直者曲为揉。"案《说文》无"揉"。"輮"字,当假"柔"。

按《说卦》：离为火，为日，为明。闪电似火照一瞬间。《释名》："电，殄仁见则殄灭也。"故离为电。

为中女，为甲冑，为戈兵，其于人也为大腹，为乾卦，

郑注：乾当为幹，阳在外能幹正也。(《释文》、《汉上易传·丛说》、《象旨决录》)

乾，幹二字通假，郑氏读"幹"。离上下二爻为阳爻，故称"阳在外"，上下二爻皆得正位，故称"幹正"。

为鳖，为蟹，为蠃，为蚌，为龟。

郑注：骨在外。(《周礼·考工记·梓人》疏)

鳖、蟹、蠃、蚌、龟，皆有硬壳在外，似离阳在外，故皆为离象。《太平御览》九百四十一引离为蠃注曰："刚在外也。"其义同。

其于木也为科上槁 。

郑注：科上者，阴在内为疾。(《汉上易传》卷九)

科，虞翻作"折"。恐因字形相近而互易。科上，指内空。《释文》训"科"云："空也。"离外实中虚，木内空生疾为离象。如宋衷所言："阴在内则空中，木中空则科上槁也。"槁，一本作"槀"，"槁"为古字。《周礼·秋官·小行人》："若国师役，则全槀祭之。"郑注："书槀为槁。"段玉裁注《说文》："枯槁，禾槀字，古皆'高'在上，今字'高'在右，非也。"槁，指木枯。《说文》："槁，木枯也。"科上槁，指木内空而枯。

艮为山，为径路，

郑注：田间之道曰径路。艮为之者，取山间鹿兔之蹊。(《初学记·居处部》、《锦绣万化谷后集》二十五)

按《说文》："径，步道也。"步道即人畜走的小路。《释名》："径，经也。言人所径由也。"《周礼·地官·遂人》："凡治野，夫间有遂，遂上有径。"郑注："径、畛、涂、道、路，皆所以通车徒于国都也。径容止牛马，畛容大车，涂乘车一轨。"艮为山，为少男，故此言山间小路。

为小石，为门阙，为果蓏，为阍寺，为小指。① **为狗，为鼠，为黔喙之属，**

郑注：谓虎豹之属，贪冒之类。（《释文》、《古周易订诂》十四）取其为山兽。（《汉上易传·丛说》）

《集解》引马融注云："黔喙，肉食之兽，谓豺狼之属。"郑注本于马融。

其于木也为坚多节。

兑为泽，为少女，为巫，为口舌，为毁折，为附决，其于地也为刚卤，为妾，为阳。

郑注：此阳谓为养，无家女行赁炊爨，今时有之贱于妾也。（《汉上易传》卷九、《古周易订诂》十四）羊，女使。（《周易玩辞》）

阳，今本作"羊"。案《淮南子·汜论训》："山出枭阳。"高注："枭阳，山精也。……逯吉按'枭阳'见《尔雅》。程敦云：《说文解字》作'枭羊'，'阳'与'羊'古字通也。"《释名》："羊，阳也。"此为"羊"与"阳"相通又一例证。因《说卦》前已言"羊"，郑读"羊"为"阳"。在古代，阳，指女使，即无家可归、靠烧饭为生的奴仆。古以烧饭为"养"。《公羊传·宣公十二年传》："厮役扈养。"何注"烦烹者曰养"，故郑氏又训为"养"。郑氏训阳为养，本于《鲁诗》。《尔雅·释诂》"阳，予也"，郑注"今巴濮之人自呼阿阳，或即此义"。郝懿行疏云："然则阳之为言，善也，女之贱者称阳，犹男之卑者呼养也。《毛诗》'伤如之何'，郭引《鲁诗》作'阳如之何'，是郑为阳之说本于《鲁诗》也。"

---

① 今本作"指"，因"艮为手"，手有指，且艮为小，故曰"小指"。

六、序　卦

有天地,然后有万物生焉。盈天地之间者唯万物,故受之以屯。屯者,盈也。屯者,物之始生也。物生必蒙,故受之以蒙。

　　郑注:蒙,幼小之貌,齐人谓萌为蒙也。(《集解》)

　　按《序卦》:"蒙者,蒙也,物之稚也。"稚,指幼稚。《说文》:"稚,幼禾也。"故蒙有幼小之意。萌,指发芽、萌发,即物之生。《说文》:"萌,草生芽也。"草生芽很小,故有幼小之意。蒙,萌二者相通。释详见《蒙》卦注。

蒙者,蒙也,物之稚也。物稚不可不养也。

　　郑注:言孩稚不养则不长也。(《集解》)

　　稚,一本作"稚"。"稚"、"稚"二者皆有幼稚之义。李富孙云:"案《说文》云:'稚,幼禾也。'引申为凡幼之称。稚,俗字。"(《异文释》)物养则长,不养则不长。《孟子·告子上》:"苟得其养,无物不长。"

故受之以需。需者,饮食之道也。饮食必有讼,

　　郑注:讼犹争也。言饮食之会,恒多争也。(《集解》)

　　《说文》:"讼,争也。"讼有争讼之义。在古代生产力不发达的条件下,争讼多起于饮食。《礼记·礼运》:"饮食男女,人之大欲存焉。"有欲则必争,故"饮食之会,恒多争也"。

故受之以讼。讼必有众起,故受之以师。师者,众也。众必有所

比,故受之以比。比者,比也。比必有所畜,故受之以小畜。物畜
然后有礼,故受之以履。履然后安。① 故受之以泰。泰者,通也。
物不可终通,故受之以否。物不可以终否,故受之以同人。与人
同者,物必归焉,故受之以大有。有大者不可以盈,② 故受之以
谦。有大而能谦必豫,

郑注:言国既大而有能谦德,则于政事恬豫。"雷出地奋,豫",
豫行出而喜乐之意。(《集解》)

此是承《大有》、《谦》而言的。"大有"指大国。国大而谦逊,
则政事必然喜乐。豫,有喜乐之义。《尔雅·释诂》:"豫,乐也。"
《豫·象》:"雷出地奋,豫。"是指雷出地而喜乐。豫上为震,下为
坤,震为雷,坤为地,有雷出地之象。李道平云:"此承上两卦而言
其序也,有大则有天下国家之象,能谦则有政事恬豫之休。王者
礼明则乐备,所以有取于'雷出地奋'而继之以《豫》也。'帝出
震'为'出',震足为'行',又阳性为'喜乐',故云'豫行出喜乐之
意'。"(《集解纂疏》)

故受之以豫。豫必有随,

郑注:喜乐而出,人则随从。《孟子》曰:"吾君不游,吾何以
休。吾君不豫,吾何以助。"此之谓也。(《正义》)

此是《豫》、《随》两卦相继。豫有喜乐之意。随,有随从之意。
"喜乐而出"是言《豫》。《豫·象》云:"雷出地奋。""人则随从"是
言《随》。郑注《随》云:"雷,动也;兑,悦也。内动之以德,外悦
之以言,则天下之民,咸慕其行而随从之,故谓之随也。"郑氏又引
《孟子》中的夏朝谚语说明随从之义。《孟子·梁惠王下》原句为
"吾王不游,吾何以休,吾王不豫,吾何以助。"此"豫"即"游"。赵

---

① 今本作"履而泰然后安"。晁氏云:"郑无'而泰'二字。"
② 今本作"有大者,不可以盈"。晁氏:"者"郑作"有"。

岐注:"豫亦游也,游亦豫也。"游,指豫,指君王省察下民。《晏子春秋·内篇·问下》:"春省耕而补不足者谓之游,秋省实而助不给者,谓之豫。"故此谚语是言:我王不省察春耕不足,我不能休息。我王不省察秋收不足,我不能得到补助。

故受之以随。以喜随人者必有事,故受之以蛊。蛊者,事也。有事而后可大,故受之以临。临者,大也。物大然后可观,故受之以观。可观而后有所合,

郑注:《易纬·乾凿度》曰:阳起于子,阴起于午。天数大分,以阳出离,以阴入坎,坎为中男,离为中女。太乙之行,出从中男,入从中女。因阴阳男女之偶为终始也。(《后汉书·崔骃传》注、《象旨诀录》)

此为《易纬·乾凿度》注,而非易注,王应麟、胡震亨等误引。故受之以噬嗑。嗑者,合也。物不可以苟合而已,故受之以贲。贲者,饰也。致饰然后亨则尽矣,故受之以剥。剥者,剥也。物不可以终尽剥,穷上反下,故受之以复。复则不妄矣,故受之以无妄。有无妄物然后畜。① 故受之以大畜。物畜然后可养,故受之以颐。颐者,养也。不养则不可动,故受之以大过。

郑注:以养贤者,宜过于厚。(《正义》)

此承上卦《颐》而言的。"颐者,养也。"养有养贤之义。养贤当过于厚施,故《颐》之后为《大过》。此大过,指过多,而非过失。郑氏此注为王弼、韩康伯继承。王弼云:"音相过之过。"韩康伯云:"不养则不可动,养过则厚。"

物不可以终过,故受之以坎。坎者,陷也。陷必有所丽,故受之以离。离者,丽也。

有天地然后有万物,有万物然后有男女,有男女然后有夫妇,

---

① 畜,今本作"可畜"。

有夫妇然后有父子,有父子然后有君臣,有君臣然后有上下,有上下然后礼仪有所错。夫妇之道,不可以不久也,

郑注:言夫妇当有终身之义,夫妇之道谓《咸》、《恒》也。(《集解》)

恒有恒久之义,夫妇当恒久。《恒·象》:"'妇人贞吉',从一而终也。"此谓"妇人当有终身之义"。《咸》、《恒》两卦代表夫妇之道。咸上兑为少女,下艮为少男,少男少女感应,是谓新婚,即《象》所说的"咸,感也。柔上而刚下,二气感应以相与,止而说,男下女"即是此义。恒上震为长男,下巽为长女,二长相居,夫妇偕老。又上震为雷,下巽为风。"雷风相与,巽而动,刚柔皆应,恒。"恒为恒久。李道平说:咸言通,恒言久,咸继之恒者,《系下》所谓'通则久'也。故"夫妇之道谓咸、恒也"。(《集解纂疏》)
故受之以恒。恒者,久也。物不可以终久于①其所,故受之以遯。遯者,退也。物不可以终遯,故受之以大壮。物不可以终壮,故受之以晋。晋者,进也。进必有所伤,故受之以明夷。夷者,伤也。伤于外者,必反于家,故受之以家人。家道穷必乖,故受之以睽。睽者,乖也。乖必有难,故受之以蹇。蹇者,难也。物不可以终难,故受之以解。解者,缓也。缓必有所失,故受之以损。损而不已必益,故受之以益。益而不已必决,故受之以夬。夬者,决也。决必有遇,故受之以姤。姤者,遇也。物相遇而后聚,故受之以萃。萃者,聚也。聚而上者谓之升,故受之以升。升而不已必困,故受之以困。困乎上者必反下,故受之以井。井道不可不革,故受之以革。革物者莫若鼎,故受之以鼎。主器者莫若长子,

郑注:谓父退居田里,不能备祭宗庙,长子当亲视涤濯鼎俎。(《礼记·曲礼》疏)

---

① 终久于,今本作"久居"。

此是言传授祭祀之事。《礼记·曲礼》:"七十曰老而传。"郑注:"传家事任子孙,是谓宗子之父。"按照古礼,人到七十称为老,人老则退而传授家事于后代,其中传授祭祀之礼最为重要。七十之人亲自准备祭祀宗庙,在洗涤鼎俎之时,其长子当亲视之。而至八十岁,不主祭祀,则由长子继承。孔颖达云:"七十之时,祭祀之事犹亲为之,其子视濯溉则子孙……若至八十,祭亦不为,故《王制》云'八十齐丧之事不及也。'注云:'不齐则不祭也。'"(《正义》)

故受之以震。震者,动也。物不可以终动,止之,故受之以艮。艮者,止也。物不可以终止,故受之以渐。渐者,进也。进必有所归,故受之以归妹。得其所归者必大,故受之以丰。丰者,大也。穷大者必失其居,故受之以旅。旅而无所容,故受之以巽。巽者,入也。入而后说之,故受之以兑。兑者,说也。说而后散之,故受之以涣。涣者,离也。物不可以终离,故受之以节。节而信之,故受之以中孚。有其信者必行之,故受之以小过。有过物者必济,故受之以既济。物不可穷也,故受之以未济,终焉。

七、杂 卦

乾刚坤柔,比乐师忧。临观之义,或与或求。屯见而不失其居。蒙杂而著。震起也,艮止也。损益,盛衰之始也。① 大畜,时也;无妄,灾也。萃聚而升不来也,谦轻而豫怠也。噬嗑,食也;贲,无色也,兑说② 而巽伏也。随,无故也;蛊,则饰③ 也。剥,烂也;复,反也。晋,昼也;明夷,诛也。井通而困相遇也。咸,速也;恒,久也。涣,离也;节,止也。解,缓也;蹇,难也。睽,外也;家人,内也。否泰,反其类也。

郑注:先尊而后卑。先通而后止者,所以类阳事也。(《古周易订诂》二)

《否》《泰》两卦相反,即《否》反成《泰》,《泰》反成《否》,《泰》《否》转化。按《泰·象》"君子道长,小人道消。"《否·象》"小人道长,君子道消"。泰为尊,否为卑。又按《序卦》:"泰者,通也。"《泰·象》:"天地交而万物通。"《否·象》:"天地不交而万物不通。"泰为通,否为止,故从今本卦序看,先《泰》后《否》则是"先尊而后卑","先通而后止"。此是告诫人们"尊卑"、"通止"相互转

---

① 衰盛,今本作"盛衰"。

② 兑说,今本作"兑见"。

③ 饰,今本作"饬",《集解》本、唐石经本同。据清人李富孙、黄奭及今人胡自逢等人考证,饰、饬音转形似相通。《古周易订诂》十卷引作"第",有误。

化,当慎防之。此谓"以类阳事"。阳事,指正面的事,君子之事。类,推类。

大壮则止,遯则退也。大有,众也;同人,亲也。革,去故也;鼎,取新也。小过,过也;中孚,信也。丰,多故也;亲寡,旅也。离上而坎下也。小畜,寡也;履,不处也。需,不进也;讼,不亲也。大过,颠也;

> 郑注:自此以下,卦音不协似错乱失正,弗敢改耳。(《晁氏易》)

自"大过颠也"以下,八卦不以两两为对解卦,从读音看错乱失正,郑氏只提出问题质疑之,而未改经,表现了其严谨的学风。历来对《杂卦》后八卦排列多存歧义。汉儒虞翻、晋儒干宝认为此为《杂卦》作者独心匠运。虞氏以互体释之,"喻武王伐纣"。干宝以变通释之,以示来圣后王,明道非常道,事非常事。宋人苏轼、朱震、蔡渊等人承郑氏说,根据前五十六卦两两对释原则对后八卦加以改定。元吴澄、明何楷等从之。改定后的排列次序有两种:(一)颐,养正也;大过,颠也。姤,遇也,柔遇刚也;夬,决也,刚决柔也,君子道长,小人道忧也。渐,女归待男行也;归妹,女之终也。既济,定也;未济,男之穷也。此以苏轼为代表。(二)大过,颠也;颐,养正也。既济,定也;未济,男之穷也。归妹,女之终也;渐,女归待男行也。姤,遇也,柔遇刚也;夬,决也,刚决柔也,君子道长,小人道忧也。此以蔡渊为代表。从音韵学看,以后者为胜。

姤,遇也,柔遇刚也。渐,女归待男行也。颐,养正也。既济,定也。归妹,女之终也。未济,男之穷也。夬,决也,刚决柔也,君子道长,小人道消①也。

---

① 消,今本作"忧"。

附　录

一、易　赞

　　易之为名也，一言而函三义。简易一也，变易二也，不易三也。故《系辞》云："乾坤，其易之缊耶。"又曰："易之门户耶。"又曰："夫乾，确然示人易矣；夫坤，隤然示人简矣。""易则易知，简则易从。"此言其易简之法则也。又曰："其为道也屡迁，变动不居，周流六虚，上下无常，刚柔相易，不可为典要，唯变所适。"此言顺时变易，出入移动者也。又曰："天尊地卑，乾坤定矣。卑高以陈，贵贱位矣。动静有常，刚柔断矣。"此言张设布列不易者也。据兹三义而说，《易》之道广矣大矣。(《世说新语》注)夏曰《连山》，殷曰《归藏》，周曰《周易》。连山者，山之出云，连连不绝。归藏者，万物莫不归藏于其中。周易者，言易道周普，无所不备。(《周易正义·卷首》)虑羲作十言之教曰：乾、坤、震、巽、坎、离、艮、兑、消、息。(《周易正义·卷首》)

二、《周易郑氏注》序跋选录

1. 王辑《周易郑注》自序

（宋）王应麟

郑康成学费氏易，为注九卷，多论互体；以互体求《易》，《左氏》以来有之，凡卦爻二至四、三至五，两体交互，各成一卦，是谓一卦含四卦，《系辞》谓之中爻；所谓"八卦相荡，六爻相杂，唯其时物，杂物撰德"是也。唯乾坤无互体，盖纯乎阳、纯乎阴也；余六子之卦，皆有互体；坎之六画，其互体含艮震，而艮震之互体，亦含坎；离之六画，其互体含兑巽，而兑巽之互体亦含离；三阳卦之体，互自相含。三阴卦之体，亦互自相含也。王弼尚名理，讥互体，然注《暌》六二曰："始虽受困，终获刚助"，《暌》自初至五成《困》，此用互体也。弼注《比》六四之类，或用康成之说；钟会著论，力排互体，而荀颤难之。江左郑学，与王学并立，荀崧谓康成书，根源颜延之为祭酒，黜郑置王；齐陆澄诒王俭书云：易自商瞿之后，虽有异家之学，同以象数为宗；数年后乃有王弼之说。王济云：弼所误者多，何必能顿废先儒；今若弘儒，郑注不可废。河北诸儒，专主郑氏；隋兴，学者慕弼之学，遂为中原之师，此景迂晁氏所慨叹也。易有圣人之道四焉；理义之学，以其辞耳；变象占其可阙乎？李鼎祚云："郑多参天象，王全释人事，易道岂偏滞于天人哉？"今郑《注》不传，其说间见于鼎祚《集解》及《释文》、《诗》、三《礼》、《春秋》义疏、《后汉书》、《文选注》,因缀而录之,先儒象数之学于此犹有考云。然康成笺《诗》,多改字;注《易》亦然,如"包蒙"为"彪","豮豕"之"牙"为"互","包荒"读为"康","锡马蕃庶"读为"蕃遮","皆甲宅"之"皆"读为"解","一握为笑"之"握"读为"屋",其说近乎凿。学者盍谨择焉,厌常喜新,其不为荛者几希。浚仪王应麟识。

2. 惠辑《郑氏周易》序

（清）卢见曾

郑氏之学立于学官,自汉魏六朝数百年来,无异议者,唐贞观中孔颖达撰《五经正义》,《易》用王辅嗣,《书》用孔安国,而二经之郑义遂亡,今传者惟三《礼》、《毛诗》而已。然北宋时郑易犹存《文言》《说卦》《序卦》《杂卦》四篇,载于《崇文总目》,故朱汉上震、晁嵩山说之,俱引其说,至南宋而四篇亦佚,于是浚仪王厚斋应麟始裒群籍为《郑氏易》一卷,前明胡孝辕震亨刊其书,附李氏《易传》之后。往余读《五经正义》所采郑易间及爻辰,初未知爻辰是何物,及考郑注《周礼·太师》与韦宏嗣,昭注《周语》乃律家合辰、乐家合声之法,盖乾坤十二爻左右相错,《乾凿度》所云间时而治六辰,故谓之爻辰也。汉儒说易并有家法,其不苟作如此第。厚斋所集,尚有遗漏,吾友元和惠子定宇,世通古义,重加增辑,并益以汉上、嵩山之说,厘为三卷。今依孝辕之例,仍附于李《传》之后,用广其传于世。余学《易》有年,每讲求汉儒遗书,以求印正。虽断简残编未敢有所忽略。此书之传,虽不及三《礼》、《毛诗》之完具,然汉学易义无多存,此以备一家好古之士或有考于斯。乾隆丙子德州卢见曾撰。

3. 丁辑周易郑注序

（清）卢文弨

郑康成注《周易》九卷,《唐书·艺文志》作十卷,至宋《崇文总目》则仅有一卷而已。晁、陈两家皆不著录,南宋说易家所引用,已非全文。至于末年,四明王厚斋乃复为之裒辑,以成此书。明胡孝辕附梓于李氏《集解》之后,故凡已见《集解》者不录。姚叔祥更增补二十五则,皇朝东吴惠定宇栋复加审正,蒐其阙遗,理其次第,益加详焉。盖说经之道,贵于择善而从,不可以专家自囿,况《易》含万象,随所取资,莫不具足。郑易多论互体,《系辞传》曰:"杂物撰德,辨是与非,则非其中爻不备。"又曰:"物相杂,故曰文。"此即互体之说所自出。王弼学孤行,遂置不讲,而此书亦遂失传。王氏搜群籍而缉综之,功盖不细,其不能无误,则以创始者难为功也。近者归安丁小疋孝廉复因胡氏、惠氏两本重加考定,举向来以郑注《易·乾凿度》之文羼入者,为刊去之。以《汉书注》所云郑氏,乃即注《汉书》者,非指康成。又于字之传讹者:如《小畜》之"舆说辐",当作"𨍉";《夬》之"壮于頄",当作"頯",一一正之。又王氏次序本多颠错,胡氏惠氏虽迭加更定,而仍有未尽。今皆案郑易本文为之整比,复撝补其未备者若干则,扶微振坠,使北海之学大显于世,此厚斋诸君子之所重有望于后贤者,而丁实克缵之,非相违也,而相成也。岂与夫矜所独得,以訾謷前人之所短者之可比哉!余于厚斋所辑,若《诗考》,若郑注《古文尚书》及《论语》,若《左氏》贾、服等义皆当订正,惟《诗考》稍加详。此书虽亦瞻涉,然精力不及丁君远甚。今睹此本,老眼为之豁然增明,归时携以念吾党之有力者,合梓之为《王氏经学五书》,知必有应者乎。至于字音,郑氏时未有反语及直音某字为某者,后人因其义而知其读,或去其比况之难晓者,而易以翻切之法,以便学者;虽非原文,要为根本于郑,不可废也。夫此书收检于亡佚之余,复经二三君子之博稽精核,而得以完然无憾。百世下读是书者,其宝之哉。乾隆四十有五年阳月杭东里人卢文弨序。

4. 张辑《周易郑氏注》三卷 道光刊本

（清）张惠言

郑注《周易》《唐书·艺文志》著录，至《崇文总目》则仅有《说卦》一卷，其后亦亡。王伯厚衰辑为三卷，今刻《玉海》者是也。明胡孝辕附刻于《集解》后，姚叔祥增补二十五条，今津逮秘书中有之。本朝惠征士栋复加审正，刻于《雅雨堂丛书》中，归安丁教授小疋重加考证为后定三卷，以其太繁属海宁陈方正仲鱼删之，然陈方正又失之疏。嘉庆三年六月小疋见示后定本，余既为序之，因取其本校正体例，复据胡、惠两家，参以卢学士抱经，孙侍御颐谷，臧秀才在东所校，择其是者从之，定本如此。凡云王本作某者，胡、惠皆同也；胡作某者，惠同，王异也。其有云胡、惠作某者，胡刻《集解》本，异于今之《集解》，而惠郑注从之，既非相仍一书，故两出之。凡补集各条标其人，便校覆也。王本例不载所引出处，惠考注之，而未全皆小疋补之，不标出者，为太琐也。七月初六录讫，张惠言。

5.《郑氏佚书·易注序》

（清）袁钧

郑康成学，费氏易为注九卷，多论互。以互体求易，左氏以来有之，凡卦爻二至四，三至五，两体交互，各成一卦，是谓一卦含四卦，《系辞》谓之中爻，所谓八卦相荡，六爻相杂，唯其时物杂物撰德是也。唯乾坤无互体，盖纯乎阳，纯乎阴也，余六子之卦皆有互体，坎之六画其互体含艮、震，而艮、震之互体亦含坎，离之六画，其互体含兑、巽，而兑、巽之互体亦含离；三阳卦之体互自相含，三阴卦之体亦序云尔。钧案郑《易注》，范书本传及晋《中经簿》并载，《隋志》九，《七录》十二卷，《旧唐书·志》卷数同《七录》，《新唐书·志》十卷。隋初郑学浸微，然《崇文总目》尚存《文言》、《说卦》、《序卦》、《杂卦》四篇，至《中兴书目》始不著录，今所传王氏辑本，是后人增言成之者,《玉海》有《周易郑注》。明胡震亨刊《集解》本,取王氏所辑,除已见《集解》者为附录,原辑尚可考见,乃其比次既非郑第,又不详所据之书,时或参用两书,不明所出,有乖传信。案孔冲远云:"'十翼':《上象》一、《下象》二、《上象》三、《下象》四、《上系》五、《下系》六、《文言》七、《说卦》八、《序卦》九、《杂卦》十,郑学之徒并同此说。"而《魏志·高贵乡公纪》:帝问博士淳于俊曰:"孔子作《彖》、《象》,郑元作注,虽圣贤不同,其所释经义一也,今《彖》《象》不与经文相连,而注连之何也?"俊答曰:"郑元合《彖》《象》于经者,欲使学者寻省易了也。"帝曰:"若郑元合之,于学诚便,则孔子曷为不合以了学者乎?"俊对曰:"孔子恐其与文王相乱,是以不合,此圣人以不合为谦。"帝曰:"若圣人以不合为谦,则郑元何独不谦耶?"俊对曰:"古义宏深,圣问奥远,非臣所能详尽。"据此,则郑易自坤卦以下,皆如乾卦之例,特退《文言传》于《系辞传》后耳。冲远之言尚非其实。今用郑第编辑,各注所据本书,其曾经王氏辑者,并著原辑,依《隋志》为九卷。

6.《四库全书总目》周易郑康成注一卷

宋王应麟编。应麟字伯厚,庆元人。自署浚仪,盖其祖籍也。淳祐元年进士,宝祐四年复中博学鸿词科。官至礼部尚书兼给事中。事迹具《宋史·儒林传》。案《隋志》载郑元《周易注》九卷;又称郑元、王弼二注,梁、陈列于国学。齐代惟传郑义,至隋王注盛行,郑学浸微。然《新唐书》著录十卷,是唐时其书犹在,故李鼎祚《集解》多引之。宋《崇文总目》惟载一卷,所存者仅《文言》、《序卦》、《说卦》、《杂卦》四篇,余皆散佚。至《中兴书目》,始不著录(案《中兴书目》今不传,此据冯椅易学所引),则亡于南北宋之间;故晁说之、朱震尚能见其遗文,而淳熙以后诸儒即罕所称引也。应麟始旁摭诸书,哀为此帙,经文异字,亦皆并存。其无经文可缀者,则总录于末简。又以元注多言互体，并取《左传》、《礼记》、《周礼正义》中论互体者八条，以类附焉。考元初从第五元先受京氏易，又从马融受费氏易，故其学出入于两家。然要其大旨，费义居多，实为传《易》之正脉。齐陆澄与王俭书曰：王弼注《易》，元学之所宗，今若崇儒，郑注不可废。其论最笃。唐初诏修《正义》，仍黜郑崇王，非达识也。应麟能于散佚之余，蒐罗放失，以存汉易之一线，可谓笃志遗经，研心古义者矣。近时惠栋别有考订之本，体例较密，然经营创始，实自应麟，其捃拾之劳亦不可泯。今并著于录，所以两存其功也。

7.《四库全书总目》新本郑氏周易三卷

国朝惠栋编。栋，字定宇，长洲人。初，王应麟辑郑元《易注》一卷，其后人附刻《玉海》之末，虽残章断句，尚颇见汉学之崖略，于经籍颇为有功。然皆不著所出之书，又次序先后，间与经文不应，亦有遗漏未载者。栋因其旧本，重为补正。凡应麟书所已载者，一一考求原本，注其出自某书，明其信而有征，极为详核。其次序先后，亦悉从经文厘定。复搜采群籍，上经补二十八条，下经补十六条，《系辞传》补十四条，《说卦传》补二十二条，《序卦传》补七条，《杂卦传》补五条，移应麟所附《易赞》一篇于卷端，删去所引诸经正义论互卦者八条。而别据元《周礼·太师注》作十二月爻辰图，据元《月令注》作爻辰所值二十八宿图，附于卷末，以驳朱震《汉上易传》之误。虽因人成事，而考核精密，实胜原书。应麟固郑氏之功臣，栋之是编，亦可谓王氏之功臣矣。

8.《郑堂读书记补逸》周易郑康成注一卷

（清）周中孚

汉郑元撰，宋王应麟辑。元，字康成，北海高密人，建安中征为大司农，不就。应麟，字伯厚，号厚斋，庆元人，祖籍浚仪，淳祐元年进士，宝祐四年复申博学鸿词，官至礼部尚书兼给事中。《四库全书》注录。按《隋志》载郑元《周易注》九卷，《旧唐志》同，《经典释文·叙录》、《新唐志》俱作十卷。《隋志》称郑元、王弼二注，梁陈列于国学，齐代惟传郑义，至隋王注盛行，郑学浸微，今殆绝矣。盖自《释文》、《正义》，俱为王注而作，故作史者有慨乎其言之。至《崇文总目》所载，只存一卷，云今惟《文言》、《说卦》、《序卦》、《杂卦》合四篇，余皆逸。指趣渊确，本去圣之未远。见《文献通考》引，《通考》所载郑康成易注，无卷数。《宋志》作《文言注义》一卷，盖举其首篇以该下三篇，犹《隋志》称韩康伯《系辞注》也。然此四篇注，南宋时已佚，《经义考》引冯椅曰：《中兴书目》亡，是可证已。至厚斋始从《释文》、《集解》及《诗》、《礼》、《春秋义疏》、《后汉书》、《文选注》所引，裒辑成是本，前后为之序跋。考郑氏易学，多论互体，《系辞传》曰："杂物撰德，辨是与非，则非其中爻不备。"又曰："物相杂，故曰文。"此即互体之说所自出，自辅嗣易行，遂置不讲，而此书亦遂失传。厚斋搜群籍而绵综之，功非浅鲜，其不能无遗讹，则始事者势使之然也。明姚叔祥士粦、国朝惠松崖栋、孙步升堂皆相继为之补正，而丁小疋杰、张皋文惠言亦有订定本，倍臻详密。然荜路蓝缕之功，则不得不推厚斋是编焉。

9.《郑堂读书记补逸》郑氏周易三卷

（清）周中孚

国朝惠栋重编。栋，字定宇，号松崖，元和人，士奇之子，乾隆庚午荐举经学。《四库全书》著录。按王伯厚所辑《周易郑注》，明胡孝辕震亨《秘册汇函》中，曾刊附唐李氏《易解》之后，姚叔祥士粦为增补二十五条。定宇见之，以其采摭未备，故又重加编辑，复益以六十七条，并为详考王氏原辑所出之书，一一注明之；又从经文厘定其次序,移原附《易赞》一篇于卷首,删去所引论互卦者八条;准康成《周礼》、《礼记》注,作十二月爻辰图,爻辰所值二十八宿图,附之卷末。虽创始者难为功,继起者易为力,然其考核精密之处,有非后人之所能及者。卷端有乾隆丙子卢雅雨见曾刊是书序,谓卷末所附二图中,益以汉上朱震、嵩山晁说之之说;而不知实驳正其误,岂益以宋人之说哉。

10.《郑堂读书记补逸》郑康成周易注三卷、补遗一卷

（清）周中孚

国朝孙堂重编。惠氏书为补王氏所未及,是书又为补惠氏所未及;考订之功,久而愈密,于此可见。步升自序,称惠书止有雅雨堂刊本,内尚有讹脱者,有未注书所出者,因为之正其讹,补其脱,注其所未注,并有所出不一书,元本未备列者,今备列之,其古文之异于今文者,则略举所见以证之,别为补遗一卷,附录于后;盖不欲与惠书相乱故也。其前仍载王氏原序、卢雅雨序及易赞、爻辰二图。是书撰集在丁小疋书后,而刊则在小疋书前,两不谋面,然步升仍步趋王、惠,而小疋则别成体例,故先志是书,次志丁书焉。

11.《郑堂读书记补逸》周易郑注十二卷（《湖海楼丛书本》）

（清）周中孚

国朝丁杰重编,张惠言订正。杰,字小疋,归安人,嘉庆辛丑进士,官宁波府教授。惠言,字皋文,武进人,嘉庆己未进士,官翰林院编修。是编成于乾隆庚子,前有卢抱经文弨序,称小疋复因胡氏即姚氏、惠氏两本,重加考订,举向来以郑注《易乾凿度》之文羼入者,为刊去之;以《汉书注》所云郑氏,乃即注《汉书》者,非指康成,又于字之传讹者,如《小畜》之"舆说辐",当作"輹";《夬》之"壮于頄",当作"頯",一一正之。又王氏次序,本多颠错,胡氏、惠氏虽递加更定,

而仍有未尽。今皆案郑易本文为之整比，复撝补其未备者若干则。按王氏惠氏诸本，皆摘句辑注，惟此本则全载经文，又以上下经某卦传第几列于上，而以"周易"二字列于下，盖据《毛诗正义》、郑注《周易》大名在下之文也。分十二卷者，盖据《释文叙录》引《七录》十二卷之文也。其上经《乾传》第一下注云：十二卷之次，《正义》云：先儒以象附上下经为六卷，则《上系》第七，《下系》第八，《文言》第九，《说卦》第十；然则《序卦》第十一，《杂卦》第十二也，郑原本盖如此云云，洵有所本也。皋文又加覆案，其书遂更精密。而与姚氏以至小疋及臧在东镛堂所补之注，皆旁注姚补、惠补、臧补、丁补等二小字，注下又注明所出之书及考证；故卢序称此书，收检于亡佚之余，复经二三君子之博稽精核，而得以完然无憾云。

12. 黄辑《周易郑注》序

（清）黄奭

返魂之作莫盛于深宁叟，而深宁叟诸返魂书，莫盛于《周易郑康成注》，惟编次先后与经文不应，且不著所引出自某书此。本朝惠松崖先生所以有补葺之功也。凡王氏所引者，既各还出处于所未引，补九十余条，而删原引诸经正义、论互体八条，可谓王氏诤臣矣。然犹不能无疑，如所据郑公《周礼·大师》注作十二月爻辰图，又据《月令》注作爻辰通二十八宿图，以驳正朱子发《汉上易传》，汪晋蕃复起而驳松翁爻辰图之非，非若汪孝婴。汪曰：郑易以象为主，先取本卦象，无则取之卦之象，互卦之象，之而互之象，爻辰值得宿象，令系辞无一字虚设，然圣人言象者言乎象，爻者言乎变，是解象辞不应取之卦之象，解爻辞惟当取一爻独变之象。郑按之此例尚未悉协。嘘，宋人已烬之焰，程大昌《易原》曰：康成用十日十二辰二十八宿以应大衍五十之数，本于《乾凿度》与马融之增北辰，不过以意傅会无不易之理。不足为郑学病，然则晋蕃未为无功，一疑也。古书序皆在终卷,不知松翁何以移《易赞》于卷端,即原附《易论》四条,亦不尽可删,二疑也。卢雅雨堂丛书之役,松翁实董其成,其陆德明《易释文》,李资州《易集》解皆松翁一手校定,而是书漏注《释文》至数十处之多。或犹可诿为手民脱写,即"革改也"三字为《释文》与"水火相息而更用事"云云为《集解》,不应混一,亦可以钞胥不了了当之,其漏引"易之以书契。以书:书木边言其事,刻其木谓之书契也"一条,是书《释文》非《易释文》。当日雅雨堂止刻易释文一种,犹有说焉。惟"萃若号,号户羹反"一条;"覆公𩚫,𩚫,菜也"一条;"离群丑也,离犹去也"一条;"刚柔相摩,摩,迫也"一条;"所乐而玩者"一条;"大衍之数,衍,演也"一条;皆卢刻释文所有,而皆遗之。"昼日三接,接,胜也"一条;止注王氏而不知亦出《释文》,松翁断不若是陋,岂是书刻成后竟全未寓目耶。三疑也。李《集解》用《毛诗》分冠小序例,以《序卦》分冠六十四卦首,故"有大而能谦"必豫一条,言国既大而能谦见卷四,言同"既大而有谦德"又见卷十七皆郑注,而不无同异,王氏原引在《集解》卷四,而松翁独舍卷四,而取卷十七,此固当两存者,四疑也。王氏原引"《小过》亨利贞"一条,见《汉上易传》,"两仪生四象"一条,见《汉上丛说》,"可观而后有所合"一条见《后汉书·崔骃传》注,皆非松翁未见书乃皆不著所出,且此三条其一出《易纬·乾凿度》,其二出《乾凿度注》,而《乾凿度》亦为雅雨堂中松翁同校刊之书,竟不加察,五疑也。经文异字固当据《释文》有不关郑义乃亦用古写者,如《小畜》舆说辐",忽作"辐";《夬》壮于頄",忽作"頯",六疑也。所删原引诸经正义论互体八条,《左传正义》论《归妹》上六、《师》之《临》二条,虽服注即郑注,究为服义,宜删。惟既删《礼记正义》论"乾道变化",《周礼疏》论"艮为狗"二条,而《礼记正义》论《恒》六五、九三及取诸《大过》三条,何又不删,松翁易汉学中郑易一卷,即仍用此本而彼存此删之。《礼记正义》论《蛊》上九一条,或删或不删,七疑也。新补九十二条内有二十五条为明姚叔祥所已补，松翁所补者，止六十余条耳。既补王本所未载，即不应转去所已载，如开卷原引"《乾》初九'《周易》以变者为占，故称九称六'"一条；"师丈人吉'丈人能以法度长于人'"一条；"贲白马翰如，'翰白也'"一条；"鼎其刑剧'臣下旷官失君之美道，当刑之于屋中'"一条；"盖取诸乾坤：'但土无正位，托于南方，南方色赤。黄而兼赤故为壎也'"一条，似此凡脱十余条，脱字无算，八疑也。有不知原引出处但标王氏者，大半出诸经正义，则以其近而忽之。《汉上易传》为松翁所据而采之不尽，九疑也。"龙战于野：圣人喻龙君子喻蛇"条下其注当作《仪礼乡射礼疏》，不当作《仪礼注》。蛇龙君子之类九字在王氏全书无注，偶尔注，此亦姑听之，松翁踵而未改，十疑也。凡此十疑已有张皋文丁、小雅诸先生相继补甚于松翁所未补，未注者补之注之于所出不一书者，备列之而于《周易义海撮要》所载。郑注如"范围天地之化而不过"一条，"一阴一阳之谓道"一条，"继之者善也"一条，"坤也者地也"一条。《义海撮要》所载郑注尚不止此数条。惟或题郑字或题元字，或题康成字，其显题名号者敢采，仅题姓者不敢采。皆洋洋数十言曾无引及者弥信实事求是之难，不揣梼昧，从事日久，始亦惑于俗说，谓郑公先受京氏易，继通费氏易。史称费易无章句，徒以《彖》、《象》、《系辞》十篇解说上下经，由是言易者咸谓费氏始合经传，松翁补是书兼取晁氏，而晁氏即言费专以《彖》、《象》、《文言》参解易爻，以《彖》、《象》、《文言》入卦中，自费氏始，郑公既传费学，郑本应如今，有《文言》之《乾》卦，久而知其说之谬。夫史云：非合传于经之谓，谓费即以传释经，不别为训故耳。然则费易犹是十二篇古本不异田何，其割《彖》、《象》两传以附经，虽由郑公，然观高贵乡公与淳于俊问答，惟云郑合《彖》、《象》于经，不云分附《象传》于六爻，则《坤》已后经传相间为王辅嗣所移，非郑公之旧明矣。《隋志》、《旧唐志》并云"九卷"，《释文》、《新唐志》并云"十卷"，北宋初尚存一卷，《崇文总目》著录者为《文言》、《说卦》、《序卦》、《杂卦》四篇，是郑易《文言》自为一传之证。王氏谈录言秘阁有《郑氏注易》一卷，《文言》自为篇，亦宋时人能知此事者，至于宋末即首辑是书之深宁叟未尝不自知之，见于《玉海》之《艺文》郑氏所注第九，总《文言》、《说卦》、《序卦》、《杂卦》四篇，学者不能知其次，乃谓是郑氏文言，明知之而故违之，此即可宽首事之责，而责固在后起之人。松翁特百密而一疏耳，余则何敢不亟改《文言》从《下系》后。俾高密遗书略具师法而屏初稿于此，以彰吾过，且不忍弃幼学也。道光壬寅长至月甘泉黄奭右原。

13.《续修四库全书总目》周易郑氏注三卷 道光刊本

（民国）尚秉和

清张惠言辑；惠言字皋文，江苏武进人，嘉庆四年进士，改庶吉士，散馆授编修，七年卒，曾著《虞氏易》、《周易郑荀义》，复辑《郑氏注》三卷。按《郑氏注》初辑者为王应麟，作三卷，刊于《玉海》中；至明胡孝辕附刻于李氏《集解》后，后姚叔祥增补二十五条，刊于《津逮秘书》中；清惠栋复加审正，刻于《雅雨堂丛书》中。其王辑下皆不注其所本，惠栋于每条下注之，至惠言又即惠氏本，参以归安丁小疋后定本，卢抱经、孙颐谷、臧在东各校本，复为上、中、下三卷，盖每辑而加详，至惠言而审正益精备，视前者愈详焉。书内之善者，如惠氏好改经，雅雨堂李氏《集解》，经惠氏审定，擅改经文，不可胜数，后儒颇罪其乱经。乃辑郑注注文，为惠氏增改者尤多，初学不知，几疑经文注文原即如是，最淆乱耳目。惠言于惠氏改字，皆为指出，如"谦"字惠皆改作"嗛"，"逸"皆改作"佚"，"遯"皆改作"遂"；"互卦"之"互"，皆改作"牙"；贲卦注"艮止于上，坎险于下"，"作坎险止于下"，擅加"止"字。致于卦象不协，"需于泚"注，"沙接水者"。"泚"者据《释文》，"沙"者《诗正义》引作"沙"也，乃惠于注文"沙接水者"，既改"沙"为"沈"，于经文"需于沘",亦改"沘"为'沊'。按《说文》'沊'下云："谭长说沙或从火，火子结切。"然则"沙"或作"沊"义同，《正义》引作"沙"，即从作"沙"可矣，何必定作"沊"以立异乎？又《离》六二注，"慎成其业故吉矣"，惠改作"慎成其业则吉也"；"九四突如"，惠并改作"㐬"，段玉裁谓其乱经；"晋如硕鼠"，注既引《诗》，且明释为大鼠，是郑不作"鼫"甚明，乃惠于经文并改作"鼫"，尤为谬误。他若于《解》卦注"呼皮曰甲"，改呼为"嘑"；《夬》卦注"故谓之决"，改"决"为"夬"；《困》注"离气赤又朱"，"朱深云赤"，惠改又作"为"，改云为"曰"，致义皆背戾，失郑注本义，就一己私说。书内遇此，并为指出，以正惠氏之妄，则此书之功也。

14.《续修四库全书总目》周易郑注十二卷

（民国）柯劭忞

宋王应麟撰集，清丁杰后定，张惠言订正。杰字小疋，浙江归安人，乾隆四十六年进士，官教授；惠言江苏武进人，嘉庆四年进士，翰林院编修。王应麟所辑《周易郑康成注》一卷，明胡震亨附刊于李鼎祚《集解》后，其已见《集解》者不录。姚士粦更补二十五条，至清惠栋复加补正，多王辑九十二条，厘为三卷。应麟书及栋所辑新本《郑氏周易》三卷，《前提要》已著录，杰因王氏、惠氏两本，重加考订，举向来以郑注《易·乾凿度》之文，羼入者刊去之；以《汉书注》所云，郑氏即注《汉书》者，非指康成，于字之传讹者，如《小畜》之"舆脱辐"，当作"輹"；《大壮》之"壮于顺"，当作"頄"，一一正之。又应麟本多颠错，杰皆案《郑易》本文为之整比，夫撝补其未备者，依孔颖达《正义》，称先师篇次以《彖》《象》附本经，如王弼本《乾》卦之例为六卷，《上系》第七，《下系》第八，《文言》第九，《说卦》第十，《序卦》第十一，《杂卦》第十二，以还《七录》之旧，于诸家最为详整。卢文弨序称其扶微振坠，良非溢美，惠言湛深汉易,复加订正,精核之义尤多,卷中引臧在东、孙颐谷、卢抱经、金先生之说;金先生者金榜也。亦惠言所掇摭以补丁氏之未及者,惟开卷上经乾传第一下,引臧在东次为九卷,分题如此,云臧依王弼九卷之次是也。复又引《释文》、《七录》作十二卷,云郑原本如此,盖两存其说。按郑珍《郑学录》极诋并郑就王之不合,论实平允,不必存骑墙之见矣。卷末附正误八条,辑《易赞》《易论》一篇。注云:以上遵武进张惠言订正丁氏本。据此知为惠言所增入,又附载臧镛堂所纂《叙录》及《考订》。郑《诗》、《礼》注皆引京氏易,与注《易》用费学不同,亦惠言所增入者。博引旁征,足为郑学之羽翼,欲研究郑易者,固不能不以此本为根柢也。

15.《著砚楼书跋》惠松崖手校郑氏周易

(近人)潘景郑

孔颖达传《五经正义》,不用康成易而取辅嗣义,岂当时郑易已亡,或残□不具耶?然《崇文总目》所载郑易,犹存《文言》、《说卦》、《序卦》、《杂卦》四篇,至南宋始佚,是天壤间未必绝种耳。王厚斋衰辑《郑氏易》一卷,自明以来,绵衍未绝。乡贤惠松崖先生续加增辑,益以汉上、嵩山之说,厘为三卷,康成家法,益臻完善。承学之士,奉为汉易之精义,卢见曾刊入《雅雨堂丛书》中,遂得传诵士林,至今不废。此抄本前有卢氏序文,是尚从雅雨本出者。卷中朱笔校改甚多,如"万物出乎震"条下,增至百数十字,审其笔迹,犹出松崖先生之手。是必书成后重加删改,足征前贤著书之勤,随得随改,不肯草率从事耳。卷末有蔡孙峰一跋,不详其里居事实,于松崖先生遗墨,辨识至确,是亦读书种子耳。此册余十年前得诸吴市,幸未被论斤之厄,偶检行箧,为之一快。书面已损,因付装池,并志颠末于后。庚辰二月六日记。

主要参考论著

《周易郑康成注》宋王应麟辑,台湾无求备斋《易经集成》。

《郑氏周易》(清)惠栋辑,台湾无求备斋《易经集成》。

《易解附录》(明)胡震亨辑,姚氏舜补,台湾无求备斋《易经集成》。

《周易郑注》(宋)王应麟辑,丁杰定,张惠言订正,台湾无求备斋《易经集成》。

《周易郑氏注》三卷(清)张惠言辑,《张皋文全集》(道光本)。

《周易郑氏义》(清)张惠言辑,台湾无求备斋《易经集成》。

《周易注》(清)孙堂辑《汉魏二十一家易注》清嘉庆四年平湖孙氏映雪草堂刻本。

《周易注》(清)黄奭辑,台湾无求备斋《易经集成》。

《周易注》(清)袁钧辑,《齐文化丛书》,齐鲁书社。

《易纬注》(汉)郑玄撰,清黄奭辑,上海古籍出版社1993年。

《郑易小学》(清)陶方琦撰,《续修四库全书》本,上海古籍出版社。

《郑易马氏学》(清)陶方琦撰,《续修四库全书》本,上海古籍出版社。

《郑易京氏学》(清)陶方琦撰,《续修四库全书》本,上海古籍出版社。

《郑玄集》(上下)安作璋主编,《齐文化丛书》,齐鲁书社。

《周易郑氏注笺释》曹元弼撰,民国15年刻本。

《周易集解补释》曹元弼撰,台湾无求备斋《易经集成》。

《周易郑氏学》胡自逢撰,台湾文史出版社1990年。

《郑玄之谶纬学》吕凯撰,台湾商务印书馆1982年。

《郑学丛著》张舜徽撰,齐鲁书社1984年。

《郑康成年谱》王利器撰,齐鲁书社1983年。

《郑玄研究文集》王振民主编,齐鲁书社1999年。

《周易集解》(唐)李鼎祚撰,中国书店出版社1984年。

《周易正义》(唐)孔颖达撰,北京大学出版社1999年。

《周易音义》(唐)陆德明撰,台湾无求备斋《易经集成》。

《周易述》(清)惠栋撰,天津古籍书店影印1989年。

《易汉学》(清)惠栋撰,《四库全书》,上海古籍出版社影印。

《易经异文释》(清)李富孙撰,台湾大易类聚初编。

《李氏易解剩义》(清)李富孙撰,丛书集成初编。

《周易考异》(清)宋翔凤撰,台湾大易类聚初编。

《六十四卦经解》(清)朱骏声撰,中华书局1988年。

《周易集解》(清)孙星衍撰,上海书店1990年。

《周易集解纂疏》(清)李道平撰,潘雨廷点校,中华书局1994年。

《周易古经今注》高亨撰,中华书局1990年。

《帛书周易校释》邓球柏撰,湖南人民出版社1987年。

《周易异文校释》吴新楚撰,广东人民出版社。

《上海博物馆藏战国楚竹书》(三)马承源主编,上海古籍出版社2003年。

《史记》(汉)司马迁撰,中华书局1958年。

《汉书》(汉)班固撰,(唐)颜师古注,中华书局1990年。

《后汉书》(宋)范晔撰,李贤等注,中华书局1991年。

《十三经注疏》(上下)阮元校刻,中华书局影印1987年。

《十三经索引》叶绍钧编,中华书局1994年。

《经学历史》(清)皮锡瑞撰,中华书局出版1981年。

《经学历史》(清)皮锡瑞撰,中华书局出版1982年。

《中国经学史》(日本)本田成之撰,上海书店出版社2001年。

《经与经学》蒋伯潜、蒋祖怡撰,上海书店出版社1998年。

《徐复观论经学史二种》徐复观撰,上海书店出版社2002年。

《魏晋南北朝隋唐经学史》章权才撰,广东人民出版社1996年。

《中国经学史》吴雁南等主编,福建人民出版社2001年。

《中国经学思想史》(一二卷)姜广辉主编,中国社会科学出版社2003年。

《先秦汉魏易例述评》屈万里撰,台湾学生书局1985年。

《易学哲学史》(一)朱伯崑撰,北京大学出版社1989年。

《周易概论》刘大钧撰,齐鲁书社1984年。

《周易经传与易学史新论》廖名春撰,齐鲁书社2001年。

《帛书易传初探》廖名春撰,台湾文史出版社1998年。

《两汉易学与道家思想》周立升撰,上海文化出版社2001年。

《象数易学发展史》(第一卷)林忠军撰,齐鲁书社1994年。

《两汉象数易学研究》刘玉建撰,广西教育出版社1996年。

《纬书集成》日本安居香山、中村璋八撰,河北人民出版社1994年。

《谶纬论略》钟肇鹏撰,辽宁教育出版社1997年。

《易纬导读》林忠军撰,齐鲁书社2003年。

《经今古文字考》金德建撰,齐鲁书社1986年。

《今古文经学新论》王葆玹撰,中国社会科学出版社1997年。

《中国哲学的现代诠释》景海峰撰,人民出版社2004年。

《说文解字注》(汉)许慎撰,(清)段玉裁注,上海古籍出版社

1997 年。

《释名》(晋)刘熙撰,《汉魏丛书》。

《说文解字义疏》(清)桂馥撰,齐鲁书社 1987 年。

《尔雅注疏》(晋)郭璞注,(宋)邢昺疏,北京大学出版社 1999 年。

《尔雅义疏》(晋)郭璞注,(清)郝懿行疏,中国书店 1982 年。

《经籍纂诂》(清)阮元撰,中华书局 1995 年。

《经传释词》(清)王引之撰,岳麓书社 1984 年。

《方言音释》(清)丁惟汾撰,齐鲁书社 1985 年。

《通假字典》冯其庸审定、邓安生纂著,花山文艺出版社 1998 年。

《训诂学》杨端志撰,山东文艺出版社 1992 年。

《经义考》(清)朱彝尊撰,中华书局 1998 年。

《四库全书总目》中华书局 1965 年。

《续修四库全书总目提要》,中华书局 1993 年。

于豪亮:《帛书周易》,《文物》1983 年第 3 期。

廖名春:《上海博物馆藏楚简〈周易〉管窥》,《周易研究》2000 年第 3 期。

廖名春:《楚简〈周易〉校释记》(一),《周易研究》2004 年第 3 期。

廖名春:《楚简〈周易〉校释记》(二),《周易研究》2004 年第 5 期。

刘大钧:《今、帛、竹〈周易〉疑难卦爻辞及其今古文辨析》(一),《周易研究》2004 年第 5 期。

刘大钧:《今、帛、竹〈周易〉疑难卦爻辞及其今古文辨析》(二),《周易研究》2004 年第 6 期。

韩自强:《阜阳汉简〈周易〉研究》,《道家文化研究》第十八辑,三联书店 2000 年。

林忠军:《从战国楚简看通行〈周易〉版本的价值》,《周易研究》2004 年第 3 期。

林忠军:《郑玄易学述评》,《周易研究》1993 年第 1 期。

林忠军:《郑玄易学思想特色》,《经学今诠三编》,辽宁教育出版社 2002 年。

林忠军:《试论郑玄易学天道观》,《中国哲学史》2002 年第 4 期。

林忠军:《郑玄易数哲学》,《孔子研究》2003 年第 3 期。

林忠军:《郑玄与两汉易学思潮》,《象数易学研究》第三辑,巴蜀书社 2003 年。

孙希国:《郑玄易象说研究》,《象数易学研究》(一),齐鲁书社 1996 年。

丁四新:《郑氏易义》,《象数易学研究》(二),齐鲁书社 1997 年。

张涛:《郑玄易学简论》,《郑玄研究文集》,齐鲁书社 1999 年。

潘柏年:《〈周易郑氏注〉气之杂论》,《首届海峡两岸青年论文发表会论文集》台湾易经学会印。

刘玉建:《郑玄爻辰说述评》,《周易研究》1995 年第 3 期。

刘玉建:《郑玄易学杂论》,《首届海峡两岸青年论文发表会论文集》,台湾《易经》学会印。

后　记

　　郑玄是两汉最著名的经学家、易学家,《周易注》是他的封笔之作,对当时和后世的训诂学、易学乃至整个经学研究产生了深远的影响。然而,隋唐定王弼易学为一尊,郑玄易学趋向式微,而亡逸于南北宋之间。幸有宋王应麟,明胡震亨,清惠栋、丁杰、张惠言、孙堂、袁钧、孔广林、黄奭等扶微起废,搜集散见于经史子集注疏之佚说,从而郑氏《周易注》大略重显于世。又清人惠栋作《易汉学》、张惠言作《周易郑氏义》、陶方琦作《郑氏小学》,民国曹元弼作《周易郑注笺释》,今人胡自逢作《周易郑氏学》、吕凯作《郑玄谶讳学》、丁四新作《郑玄易学研究》(硕士论文)等,以不同方式对郑玄易学做过的探索,对我们今天阐发郑玄易学大义有开拓之功。但是,这些研究更多是阐述郑玄易学体例和解读其易注(丁四新博士论文除外),而对于郑玄《周易注》背后所蕴藏的哲学或易学思想及其体系却很少涉及。有感于此,鄙人不自量力,撰写了《周易郑氏学阐微》,试图论前贤之未及,以冀抛砖引玉。

　　自初涉郑氏易学,至今已达十余年。1992年前后撰写《象数易学发展史》第一卷时,首次涉及郑玄易学,郑玄象数易学写成后,首先以《郑玄易学述评》为题发表在1993年《周易研究》第1期。1996年申请"郑玄《周易注》校释"获得山东省古籍整理委员会通过而立项。但忙于撰写《象数易学发展史》第二卷,故郑玄《周易注》的整理注释工作未能作为重点不间断地进行下去。直到 1998 年《象数易学发展史》第二卷出版后,才把全部精力转移到郑玄《周易注》的整理注释。1999 年,应中国社会科学院历史所姜广辉先生邀请,参加由他主持的国家重大项目"中国经学思想史",承担了象数易学部分,其中包括郑玄易学。2000 年,周易研究中心正式被确立为教育部人文社会科学重点研究基地,该课题又以"郑玄易学研究"列为基地易学重大项目的子课题,当时已完成了郑玄《周易注》校释初稿。由于鄙人承担了基地"历代易学名著整理和研究"重大项目,研究重点放在《易纬》上,"郑玄易学研究"临时被搁置。《易纬》为郑玄所注,通过整理和解读《易纬》使鄙人更加熟悉了郑玄的易纬学。《易纬导读》完成后,才集中精力研究郑氏易学,在这个时期先后发表了《郑玄易学天道观》、《郑玄易数哲学》、《郑玄与两汉易学》等系列有关郑玄易学论文。将论文整合,就是姜广辉先生主编《中国经学思想史》第二卷三十八章《郑玄易学思想的特色》。

正当郑玄易学脱稿之时,海内外诠释学研究由微而著,愈燃愈烈,成为学术界新的热点,受其影响,鄙人阅读了有关西方诠释学原典著作和国人关于中国诠释学研究论著,并试图运用诠释学理论重新审视和修改《易学方法》部分,从而形成了拙作中《重象数义理兼顾训诂的易学诠释方法》。2003 年上海博物馆藏楚竹简《周易》出版,楚简《周易》中许多不同的文字和独特的符号震撼了易学界,比较《周易》版本、解读其独特符号、辨析其疑难文辞,成为学界又一亮点。鄙人如饥似渴拜读濮茅左先生整理的楚简《周易》释文,对比今本和楚竹简本,并结合海内外学术界关于出土文献研究成果对郑玄《周易注》解说部分作了修改和补充。至 2004 年 11 月,终于完成了郑玄易学的修改工作。书稿完成,却未感轻松,唯恐出现大的纰漏和错误,尤其关于郑玄易学文字训释部分。

在撰写此部分时，虽然使用笨拙办法、花费很大气力去查阅《说文》、《尔雅》、《方言》、《释名》及其前贤文字学和易学训诂研究成果，但训诂学毕竟不是鄙人所长，每每想到这些问题总感到惶恐不安。故拙作完成后请保贞兄指正，保贞兄提出许多宝贵的建议。又同年 12 月我们举办了出土文献会议，借会议期间拜读了参会有关易学训诂学文章，尤其拜读了刘大钧教授、廖名春教授关于楚简《周易》研究的大作，受益匪浅。会上还就文字训诂问题也请教了何琳仪教授、杨端志教授、濮茅左研究员、韩自强研究员等专家，从而完成了拙作的修订工作。拙作完成后，著名易学家刘大钧教授、吕绍纲教授仔细审读了全部书稿，并欣然为拙作制序，上海古籍出版社童力军先生为拙作出版付出艰辛劳动，对于诸位先生厚爱，鄙人感激不尽，在此一并表示谢忱。

> 林忠军于山东大学
> 2005 年 1 月